HSK 인강
할인 이벤트

맛있는 스쿨 HSK 단과 강좌 할인 쿠폰

할인 코드 hsk_halfcoupon

HSK 단과 강좌 할인 쿠폰

50% 할인

할인 쿠폰 사용 안내

1. 맛있는스쿨(cyberjrc.com)에 접속하여 [회원가입] 후 로그인을 합니다.
2. 메뉴中[쿠폰] → 하단[쿠폰 등록하기]에 쿠폰번호 입력 → [등록]을 클릭하면 쿠폰이 등록됩니다.
3. [HSK 단과 강좌] 수강 신청 후, [온라인 쿠폰 적용하기]를 클릭하여 등록된 쿠폰을 사용하세요.
4. 결제 후, [나의 강의실]에서 수강합니다.

쿠폰 사용 시 유의 사항

1. 본 쿠폰은 맛있는스쿨 HSK 단과 강좌 결제 시에만 사용이 가능합니다. 파트별 구매는 불가합니다.
2. 본 쿠폰은 타 쿠폰과 중복 할인이 되지 않습니다.
3. 교재 환불 시 쿠폰 사용이 불가합니다.
4. 쿠폰 발급 후 10일 내로 사용이 가능합니다.
5. 본 쿠폰의 할인 코드는 1회만 사용이 가능합니다.

*쿠폰 사용 문의 : 카카오톡 채널 @맛있는스쿨

전화 화상
할인 이벤트

맛있는 톡 할인 쿠폰

할인 코드 jrcphone2qsj

전화&화상 외국어 할인 쿠폰

10,000원

할인 쿠폰 사용 안내

1. 맛있는톡 전화&화상 중국어(phonejrc.com), 영어(eng.phonejrc.com)에 접속하여 [회원가입] 후 로그인을 합니다.
2. 메뉴中[쿠폰] → 하단[쿠폰 등록하기]에 쿠폰번호 입력 → [등록]을 클릭하면 쿠폰이 등록됩니다.
3. 전화&화상 외국어 수강 신청 시 [온라인 쿠폰 적용하기]를 클릭하여 등록된 쿠폰을 사용하세요.

쿠폰 사용 시 유의 사항

1. 본 쿠폰은 전화&화상 외국어 결제 시에만 사용이 가능합니다.
2. 본 쿠폰은 타 쿠폰과 중복 할인이 되지 않습니다.
3. 교재 환불 시 쿠폰 사용이 불가합니다.
4. 쿠폰 발급 후 60일 내로 사용이 가능합니다.
5. 본 쿠폰의 할인 코드는 1회만 사용이 가능합니다.

*쿠폰 사용 문의 : 카카오톡 채널 @맛있는스쿨

100만 독자의 선택

맛있는 중국어 HSK 시리즈

기본서

- **시작**에서 **합격**까지 **4주** 완성
- **모의고사 동영상** 무료 제공(6급 제외)
- **기본서+해설집+모의고사** All In One 구성
- 필수 **단어장** 별책 제공

맛있는 중국어 HSK 1~2급 첫걸음

맛있는 중국어 HSK 3급

맛있는 중국어 HSK 4급

맛있는 중국어 HSK 5급

맛있는 중국어 HSK 6급

모의고사

맛있는 중국어 HSK 1~2급 첫걸음 400제 / 맛있는 중국어 HSK 3급 400제 / 맛있는 중국어 HSK 4급 1000제 / 맛있는 중국어 HSK 5급 1000제 / 맛있는 중국어 HSK 6급 1000제

- 실전 HSK **막판 뒤집기**!
- 상세하고 친절한 **해설집 PDF** 파일 **제공**
- 학습 효과를 높이는 **듣기 MP3** 파일 **제공**

단어장

맛있는 중국어 HSK 1~4급 단어장

맛있는 중국어 HSK 1~3급 단어장

맛있는 중국어 HSK 4급 단어장

맛있는 중국어 HSK 5급 단어장

- 주제별 분류로 **연상 학습** 가능
- HSK **출제 포인트**와 **기출 예문**이 한눈에!
- **단어 암기**부터 HSK **실전 문제 적용**까지 한 권에!
- 단어&예문 **암기 동영상** 제공

맛있는 중국어 1~2급 新HSK 첫걸음

JRC 중국어연구소 기획 / 박수진 저

맛있는 books

1~2급
첫걸음

제1판 1쇄 발행 2017년 11월 30일
제2판 1쇄 인쇄 2025년 1월 10일
제2판 1쇄 발행 2025년 1월 20일

기획	JRC 중국어연구소
저자	박수진
발행인	김효정
발행처	맛있는books
등록번호	제2006-000273호
주소	서울시 서초구 명달로 54 JRC빌딩 7층
전화	구입문의 02·567·3861
	내용문의 02·567·3860
팩스	02·567·2471
홈페이지	www.booksJRC.com
ISBN	979-11-6148-093-0 14720
	979-11-6148-085-5 (세트)
정가	22,500원

머리말

☆ 『맛있는 중국어 新HSK 첫걸음 1, 2급』은 중국어 공부를 시작한 지 얼마 되지 않은 왕초보 학습자가 HSK 1급 혹은 2급에 응시하거나, 중국어 실력을 단계별로 조금씩 점검하며 공부하고 싶을 때 도움이 될 수 있도록 집필했습니다.

☆ HSK 1, 2급은 중국어 입문 실력을 점검하는 시험으로 단어 학습이 합격을 좌우합니다. 따라서 HSK 1급과 2급에서 요구하는 기본적인 단어 실력을 갖추고 간단한 중국어 문형을 숙지한다면 원하는 급수를 무난히 취득할 수 있습니다.

☆ 이 책은 크게 '중국어 기초 학습', 'HSK 1, 2급 필수 단어 학습', 'HSK 1, 2급 문제 풀이'의 세 파트로 구성되어 있습니다. '중국어 기초다지기'를 통해 HSK 1, 2급에 등장하는 중국어 문장의 주요 문형과 어법 요소들을 학습할 수 있습니다. 'HSK 1, 2급 필수 단어 외우기'에서는 HSK 1, 2급 단어를 마스터할 수 있습니다. 특히, 'HSK 1, 2급 필수 단어 외우기'는 기계적인 A-Z 순서 대신 단어를 품사별로 정리했고, 예문은 스토리로 연결하여 낯선 단어도 효율적이고 부담 없이 익힐 수 있습니다. 또한 단어 학습이 끝날 때마다 다양한 유형의 테스트를 구성하여 학습 내용을 점검해 볼 수 있습니다. 'HSK 1, 2급 문제 풀이'는 HSK 1급과 2급을 나누어 원하는 급수의 문제만 풀 수 있도록 배려하였고, 각 영역(듣기, 독해)마다 문제 유형에 충분히 적응할 수 있도록 출제 포인트를 갖춘 문제로만 구성했습니다. 문제에 등장하는 중요한 학습 내용(문형, 어법, 표현)은 보다 쉽게 이해하고 반복할 수 있도록 해설집에 추가로 정리했습니다.

☆ 「단어 쓰기 워크북」은 중국어를 공부하는 학습자들이 가장 많이 호소하는 어려움이자, 부담으로 느끼는 '한자' 학습을 돕기 위한 것입니다. 워크북은 한자를 획순대로 써볼 수 있도록 구성하고 10개의 단어를 학습한 후 확인 테스트를 통해 단어를 반복하여 외울 수 있습니다.

☆ 이와 같이 『맛있는 중국어 新HSK 첫걸음 1, 2급』은 HSK 1, 2급 합격은 물론이고, 앞으로 중국어를 공부하는 데 있어 좋은 밑거름이 되어 줄 것입니다. 많은 학습자들이 중도에 포기하는 일 없이 차근차근 자신의 실력을 쌓아 올려 처음 계획했던 목표까지 달성할 수 있기를, 그리고 그 과정에서 이 책이 훌륭한 파트너가 되기를 바랍니다.

박수진

중국어 기초다지기

新HSK 1·2급 필수 단어 외우기

新HSK 1급

新HSK 2급

모의고사

부록

HSK, 이제 맛있는 중국어 新HSK로 즐기세요!

맛있는 중국어 新**HSK 첫걸음 1, 2급**은 **기본서(+모의고사 2회)**, **해설집**, **워크북**으로 구성되어 있습니다.

1. 시작에서 합격까지 4주 완성

- 체계적인 학습 플랜에 따라 핵심 공략 마스터
- 기본서, 해설집, 모의고사 All In One 구성

2. HSK 1, 2급을 한 권으로 통합

- 중국어 기초 단계인 HSK 1급과 2급을 한 권으로 완벽 대비
- 중국어 주요 문형 학습 및 스토리가 있는 예문으로 구성된 필수 단어 제시

3. 최신 경향을 200% 반영한 공략&문제

- 출제 난이도를 반영한 적중률 높은 문제 수록
- 시험에 자주 출제되는 어법과 표현 제시

4. 반복적인 문제 풀이 훈련

문제 유형 학습 → 예제 풀이 → 기출 문제 → 실전 문제 → 모의고사

1~2급 첫걸음 이렇게 학습하세요!

Step 1. 발음부터 주요 문형까지 중국어 기초 학습

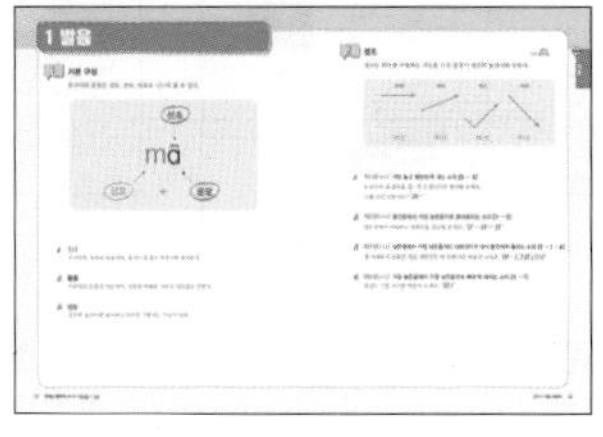
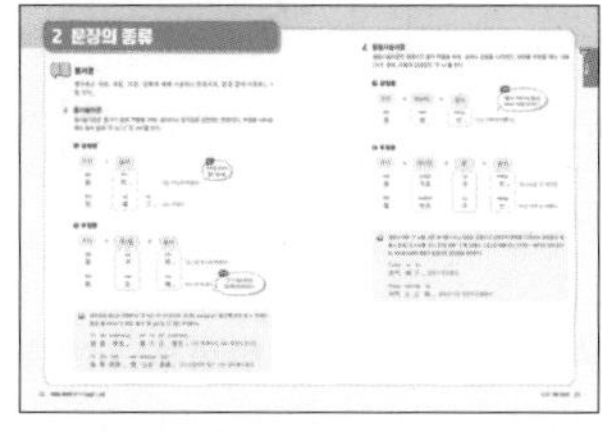

*중국어의 발음부터 문형까지 기초 내용을 익혀 보세요.
*「체크체크」 문제를 통해 내용을 잘 이해했는지 확인해 보세요.

Step 2. 新HSK 1, 2급 필수 단어 익히기

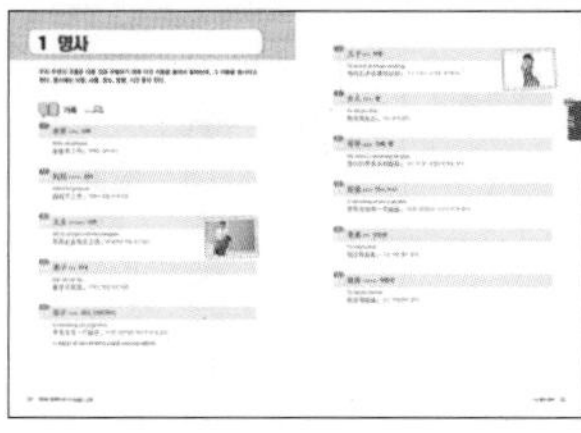
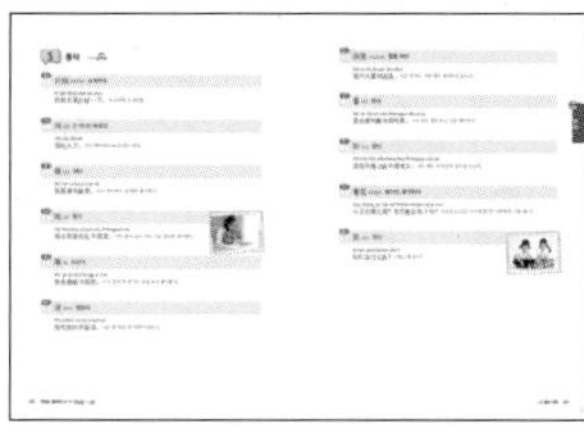
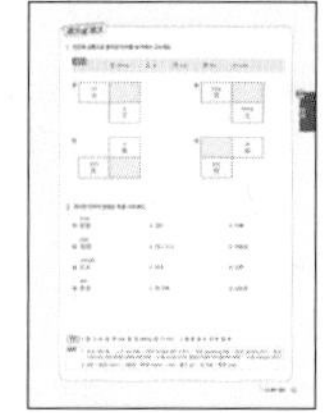

*각 단어에 1급과 2급을 표시하여 급수별로 단어를 학습할 수 있습니다.
*품사별로 분류한 단어를 스토리가 있는 예문을 통해 쉽게 학습할 수 있습니다.
*모든 단어는 '중국어-한국어'로 녹음되어 있습니다. 녹음을 들으며 단어를 외워 보세요.
*잘 외워지지 않는 단어는 □□에 체크해 두고 다시 학습해 보세요.
*다양한 유형의 「체크체크」 문제를 풀어 보면서 학습한 단어를 복습해 보세요.

Step 3. 단어 학습을 위한 단어 쓰기 워크북

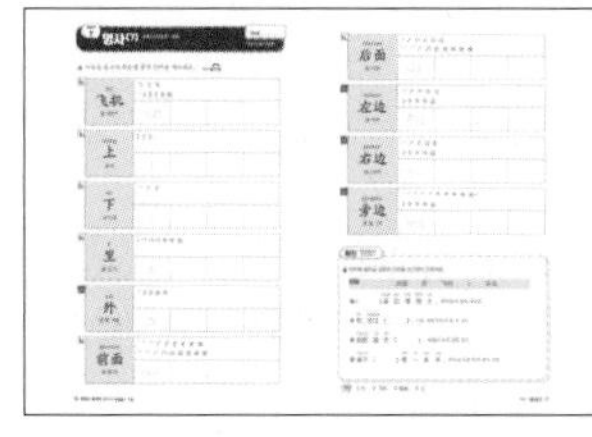

*HSK 1, 2급 필수 단어 300개를 직접 써보며 익힐 수 있으며 획순을 제시하여 한자 쓰기가 쉽습니다.
*「확인 TEST」를 통해 단어를 제대로 학습했는지 체크해 보세요.
*「단어 체크리스트」를 보면서 HSK 1급 단어와 2급 단어를 확인하고 휴대하면서 단어를 암기해 보세요.

Step 4. 新HSK 1, 2급 핵심 공략 및 문제 유형 학습

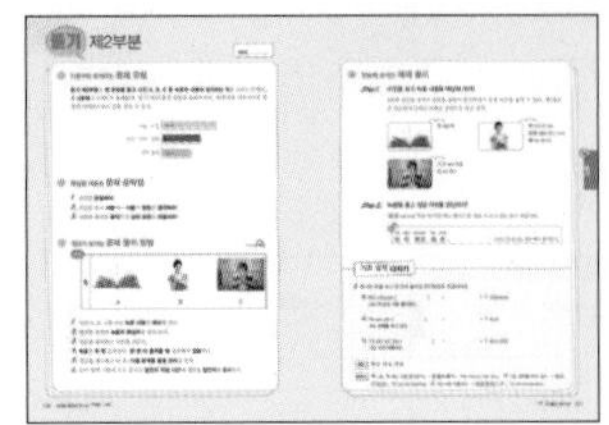

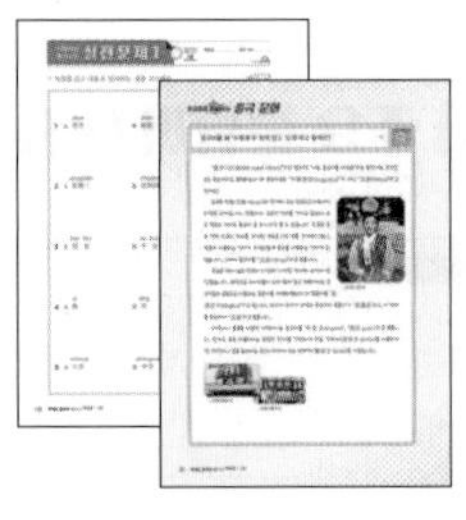
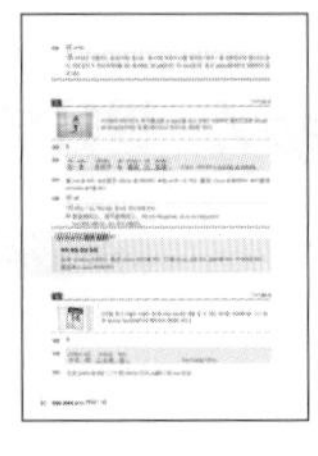

*문제 유형을 익히고 문제 공략법과 풀이 방법부터 기출 문제와 실전 문제까지 체계적으로 학습해 보세요.
*각 문제마다 상세한 해설을 제시하여 틀린 문제를 확인하고 복습할 수 있습니다.
*「어법」과 「실력 향상을 위한 점프 표현」을 통해 심화 학습이 가능합니다.
*「궁금증을 타파하는 중국 문화」를 통해 중국어뿐만 아니라 중국의 문화도 함께 이해할 수 있습니다.

Step 5. 마무리 최신 모의고사 2회 무료 동영상 강의

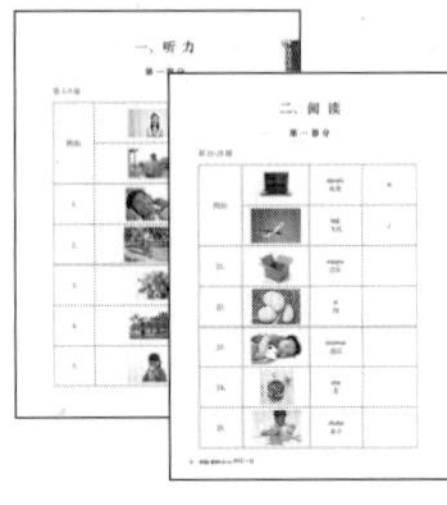

*실제 시험의 문제 형식과 동일하게 구성된 HSK 1급과 2급의 모의고사가 각 2회 수록되어 있습니다.
*동영상 강의는 맛있는북스 홈페이지(www.booksJRC.com)에서 무료로 제공됩니다.

MP3 파일 구성

MP3 파일 다운로드 www.booksJRC.com

기본서 발음, 필수 단어, HSK 1·2급 듣기 영역의 기출 문제, 실전 문제 파일이 수록되어 있습니다.

해설집 듣기 영역 실전 문제의 문제별 개별 파일이 수록되어 있습니다.

모의고사 모의고사와 문제별 개별 파일이 수록되어 있습니다.

1급 모의고사 1회의 파일명은 'Test1', 1급 모의고사 2회의 파일명은 'Test2'입니다.
1급 모의고사 1회의 문제별 파일명은 'Test1-01~20', 1급 모의고사 2회의 문제별 파일명은 'Test2-01~20'입니다.
2급 모의고사 1회의 파일명은 'Test3', 2급 모의고사 2회의 파일명은 'Test4'입니다.
2급 모의고사 1회의 문제별 파일명은 'Test3-01~35', 2급 모의고사 2회의 문제별 파일명은 'Test4-01~35'입니다.

워크북 『단어 쓰기 워크북』의 파일이 수록되어 있습니다.

新HSK 시험 가이드

1. 新HSK란?

新HSK(汉语水平考试 **H**ànyǔ **S**huǐpíng **K**ǎoshì)는 제1언어가 중국어가 아닌 사람의 중국어 능력을 평가하기 위해 만들어진 중국 정부 유일의 국제 중국어 능력 표준화 고시로, 생활, 학습, 업무 등 실생활에서의 중국어 운용 능력을 중점적으로 평가합니다.

2. 용도

중국 대학(원) 입학 · 졸업식 평가 기준 / 한국 대학(원) 입학 · 졸업식 평가 기준 / 중국 정부 장학생 선발 기준
한국 특목고 입학 시 평가 기준 / 교양 중국어 학력 평가 기준 / 각급 업체 및 기관의 채용 · 승진을 위한 기준

3. 시험 구성

新HSK는 필기 시험과 회화 시험으로 나뉘며, 회화 시험은 녹음 형식으로 이루어집니다.

필기 시험	新HSK **6급**	新HSK **5급**	新HSK **4급**	新HSK **3급**	新HSK **2급**	新HSK **1급**
회화 시험	HSKK **고급**		HSKK **중급**		HSKK **초급**	

4. 시험 방법

종이 시험지와 답안지를 사용하여 진행하는 **지필 시험**과 컴퓨터를 사용하여 진행하는 온라인 시험인 **IBT 시험**이 있으며, 응시자가 시험 방법을 선택하여 응시할 수 있습니다.

5. 원서 접수

1 인터넷 접수 : HSK한국사무국 홈페이지(www.hsk.or.kr)에서 접수

2 우편 접수 : 구비 서류를 동봉하여 HSK한국사무국으로 등기 발송

+ 구비 서류 : 응시원서(최근 6개월 이내에 촬영한 반명함판 사진 1장 부착) 및 별도 사진 1장, 응시비 입금 영수증
  * 1급, 2급, 3급 응시자의 경우, 성적표상에 사진이 첨부되지 않아 별도 사진 1장은 필요하지 않음

3 방문 접수 : 서울공자아카데미로 방문하여 접수

+ 접수 시간 : 평일 오전 9시 30분~12시, 오후 1시~5시 30분 / 토요일 오전 9시 30분~12시
+ 구비 서류 : 응시원서, 최근 6개월 이내에 촬영한 반명함판 사진 3장

6. 시험 당일 준비물

1 유효한 신분증 : 주민등록증, 운전면허증, 기간 만료 전의 여권, 군장교 신분증, 현역 사병 휴가증

+ 18세 미만(주민등록증 미발급자) : 기간 만료 전의 여권, 청소년증, HSK신분확인서(한국 내 소재 초 · 중 · 고등학생만 가능)
+ 주민등록증 분실 시 재발급 확인서는 인정하나, 학생증, 사원증, 의료보험증, 주민등록등본, 공무원증 등은 인정되지 않음

2 수험표, 2B 연필, 지우개

新HSK 1급 구성

1. 대상

新HSK 1급은 매주 2~3시간, 1학기(40~60시간) 정도 중국어를 학습하고, 150개의 상용 어휘와 관련 어법 지식을 마스터한 학습자를 대상으로 합니다.

2. 구성

新HSK 1급은 총 40문제로, 듣기 · 독해 두 영역으로 구성되어 있습니다.

영역	문제 유형		문항 수		시험 시간
듣기(听力)	제1부분	하나의 구문을 듣고 사진과 일치하는지 판단하기	5	20	약 15분
	제2부분	짧은 문장을 듣고 일치하는 사진 고르기	5		
	제3부분	두 사람의 대화를 듣고 일치하는 사진 고르기	5		
	제4부분	하나의 문장을 듣고 질문에 답하기	5		
듣기 영역 답안지 작성					3분
독해(阅读)	제1부분	사진과 단어가 일치하는지 판단하기	5	20	17분
	제2부분	문장과 일치하는 사진 고르기	5		
	제3부분	질문에 적절한 대답 고르기	5		
	제4부분	빈칸에 들어갈 알맞은 단어 고르기	5		
합계			40		약 35분

*응시자 개인 정보 작성 시간(5분)을 포함하여 약 40분간 시험이 진행됩니다.
*듣기 영역의 답안지 작성은 듣기 시간 종료 후, 3분 안에 답안지에 표시해야 합니다.
*각 영역별 중간 휴식 시간이 없습니다.

3. 영역별 점수 및 성적 결과

- 新HSK 1급 성적표는 듣기 · 독해 두 영역의 점수와 총점이 기재됩니다. 성적표는 **시험일로부터 45일 이후**에 발송됩니다.
- 각 영역별 **만점**은 **100점**이며, **총점**은 **200점 만점**입니다. 영역별 점수에 상관없이 총점 **120점 이상**이면 **합격**입니다.
- 인터넷 성적 조회는 시험일로부터 **1개월 후**에 중국 고시 센터 홈페이지(www.hanban.org)에서 응시자 개별 성적을 조회할 수 있습니다.
- 新HSK 성적은 시험일로부터 **2년간** 유효합니다.

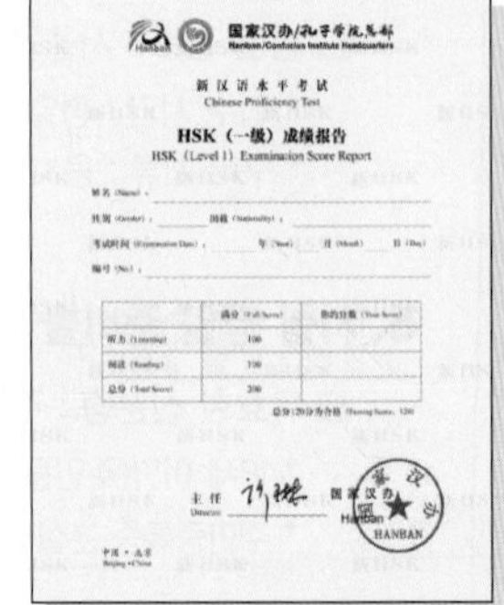

国家汉办/孔子学院总部
Hanban/Confucius Institute Headquarters

新汉语水平考试
Chinese Proficiency Test

HSK（一级）成绩报告
HSK（Level 1）Examination Score Report

	满分	
听力	100	
阅读	100	
总分	200	

HANBAN
中国 · 北京

新HSK 1급 세부 구성

듣기 (총 20문항, 약 15분)

	제1부분(5문항)	제2부분(5문항)	제3부분(5문항)	제4부분(5문항)
미리 보기				
문제 유형	하나의 구문을 듣고 제시된 사진과 녹음 내용이 일치하는지 판단하는 문제로, 일치하면 √, 일치하지 않으면 X에 마킹합니다.	하나의 짧은 문장을 듣고 보기 ABC 중에서 내용과 일치하는 사진을 고르는 문제입니다.	두 사람의 대화를 듣고 보기 ABCDEF 중에서 내용과 일치하는 사진을 고르는 문제입니다.	하나의 문장을 듣고 질문에 알맞은 답을 보기 ABC에서 고르는 문제입니다.
주의 사항	모든 문제에는 병음이 제시되어 있으며, 녹음 내용은 두 번 들려 줍니다.			

독해 (총 20문항, 17분)

	제1부분(5문항)	제2부분(5문항)	제3부분(5문항)	제4부분(5문항)
미리 보기				
문제 유형	제시된 사진과 단어가 일치하면 √, 일치하지 않으면 X에 마킹합니다.	하나의 문장을 읽고 보기 ABCDEF 중에서 내용이 일치하는 사진을 고르는 문제입니다.	질문 5개와 대답 5개로 구성된 문제에서, 질문과 대답이 서로 일치하도록 연결합니다.	빈칸에 들어갈 알맞은 단어를 보기 ABCDEF에서 고르는 문제입니다.
주의 사항	모든 문제에는 병음이 제시되어 있습니다.			

新HSK 2급 구성

1. 대상

新HSK 2급은 매주 2~3시간, 2학기(80~120시간) 정도 중국어를 학습하고, 300개의 상용 어휘와 관련 어법 지식을 마스터한 학습자를 대상으로 합니다.

2. 구성

新HSK 2급은 총 60문제로, 듣기 · 독해 두 영역으로 구성되어 있습니다.

영역	문제 유형		문항 수		시험 시간
듣기(听力)	**제1부분**	하나의 문장을 듣고 사진과 일치하는지 판단하기	10	35	약 25분
	제2부분	두 사람의 대화를 듣고 일치하는 사진 고르기	10		
	제3부분	두 사람의 짧은 대화를 듣고 질문에 답하기	10		
	제4부분	4~5 문장의 대화를 듣고 질문에 답하기	5		
듣기 영역 답안지 작성					3분
독해(阅读)	**제1부분**	문장과 일치하는 사진 고르기	5	25	22분
	제2부분	빈칸에 들어갈 알맞은 단어 고르기	5		
	제3부분	하나의 문장을 읽고 제시된 문장의 옳고 그름 판단하기	5		
	제4부분	제시된 문장과 관련된 문장 고르기	10		
합계			60		약 50분

*응시자 개인 정보 작성 시간(5분)을 포함하여 약 55분간 시험이 진행됩니다.
*듣기 영역의 답안지 작성은 듣기 시간 종료 후, 3분 안에 답안지에 표시해야 합니다.
*각 영역별 중간 휴식 시간이 없습니다.

3. 영역별 점수 및 성적 결과

- 新HSK 2급 성적표는 듣기 · 독해 두 영역의 점수와 총점이 기재됩니다. 성적표는 **시험일로부터 45일 이후**에 발송됩니다.
- 각 영역별 **만점**은 **100점**이며, **총점**은 **200점 만점**입니다. 영역별 점수에 상관없이 총점 **120점 이상**이면 **합격**입니다.
- 인터넷 성적 조회는 시험일로부터 **1개월 후**에 중국 고시 센터 홈페이지(www.hanban.org)에서 응시자 개별 성적을 조회할 수 있습니다.
- 新HSK 성적은 시험일로부터 **2년간** 유효합니다.

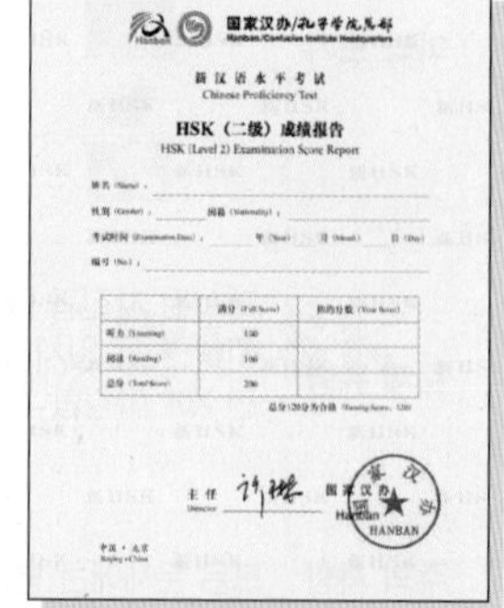

国家汉办/孔子学院总部
Hanban/Confucius Institute Headquarters

新汉语水平考试
Chinese Proficiency Test

HSK（二级）成绩报告
HSK (Level 2) Examination Score Report

HANBAN

新HSK 2급 세부 구성

듣기 (총 35문항, 약 25분)

	제1부분(10문항)	제2부분(10문항)	제3부분(10문항)	제4부분(5문항)
미리 보기				
문제 유형	하나의 문장을 듣고 제시된 사진과 녹음 내용이 일치하는지 판단하는 문제로, 일치하면 √, 일치하지 않으면 X에 마킹합니다.	두 사람의 대화를 듣고 보기 ABCDEF 중에서 내용과 일치하는 사진을 고르는 문제입니다.	두 사람의 대화를 듣고 질문에 알맞은 답을 보기 ABC 중에서 고르는 문제입니다.	4~5 문장으로 구성된 두 사람의 대화를 듣고 질문에 알맞은 답을 보기 ABC 중에서 고르는 문제입니다.
주의 사항	모든 문제에는 병음이 제시되어 있으며, 녹음 내용은 두 번 들려 줍니다.			

독해 (총 25문항, 22분)

	제1부분(5문항)	제2부분(5문항)	제3부분(5문항)	제4부분(10문항)
미리 보기				
문제 유형	하나의 문장을 읽고 보기 ABCDEF 중에서 내용이 일치하는 사진을 고르는 문제입니다.	빈칸에 들어갈 알맞은 단어를 보기 ABCDEF 중에서 고르는 문제입니다.	하나의 문장을 읽고 ★표 문장의 옳고 그름을 판단하는 문제로, 일치하면 √, 일치하지 않으면 X에 마킹합니다.	제시된 문장과 서로 관련된 문장을 고르는 문제입니다. 문제당 한 문장씩 주어지며, 보기에는 연관된 질문이나 대답이 제시됩니다.
주의 사항	모든 문제에는 병음이 제시되어 있습니다.			

★★★★

학습 플랜

계획을 세우면 합격이 보인다!

30일 학습 플랜

1일	2일	3일	4일	5일
학습일 /	학습일 /	학습일 /	학습일 /	학습일 /
학습 여부 □□	학습 여부 □□	학습 여부 □□	학습 여부 □□	학습 여부 □□
기초 다지기 발음 18~21p +체크체크 21p 문장의 종류 22~29p +체크체크 29p	**기초 다지기** 문장의 완료, 경험, 지속 30~34p +체크체크 35p	**필수 단어** 명사 1-3 38~42p +체크체크 43p **워크북** DAY 1-2 4~7p	**필수 단어** 명사 4-5 44~46p +체크체크 47p **워크북** DAY 3-4 8~11p	**필수 단어** 명사 6-8 48~52p +체크체크 53p **워크북** DAY 5-7 12~17p

6일	7일	8일	9일	10일
학습일 /	학습일 /	학습일 /	학습일 /	학습일 /
학습 여부 □□	학습 여부 □□	학습 여부 □□	학습 여부 □□	학습 여부 □□
필수 단어 명사 9-13 54~62p +체크체크 57, 63p **워크북** DAY 8-11 18~25p	**필수 단어** 동사 1-5 64~69p +체크체크 70p **워크북** DAY 12-14 26~31p	**필수 단어** 동사 6-10 71~79p +체크체크 75, 80p **워크북** DAY 15-19 32~41p	**필수 단어** 형용사 81~85p +체크체크 86p **워크북** DAY 20-22 42~47p	**필수 단어** 대명사 87~91p +체크체크 92p **워크북** DAY 23 48~49p

11일	12일	13일	14일	15일
학습일 /	학습일 /	학습일 /	학습일 /	학습일 /
학습 여부 □□	학습 여부 □□	학습 여부 □□	학습 여부 □□	학습 여부 □□
필수 단어 수사, 양사 93~97p +체크체크 98p **워크북** DAY 24-26 50~55p	**필수 단어** 부사 99~102p +체크체크 103p **워크북** DAY 27-28 56~59p	**필수 단어** 기타 104~109p +체크체크 110p **워크북** DAY 29-30 60~63p	**듣기 제1부분** 1급 문제 유형 및 기출문제 114~117p 실전문제 118~119p **듣기 제2부분** 문제 유형 및 기출문제 120~123p 실전문제 124~125p	**듣기 제3부분** 1급 문제 유형 파악 126~128p 기출문제 129~131p 실전문제 132~133p

30일 학습 플랜

16일	17일	18일	19일	20일
학 습 일 /	학 습 일 /	학 습 일 /	학 습 일 /	학 습 일 /
학습 여부 □□	학습 여부 □□	학습 여부 □□	학습 여부 □□	학습 여부 □□
1급 듣기 제4부분 문제 유형 및 기출문제 134~137p 실전문제 138~139p 독해 제1부분 문제 유형 및 기출문제 142~145p 실전문제 146~147p	1급 독해 제2부분 문제 유형 및 기출문제 148~151p 실전문제 152~153p 독해 제3부분 문제 유형 및 기출문제 154~157p 실전문제 158~159p	1급 독해 제4부분 문제 유형 파악 160~161p 기출문제 162~163p 실전문제 164~165p	1급 모의고사 1회 + 동영상 강의	1급 모의고사 2회 + 동영상 강의

21일	22일	23일	24일	25일
학 습 일 /	학 습 일 /	학 습 일 /	학 습 일 /	학 습 일 /
학습 여부 □□	학습 여부 □□	학습 여부 □□	학습 여부 □□	학습 여부 □□
2급 듣기 제1부분 문제 유형 파악 168~169p 기출문제 170~171p 실전문제 172~175p	2급 듣기 제2부분 문제 유형 파악 176~178p 기출문제 179~181p 실전문제 182~185p	2급 듣기 제3부분 문제 유형 파악 186~187p 기출문제 188~189p 실전문제 190~191p	2급 듣기 제4부분 문제 유형 파악 192~193p 기출문제 194~195p 실전문제 196~197p	2급 독해 제1부분 문제 유형 파악 200~202p 기출문제 203~205p 실전문제 206~207p

26일	27일	28일	29일	30일
학 습 일 /	학 습 일 /	학 습 일 /	학 습 일 /	학 습 일 /
학습 여부 □□	학습 여부 □□	학습 여부 □□	학습 여부 □□	학습 여부 □□
2급 독해 제2부분 문제 유형 파악 208~209p 기출문제 210~211p 실전문제 212~213p	2급 독해 제3부분 문제 유형 파악 214~215p 기출문제 216~219p 실전문제 220~223p	2급 독해 제4부분 문제 유형 파악 224~225p 기출문제 226~229p 실전문제 230~233p	2급 모의고사 1회 + 동영상 강의	2급 모의고사 2회 + 동영상 강의

본책의 MP3 파일 & 모의고사 동영상 강의 제공

www.booksJRC.com

중국어 기초 다지기

이 **단원에서는**

중국어의 발음, 문장의 종류, 문장의 완료 · 경험 · 지속 표현을 공부하면서 HSK 시험에 도전하기 전 기초를 튼튼하게 다져요.

1 발음

기본 구성

중국어의 발음은 성모, 운모, 성조로 나누어 볼 수 있다.

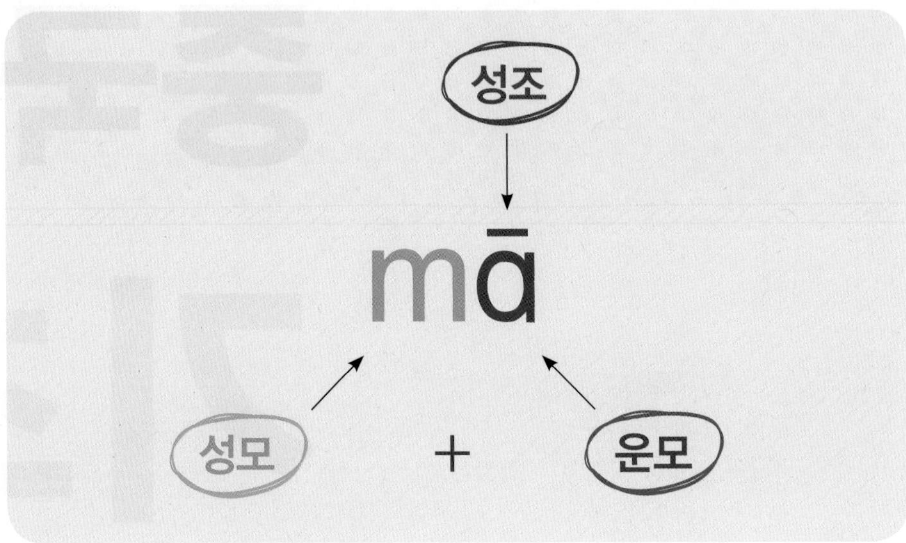

1. **성모**

우리말의 자음과 비슷하며, 중국어 음절의 첫머리에 위치한다.

2. **운모**

우리말의 모음과 비슷하며, 성모를 제외한 나머지 뒷부분을 말한다.

3. **성조**

음절의 높낮이를 표시하고 의미를 구별하는 기능이 있다.

성조

Track 01

성조는 의미를 구별하는 기능을 가진 중국어 발음의 높낮이를 말한다.

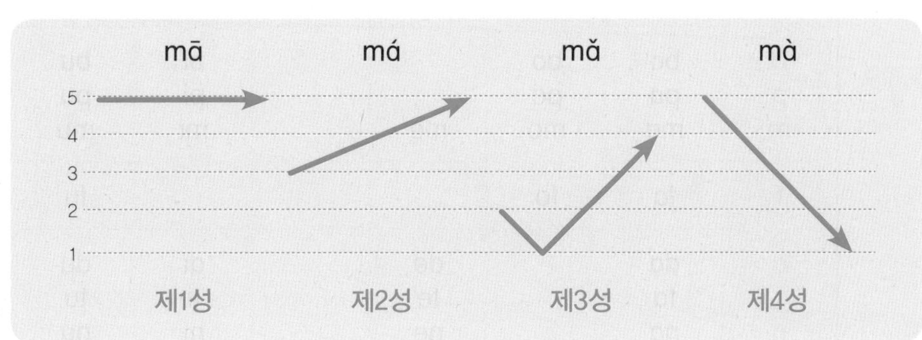

1. 제1성(mā) 가장 높고 평탄하게 내는 소리 [5 → 5]
누군가가 내 팔뚝을 길~게 꼬집는다고 상상해 보세요.
그때 나의 감탄사는? "**아~**"

2. 제2성(má) 중간음에서 가장 높은음으로 끌어올리는 소리 [3 → 5]
활주로에서 이륙하는 비행기를 상상해 보세요. "**부~~아~~앙**"

3. 제3성(mǎ) 낮은음에서 가장 낮은음까지 내려갔다가 다시 중간까지 올리는 소리 [2 → 1 → 4]
잘 이해하지 못했던 것을 깨달았을 때 감탄사를 떠올려 보세요. "**아~ (그렇구나)**"

4. 제4성(mà) 가장 높은음에서 가장 낮은음으로 빠르게 내리는 소리 [5 → 1]
태권도 기합 소리를 떠올려 보세요. "**얍!**"

3 성모와 단운모의 결합

Track 02

	a	o	e	-i	i	u	ü
b p m	ba pa ma	bo po mo	 me		bi pi mi	bu pu mu	
f	fa	fo				fu	
d t n l	da ta na la		de te ne le		di ti ni li	du tu nu lu	 nü lü
g k h	ga ka ha		ge ke he			gu ku hu	
j q x					ji qi xi		ju qu xu
z c s	za ca sa		ze ce se	zi ci si		zu cu su	
zh ch sh r	zha cha sha		zhe che she re	zhi chi shi ri		zhu chu shu ru	
성모가 없을 때	a	o	e		yi	wu	yu

☆ *성모가 운모를 만날 때* 주의해야 할 네 가지 포인트

1 운모 a는 기본적으로 우리말의 '아'와 유사하게 발음하지만, ian, üan에서는 '애'와 유사하게 발음한다. 예 dian, xuan

2 운모 e는 기본적으로 우리말의 '(으)어'와 유사하게 발음하지만, ie, ei, üe에서는 '에'와 유사하게 발음한다. 예 xie, mei, xue

3 운모 i는 기본적으로 우리말의 '이'와 유사하게 발음하지만, 성모 z, c, s, zh, ch, sh, r와 결합할 때는 '으'처럼 발음한다. 예 zi, ci, si, zhi, chi, shi, ri

4 성모 j, q, x와 운모 ü가 결합할 때는 ü 위에 두 점을 떼고 u로 적는다.
예 ju, qu, xu

1. 다음 중 나머지 네 개의 보기와 다른 운모 'u'를 고르세요.

❶ lù ❷ xuě ❸ yǔ ❹ qù ❺ juéde

2. 다음 (a)에 들어갈 알맞은 한자를 보기에서 고르세요. (성조는 고려하지 않습니다.)

보기 点 能 叫 钱 小

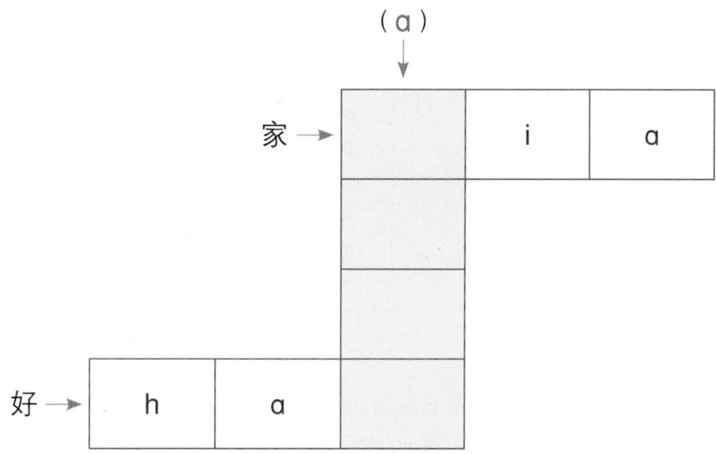

정답 1. ❶ [성모 j, q, x 뒤에 쓰는 u는 원래 ü이고, ü가 단독으로 쓰일 때는 yu로 표기한다.] 2. 叫

plus+ 家 jiā 집 | 好 hǎo 좋다 | 点 diǎn 시 | 能 néng ~할 수 있다 | 叫 jiào ~라고 부르다 | 钱 qián 돈 | 小 xiǎo 작다

2 문장의 종류

1 평서문

평서문은 사람, 사물, 사건, 상황에 대해 서술하는 문장으로, 문장 끝에 마침표(。)를 쓴다.

1. 동사술어문

동사술어문은 동사가 술어 역할을 하며, 동작이나 움직임을 표현하는 문장이다. 부정을 나타낼 때는 동사 앞에 '不 bù'나 '没 méi'를 쓴다.

❶ 긍정문

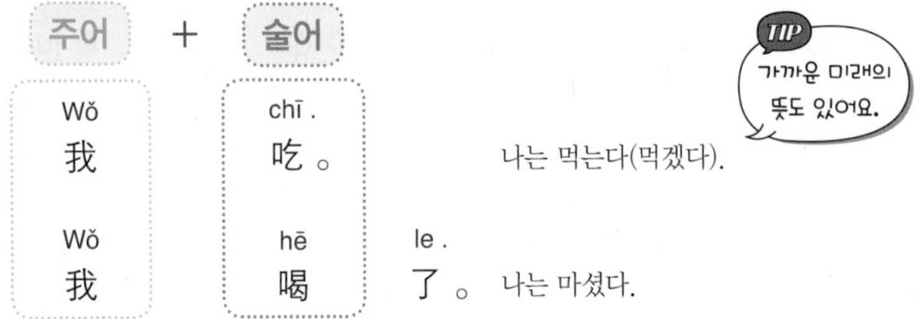

주어 + 술어
Wǒ chī .
我 吃 。 나는 먹는다(먹겠다).
Wǒ hē le .
我 喝 了 。 나는 마셨다.
TIP
가까운 미래의 뜻도 있어요.

❷ 부정문

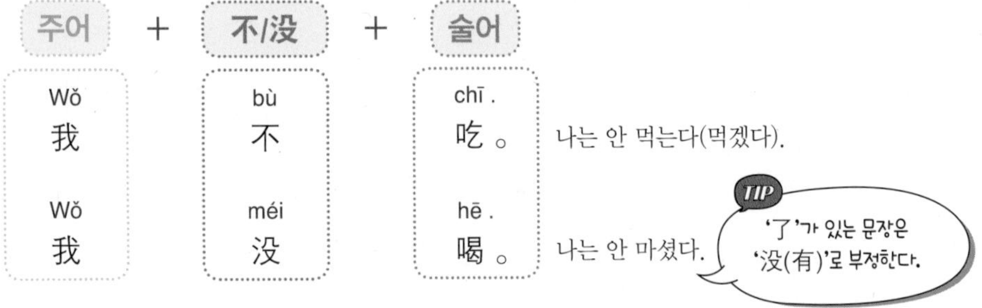

주어 + 不/没 + 술어
Wǒ bù chī .
我 不 吃 。 나는 안 먹는다(먹겠다).
Wǒ méi hē .
我 没 喝 。 나는 안 마셨다.
TIP
'了'가 있는 문장은 '没(有)'로 부정한다.

대부분의 동사는 부정부사 '不 bù(~이 아니다)'와 '没(有) méi(yǒu)(~않다)'를 모두 쓸 수 있지만, 동사 '是 shì'는 '不'로만, 동사 '有 yǒu'는 '没'로만 부정한다.

Tā shì xuésheng , wǒ bú shì xuésheng .
他 是 学生 ， 我 不 是 学生 。 그는 학생이고, 나는 학생이 아니다.

Tā yǒu dìdi , wǒ méiyǒu dìdi .
他 有 弟弟 ， 我 没有 弟弟 。 그는 남동생이 있고, 나는 남동생이 없다.

2. 형용사술어문

형용사술어문은 형용사가 술어 역할을 하며, 상태나 성질을 나타낸다. 상태를 부정할 때는 시제(과거, 현재, 미래)와 상관없이 '不 bù'를 쓴다.

❶ 긍정문

나는 바쁘다(바빴다).

TIP '很'은 '매우'라는 뜻으로, 상태의 정도를 강조한다.

❷ 부정문

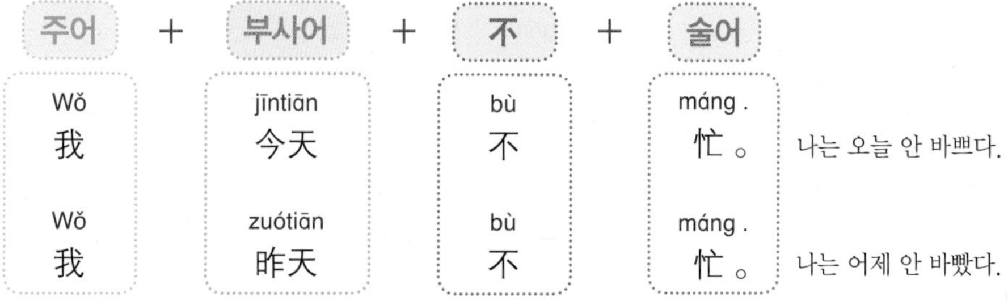

나는 오늘 안 바쁘다.

나는 어제 안 바빴다.

형용사 뒤에 '了 le'를 쓰면 과거형이 아닌 새로운 상황이나 상태로의 변화를 나타낸다. 부정문은 형용사 앞에 '没 méi'를 쓰고, 문장 끝에 '了'를 없앤다. '(还)没+형용사'는 '(아직) ~해지지 않았다'라는 의미로 상태의 변화가 발생하지 않았음을 의미한다.

Tiānqì rè le .
天气 热 了。날씨가 더워졌다.

Tiānqì hái méi rè .
天气 还 没 热。날씨가 아직 더워지지 않았다.

3. 명사술어문

명사술어문은 명사가 술어 역할을 하는 문장으로, 시간, 날짜, 금액, 날씨 등을 표현할 때 쓴다. 부정문을 만들 때에는 반드시 '不是 bú shì'를 써야 하며, 이때 '不是'에서 '是'를 생략해서는 안 된다.

❶ 긍정문

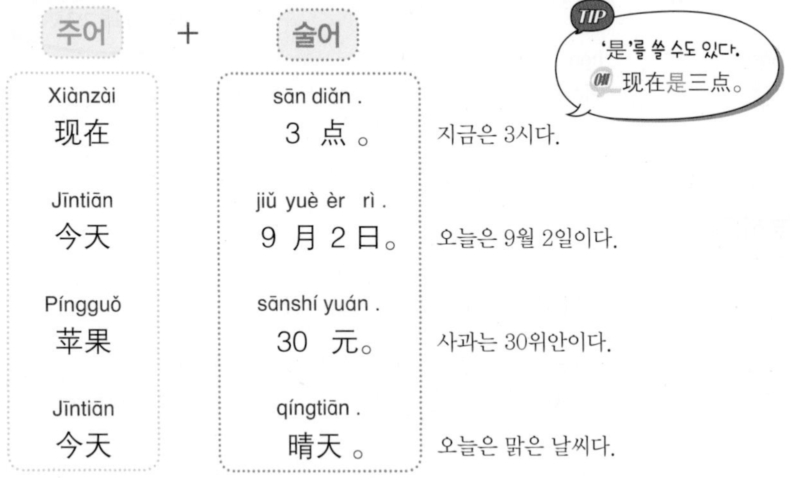

주어 + 술어
Xiànzài 现在 sān diǎn . 3 点 。
Jīntiān 今天 jiǔ yuè èr rì . 9 月 2 日。
Píngguǒ 苹果 sānshí yuán . 30 元。
Jīntiān 今天 qíngtiān . 晴天 。
TIP
'是'를 쓸 수도 있다.
예 现在是三点。

지금은 3시다.

오늘은 9월 2일이다.

사과는 30위안이다.

오늘은 맑은 날씨다.

❷ 부정문

주어 + 不是 + 목적어
Xiànzài 现在 bú shì 不是 sì diǎn . 4 点 。
Jīntiān 今天 bú shì 不是 jiǔ yuè sān rì . 9 月 3 日 。
Píngguǒ 苹果 bú shì 不是 èrshí yuán . 20 元 。
Jīntiān 今天 bú shì 不是 yīntiān . 阴天 。

지금은 4시가 아니다.

오늘은 9월 3일이 아니다.

사과는 20위안이 아니다.

오늘은 흐린 날씨가 아니다.

다음 문장을 부정문으로 바꿔 쓰세요.

Wǒ kàn le.
❶ 我 看 了。 → ______________________

Tā shì lǎoshī.
❷ 他 是 老师。 → ______________________

Zuótiān wǒ hěn lèi.
❸ 昨天 我 很 累。 → ______________________

Jīntiān xīngqīsān.
❹ 今天 星期三。 → ______________________

Xiànzài shí diǎn.
❺ 现在 10 点。 → ______________________

정답 ❶ 我没看。Wǒ méi kàn. ❷ 他不是老师。Tā bú shì lǎoshī. ❸ 昨天我不累。Zuótiān wǒ bú lèi.
❹ 今天不是星期三。Jīntiān bú shì xīngqīsān. ❺ 现在不是10点。Xiànzài bú shì shí diǎn.

해석 ❶ 나는 봤다. ↔ 나는 안 봤다(보지 않았다.) ❷ 그는 선생님이다. ↔ 그는 선생님이 아니다.
❸ 어제 나는 피곤했다. ↔ 어제 나는 안 피곤했다. ❹ 오늘은 수요일이다. ↔ 오늘은 수요일이 아니다.
❺ 지금은 10시다. ↔ 지금은 10시가 아니다.

2 의문문

의문문은 질문하는 형식의 문장으로, 문장 끝에 물음표(?)를 쓰고 살짝 올려 읽는다.

1. 일반의문문

일반의문문은 평서문 뒤에 '吗 ma', '吧 ba'를 써서 표현한다. '吗'는 '~니?'라는 뜻으로 몰라서 질문할 때 쓴다. '吧'는 '~지?'라는 뜻으로 추측해서 물어볼 때 쓴다. '呢'는 '~는?'이라는 뜻으로 반복되는 질문 내용을 생략하고 물어볼 때 쓴다.

2. 의문대명사를 사용한 의문문

의문대명사 '谁 shéi', '哪儿 nǎr', '什么 shénme' 등을 사용하여 의문문을 만들 수 있는데, 이때 문장 끝에 '吗 ma'나 '吧 ba'는 쓸 수 없다.

꼭 알아야 하는 의문 표현

사람	谁 shéi 누구	방식	怎么 zěnme 어떻게
사물	什么 shénme 무엇	이유	怎么 zěnme 어떻게 ǀ 为什么 wèishénme 왜
시간	什么时候 shénme shíhou 언제	상태	怎么样 zěnmeyàng 어때
장소	哪儿 nǎr 어디	수량	几 jǐ 몇 ǀ 多少 duōshao 얼마

3. 정반의문문

정반의문문은 긍정형(A)과 부정형(不A)을 연결하여 만드는 의문문(A不A)으로, '~이니, 아니니?'의 의미이다. 정반의문문은 문장 끝에 '吗 ma'나 '吧 ba'는 쓸 수 없다.

	A	+ 不A		
Nǐ 你	lái 来	bulái ? 不来 ?		너는 오니 안 오니?
Nǐ 你	máng 忙	bumáng ? 不忙 ?		너는 바쁘니 안 바쁘니?
Nǐ 你	xiǎng 想	buxiǎng 不想	chī ? 吃 ?	너는 먹고 싶니 먹고 싶지 않니?

4. …, 好吗?/好不好?/怎么样?

'…, 好吗? hǎo ma?/好不好? hǎobuhǎo?/怎么样? zěnmeyàng?'은 '~하는 거, 좋니?/좋니 안 좋니?/어때?'라는 의미로, 상대방의 의사를 물을 때 쓰는 의문문이다.

평서문
+ 好吗/好不好/怎么样 ?
Wǒmen qù kàn diànyǐng ,
我们 去 看 电影 ,
hǎo ma ?
好 吗 ?
우리 영화 보러 가자, 좋아?
Wǒmen qù kàn diànyǐng ,
我们 去 看 电影 ,
hǎobuhǎo ?
好不好 ?
우리 영화 보러 가자, 좋아 안 좋아?
Wǒmen qù kàn diànyǐng ,
我们 去 看 电影 ,
zěnmeyàng ?
怎么样 ?
우리 영화 보러 가자, 어때?

명령문

명령문은 명령 혹은 금지를 나타내는 문장으로, 문장 끝에 마침표(。)나 느낌표(！)를 쓴다.

1. 请 qǐng ~하세요

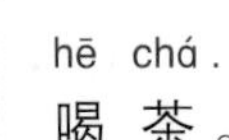

차를 드세요.

2. 别 bié ~하지 마라

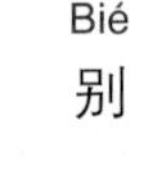

hē kāfēi .
喝 咖啡 。 커피를 마시지 마라.

Bié
别

hē le .
喝 了 。 (이제) 그만 마셔라.

> TIP
> '别…了 bié…le'는 '(이제) 그만 ~해라', '~하지 마세요'라는 의미이다.

3. 不要 bú yào ~해서는 안 된다, ~하지 마라

Bú yào
不 要

hē tài duō .
喝 太 多 。 너무 많이 마셔서는 안 된다.

감탄문

감탄문은 감탄, 놀람 등의 감정을 표현하는 문장으로, 문장 끝에 느낌표(！)를 많이 쓴다.

1. 太 tài 너무, 지나치게

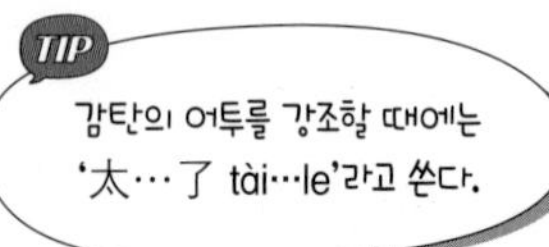

TIP
감탄의 어투를 강조할 때에는
'太…了 tài…le'라고 쓴다.

Tài
太

hǎo le !
好 了！ 너무 잘됐다(좋구나)!

2. 真 zhēn 정말로, 진짜

Zhēn 真	hǎo ! 好！	정말 좋다!

체크√체크

다음 질문에 어울리는 대답을 찾아 연결하세요.

Wǒmen yìqǐ qù, hǎo ma? ❶ 我们 一起 去，好 吗？	Wǒ de shū bú jiàn le. A 我 的 书 不 见 了。
Nǐ zěnme le? ❷ 你 怎么 了？	Xièxie, wǒ yào yì bēi. B 谢谢，我 要 一 杯。
Nǐ yàobuyào hē niúnǎi? ❸ 你 要不要 喝 牛奶？	Wǒ yě hěn xǐhuan. C 我 也 很 喜欢。
Wǒ hěn xǐhuan tīng yīnyuè, nǐ ne? ❹ 我 很 喜欢 听 音乐，你 呢？	Tài guì, bié mǎi le. D 太 贵，别 买 了。
Zhè jiàn yīfu zěnmeyàng? ❺ 这 件 衣服 怎么样？	Hǎo! E 好！

정답 ❶ E ❷ A ❸ B ❹ C ❺ D

해석 ❶ 우리 같이 가자, 좋아? – 좋아! ❷ 너 왜 그래? – 내 책이 안 보여.
❸ 너 우유 마실래, 안 마실래? – 고마워, 난 한 잔 원해. ❹ 나는 음악 듣는 거 좋아해, 너는? – 나도 좋아해.
❺ 이 옷 어때? – 너무 비싸, 사지 마.

3 문장의 완료·경험·지속

완료의 了

'了 le'는 '~했다'라는 뜻으로, 발생 시간(과거, 현재, 미래)에 상관없이 동작의 완료를 나타낸다.

1. 긍정문

나는 책 두 권을 샀다.

2. 부정문

나는 책을 사지 않았다.

3. 의문문

주어 + 술어 + 보어 + 了 + 吗/没(有)?

주어	술어	보어	了	吗/没(有)?	
Nǐ 你	kàn 看	wán 完	le 了	ma ? 吗？	너 다 봤니?
Nǐ 你	tīng 听	dǒng 懂	le 了	méiyǒu ? 没有？	너 듣고 이해했니?

완료 了의 위치

① 수식하는 말(관형어)이나 양을 나타내는 말(수량사)이 있으면, 완료의 了는 동사 바로 뒤에 쓴다.

Wǒ mǎile yì běn hěn yǒu yìsi de shū.
我 买了 一本 很 有 意思 的 书。나는 재미있는 책 한 권을 샀다.
동사 수량사 관형어

② 수식하는 말(관형어) 없이 목적어만 있으면, 완료의 了는 문장 끝에 쓸 수 있다.

Wǒ yòu mǎi shū le.
我 又 买 书 了。나는 또 책을 샀다.
동사 목적어

단어 有意思 yǒu yìsi 재미있다

2 경험의 过

'过 guo'는 '~한 적 있다'라는 뜻으로, 동작의 경험을 나타낸다.

1. 긍정문

주어 + 술어 + 过 + 목적어

Wǒ 我	qù 去	guo 过	Zhōngguó. 中国。

나는 중국에 가본 적 있다.

2. 부정문

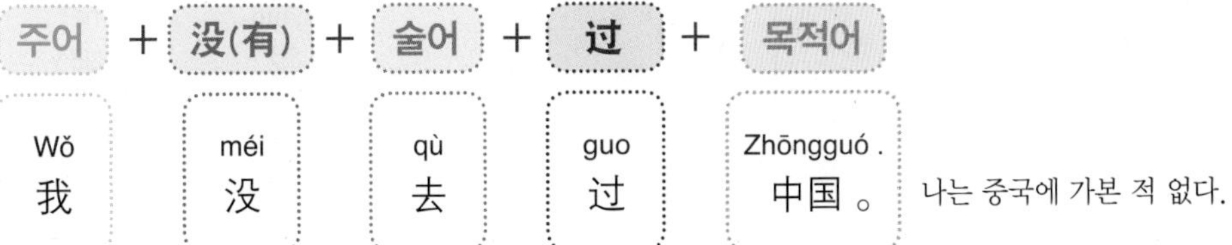

주어 + 没(有) + 술어 + 过 + 목적어

Wǒ 我	méi 没	qù 去	guo 过	Zhōngguó. 中国。

나는 중국에 가본 적 없다.

3. 의문문

너 본 적 있니?

너 들은 적 있니?

3 지속의 着

'着 zhe'는 '~한 상태이다'라는 뜻으로, 어떤 동작이 발생한 후, 그 상태의 지속을 나타낸다.

주어	술어	着	목적어	
Wàimiàn 外面	xià 下	zhe 着	yǔ . 雨。	밖에 비가 내리고 있어요.

동작의 진행은 부사 '正在 zhèngzài'나 '在 zài'를 써서 '~하는 중이다'라고 표현한다. 이때 문장 끝에 '呢 ne'를 쓸 수 있다.

주어	正在/在	술어	목적어	(呢)
Wǒ 我	zài 在	kàn 看	diànyǐng 电影	(ne) . (呢)。

나는 영화를 보는 중이다.

4 임박(가까운 미래)의 표현

'要 yào/就要 jiùyào/快(要)…了 kuài(yào)…le'는 '곧 ~하다'라는 뜻으로, 동작이나 상황이 곧 발생할 것임을 나타낸다.

주어	+ 要/就要/快(要) +	술어	了	
Diànyǐng 电影	yào 要	kāishǐ 开始	le . 了。	영화가 곧 시작한다.

5 시간, 장소, 방식 등의 강조 표현

'(是)…的 (shì)…de' 강조 구문을 사용하여, 이미 발생한 동작의 시간, 장소, 방식 등을 강조할 수 있다. 긍정문에서 是는 생략할 수 있다.

1. 긍정문

주어	+ (是) +	부사어	+ 술어 +	的	
Tā 他	(shì) (是)	zuótiān 昨天	lái 来	de . 的。	그는 어제 왔다.
Tā 他	(shì) (是)	cóng Zhōngguó 从 中国	lái 来	de . 的。	그는 중국에서 왔다.
Tā 他	(shì) (是)	zuò fēijī 坐 飞机	lái 来	de . 的。	그는 비행기를 타고 왔다.

2. 부정문

TIP
부정문에서는 '是'를 생략하면 안 된다.
주어 + 不是 + 부사어 + 술어 + 的
Tā 他 bú shì 不是 qiántiān 前天 lái 来 de. 的。
Tā 他 bú shì 不是 cóng Měiguó 从美国 lái 来 de. 的。
Tā 他 bú shì 不是 zuò chuán 坐船 lái 来 de. 的。

그는 그저께 오지 않았다.

그는 미국에서 오지 않았다.

그는 배를 타고 오지 않았다.

단어 船 chuán 명 배

체크√체크

빈칸에 공통으로 들어갈 단어를 보기에서 고르세요.

보기 了 le 着 zhe 在 zài 没有 méiyǒu 不 bù 是 shì

Tā ( ) wǒ de tóngxué. Tā ( ) cóng Zhōngguó lái de.
❶ 她 ( ) 我 的 同学。她 ( ) 从 中国 来 的。

Sān diǎn ( ), huǒchē yào kāi ( ).
❷ 三 点 ( ), 火车 要 开 ( )。

Nǐ ( ) nǎr? Wǒmen ( ) chīfàn ne.
❸ 你 ( ) 哪儿? 我们 ( ) 吃饭 呢。

Zhè běn shū nǐ kàn wán le ( )?
❹ A: 这 本 书 你 看 完 了 ( )?

Děng yi děng, wǒ hái ( ) kàn wán ne.
B: 等 一 等, 我 还 ( ) 看 完 呢。

정답 ❶ 是 shì ❷ 了 le ❸ 在 zài ❹ 没有 méiyǒu

해석 ❶ 그녀는 나의 반 친구야. 그녀는 중국에서 왔어. ❷ 3시가 되었어, 기차가 곧 출발하려고 해.
❸ 너 어디에 있어? 우리는 밥을 먹고 있어. ❹ A : 이 책을 너는 다 봤니? B : 기다려, 나는 아직 다 안 봤어.

중국어를 왜 '中国语'라 하지 않고 '汉语'라고 할까요?

'我学习汉语(Wǒ xuéxí Hànyǔ)'라고 말하면 '나는 중국어를 배워요'라는 뜻인데요, 우리말로는 중국어라고 표현하는데 왜 중국어로는 '中国语(Zhōngguóyǔ)'가 아닌 '汉语(Hànyǔ)'라고 할까요?

중국은 한족(汉族 Hànzú)과 55개의 소수 민족으로 이루어진 다민족 국가입니다. 민족마다 고유한 언어를 가지고 있는데, 소수 민족의 언어도 중국어 중 하나라고 볼 수 있습니다. 한족은 중국 전체 인구의 94%를 차지할 정도로 대다수를 차지하다보니, 한족이 사용하는 언어가 자연스럽게 중국을 대표하는 언어가 되었습니다. 그래서 중국어를 '汉语(Hànyǔ)'라고 부릅니다.

중국의 만주족

중국은 땅이 넓고 민족이 다양해 다양한 언어와 방언이 발달했습니다. 방언으로 의사소통이 되지 않아 중국 정부에서는 중국인들이 공통으로 사용하는 표준어를 제정하였는데 이 표준어를 '普通话 Pǔtōnghuà'라고 합니다. 따라서 우리가 배우는 중국어의 표준어가 '普通话'이고, 이 언어를 중국에서 '汉语'라고 부릅니다.

대만이나 홍콩을 비롯한 지역에서는 중국어를 '中文 Zhōngwén', '国语 guóyǔ'라고 부릅니다. 한자도 중국 대륙에서는 복잡한 한자를 간단하게 만든 간체자(简体字 jiǎntǐzì)를 사용하지만, 대만이나 홍콩 등에서는 우리나라에서 쓰는 번체자(繁体字 fántǐzì)를 사용합니다.

간체자(简体字)
번체자(繁体字)

新 HSK

1·2급

필수 단어

외우기

이 **단원에서는**

HSK 1급과 2급 합격에 꼭 필요한 필수 단어 300개를 외워요. 녹음을 들으면서 큰 소리로 따라 읽고, 단어 쓰기 워크북에 직접 써보면서 단어를 익혀 보세요.

1 명사

우리 주변의 것들은 다른 것과 구별하기 위해 각각 이름을 붙여서 말하는데, 그 이름을 명사라고 한다. 명사에는 사람, 사물, 장소, 방향, 시간 등이 있다.

가족

Track  03

1급
□□ 爸爸 bàba 아빠

Bàba zài gōngzuò.
爸爸在工作。아빠는 일하신다.

1급
□□ 妈妈 māma 엄마

Māma bù gōngzuò.
妈妈不工作。엄마는 일을 안 하신다.

2급
□□ 丈夫 zhàngfu 남편

Wǒ de zhàngfu měi tiān shàngbān.
我的丈夫每天上班。내 남편은 매일 출근한다.

2급
□□ 妻子 qīzi 아내

Qīzi zài zuò fàn.
妻子在做饭。아내는 밥을 하고 있다.

2급
□□ 孩子 háizi 자녀, (어린)아이

Lǐ xiānsheng yǒu yí ge háizi.
李先生有一个孩子。이(李) 선생님은 자녀가 한 명 있다.

★ 女孩子 nǚ háizi 여자아이 | 小孩子 xiǎo háizi 어린아이

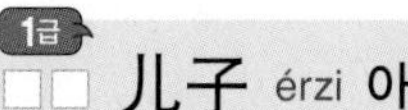

儿子 érzi 아들

Tā de érzi yě xǐhuan yùndòng.
他的儿子也喜欢运动。그의 아들도 운동을 좋아한다.

1급

女儿 nǚ'ér 딸

Tā méiyǒu nǚ'ér.
他没有女儿。그는 딸이 없다.

2급

哥哥 gēge 오빠, 형

Wǒ rènshi Lǐ xiānsheng de gēge.
我认识李先生的哥哥。나는 이(李) 선생님의 형을 안다.

2급

姐姐 jiějie 언니, 누나

Lǐ xiānsheng yě yǒu yí ge jiějie.
李先生也有一个姐姐。이(李) 선생님은 누나도 한 명 있다.

2급

弟弟 dìdi 남동생

Tā méiyǒu dìdi.
他没有弟弟。그는 남동생이 없다.

2급

妹妹 mèimei 여동생

Tā méiyǒu mèimei.
他没有妹妹。그는 여동생이 없다.

2 동물 Track 04

□□ (小)狗 (xiǎo)gǒu 개, 강아지

Zhè shì wǒ de xiǎogǒu.
这是我的小狗。이것은 내 강아지다.

★ 小狗는 狗 gǒu라고 말할 수 있다.

□□ (小)猫 (xiǎo)māo 고양이

Nà shì tā de xiǎomāo.
那是他的小猫。저것은 그의 고양이다.

★ 小猫는 猫 māo라고 말할 수 있다.

3 신분·직업 Track 05

□□ 老师 lǎoshī 선생님

Lǎoshī zài xuéxiào shàngkè.
老师在学校上课。선생님은 학교에서 수업을 한다.

□□ 学生 xuésheng 학생

Xuésheng zài jiàoshì xuéxí.
学生在教室学习。학생은 교실에서 공부한다.

1급

□□ 同学 tóngxué 급우, 같은 반(학교) 친구

Tā shì wǒ de tóngxué.
他是我的同学。그는 나의 급우이다.

1급
□□ 朋友 péngyou 친구

Tā yǒu hěn duō péngyou.
他有很多朋友。그는 친구가 많다.

2급
□□ 服务员 fúwùyuán 종업원

Fúwùyuán zài fàndiàn gōngzuò.
服务员在饭店工作。종업원은 호텔에서 일한다.

1급
□□ 医生 yīshēng 의사

Yīshēng zài yīyuàn gōngzuò.
医生在医院工作。의사는 병원에서 일한다.

1급
□□ 先生 xiānsheng 선생, 씨[성인 남성에 대한 존칭]

Lǐ xiānsheng, qǐng jìn.
李先生，请进。이(李) 선생님, 들어오세요.

1급
□□ 小姐 xiǎojiě 아가씨, 양[젊은 여성에 대한 일반적인 호칭]

Wáng xiǎojiě, qǐng zuò.
王小姐，请坐。왕(王) 아가씨, 앉으세요.

1급
□□ 人 rén 사람

Rén zhēn duō!
人真多！사람이 정말 많군요!

★ 가족 구성원을 물어볼 때도 쓸 수 있다.
Nǐ jiā yǒu jǐ kǒu rén?
你家有几口人？ 너희 가족은 몇 명이니?

첫걸음 단어

□□ 男(人) nán(rén) 남자

Lǐ xiānsheng shì nánrén.
李先生是男人。 이(李) 선생님은 남자다.

□□ 女(人) nǚ(rén) 여자

Wáng xiǎojiě shì nǚrén.
王小姐是女人。 왕(王) 아가씨는 여자다.

★ 大人 dàren 어른, 성인

1 빈칸에 공통으로 들어갈 단어를 보기에서 고르세요.

보기 生 shēng 儿 ér 学 xué 老 lǎo 小 xiǎo

❶ nǚ 女 / zi 子

❷ tóng 同 / sheng 生

❸ yī 医 / xiān 先

❹ jiě 姐 / gǒu 狗

2 제시된 단어의 알맞은 뜻을 고르세요.

		A	B
❶	bàba 爸爸	A 엄마	B 아빠
❷	jiějie 姐姐	A 언니, 누나	B 여동생
❸	zhàngfu 丈夫	A 아내	B 남편
❹	dìdi 弟弟	A 형, 오빠	B 남동생

정답 1 ❶ 儿 ér ❷ 学 xué ❸ 生 shēng ❹ 小 xiǎo 2 ❶ B ❷ A ❸ B ❹ B

plus+ 1 女儿 nǚ'ér 딸 | 儿子 érzi 아들 | 同学 tóngxué 급우, 반 친구 | 学生 xuésheng 학생 | 医生 yīshēng 의사 | 先生 xiānsheng 선생, 씨[성인 남성에 대한 존칭] | 小姐 xiǎojiě 아가씨, 양[젊은 여성에 대한 일반적인 호칭] | 小狗 xiǎogǒu 강아지

2 엄마 → 妈妈 māma | 여동생 → 妹妹 mèimei | 아내 → 妻子 qīzi | 형, 오빠 → 哥哥 gēge

첫걸음 단어

4 날짜 Track 06

1급
□□ **昨天** zuótiān **어제**

Wǒ shì zuótiān huílai de.
我是昨天回来的。나는 어제 돌아왔다.

1급
□□ **今天** jīntiān **오늘**

Wǒ jīntiān shēntǐ bù hǎo.
我今天身体不好。나는 오늘 몸이 안 좋다.

1급
□□ **明天** míngtiān **내일**

Wǒmen míngtiān jiàn, zěnmeyàng?
我们明天见，怎么样? 우리 내일 만나는 거, 어때?

1급
□□ **年** nián **년**

Wǒ érzi shì èr líng líng liù nián chūshēng de.
我儿子是2006年出生的。나의 아들은 2006년에 태어났다.

2급
□□ **去年** qùnián **작년**

Tā qùnián jiù shàng xué le.
他去年就上学了。그는 작년에 학교에 들어갔다.

1급
□□ **月** yuè **월**

Jīntiān (shì) jǐ yuè jǐ rì?
今天(是)几月几日? 오늘은 몇 월 며칠이니?

2급
□□ **日** rì **일**

Jīntiān (shì) shí yuè èrshíyī rì.
今天(是)10月21日。오늘은 10월 21일이다.

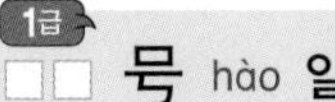

1급
□□ **号** hào **일**

Nà míngtiān jiù shì èrshí'èr hào ba?
那明天就是22号吧？ 그럼 내일이 바로 22일이지?

1급
□□ **星期** xīngqī **요일, 주**

Duì, míngtiān jiù shì èrshí'èr hào, xīngqī'èr. Zěnme le?
对，明天就是22号，星期二。怎么了？ 맞아. 내일이 바로 22일 화요일이야. 왜 그래?

2급
□□ **生日** shēngrì **생일**

Míngtiān shì wǒ érzi de shēngrì.
明天是我儿子的生日。 내일은 내 아들의 생일이다.

5 시간 Track 07

2급
□□ **早上** zǎoshang **아침**

Tā zǎoshang qī diǎn qǐchuáng.
他早上七点起床。 그는 아침 7시에 일어난다.

1급
□□ **上午** shàngwǔ **오전**

Tā shàngwǔ zài xuéxiào xuéxí.
他上午在学校学习。 그는 오전에 학교에서 공부한다.

1급
□□ **中午** zhōngwǔ **점심**

Tā zhōngwǔ chī wǔfàn.
他中午吃午饭。 그는 점심에 점심밥을 먹는다.

1급
□□ 下午 xiàwǔ 오후

Tā xiàwǔ sì diǎn huíjiā.
他下午四点回家。그는 오후 4시에 집에 돌아간다.

2급
□□ 晚上 wǎnshang 저녁, 밤

Tā wǎnshang shí diǎn shuìjiào.
他晚上十点睡觉。그는 밤 10시에 잠을 잔다.

1급
□□ 现在 xiànzài 지금, 현재

Xiànzài jǐ diǎn?
现在几点? 지금 몇 시니?

1급
□□ 时候 shíhou 때

Nǐ méiyǒu kè de shíhou zuò shénme?
你没有课的时候做什么? 너는 수업이 없을 때 뭐 하니?

2급
□□ 时间 shíjiān 시간

Wǒ méiyǒu shíjiān xiūxi.
我没有时间休息。나는 쉴 시간이 없다.

★ 点 diǎn 시
liǎng diǎn
两点 두 시

2급
□□ 小时 xiǎoshí 시간[시간의 양]

Wǒ xuéxí sì ge xiǎoshí.
我学习四个小时。나는 4시간 (동안) 공부한다.

1급
□□ 分钟 fēnzhōng 분[시간의 양]

Wǒ cái xiūxi shí fēnzhōng.
我才休息十分钟。나는 겨우 10분 쉰다.

1 빈칸에 들어갈 단어를 보기에서 고르세요.

보기 下午 xiàwǔ 月 yuè 今天 jīntiān 去年 qùnián 号 hào

❶ (　　) – 今年 – 明年
( ) jīnnián míngnián

❷ 昨天 – (　　) – 明天
zuótiān ( ) míngtiān

❸ 上午 – 中午 – (　　) – 晚上
shàngwǔ zhōngwǔ ( ) wǎnshang

❹ 年 – (　　) – 日
nián ( ) rì

2 다음 질문에 어울리는 대답을 찾아 연결하세요.

❶ 今天几月几日? (Jīntiān jǐ yuè jǐ rì?) • • A 8个小时。(Bā ge xiǎoshí.)

❷ 现在几点? (Xiànzài jǐ diǎn?) • • B 10点半。(Shí diǎn bàn.)

❸ 明天星期几? (Míngtiān xīngqī jǐ?) • • C 4月14日。(Sì yuè shísì rì.)

❹ 你每天睡几个小时? (Nǐ měi tiān shuì jǐ ge xiǎoshí?) • • D 星期天。(Xīngqītiān.)

정답 1 ❶ 去年 qùnián ❷ 今天 jīntiān ❸ 下午 xiàwǔ ❹ 月 yuè　2 ❶ C ❷ B ❸ D ❹ A

해석 1 ❶ 작년 – 올해 – 내년 ❷ 어제 – 오늘 – 내일 ❸ 오전 – 점심 – 오후 – 저녁 ❹ 년 – 월 – 일
2 ❶ 오늘은 몇 월 며칠이니? – 4월 14일이야. ❷ 지금 몇 시야? – 10시 반이야. ❸ 내일은 무슨 요일이야? – 일요일이야. ❹ 너는 매일 몇 시간 자? – 8시간.

6 장소 Track 08

1급

□□ **家** jiā **집**

Nǐ jiā zěnmeyàng?

你家怎么样? 너의 집은 어떠니?

2급

□□ **房间** fángjiān **방**

Wǒ jiā yǒu liǎng ge fángjiān.

我家有两个房间。 우리 집에는 방이 두 개 있다.

1급

□□ **学校** xuéxiào **학교**

Nǐmen xuéxiào dà ma?

你们学校大吗? 너희 학교는 크니?

2급

□□ **教室** jiàoshì **교실**

Xuéxiào dà, jiàoshì bú dà.

学校大，教室不大。 학교는 큰데, 교실은 크지 않다.

2급

□□ **公司** gōngsī **회사**

Wǒ xiànzài zài gōngsī gōngzuò.

我现在在公司工作。 나는 지금 회사에서 일한다.

2급

□□ **宾馆** bīnguǎn **호텔[饭店에 비해 규모가 작은 호텔]**

Wǒmen gōngsī qiánbian yǒu yí ge bīnguǎn, hěn xiǎo.

我们公司前边有一个宾馆，很小。 우리 회사 앞에 호텔이 하나 있는데, 매우 작다.

饭店 fàndiàn 호텔[비교적 크고 좋은 호텔], 식당

Bīnguǎn de pángbiān yǒu yí ge fàndiàn, hěn guì.
宾馆的旁边有一个饭店，很贵。(작은) 호텔 옆에는 (큰) 호텔이 하나 있는데, 매우 비싸다.

★ 식당이나 음식점은 '饭馆 fànguǎn'이라고 한다.

医院 yīyuàn 병원

Yī diǎn le, wǒ yào qù yīyuàn kàn yīshēng le.
1点了，我要去医院看医生了。1시네요. 나는 진찰을 받으러 병원에 가야 해요.

商店 shāngdiàn 상점, 가게

Xiàbān hòu, wǒ yào qù shāngdiàn mǎi dōngxi.
下班后，我要去商店买东西。퇴근 후에 나는 물건을 사러 상점에 가려고 한다.

机场 jīchǎng 공항

Wǒ zài jīchǎng děng fēijī.
我在机场等飞机。나는 공항에서 비행기를 기다린다.

火车站 huǒchēzhàn 기차역

Wǒ zài huǒchēzhàn zuò huǒchē.
我在火车站坐火车。나는 기차역에서 기차를 탄다.

路 lù 길

Wǒ zài huíjiā de lùshang.
我在回家的路上。나는 집으로 돌아가는 길이다.

中国 Zhōngguó 중국

Wǒ shì Zhōngguórén.
我是中国人。나는 중국인이다.

1급

北京 Běijīng 베이징, 북경

Wǒ zhù zài Běijīng.
我住在北京。 나는 베이징에 산다.

교통수단 Track 09

公共汽车 gōnggòng qìchē 버스

Wǒ bàba zuò gōnggòng qìchē shàngbān.
我爸爸坐公共汽车上班。 우리 아빠는 버스를 타고 출근한다.

1급

出租车 chūzūchē 택시

Tā bú zuò chūzūchē.
他不坐出租车。 그는 택시를 타지 않는다.

1급

飞机 fēijī 비행기

Tā zuòguo fēijī.
他坐过飞机。 그는 비행기를 타본 적 있다.

★ 船 chuán 배

Tā méi zuòguo chuán.
他没坐过船。 그는 배를 타본 적이 없다.

★ 自行车 zìxíngchē 자전거

Tā hěn xǐhuan qí zìxíngchē.
他很喜欢骑自行车。 그는 자전거 타는 것을 좋아한다.

8 방위 · 방향 Track 10

1급
□□ **上** shàng **위**

Zhuōzi shang yǒu yì běn shū.
桌子上有一本书。 테이블 위에 책 한 권이 있다.

1급
□□ **下** xià **아래**

Wǒ de xiǎomāo zài yǐzi xià.
我的小猫在椅子下。 내 고양이가 의자 아래에 있다.

1급
□□ **里** lǐ **안, 속**

Jiàoshì li yǒu hěn duō xuésheng.
教室里有很多学生。 교실 안에 많은 학생들이 있다.

2급
□□ **外** wài **밖, 바깥**

Wàimiàn de xuě xià de hěn dà.
外面的雪下得很大。 밖에 눈이 많이 내린다.

1급
□□ **前面** qiánmiàn **앞(쪽)**

Yīyuàn jiù zài qiánmiàn.
医院就在前面。 병원이 바로 앞에 있다.

1급
□□ **后面** hòumiàn **뒤(쪽)**

Yīyuàn hòumiàn yǒu yí ge xuéxiào.
医院后面有一个学校。 병원 뒤에 학교 하나가 있다.

2급
□□ **左边** zuǒbian **왼쪽**

Xuéxiào zuǒbian shì huǒchēzhàn.
学校左边是火车站。 학교 왼쪽은 기차역이다.

2급

□□ 右边 yòubian 오른쪽

Xuéxiào yòubian shì wǒ bàba de gōngsī.
学校右边是我爸爸的公司。학교 오른쪽은 우리 아빠의 회사다.

□□ 旁边 pángbiān 옆, 근처

Wǒ jiā pángbiān yǒu hěn duō shāngdiàn.
我家旁边有很多商店。우리 집 옆에는 많은 가게들이 있다.

1 다음 사진을 보고 관련 있는 단어와 연결하세요.

❶  • • A 教室 jiàoshì

❷  • • B 饭店 fàndiàn

❸  • • C 医院 yīyuàn

❹  • • D 机场 jīchǎng

2 제시된 단어의 알맞은 뜻을 고르세요.

❶ 出租车 chūzūchē　A 자전거　B 택시

❷ 左边 zuǒbian　A 왼쪽　B 오른쪽

❸ 旁边 pángbiān　A 상점　B 옆, 근처

❹ 公司 gōngsī　A 학교　B 회사

정답 1 ❶ D ❷ A ❸ B ❹ C　2 ❶ B ❷ A ❸ B ❹ B

plus+ 2 자전거 → 自行车 zìxíngchē | 오른쪽 → 右边 yòubian | 상점 → 商店 shāngdiàn | 학교 → 学校 xuéxiào

첫걸음 단어

학교 생활 Track 11

姓 xìng 성, 성씨, 성이 ~이다

Wǒ xìng Wáng.
我姓王。 나는 왕(王) 씨이다.

名字 míngzi 이름

Nǐ jiào shénme míngzi?
你叫什么名字? 너는 이름이 뭐니?

课 kè 수업

Jīntiān wǒ yǒu kè.
今天我有课。 오늘 난 수업이 있다.

考试 kǎoshì 시험

Míngtiān yǒu kǎoshì.
明天有考试。 내일 시험이 있다.

书 shū 책

Zhè běn shū yǒudiǎnr nán.
这本书有点儿难。 이 책은 조금 어렵다.

问题 wèntí 문제, 질문

Wǒ yǒu hěn duō wèntí.
我有很多问题。 나는 많은 문제를 가지고 있다.

题 tí (시험) 문제

Zhèxiē tí dōu hěn nán.
这些题都很难。 이 문제들은 다 어렵다.

2급

□□ 意思 yìsi 의미, 뜻

Zhè shì shénme yìsi?
这是什么意思? 이건 무슨 뜻이니?

★ 有意思 yǒu yìsi 재미있다 ↔ 没意思 méi yìsi 재미없다
Zhè běn shū hěn yǒu yìsi.
这本书很有意思。이 책은 재미있다.

1급

□□ 汉语 Hànyǔ 중국어

Wǒ huì shuō Hànyǔ.
我会说汉语。나는 중국어를 할 줄 안다.

□□ 铅笔 qiānbǐ 연필

Wǒ yǒu qiānbǐ.
我有铅笔。나는 연필을 가지고 있다.

1급

□□ 字 zì 글자

Wǒ bú huì xiě zì.
我不会写字。나는 글자를 쓸 줄 모른다.

10 날씨 Track 12

1급
□□ 天气 tiānqì 날씨

Jīntiān tiānqì bù hǎo.
今天天气不好。 오늘 날씨가 안 좋다.

2급
□□ 雪 xuě 눈

Jīntiān xiàwǔ huì xiàxuě.
今天下午会下雪。 오늘 오후에 눈이 내릴 것이다.

★ 雨 yǔ 비
Míngtiān yǒu yǔ ma?
明天有雨吗? 내일 비 오니?

11 신체·건강 Track 13

2급
□□ 身体 shēntǐ 신체, 몸

Wǒ shēntǐ bù hǎo.
我身体不好。 나는 몸이 안 좋다.

2급
□□ 眼睛 yǎnjing 눈[신체 부위]

Wǒ yǎnjing hóng le.
我眼睛红了。 나는 눈이 빨개졌다.

2급
□□ 药 yào 약

Nǐ yào chī yào.
你要吃药。 당신은 약을 먹어야 한다.

1 다음 사진을 보고 관련 있는 단어와 연결하세요.

❶ 	•	• A 药 yào
❷ 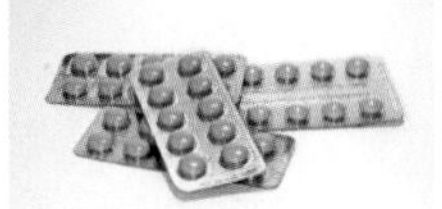	•	• B 铅笔 qiānbǐ
❸ 	•	• C 名字 míngzi
❹ 	•	• D 书 shū

2 제시된 단어의 알맞은 한어병음과 뜻을 연결하세요.

❶ 姓	•	• A yìsi	•	• ㄱ 눈[날씨]
❷ 意思	•	• B xuě	•	• ㄴ 글자
❸ 汉语	•	• C zì	•	• ㄷ 의미, 뜻
❹ 雪	•	• D Hànyǔ	•	• ㄹ 성, 성씨
❺ 字	•	• E xìng	•	• ㅁ 중국어

정답 1 ❶ C ❷ A ❸ B ❹ D 2 ❶ E-ㄹ ❷ A-ㄷ ❸ D-ㅁ ❹ B-ㄱ ❺ C-ㄴ

12 일상생활 Track 14

2급
□□ 门 mén 문

Shāngdiàn hái méi guān mén ba?
商店还没关门吧? 가게는 아직 문을 닫지 않았지?

1급
□□ 东西 dōngxi 물건, 것

Wǒ yào qù shāngdiàn mǎi dōngxi.
我要去商店买东西。 나는 물건을 사러 가게에 가려고 한다.

1급
□□ 衣服 yīfu 옷

Wǒ xiǎng mǎi yí jiàn yīfu.
我想买一件衣服。 나는 옷을 한 벌 사고 싶다.

1급
□□ 电视 diànshì 텔레비전, TV

Wǒ bù xǐhuan kàn diànshì.
我不喜欢看电视。 나는 텔레비전 보는 것을 좋아하지 않는다.

1급
□□ 电影 diànyǐng 영화

Wǒ nǚ'ér hěn xǐhuan kàn diànyǐng.
我女儿很喜欢看电影。 내 딸은 영화 보는 것을 매우 좋아한다.

1급
□□ 电脑 diànnǎo 컴퓨터

Wǒ érzi tài xǐhuan wánr diànnǎo.
我儿子太喜欢玩儿电脑。 내 아들은 컴퓨터 하는 것을 매우 좋아한다.

2급
□□ 报纸 bàozhǐ 신문

Tāmen bú kàn bàozhǐ.
他们不看报纸。 그들은 신문을 보지 않는다.

2급

手表 shǒubiǎo 손목시계

Zhège shǒubiǎo hěn piàoliang.
这个手表很漂亮。이 시계는 매우 예쁘다.

2급

颜色 yánsè 색깔

Zhè shì wǒ zuì xǐhuan de yánsè.
这是我最喜欢的颜色。이건 내가 제일 좋아하는 색이다.

★ 礼物 lǐwù 선물
Zhè shì wǒ sòng gěi nǐ de lǐwù.
这是我送给你的礼物。이건 내가 너에게 주는 선물이다.

2급

事情 shìqing 일, 사건

Nǐ yǒu shénme shìqing?
你有什么事情? 너 무슨 일 있니?

2급

手机 shǒujī 휴대폰

Wǒ de shǒujī bú jiàn le.
我的手机不见了。내 휴대폰이 안 보인다.

2급

票 piào 표, 티켓

Wǒ yào qù mǎi diànyǐng piào.
我要去买电影票。나는 영화표를 사러 가려고 한다.

1급

杯子 bēizi 잔, 컵

Zhèlǐ de bēizi zhēn piàoliang.
这里的杯子真漂亮。이곳의 컵은 정말 예쁘다.

1급

椅子 yǐzi 의자

Yǐzi tài guì le.
椅子太贵了。의자는 너무 비싸다.

1급
□□ 桌子 zhuōzi 테이블, 탁자

Zhuōzi bǐ yǐzi hái guì.
桌子比椅子还贵。테이블은 의자보다 더 비싸다.

1급
□□ 钱 qián 돈

Wǒ méiyǒu qián.
我没有钱。나는 돈이 없다.

13 음식 Track 15

1급
□□ 菜 cài 요리, 음식

Zhèxiē cài dōu hěn hǎochī.
这些菜都很好吃。이 요리들은 다 맛있다.

1급
□□ 米饭 mǐfàn 쌀밥

Wǒ hěn xǐhuan chī mǐfàn.
我很喜欢吃米饭。나는 쌀밥 먹는 것을 매우 좋아한다.

2급
□□ 面条 miàntiáo 국수, 면

Wǒ bú tài xǐhuan chī miàntiáo.
我不太喜欢吃面条。나는 국수 먹는 걸 별로 좋아하지 않는다.

2급
□□ 鸡蛋 jīdàn 계란, 달걀

Wǒ hái yào chī jīdàn.
我还要吃鸡蛋。나는 계란도 먹고 싶다.

2급
□□ 鱼 yú 생선, 물고기

Yú zhēn piányi.
鱼真便宜。생선은 정말 싸다.

2급
□□ 羊肉 yángròu 양고기

Yángròu yǒudiǎnr guì.
羊肉有点儿贵。양고기는 조금 비싸다.

1급
□□ 水 shuǐ 물

Nǐ yào hē shuǐ ma?
你要喝水吗? 너 물 마실래?

2급
□□ 牛奶 niúnǎi 우유

Wǒ yào hē yì bēi niúnǎi.
我要喝一杯牛奶。나는 우유 한 잔 마실래.

2급
□□ 咖啡 kāfēi 커피

Wǒ yě yào yì bēi kāfēi.
我也要一杯咖啡。나도 커피 한 잔을 원한다.

1급
□□ 茶 chá 차, tea

Wǒ bú tài xǐhuan hē chá.
我不太喜欢喝茶。나는 차 마시는 걸 별로 좋아하지 않는다.

1급
□□ 水果 shuǐguǒ 과일

Wǒ yào mǎi diǎnr shuǐguǒ.
我要买点儿水果。나는 과일을 조금 사려고 한다.

1급

□□ 苹果 píngguǒ 사과

Wǒ yào yì jīn píngguǒ.
我要一斤苹果。나는 사과 한 근을 원한다.

2급

□□ 西瓜 xīguā 수박

Zhège xīguā zhēn hǎochī.
这个西瓜真好吃。이 수박은 정말 맛있다.

1 빈칸에 공통으로 들어갈 단어를 보기에서 고르세요.

보기 电 diàn 果 guǒ 手 shǒu 西 xī(xi) 子 zǐ(zi)

❶
( )	jī 机
biǎo 表	

❷
dōng 东	( )
	guā 瓜

❸
	shuǐ 水
píng 苹	( )

❹
( )	shì 视
nǎo 脑	

2 다음 우리말 뜻에 해당하는 한어병음을 고르세요.

❶ 우유 A niúnǎi B kāfēi

❷ 달걀 A jīdàn B yángròu

❸ 면, 국수 A mǐfàn B miàntiáo

❹ 신문 A lǐwù B bàozhǐ

정답 1 ❶ 手 shǒu ❷ 西 xī(xi) ❸ 果 guǒ ❹ 电 diàn 2 ❶ A ❷ A ❸ B ❹ B

plus+
1 手机 shǒujī 휴대폰 | 手表 shǒubiǎo 손목시계 | 东西 dōngxi 물건, 것 | 西瓜 xīguā 수박 | 水果 shuǐguǒ 과일 | 苹果 píngguǒ 사과 | 电视 diànshì 텔레비전, TV | 电脑 diànnǎo 컴퓨터
2 咖啡 kāfēi 커피 | 羊肉 yángròu 양고기 | 米饭 mǐfàn 쌀밥 | 礼物 lǐwù 선물

2 동사

동작이나 움직임을 나타내는 단어를 동사라고 한다. 동사에는 눈에 보이는 몸의 동작뿐만 아니라, 마음이나 생각처럼 눈에 보이지 않는 움직임을 나타내는 말도 있다. 그 밖에 관계, 존재, 소유를 나타내는 동사와 동사를 돕는 조동사도 있다.

1 인사말 Track 16

□□ 谢谢 xièxie 고마워요, 감사해요

□□ 不客气 bú kèqi 천만에요

□□ 对不起 duìbuqǐ 미안해요, 죄송해요

□□ 没关系 méi guānxi 괜찮아요

□□ 再见 zàijiàn 잘 가요, 안녕[헤어질 때 하는 인사]

★ 欢迎 huānyíng 환영하다

2 조동사 Track 17

□□ 会 huì ~할 수 있다, ~할 줄 안다, ~일 것이다

Nǐ huì yóuyǒng ma?
你会游泳吗? 너는 수영할 줄 아니?

□□ 能 néng ~할 수 있다

Nǐ néngbunéng gēn wǒ yìqǐ qù yóuyǒng?
你能不能跟我一起去游泳? 너는 나랑 같이 수영하러 갈 수 있니, 없니?

□□ 可以 kěyǐ ~할 수 있다, ~해도 된다

Duìbuqǐ, wǒ kěyǐ huíjiā ma?
对不起，我可以回家吗? 미안한데, 나는 집에 가도 될까?

★ 可能 kěnéng 아마(도) (~일지도 모른다, ~일 것이다)
Wǒ kěnéng shēngbìng le.
我可能生病了。나는 병이 난 것 같아.

□□ 要 yào ~하고 싶다, ~하고자 하다, ~해야 한다

Nǐ yào xiūxi ma?
你要休息吗? 너는 쉴래?

□□ 想 xiǎng ~하고 싶다

Wǒ hěn xiǎng xiūxi.
我很想休息。나는 너무 쉬고 싶어.

★ 想은 '생각하다'라는 뜻도 있다.
Nǐ zài xiǎng shénme ne?
你在想什么呢? 너는 무엇을 생각하니?

3 관계, 존재, 소유 Track 18

□□ 是 shì ~이다

Zhè shì wǒmen de jiàoshì.

这是我们的教室。여기가 우리의 교실이다.

□□ 有 yǒu 있다, 가지고 있다

Jiàoshì li yǒu hěn duō xuésheng.

教室里有很多学生。교실 안에 많은 학생들이 있다.

★ 在 zài ~에 있다

Wáng lǎoshī yě zài jiàoshì li.

王老师也在教室里。왕 선생님도 교실 안에 계신다.

4 심리, 인지 Track 19

□□ 爱 ài 사랑하다, 몹시 좋아하다

Wǒ hěn ài tā.

我很爱他。나는 그를 몹시 좋아한다.

1급

□□ 喜欢 xǐhuan 좋아하다

Wǒ fēicháng xǐhuan kàn tā de diànyǐng.

我非常喜欢看他的电影。나는 그의 영화를 보는 것을 굉장히 좋아한다.

2급

□□ 知道 zhīdào 알다

Wǒ bù zhīdào zěnme shuō.

我不知道怎么说。난 어떻게 말해야 할지 모르겠다.

□□ 觉得 juéde (~라고) 생각하다, 여기다

Wǒ juéde xuéxí Hànyǔ yǒudiǎnr nán.
我觉得学习汉语有点儿难。 나는 중국어를 공부하는 것이 조금 어렵다.

□□ 认识 rènshi (사람·길·글자를) 알다

Wǒ rènshi yí wèi Hànyǔ lǎoshī.
我认识一位汉语老师。 나는 중국어 선생님 한 분을 안다.

★ 位 wèi 분[존중해야 하거나 존경하는 사람을 세는 단위]

□□ 希望 xīwàng 희망하다, 바라다

Wǒ xīwàng nǐ xǐhuan xuéxí Hànyǔ.
我希望你喜欢学习汉语。 나는 네가 중국어 공부하는 걸 좋아하길 바란다.

5 동작 Track 20

2급
□□ 介绍 jièshào 소개하다

Nǐ gěi dàjiā jièshào yíxià.
你给大家介绍一下。모두에게 소개하렴.

1급
□□ 叫 jiào (~라고) 부르다

Wǒ jiào Dàwèi.
我叫大卫。나는 데이비드(大卫)라고 한다.

1급
□□ 做 zuò 하다

Wǒ hěn xǐhuan zuò cài.
我很喜欢做菜。나는 요리하는 걸 매우 좋아한다.

1급
□□ 吃 chī 먹다

Wǒ fēicháng xǐhuan chī Zhōngguó cài.
我非常喜欢吃中国菜。나는 중국 음식 먹는 것을 굉장히 좋아한다.

1급
□□ 喝 hē 마시다

Wǒ yě ài hē Zhōngguó chá.
我也爱喝中国茶。나도 중국 차 마시는 것을 몹시 좋아한다.

1급
□□ 说 shuō 말하다

Wǒ chīfàn shí bù shuōhuà.
我吃饭时不说话。나는 밥 먹을 때 말하지 않는다.

□□ **说话** shuōhuà **말을 하다**

Wǒ bú tài xǐhuan shuōhuà.

我不太喜欢说话。 나는 말 하는 것을 별로 좋아하지 않는다.

□□ **看** kàn **보다**

Wǒ yě xǐhuan kàn Zhōngguó diànyǐng.

我也喜欢看中国电影。 나도 중국 영화 보는 것을 좋아한다.

□□ **听** tīng **듣다**

Wǒ měi tiān wǎnshang tīng Zhōngguó yīnyuè.

我每天晚上听中国音乐。 나는 매일 저녁 중국 음악을 듣는다.

□□ **看见** kànjiàn **보이다, 발견하다**

Xiǎo Wáng zài nǎr ne? Nǐmen kànjiàn tā le ma?

小王在哪儿呢？ 你们看见他了吗？ 샤오왕(小王)은 어디에 있니? 너희들은 그를 봤니?

□□ **笑** xiào **웃다**

Nǐmen wèishénme xiào?

你们为什么笑？ 너희는 왜 웃니?

첫걸음 단어

1 다음 사진을 보고 관련 있는 단어와 연결하세요.

❶ •　　　• A 再见。 Zàijiàn.

❷ •　　　• B 欢迎。 Huānyíng.

❸ •　　　• C 对不起。 Duìbuqǐ.

❹ •　　　• D 谢谢。 Xièxie.

2 다음 빈칸에 들어갈 단어를 고르세요.

Tā māma zuì xǐhuan (hē / chī) chá.
❶ 他妈妈最喜欢 (喝 / 吃) 茶。

Wǒ ài (tīng / kàn) Zhōngguó yīnyuè.
❷ 我爱 (听 / 看) 中国音乐。

Wǒ qīzi měi tiān (juéde / zuò) Zhōngguó cài.
❸ 我妻子每天 (觉得 / 做) 中国菜。

Tā (huì / xiào) shuō Hànyǔ.
❹ 她 (会 / 笑) 说汉语。

정답 1 ❶ A ❷ C ❸ D ❹ B　2 ❶ 喝 hē ❷ 听 tīng ❸ 做 zuò ❹ 会 huì

해석 2 ❶ 그의 엄마는 차 마시는 것을 가장 좋아하신다. ❷ 나는 중국 음악 듣는 것을 무척 좋아한다. ❸ 나의 아내는 매일 중국 음식을 만든다. ❹ 그녀는 중국어를 할 줄 안다.

6 방향, 길 찾기

Track 

1급

□□ 来 lái 오다

Nǐ lái wǒ jiā wánr ba.

你来我家玩儿吧。 우리 집에 와서 놀자.

1급

□□ 去 qù 가다

Wǒ kěyǐ qù nǐ jiā wánr ma?

我可以去你家玩儿吗? 내가 너희 집에 가서 놀아도 되니?

2급

□□ 到 dào 도착하다, 이르다

Wǒ māma hái méi dào.

我妈妈还没到。 우리 엄마는 아직 도착하지 않았어.

2급

□□ 进 jìn 들어오다, 들어가다

Nǐ kěyǐ jìnlai zuòzuo.

你可以进来坐坐。 너는 들어와서 좀 앉아 있어도 돼.

2급

□□ 出 chū 나오다, 나가다

Wǒmen chūqu wánr, hǎobuhǎo?

我们出去玩儿，好不好? 우리 나가서 노는 거, 어때?

1급

□□ 回 huí 돌아오다, 돌아가다

Wǒ yào huíjiā.

我要回家。 나는 집에 갈래.

1급
□□ 开 kāi (문을) 열다, (기계를) 켜다, (차를) 운전하다

Nǐ huì kāichē ma?
你会开车吗? 너는 차를 운전할 줄 아니?

1급
□□ 坐 zuò 앉다, (교통수단을) 타다

Wǒ yào zuò gōnggòng qìchē qù.
我要坐公共汽车去。 나는 버스 타고 갈 거예요.

★ 骑 qí (자전거를) 타다
Qí zìxíngchē qù bù kěyǐ ma?
骑自行车去不可以吗? 자전거를 타고 가면 안 될까요?

2급
□□ 走 zǒu 걷다, 가다, 떠나다

Nǐ zǒu huíjiā ba.
你走回家吧。 걸어서 집으로 가세요.

1급
□□ 请 qǐng ~하세요, 청하다

Qǐng jìn.
请进。 들어오세요.

일상생활 Track 22

1급
住 zhù 살다

Wǒ gēge zhù zài Běijīng.
我哥哥住在北京。 우리 오빠는 베이징에 살고 있다.

1급
打电话 dǎ diànhuà 전화를 하다, 전화를 걸다

Wǒ māma měi tiān gěi wǒ gēge dǎ diànhuà.
我妈妈每天给我哥哥打电话。 우리 엄마는 매일 우리 오빠에게 전화를 한다.

2급
玩(儿) wán(r) 놀다

Tā měi tiān dōu chūqu wánr.
他每天都出去玩儿。 그는 매일 놀러 나간다.

2급
穿 chuān 입다

Tā xǐhuan chuān bái yīfu.
他喜欢穿白衣服。 그는 흰 옷 입는 걸 좋아한다.

2급
洗 xǐ 씻다, 닦다, (옷을) 빨다

Zhèxiē yīfu dōu shì yào xǐ de.
这些衣服都是要洗的。 이 옷들은 다 빨아야 하는 것이다.

2급
唱歌 chànggē 노래를 부르다

Tā chànggē chàng de hěn hǎo.
他唱歌唱得很好。 그는 노래를 잘 부른다.

2급
跳舞 tiàowǔ 춤을 추다

Tā tiàowǔ tiào de bù hǎo.
他跳舞跳得不好。 그는 춤을 못 춘다.

2급

□□ 起床 qǐchuáng 기상을 하다, 일어나다

Měi tiān zǎoshang tā bù xiǎng qǐchuáng.
每天早上他不想起床。매일 아침 그는 일어나기 싫어한다.

1급

□□ 睡觉 shuìjiào 잠을 자다

Tā wǎnshang shí'èr diǎn cái shuìjiào.
他晚上12点才睡觉。그는 밤 12시에야 잠을 잔다.

1급

□□ 下雨 xiàyǔ 비가 내리다

Wàimiàn xiàyǔ ne.
外面下雨呢。밖에 비가 내리고 있다.

2급

□□ 休息 xiūxi 쉬다, 휴식하다

Nǐ xiūxi xiūxi ba.
你休息休息吧。좀 쉬세요.

2급

□□ 生病 shēngbìng 병이 나다

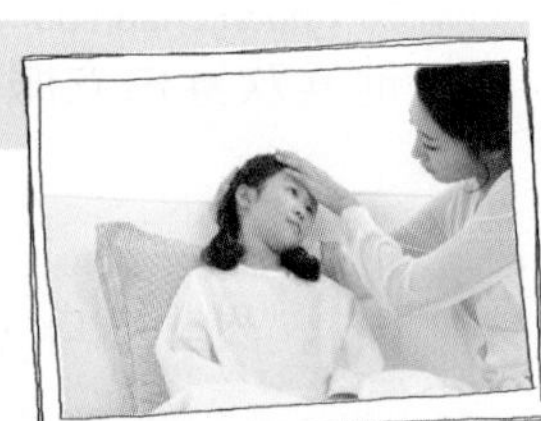

Wǒ kàn nǐ shēngbìng le.
我看你生病了。내가 보기에 너는 병이 난 것 같다.

1 다음 사진을 보고 관련 있는 단어와 연결하세요.

❶  • • A 洗 xǐ

❷  • • B 起床 qǐchuáng

❸  • • C 睡觉 shuìjiào

❹ 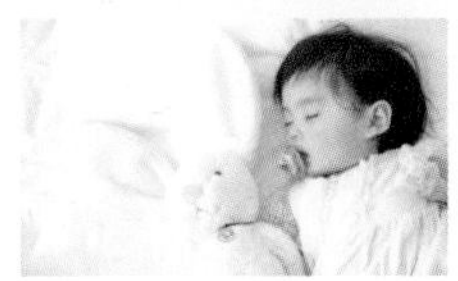 • • D 跳舞 tiàowǔ

2 다음 빈칸에 들어갈 단어를 고르세요.

Wàimiàn (xià / qí) yǔ ne.
❶ 外面 (下 / 骑) 雨呢。

Wǒ měi tiān gěi māma (zuò / dǎ) diànhuà.
❷ 我每天给妈妈 (做 / 打) 电话。

Wǒ yào (chàng / tiào) gē.
❸ 我要 (唱 / 跳) 歌。

Tā (shēng / zhù) bìng le.
❹ 他 (生 / 住) 病了。

정답 1 ❶ B ❷ A ❸ D ❹ C 2 ❶ 下 xià ❷ 打 dǎ ❸ 唱 chàng ❹ 生 shēng

해석 2 ❶ 밖에 비가 내리고 있다. ❷ 나는 매일 엄마에게 전화를 한다. ❸ 나는 노래를 부르려고 한다. ❹ 그는 병이 났다.

8 운동, 여행 Track 23

2급
□□ 运动 yùndòng 운동하다

Nǐ xǐhuan yùndòng ma?
你喜欢运动吗? 너는 운동하는 것을 좋아하니?

2급
□□ 游泳 yóuyǒng 수영하다

Wǒ xǐhuan yóuyǒng.
我喜欢游泳。나는 수영하는 걸 좋아한다.

2급
□□ 跑步 pǎobù 달리기를 하다, 조깅을 하다

Tīngshuō pǎobù duì shēntǐ hěn hǎo.
听说跑步对身体很好。듣자 하니 달리기가 몸에 좋다고 한다.

2급
□□ 踢足球 tī zúqiú 축구를 하다

Wǒ měi tiān dōu tī zúqiú.
我每天都踢足球。나는 매일 축구를 한다.

2급
□□ 打篮球 dǎ lánqiú 농구를 하다

Wǒ bù xǐhuan dǎ lánqiú.
我不喜欢打篮球。나는 농구 하는 걸 안 좋아한다.

2급
□□ 旅游 lǚyóu 여행하다

Zuìjìn wǒ hěn xiǎng qù lǚyóu.
最近我很想去旅游。요즘 나는 여행을 가고 싶다.

9 쇼핑 Track 24

2급
□□ **找** zhǎo **찾다**

Nǐ zhǎo shénme?
你找什么? 무엇을 찾으세요?

2급
□□ **送** sòng **보내다, 선물하다**

Wǒ yào sòng wǒ péngyou yí ge lǐwù.
我要送我朋友一个礼物。나는 내 친구에게 선물을 하나 주려고 한다.

2급
□□ **卖** mài **팔다**

Zhè jiàn yīfu zěnme mài?
这件衣服怎么卖? 이 옷은 어떻게 팔아요?

1급
□□ **买** mǎi **사다**

Wǒ yào mǎi hóng de.
我要买红的。나는 빨간 것을 살래요.

2급
□□ **给** gěi **주다**

Gěi nǐ yìbǎi kuài qián.
给你100块钱。당신에게 100위안을 드릴게요.

2급
□□ **等** děng **기다리다**

Děng yíxià.
等一下。잠깐만 기다리세요.

2급
□□ **让** ràng **시키다, ~하게 하다**

Ràng wǒ xiǎng yi xiǎng.
让我想一想。제가 생각 좀 하게 해주세요.

2급
□□ **完** wán **완료하다, 마치다**

Zhè jiàn yīfu kuài mài wán le.
这件衣服快卖完了。이 옷은 곧 다 팔릴 거예요.

10 학교·회사 생활

Track 25

1급
□□ **工作** gōngzuò **일하다**

Wǒ péngyou zài zhège gōngsī gōngzuò.
我朋友在这个公司工作。내 친구는 이 회사에서 일한다.

2급
□□ **上班** shàngbān **출근하다**

Tā cóng xīngqīyī dào xīngqīwǔ shàngbān.
她从星期一到星期五上班。그녀는 월요일부터 금요일까지 출근한다.

2급
□□ **开始** kāishǐ **시작하다**

Tā zuìjìn kāishǐ shàng Hànyǔ kè.
她最近开始上汉语课。그녀는 최근에 중국어 수업을 듣기 시작했다.

1급
□□ **学习** xuéxí **공부하다**

Tā xīngqīliù xuéxí Hànyǔ.
她星期六学习汉语。그녀는 토요일에 중국어를 공부한다.

1급
□□ **读** dú **읽다**

Tā shàngkè de shíhou dú kèwén.
她上课的时候读课文。그녀는 수업을 할 때 본문을 읽는다.

★ 课文 kèwén 본문

1급
□□ **写** xiě **쓰다**

Tā xiě Hànzì xiě de bú tài hǎo.
她写汉字写得不太好。그녀는 한자를 잘 쓰지 못한다.

2급
□□ **懂** dǒng **이해하다**

Tā yǒu hěn duō bù dǒng de wèntí.
她有很多不懂的问题。그녀는 모르는 문제가 너무 많다.

2급
□□ **问** wèn **묻다, 질문하다**

Tā wèn lǎoshī.
她问老师。그녀는 선생님에게 물어본다.

★ 回答 huídá 대답하다
Lǎoshī huídá wèntí.
老师回答问题。선생님이 문제에 대답해 주신다.

2급
□□ **告诉** gàosu **알려주다, 말해 주다**

Lǎoshī gàosu tā xià xīngqī yǒu kǎoshì.
老师告诉她下星期有考试。선생님이 그녀에게 다음 주에 시험이 있다고 알려주셨다.

2급
□□ **准备** zhǔnbèi **준비하다**

Tā yào zhǔnbèi kǎoshì.
她要准备考试。그녀는 시험을 준비해야 한다.

2급
□□ **帮助** bāngzhù **돕다, 도와주다**

Wǒ yào bāngzhù tā.
我要帮助她。나는 그녀를 도와주고 싶다.

체크✓체크

1 빈칸에 들어갈 단어를 보기에서 고르세요.

보기 准备 zhǔnbèi 旅游 lǚyóu 买 mǎi 写 xiě 让 ràng

Wǒ yào ( ) yīfu.
❶ 我要 ( ) 衣服。

Wǒ bú huì ( ) Hànzì.
❷ 我不会 ( ) 汉字。

Tā hěn xiǎng qù Zhōngguó ( ).
❸ 她很想去中国 ( )。

Wǒ yào ( ) kǎoshì.
❹ 我要 ( ) 考试。

2 제시된 단어의 알맞은 한어병음과 뜻을 연결하세요.

❶ 游泳 • • A gàosu • • ㄱ 달리기를 하다

❷ 上班 • • B pǎobù • • ㄴ 수영하다

❸ 跑步 • • C yóuyǒng • • ㄷ 출근하다

❹ 告诉 • • D shàngbān • • ㄹ 알려주다

정답 1 ❶ 买 mǎi ❷ 写 xiě ❸ 旅游 lǚyóu ❹ 准备 zhǔnbèi 2 ❶ C–ㄴ ❷ D–ㄷ ❸ B–ㄱ ❹ A–ㄹ

해석 1 ❶ 나는 옷을 사려고 한다. ❷ 나는 한자를 쓸 줄 모른다. ❸ 그녀는 중국으로 여행을 가고 싶어 한다.
❹ 나는 시험을 준비해야 한다.

3 형용사

사람, 사물, 상황의 상태나 성질을 묘사하는 단어를 형용사라고 한다. 반대말이 있는 형용사는 짝을 지어 함께 기억해 두면 효과적이다.

1 상태·성질 Track 26

□□ 好 hǎo **좋다**

Nǐ hǎo!
你好! 안녕!

□□ 高兴 gāoxìng **기쁘다**

Jiàndào nǐ, wǒ hěn gāoxìng.
见到你，我很高兴。널 만나서 정말 기쁘다.

□□ 快乐 kuàilè **즐겁다**

Shēngrì kuàilè!
生日快乐! 생일 축하해!

□□ 漂亮 piàoliang **예쁘다**

Jīntiān nǐ hěn piàoliang.
今天你很漂亮。오늘 너는 정말 예쁘다.

□□ 好吃 hǎochī **맛있다**

Nǐ zuò de cài yě hěn hǎochī.
你做的菜也很好吃。네가 한 요리도 맛있다.

2급
□□ **忙** máng **바쁘다**

Wǒ xuéxí hěn máng.
我学习很忙。 나는 공부하느라 바쁘다.

2급
□□ **累** lèi **피곤하다, 힘들다**

Jīntiān wǒ yǒudiǎnr lèi.
今天我有点儿累。 오늘 나는 조금 피곤하다.

2급
□□ **长** cháng **(길이가) 길다**

Cháng shíjiān xuéxí, yǎnjing hěn lèi.
长时间学习，眼睛很累。 오랜 시간 공부하면, 눈이 피곤하다.

2급
□□ **新** xīn **새롭다**

Tā shì xīn lái de tóngxué.
他是新来的同学。 그는 새로 온 급우이다.

2급
□□ **高** gāo **(높이가) 높다, (키가) 크다**

Tā gèzi hěn gāo.
他个子很高。 그는 키가 크다.

2급
□□ **红** hóng **붉다, 빨갛다**

Tā chuānzhe hóng yīfu.
他穿着红衣服。 그는 빨간 옷을 입고 있다.

2급
□□ **白** bái **희다, 하얗다**

Tā chuānzhe báisè de yùndòngxié.
他穿着白色的运动鞋。 그는 흰색 운동화를 신고 있다.

★ 运动鞋 yùndòngxié 운동화

黑 hēi 검다

Tā de shǒujī shì hēi de.
他的手机是黑的。그의 휴대폰은 검은 것이다.

2 반의어 Track 27

大 dà (크기가) 크다, (나이가) 많다, (비 · 눈이) 많다, 크다

Tā bǐ wǒ dà.
他比我大。그는 나보다 나이가 많다.

小 xiǎo (크기가) 작다, (나이가) 적다, (비 · 눈이) 적다, 작다

Tā bǐ wǒ jiějie xiǎo.
他比我姐姐小。그는 우리 누나보다 나이가 적다.

1급
多 duō (양이) 많다

Wǒ yào duō yùndòng ma?
我要多运动吗？나는 운동을 많이 해야 해?

1급
少 shǎo (양이) 적다

Nǐ yào duō yùndòng, shǎo chīfàn.
你要多运动，少吃饭。너는 운동을 많이 하고, 밥을 적게 먹어야 한다.

2급
快 kuài 빠르다

Tā pǎo de kuài ma?
他跑得快吗？그는 빨리 달리니?

2급

□□ 慢 màn 느리다

Tā pǎo de tài màn.
他跑得太慢。그는 달리기가 너무 느리다.

1급

□□ 冷 lěng 춥다

Wàibian lěng ma?
外边冷吗? 밖은 춥니?

1급

□□ 热 rè 덥다

Yǒudiǎnr lěng, bú rè.
有点儿冷，不热。조금 추워, 덥지 않아.

2급

□□ 晴 qíng (날이) 맑다

Jīntiān qíngtiān ma?
今天晴天吗? 오늘은 맑은 날씨니?

2급

□□ 阴 yīn (날이) 흐리다

Jīntiān yīntiān.
今天阴天。오늘은 흐린 날씨야.

2급

□□ 远 yuǎn 멀다

Nǐ jiā yuǎn ma?
你家远吗? 너희 집은 멀어?

2급

□□ 近 jìn 가깝다

Wǒ jiā hěn jìn.
我家很近。우리 집은 가깝다.

□□ **贵** guì **비싸다**

Zhèxiē dōngxi yǒudiǎnr guì.
这些东西有点儿贵。이 물건들은 조금 비싸다.

□□ **便宜** piányi **싸다**

Wǒmen mǎi piányi diǎnr de ba.
我们买便宜点儿的吧。우리 좀 더 싼 것을 사자.

□□ **错** cuò **틀리다**

Wǒ xiě cuò le.
我写错了。나는 틀리게 썼다(썼는데 틀렸다).

2급

□□ **对** duì **맞다**

Zhèyàng xiě cái duì.
这样写才对。이렇게 써야 맞아.

체크√체크

1 빈칸에 들어갈 단어를 보기에서 고르세요.

보기	高 gāo	高兴 gāoxìng	累 lèi	对 duì	贵 guì

Jiàndào nǐ, wǒ hěn (　　　　　　).
❶ 见到你，我很 (　　　　　　)。

Tā gèzi bù (　　　　　　).
❷ 他个子不 (　　　　　　)。

Wǒ yǒu hěn duō kǎoshì, xuéxí hěn (　　　　　　).
❸ 我有很多考试，学习很 (　　　　　　)。

Zhège bēizi yǒudiǎnr (　　　　　　).
❹ 这个杯子有点儿 (　　　　　　)。

2 다음 중 의미가 서로 반대되는 단어끼리 연결하세요.

❶ 慢 màn •	• A 少 shǎo
❷ 冷 lěng •	• B 远 yuǎn
❸ 多 duō •	• C 快 kuài
❹ 近 jìn •	• D 热 rè

정답 1 ❶ 高兴 gāoxìng ❷ 高 gāo ❸ 累 lèi ❹ 贵 guì　2 ❶ C ❷ D ❸ A ❹ B

해석 1 ❶ 만나서 반갑습니다. ❷ 그는 키가 크지 않다. ❸ 나는 많은 시험이 있어서, 공부하기가 힘들다. ❹ 이 컵은 조금 비싸다.
2 ❶ 느리다 – 빠르다 ❷ 춥다 – 덥다 ❸ 많다 – 적다 ❹ 가깝다 – 멀다

4 대명사

대명사는 명사(사람, 사물의 이름)를 대신하여 쓰는 단어이다. 예를 들면 '남동생'이라는 명칭을 대신해서 '그'라고 표현하거나, '학교'라는 명칭을 대신해서 '여기' 혹은 '저기'라고 표현할 때 '그', '여기', '저기'가 바로 대명사이다.

1 인칭대명사 Track 28

□□ 我 wǒ 나, 저

Wǒ shì xuésheng.
我是学生。 나는 학생이다.

□□ 你 nǐ 너, 당신

Nǐ shì wǒ de péngyou.
你是我的朋友。 너는 나의 친구다.

2급

□□ 您 nín 당신[你의 존칭]

Nín shì wǒ de lǎoshī.
您是我的老师。 당신은 저의 선생님이세요.

1급

□□ 他 tā 그[남자를 가리킴]

Tā shì wǒ bàba.
他是我爸爸。 그는 나의 아빠다.

1급

□□ 她 tā 그녀[여자를 가리킴]

Tā shì wǒ māma.
她是我妈妈。 그녀는 나의 엄마다.

1급

□□ 我们 wǒmen 우리(들), 저희(들)

Wǒmen dōu shì tóngxué.
我们都是同学。우리는 모두 급우이다.

★ 你们 nǐmen 너희(들), 당신(들) | 他们 tāmen 그들 | 她们 tāmen 그녀들

★ 남자와 여자가 함께 있으면 '他们 tāmen 그들'이라고 한다.

2급

□□ 大家 dàjiā 모두들, 여러분

Dàjiā yìqǐ shàngkè ba.
大家一起上课吧。여러분 같이 수업합시다.

★ 人家 rénjiā 다른 사람(들), 남
Kuài jìnlai, rénjiā dōu zài jiàoshì li děng nǐ ne.
快进来，人家都在教室里等你呢。빨리 들어와. 다들 교실에서 너를 기다리고 있잖니.

2급

□□ 它 tā 그것[사물이나 동물을 가리킴]

Wǒ de shǒubiǎo bú jiàn le, tā shì wǒ māma gěi wǒ mǎi de.
我的手表不见了，它是我妈妈给我买的。
나의 손목시계가 보이지 않는다. 그것은 우리 엄마가 나에게 사주신 것이다.

★ 它们 tāmen 그것들
Nàxiē xiǎogǒu fēicháng piàoliang, tāmen dōu shì báibái de.
那些小狗非常漂亮，它们都是白白的。저 강아지들은 너무 귀엽다. 그들은 모두 매우 하얗다.

2 지시대명사 Track 29

□□ 这 zhè 이(것/사람)

Zhè shì wǒ de jiějie.
这是我的姐姐。이 사람은 내 언니다.

□□ 那 nà 그(것/사람), 저(것/사람)

Nà shì tā de shū.
那是她的书。저것은 그녀의 책이다.

★ '这'는 가까운 사물이나 사람을 가리킬 때, '那'는 먼 사물이나 사람을 가리킬 때 쓴다.

★ 这儿 zhèr 여기(이곳) | 那儿 nàr 저기(저곳), 거기(그곳)
Tā zài zhèr, tā de shū zài nàr.
她在这儿，她的书在那儿。그녀는 여기에 있고, 그녀의 책은 저기에 있다.

□□ 每 měi 모든, 매, ~마다

Tā měi tiān dōu kàn shū.
她每天都看书。그녀는 매일 책을 본다.

★ '每'를 쓴 표현에는 '每天 měi tiān 매일', '每年 měi nián 매년', '每个月 měi ge yuè 매달', '每个人 měi ge rén 사람마다, 모든 사람', '每件衣服 měi jiàn yīfu 옷마다, 모든 옷' 등이 있다.

3 의문대명사 Track 30

□□ 谁 shéi 누구

Tā shì shéi?
他是谁? 그는 누구니?

□□ 哪 nǎ 어느, 어떤

Tā shì nǎ guó rén?
他是哪国人? 그는 어느 나라 사람이니?

1급

□□ 哪儿 nǎr 어디

Nǐ xiǎng qù nǎr?
你想去哪儿? 너는 어디에 가고 싶니?

□□ 什么 shénme 무엇, 무슨

Nǐ xiǎng mǎi shénme?
你想买什么? 너는 뭘 사고 싶니?

★ 什么时候 shénme shíhou 언제
Nǐmen shì shénme shíhou rènshi de?
你们是什么时候认识的? 너희는 언제 알게 되었니?

1급

□□ 多少 duōshao 얼마, 몇

Zhè jiàn yīfu duōshao qián?
这件衣服多少钱? 이 옷은 얼마예요?

★ 多 duō 얼마나
Tā yǒu duō gāo?
他有多高? 그는 키가 얼마나 크니?

□□ 怎么 zěnme 어떻게, 왜, 어째서

Nǐmen shì zěnme rènshi de?
你们是怎么认识的? 너희는 어떻게 알게 되었니?

□□ 怎么样 zěnmeyàng 어떠하다

Nǐ de nánpéngyou zěnmeyàng?
你的男朋友怎么样? 너의 남자 친구는 어때?

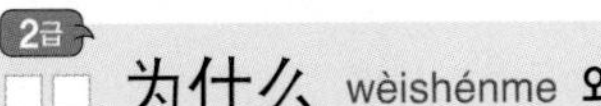

□□ 为什么 wèishénme 왜

Nǐ wèishénme xǐhuan tā?
你为什么喜欢他? 너는 왜 그를 좋아하니?

체크√체크

1 빈칸에 들어갈 단어를 보기에서 고르세요.

보기	多 duō	哪 nǎ	哪儿 nǎr	什么 shénme	怎么 zěnme

Nǐ shì (　　　　　) guó rén?
❶ 你是 (　　　　　) 国人?

Nǐ ài chī (　　　　　) shuǐguǒ?
❷ 你爱吃 (　　　　　) 水果?

Cóng zhèr dào nàr (　　　　　) yuǎn?
❸ 从这儿到那儿 (　　　　　) 远?

Jīdàn (　　　　　) mài?
❹ 鸡蛋 (　　　　　) 卖?

2 다음 우리말 뜻에 해당하는 한어병음을 고르세요.

	A	B
❶ 왜	A wèishénme	B shénme shíhou
❷ 모두들, 여러분	A rénjiā	B dàjiā
❸ 어느	A nà	B nǎ
❹ 누구	A shéi	B tā
❺ 그들	A tāmen	B rénmen

정답 1 ❶ 哪 nǎ ❷ 什么 shénme ❸ 多 duō ❹ 怎么 zěnme
2 ❶ A ❷ B ❸ B ❹ A ❺ A

1 ❶ 너는 어느 나라 사람이니? ❷ 너는 무슨 과일 먹는 것을 좋아하니? ❸ 여기에서 저기까지 얼마나 멀어요?
❹ 계란은 어떻게 팔아요?

plus+ 2 ❶ 什么时候 shénme shíhou 언제 ❷ 人家 rénjiā 다른 사람, 남 ❸ 那 nà 그, 저 ❹ 他(她) tā(tā) 그(그녀)
❺ 人们 rénmen 사람들

5 수사, 양사

수사는 '일(하나), 이(둘), 삼(셋)…'처럼 일반적인 숫자를 표현하기도 하고, '첫 번째, 두 번째…' 처럼 순서를 나타내기도 한다. 양사는 수나 양을 세는 단위로, 주로 수사와 함께 '수사+양사'의 순서로 쓴다.

첫걸음 단어

1 수사 Track 31

□□ 零 líng 0, 영

□□ 一 yī 1, 하나

★ '一'는 원래 1성(yī)이지만, 뒤에 1, 2, 3성 단어가 오면 4성(yì)으로 읽고 뒤에 4성 단어가 오면 2성(yí)으로 읽어야 한다.

1급

□□ 二 èr 2, 둘

2급

□□ 两 liǎng 2, 둘

★ 보통 개수를 셀 때는 '两 liǎng'을 써서, '两个人 liǎng ge rén 두 사람', '两年 liǎng nián 2년'이라고 말한다.

□□ 三 sān 3, 셋

1급

□□ 四 sì 4, 넷

1급
□□ 五 wǔ 5, 다섯

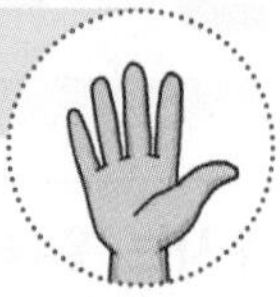

1급
□□ 六 liù 6, 여섯

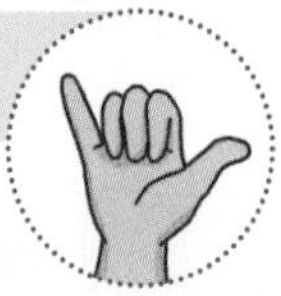

1급
□□ 七 qī 7, 일곱

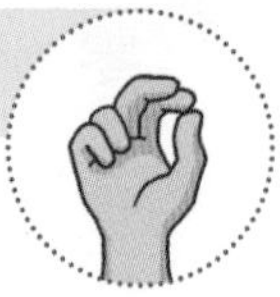

1급
□□ 八 bā 8, 여덟

1급
□□ 九 jiǔ 9, 아홉

1급
□□ 十 shí 10, 열

2급
□□ 百 bǎi 100, 백

2급

□□ 千 qiān 1000, 천

★ 백 단위 이상의 숫자에는 꼭 '一'을 붙여서 '一百 yìbǎi 100, 백', '一千 yìqiān 1000, 천'이라고 말한다.

2급

□□ 第一 dì-yī 첫 번째[순서 표현]

Tā shì dì-yī míng.
他是第一名。 그는 1등이다.

□□ 几 jǐ 몇

Tā měi tiān xuéxí jǐ ge xiǎoshí?
他每天学习几个小时? 그는 매일 몇 시간 공부해요?

★ '多少'는 10 이상의 수를 물어볼 때 쓰고, '几'는 1에서 9까지 비교적 적은 수를 물어볼 때 쓴다.

2 양사 Track 32

□□ 个 gè 명, 개[사람이나 사물을 세는 단위]

Wǒ yǒu yí ge hǎo péngyou.
我有一个好朋友。 나는 좋은 친구 한 명이 있다.

★ 位 wèi 분[존중해야 하거나 존경하는 사람을 세는 단위]
Tā shì yí wèi lǎoshī.
她是一位老师。 그녀는 (한 분의) 선생님이다.

1급

□□ 本 běn 권[책을 세는 단위]

Zhuōzi shang yǒu yì běn shū.
桌子上有一本书。 테이블 위에는 책 한 권이 있다.

★ 张 zhāng 장[종이, 테이블 등을 세는 단위]
Fángjiān li yǒu liǎng zhāng zhuōzi.
房间里有两张桌子。 방 안에 테이블 두 개가 있다.

2급

□□ 件 jiàn 벌, 건, 개[옷·일(사건) 등을 세는 단위]

Zhè liǎng jiàn yīfu shì wǒ de.

这两件衣服是我的。이 옷 두 벌은 내 것이다.

★ '这 zhè', '那 nà', '每 měi'와 함께 쓸 때에는 '这/那/每+수사+양사+명사'의 순서로 쓴다.

1급

□□ 岁 suì 살, 세[나이를 세는 단위]

Wǒ érzi sān suì le.

我儿子3岁了。내 아들은 3살이다.

1급

□□ 块 kuài 덩어리[조각을 세는 단위], 위안[중국 화폐의 기본 단위]

Yì jīn píngguǒ sì kuài qián.

一斤苹果4块钱。사과 한 근에 4위안이다.

★ 斤 jīn 근[무게를 세는 단위]

Tā mǎile yì jīn píngguǒ.

他买了一斤苹果。그는 사과 한 근을 샀다.

★ 公斤 gōngjīn 킬로그램, kg[무게를 세는 단위]

Tā shíwǔ gōngjīn.

他15公斤。그는 15킬로그램이다.

★ 元 yuán 위안[중국 화폐의 기본 단위]

Wǒ zhǐ yǒu sān yuán.

我只有3元。나는 겨우 3위안 가지고 있다.

1급

□□ 些 xiē 몇몇, 조금, 약간[확실하지 않은 적은 수량을 나타냄]

Zhèxiē shuǐguǒ yǒudiǎnr guì.

这些水果有点儿贵。이 과일들은 조금 비싸다.

2급

□□ 次 cì 번, 차례[동작의 횟수를 세는 단위]

Tā xiǎng chī yí cì.

他想吃一次。그는 한 번 먹고 싶어 한다.

点 diǎn 시

Sān diǎn le, huíjiā ba.
三点了，回家吧。3시야, 집에 가자.

★ 点은 동사로 '(요리, 음식을) 주문하다'라는 뜻도 있다.
Wǒmen diǎn cài ba.
我们点菜吧。우리 음식을 주문하자.

一下 yíxià 잠깐, 잠시 (동안)

Qǐng děng yíxià.
请等一下。잠깐 기다리세요.

1급

一点儿 yìdiǎnr 조금, 약간

Piányi yìdiǎnr, hǎo ma?
便宜一点儿，好吗? 좀 싸게 해주시겠어요?

체크√체크

1 빈칸에 들어갈 단어를 보기에서 고르세요.

보기 第 dì　个 gè(ge)　岁 suì　块 kuài　斤 jīn

shísì
❶ 14 (　　　　) 14살

yí　　　　péngyou
❷ 一 (　　　　) 朋友 친구 한 명

yìbǎi wǔshí
❸ 150 (　　　　) 150위안

　　　　yī
❹ (　　　　) 一 첫 번째

2 빈칸에 들어갈 단어를 보기에서 고르세요.

보기 点 diǎn　本 běn　次 cì　张 zhāng　件 jiàn

Nà (　　　　) shū shì wǒ zhàngfu de.
❶ 那 (　　　　) 书是我丈夫的。

Wǒ yào zhè liǎng (　　　　) yīfu.
❷ 我要这两 (　　　　) 衣服。

Wǒ mǎile liǎng (　　　　) diànyǐng piào.
❸ 我买了两 (　　　　) 电影票。

Wǒ jiànguo jǐ (　　　　) tā māma.
❹ 我见过几 (　　　　) 他妈妈。

정답 1 ❶ 岁 suì ❷ 个 ge ❸ 块 kuài ❹ 第 dì　2 ❶ 本 běn ❷ 件 jiàn ❸ 张 zhāng ❹ 次 cì

해석 2 ❶ 저 책은 내 남편의 것이다. ❷ 나는 이 옷 두 벌을 원한다. ❸ 나는 영화표 두 장을 샀다.
❹ 나는 그의 엄마를 몇 번 만난 적 있다.

6 부사

부사는 주로 동사나 형용사 앞에 써서 문장의 의미를 보다 정확하고 다양하게 만드는 역할을 한다. 예를 들면 동사 '가다' 앞에 '함께', '자주'와 같은 부사를 쓰거나, 형용사 '비싸다' 앞에 '매우', '제일'이라는 부사를 쓸 수 있다.

1 부정부사 Track 33

□□ 别 bié ~하지 마라[금지를 나타냄]

Bié mǎi shuǐguǒ.
别买水果。 과일을 사지 마.

□□ 不 bù ~하지 않다

Nǐ bàba bù chī xīguā.
你爸爸不吃西瓜。 너희 아빠는 수박을 안 먹는다.

□□ 没有 méiyǒu ~하지 않았다

Wǒ méiyǒu mǎi xīguā, wǒ mǎile xiē píngguǒ.
我没有买西瓜，我买了些苹果。 난 수박을 사지 않았다. 나는 사과를 조금 샀다.

★ '没 méi'라고 말할 수도 있다.

2 정도부사 Track 34

1급 □□ 很 hěn 매우

Wǒ hěn máng.
我很忙。 나는 매우 바빠.

★ '很'은 '매우'라는 뜻 없이 습관적으로 형용사 앞에 쓰기도 한다.

1급 □□ 太 tài 너무, 몹시

Wǒ tài lèi le.
我太累了。 나는 너무 피곤하다.

★ '太'는 '너무, 지나치게'라는 뜻도 있어서 부정적인 느낌을 표현한다.

★ 有点儿 yǒudiǎnr 조금(부정적 어투 강조)
Zhèlǐ de kāfēi yǒudiǎnr guì.
这里的咖啡有点儿贵。 이곳의 커피는 조금 비싸다.

2급 □□ 非常 fēicháng 굉장히, 아주

Jīntiān fēicháng rè.
今天非常热。 오늘은 굉장히 덥다.

2급 □□ 最 zuì 가장, 제일

Wǒ zuì xǐhuan hē kāfēi.
我最喜欢喝咖啡。 나는 커피 마시는 걸 제일 좋아한다.

2급 □□ 真 zhēn 정말, 참으로

Zhè bēi kāfēi zhēn hǎo hē.
这杯咖啡真好喝。 이 커피는 정말 맛있다.

3 범위부사와 시간부사 Track 35

□□ 都 dōu 모두, 다

Wǒ měi tiān dōu kàn diànshì.
我每天都看电视。나는 매일 텔레비전을 본다.

첫걸음 단어

□□ 一起 yìqǐ 같이, 함께

Wǒ hé bàba、māma yìqǐ kàn diànshì.
我和爸爸、妈妈一起看电视。나는 아빠, 엄마랑 같이 텔레비전을 본다.

★ '和…一起 hé…yìqǐ'는 '~와(과) 함께'라는 뜻으로 '和' 대신 '跟 gēn'으로도 쓸 수 있다.

□□ 正在 zhèngzài ~하는 중이다, ~하고 있다[동작의 진행을 나타냄]

Wǒ hé māma zhèngzài kàn diànshì.
我和妈妈正在看电视。나와 엄마는 텔레비전을 보고 있다.

□□ 已经 yǐjīng 이미 (~했다)[동작의 완료를 강조함]

Wǒ bàba yǐjīng huíjiā le.
我爸爸已经回家了。우리 아빠는 이미 집에 돌아오셨다.

□□ 就 jiù 곧, 바로

Tā wǎnshang jiǔ diǎn jiù shuìjiào.
他晚上9点就睡觉。그는 저녁 9시면 바로 주무신다.

★ 才 cái 그제야, 비로소, 겨우
Wǒ wǎnshang shí'èr diǎn cái shuìjiào.
我晚上12点才睡觉。나는 밤 12시에야 비로소 잠을 잔다.

4 빈도부사와 어기부사 Track 36

□□ 也 yě ~도, 역시

Wǒ péngyou yào mǐfàn, wǒ yě yào mǐfàn.

我朋友要米饭，我也要米饭。 내 친구는 쌀밥을 원하고, 나도 쌀밥을 원한다.

□□ 还 hái 또, 다시

Xiānsheng, nín hái yào shénme?

先生，您还要什么? 선생님, 무엇을 또 원하시나요?

★ '还 hái'는 '아직도(여전히), 더(욱)'이라는 뜻도 있다.

Wǒ péngyou hái zài kàn.

我朋友还在看。 내 친구는 아직도 보고 있다.

□□ 再 zài 또, 다시

Yíhuìr zài diǎn ba.

一会儿再点吧。 이따가 다시 주문할게요.

□□ 可能 kěnéng 아마(도) (~일지도 모른다/~일 것이다)

Wǒ kěnéng shēngbìng le.

我可能生病了。 나는 병이 난 것 같아.

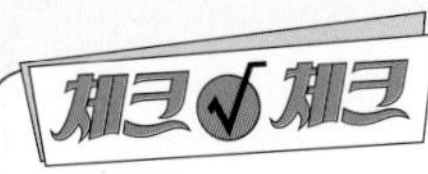

1 제시된 단어의 알맞은 한어병음과 뜻을 연결하세요.

❶ 还 •	• A yǐjīng •	• ㄱ 정말, 참으로
❷ 已经 •	• B dōu •	• ㄴ 굉장히, 아주
❸ 真 •	• C hái •	• ㄷ 모두, 다
❹ 都 •	• D zhēn •	• ㄹ 이미
❺ 非常 •	• E fēicháng •	• ㅁ 또, 다시

2 다음 빈칸에 들어갈 단어를 고르세요.

Wǒ (yǒudiǎnr / zuì) xǐhuan chī píngguǒ.
❶ 我 (有点儿 / 最) 喜欢吃苹果。

Wǒ hái (méi / bié) hē kāfēi.
❷ 我还 (没 / 别) 喝咖啡。

Wǒmen (yìqǐ / zhèngzài) qù kàn diànyǐng, hǎobuhǎo?
❸ 我们 (一起 / 正在) 去看电影，好不好?

Kuài shíyī diǎn le, nǐ zěnme xiànzài (jiù / cái) lái?
❹ 快11点了，你怎么现在 (就 / 才) 来?

Míngtiān (hái / zài) lái ba.
❺ 明天 (还 / 再) 来吧。

정답 1 ❶ C-ㅁ ❷ A-ㄹ ❸ D-ㄱ ❹ B-ㄷ ❺ E-ㄴ
2 ❶ 最 zuì ❷ 没 méi ❸ 一起 yìqǐ ❹ 才 cái ❺ 再 zài

해석 2 ❶ 나는 사과 먹는 것을 제일 좋아한다. ❷ 나는 아직 커피를 마시지 않았다. ❸ 우리 같이 영화 보러 가는 거, 어때?
❹ 곧 11시인데, 너는 어째서 지금에서야 오니? ❺ 내일 다시 와.

7 기타

1 개사 Track 37

개사는 동작이나 상태의 시간, 장소, 방향, 대상 등을 나타낸다.

1급

在 zài ~에, ~에서

Wǒ jiějie zài Zhōngguó gōngzuò.
我姐姐在中国工作。우리 언니는 중국에서 일한다.

2급

从 cóng ~에서, ~로부터

Tā zuótiān cóng Zhōngguó huílai le.
她昨天从中国回来了。그녀는 어제 중국에서 돌아왔다.

★ 到 dào ~에, ~까지
Tā zuótiān gōngzuò dào shí'èr diǎn.
他昨天工作到12点。그는 어제 12시까지 일했다.

2급

离 lí ~에서, ~까지

Zhōngguó Běijīng lí Hánguó bù yuǎn.
中国北京离韩国不远。중국 베이징은 한국에서 멀지 않다.

★ '离'는 거리가 멀거나(远 yuǎn) 가깝다(近 jìn)는 표현을 나타낼 때 쓴다.

2급

往 wǎng ~로 향하여, ~쪽으로

Wǎng qián zǒu.
往前走。앞으로 가세요.

★ '往 wǎng'은 '向 xiàng'으로 바꿔 쓸 수 있다.
Xiàng qián zǒu.
向前走。앞으로 가세요.

□□ 对 duì ~에게, ~에 대해서

Wǒ māma duì wǒ hěn hǎo.
我妈妈对我很好。우리 엄마는 나에게 잘 해주신다.

★ 给 gěi ~에게
Tā měi tiān gěi wǒ zuò fàn.
她每天给我做饭。그녀는 매일 나에게 밥을 해주신다.

□□ 比 bǐ ~보다

Tā bǐ wǒ piàoliang.
她比我漂亮。그녀는 나보다 예쁘다.

★ A+比+B+还… A는 B보다 더 ~하다
Wǒ bǐ tā hái gāo.
我比她还高。나는 그녀보다 (키가) 더 크다.

2 접속사 Track 38

접속사는 단어와 단어, 문장과 문장을 연결해 주는 역할을 한다.

和 hé ~와(과), 그리고

Wǒ xiǎng chī miàntiáo hé shuǐguǒ.
我想吃面条和水果。나는 국수와 과일을 먹고 싶다.

因为A，所以B yīnwèi A, suǒyǐ B (왜냐하면) A때문에, 그래서 B하다

Yīnwèi xiàyǔ, suǒyǐ tā méi qù tī zúqiú.
因为下雨，所以他没去踢足球。비가 내리기 때문에, 그는 축구를 하러 가지 않았다.

★ '因为A, 所以B'에서 A는 원인이나 이유를 나타내고, B는 결과를 나타낸다.

2급

虽然A，但是B suīrán A, dànshì B 비록(설령) A하지만(일지라도), 그러나(하지만) B하다

Suīrán tā bāshí suì le, dànshì shēntǐ hěn hǎo.
虽然他80岁了，但是身体很好。비록 그는 80세지만, 아주 건강하다.

★ '虽然A, 但是B'에서 A와 B는 서로 빈대되거나 원리(이치)에 어긋남을 나타낸다.
'但是'는 '但', '可是', '可'로 바꿔 쓸 수 있다.

조사 Track 39

조사는 문장 중간이나 끝에 쓰여 문장을 완성하고 의미 전달을 분명하게 할 수 있도록 도와준다. 문장의 구조를 완성하는 구조조사, 동작의 완료 · 지속 · 경험을 나타내는 동태조사, 문장 끝에서 말의 어감을 완성하는 어기조사가 있다.

단어

□□ 的 de ~의, ~한

Nàge háizi jiù shì wǒ de érzi.
那个孩子就是我的儿子。 저 아이가 바로 나의 아들이다.

★ 구조조사 '的'는 '명사/형용사+的+명사'의 형식으로 쓰인다.

□□ 得 de ~한 정도(상태)가 ~하다

Tā shuō Hànyǔ shuō de fēicháng hǎo.
他说汉语说得非常好。 그는 중국어를 굉장히 잘한다.

★ 구조조사 '得'는 '동사+得+형용사(동작에 대한 묘사, 평가)'의 형식으로 쓰인다.

★ 구조조사 '地 de(~하게, ~히)'는 '형용사+地+동사'의 형식으로 쓰인다.
Tā hěn nǔlì de xuéxí Hànyǔ.
他很努力地学习汉语。 그는 중국어를 열심히 공부한다.

1급

□□ 了 le ~했다[동사 바로 뒤나 문장 끝에 쓰여, 동작의 완료를 나타냄]

Wǒ nǚ'ér mǎile yì běn shū.
我女儿买了一本书。 내 딸은 책 한 권을 샀다.

★ 어기조사 '了 le'는 '~(하게) 되었다, ~했다'라는 의미로, 문장 끝에 위치하여 새로운 상황이 나타나거나 상태가 변하는 것을 의미한다.
Shēngbìng le, wǒ bù néng qù shàngkè le.
生病了，我不能去上课了。 병에 걸려서 난 수업하러 갈 수 없게 되었다.

□□ 着 zhe ~한 상태이다, ~하고 있다[동사 바로 뒤에 쓰여 동작의 지속을 나타냄]

Tā zài fángjiān li kànzhe shū.
她在房间里看着书。 그녀는 방에서 책을 보고 있다.

2급

□□ **过** guo ~한 적 있다[동사 바로 뒤에 쓰여 동작의 경험을 나타냄]

Wǒ jiějie qùguo liǎng cì Zhōngguó.
我姐姐去过两次中国。우리 언니는 중국에 두 번 가본 적 있다.

1급

□□ **吗** ma ~이니?[몰라서 물어볼 때 씀]

Nǐ jiějie zài Zhōngguó xuéxí ma?
你姐姐在中国学习吗? 너희 언니는 중국에서 공부하니?

2급

□□ **吧** ba ~이지?[추측, 예측되는 상황에서 물어볼 때 씀]

Nǐ bù xiǎng qù Zhōngguó ba?
你不想去中国吧? 넌 중국에 가고 싶지 않지?

★ 명령이나 권유를 의미하기도 한다.
(Nǐ) huíjiā ba.
(你)回家吧。(너) 집에 가라.

(Wǒmen) huíjiā ba.
(我们)回家吧。(우리) 집에 가자.

1급

□□ **呢** ne ~니?[부드러운 어투로 물어볼 때 씀]

Nà nǐ xiǎng zuò shénme ne?
那你想做什么呢? 그럼 너는 무엇을 하고 싶니?

★ 문장 끝에 쓰여 동작의 진행을 나타내기도 한다.
Wǒ zài kàn diànshì ne.
我在看电视呢。나는 텔레비전을 보고 있다.

4 감탄사 Track 40

감탄사는 감정이 격하거나, 놀라거나, 외칠 때 쓰는 표현이다.

1급

喂 wéi **(전화상에서) 여보세요**

Wéi, nǐ hǎo! Lǐ xiānsheng zài ma?

喂，你好！李先生在吗？ 여보세요, 안녕하세요. 이(李) 선생님 계세요?

첫걸음 단어

1 빈칸에 들어갈 단어를 보기에서 고르세요.

보기 的 de 过 guo 呢 ne 和 hé 得 de

Wǒ méi qù ( ) Zhōngguó.
❶ 我没去 ( ) 中国。

Tā chànggē chàng ( ) hěn búcuò.
❷ 他唱歌唱 ( ) 很不错。

Wǒ yǒu yí ge gēge ( ) yí ge mèimei.
❸ 我有一个哥哥 ( ) 一个妹妹。

Wǒ shì Hánguórén, nǐ ( ) ?
❹ 我是韩国人，你 ( ) ?

2 다음 빈칸에 들어갈 단어를 고르세요.

Wǒ jiějie (cóng / zài) Zhōngguó huílai le.
❶ 我姐姐 (从 / 在) 中国回来了。

Tā (bǐ / xiàng) wǒ hái gāo.
❷ 他 (比 / 向) 我还高。

Xuéxiào (wǎng / lí) wǒ jiā hěn jìn.
❸ 学校 (往 / 离) 我家很近。

Wǒ qù (zhe / guo) nàr.
❹ 我去 (着 / 过) 那儿。

정답 1 ❶ 过 guo ❷ 得 de ❸ 和 hé ❹ 呢 ne 2 ❶ 从 cóng ❷ 比 bǐ ❸ 离 lí ❹ 过 guo

해석 1 ❶ 나는 중국에 가본 적 없다. ❷ 그는 노래를 잘 부른다. ❸ 나는 오빠 한 명과 여동생 한 명이 있다.
❹ 나는 한국인이야, 너는?
2 ❶ 우리 언니는 중국에서 돌아왔다. ❷ 그는 나보다 키가 더 크다. ❸ 학교는 우리 집에서 가깝다.
❹ 나는 저기에 가본 적 있다.

중국인들은 왜 8을 좋아할까요?

우리나라에서 숫자 '7'은 '행운의 숫자'라고 해서 많은 사람들이 좋아하지만, 숫자 '4'는 '죽음의 숫자'라고 해서 피하는 경우가 많습니다. 중국에도 사람들이 좋아하는 숫자와 싫어하는 숫자가 있는데, 그 이유가 중국어 발음과 관련이 깊어서 무척 흥미롭습니다.

중국 사람들은 숫자 '3'과 '4'를 좋아하지 않는데, 숫자 '3(三 sān)'은 '흩어지다, 떨어지다'라는 뜻의 한자 '散(sàn)'과 발음이 비슷하고, 숫자 '4(四 sì)'는 '죽다'라는 뜻의 한자 '死(sǐ)'와 발음이 비슷하기 때문입니다.

반면, 중국인들은 숫자 '8'과 '9'를 굉장히 좋아합니다. 숫자 '8(八 bā)'은 '돈을 벌다'라는 뜻의 '发财(fācái)'의 '发(fā)'와 발음이 비슷하고, 숫자 '9(九 jiǔ)'는 '오래되다'라는 뜻의 한자 '久(jiǔ)'와 발음이 똑같기 때문입니다.

ㄴ 자동차 번호판

중국 사람들은 숫자 '8'을 너무 좋아해서, 전화번호나 자동차 번호판의 번호에 숫자 '8'이 많으면 큰 돈을 주고서라도 사려고 합니다. 베이징 올림픽 개막식을 2008년 8월 8일 저녁 8시 8분에 시작한 이유도 좋은 기운을 기대하는 바람에서 비롯된 것이라고 볼 수 있습니다.

ㄴ 베이징 올림픽

이제부터

新 HSK

1급에

도전해 봅시다!

新 HSK

1급

듣기

이 **단원에서는**

HSK 1급 듣기 문제의 유형을 파악하고 문제를 푸는 방법을 학습합니다. 제한 시간 내에 문제를 푸는 연습을 해보세요.

듣기 제1부분

학습일 ____/____

1 기본부터 파악하는 문제 유형

듣기 제1부분은 **사진과 녹음이 일치하는지 판단**하는 문제로, 총 **5문제**(1-5번)가 출제된다. 듣기 제1부분에서는 간단한 단어나 구가 출제되므로 사진에 있는 모든 정보에 집중하지 말고 알고 있는 단어를 떠올리면 정답을 찾기 쉽다.

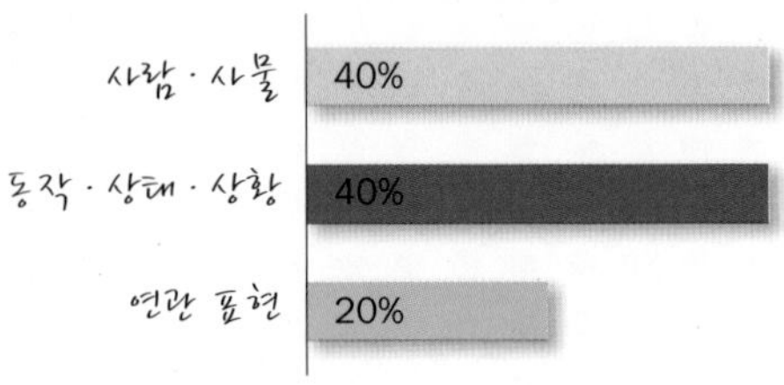

2 핵심을 찌르는 문제 공략법

1. 사진을 **관찰하라**!
2. 사진을 보고 **사람**이나 **사물**의 **명칭**을 **생각하라**!
3. 사진과 관련된 **동작**이나 **상태 표현**을 **떠올려라**!

3 정답이 보이는 문제 풀이 방법

Track 41

예제

1. 사진을 보고 **녹음 내용**을 **예상**해 본다.
2. **예상한 표현**과 **녹음의 핵심어**를 맞춰 본다.
3. 녹음과 사진이 일치하면 √, 일치하지 않으면 **X**를 표시한다.
4. **녹음**은 **두 번** 들려준다. **한 번 더 들려줄 때** 집중해서 **검토**한다.
5. 정답을 체크하고 난 후, **다음 문제를 들을 준비**를 한다.
6. 듣기 영역 시험이 모두 끝나고 **답안지 작성 시간**에 정답을 **답안지**에 **표시**한다.

4 한눈에 보이는 예제 풀이

Step 1. 사진을 보고 녹음 내용을 예상해 보자!

사진에 오렌지, 키위, 사과가 있지만 보이는 모든 것에 연연해 하지 말고 알고 있는 단어를 떠올린다.

사물 水果 shuǐguǒ 과일 | 苹果 píngguǒ 사과

상태 很多 hěn duō 매우 많다

Step 2. 녹음을 듣고 정답 여부를 판단하자!

녹음에서 '水果(shuǐguǒ 과일)'라고 했으므로 내용이 사진과 일치한다. 따라서 정답은 √이다.

녹음 shuǐguǒ 水果	과일

기초 실력 다지기

다음 한어병음에 해당하는 우리말 뜻을 고르세요.

❶ yīshēng　　A 선생님　　B 의사

❷ yīfu　　A 옷　　B 컴퓨터

❸ hē chá　　A 밥을 하다　　B 차를 마시다

정답 ❶ B ❷ A ❸ B

plus+ 선생님 → 老师 lǎoshī | 컴퓨터 → 电脑 diànnǎo | 밥을 하다 → 做饭 zuò fàn

실전 감각을 익히는 기출문제

★ 녹음을 듣고 사진과 일치하면 √, 일치하지 않으면 X를 표시하세요. Track 42

1		
2		
3		

정답 및 해설

1. 인물의 **동작**을 **관찰하라**! Track 42-1

해설 사진에서 여자가 쇼핑을 하고 있지만 녹음에서 '听 tīng(듣다)'이라고 했으므로, 정답은 X이다.

정답 X

녹음

tīng yīnyuè 听 音乐	음악을 듣다

단어 ★听 tīng 동 듣다 | 音乐 yīnyuè 명 음악

2. 사진을 보고 **사물**의 **명칭**을 **생각하라**!

Track 42-②

해설 사진에는 '비행기(飞机 fēijī)'가 있지만, 녹음에서는 '电视 diànshì(텔레비전)'라고 했으므로 정답은 X이다.

정답 X

녹음

diànshì 电视	텔레비전

3. 사진과 관련된 **상태 표현**을 **떠올려라**!

Track 42-③

해설 사진에는 '꽃(花 huā)'이 보이지만, 이 단어는 1급보다 높은 3급 단어여서 시험에 나오지 않는다. 당황하지 말고 '꽃'과 관련 있는 동작이나 상태 표현을 떠올려 본다. 녹음에서 '漂亮 piàoliang(예쁘다)'이라고 했고, 이것은 꽃을 봤을 때 떠올릴 수 있는 적절한 표현이므로 정답은 √이다.

정답 √

녹음

hěn piàoliang 很 漂亮	매우 예쁘다

단어 很 hěn 부 매우 | ★漂亮 piàoliang 형 예쁘다

1급

듣기

기출 확인 TEST

Track 43

녹음을 잘 듣고 빈칸에 들어갈 한어병음을 쓰세요.

❶ ________________

❷ diàn________________

❸ hěn ________________

정답 ❶ xiě ❷ nǎo ❸ hǎokàn

녹음 ❶ 写 xiě 쓰다 ❷ 电脑 diànnǎo 컴퓨터 ❸ 很好看 hěn hǎokàn 매우 보기 좋다

시험처럼 풀어보는 실전문제 1

제한 시간 2분　　학습일 ____/____　　맞은 개수 ________

Track 44

★ 녹음을 듣고 사진과 일치하면 √, 일치하지 않으면 X를 표시하세요.　해설집 p.4

1		
2		
3		
4		
5		

시험처럼 풀어보는 실전문제 2

제한 시간 2분 학습일 ___/___ 맞은 개수 ___

Track 45

★ 녹음을 듣고 사진과 일치하면 √, 일치하지 않으면 X를 표시하세요.

해설집 p.6

1		
2		
3		
4		
5		

제2부분

학습일 ____/____

1 기본부터 파악하는 **문제 유형**

듣기 제2부분은 **한 문장을 듣고 사진 A, B, C 중 녹음의 내용과 일치하는 것**을 고르는 문제로, 총 **5문제**(6-10번)가 출제된다. 듣기 제2부분은 문장을 들려주지만, 제1부분과 마찬가지로 특정한 단어만으로도 답을 찾을 수 있다.

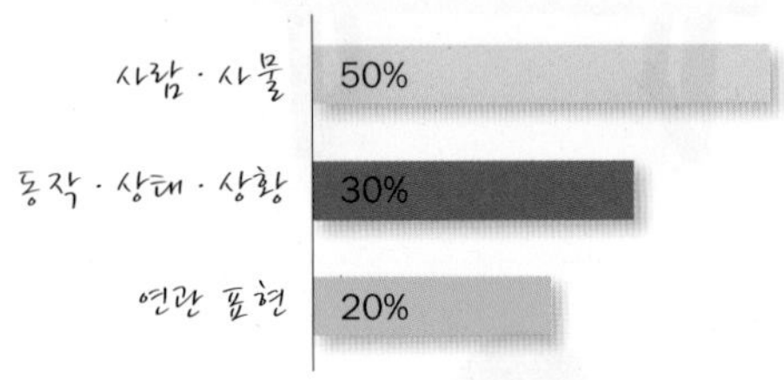

2 핵심을 찌르는 **문제 공략법**

1. 사진을 **관찰하라**!
2. 사진을 보고 **사람**이나 **사물**의 **명칭**을 **생각하라**!
3. 사진과 관련된 **동작**이나 **상태 표현**을 **떠올려라**!

3 정답이 보이는 **문제 풀이 방법**

Track 46

예제

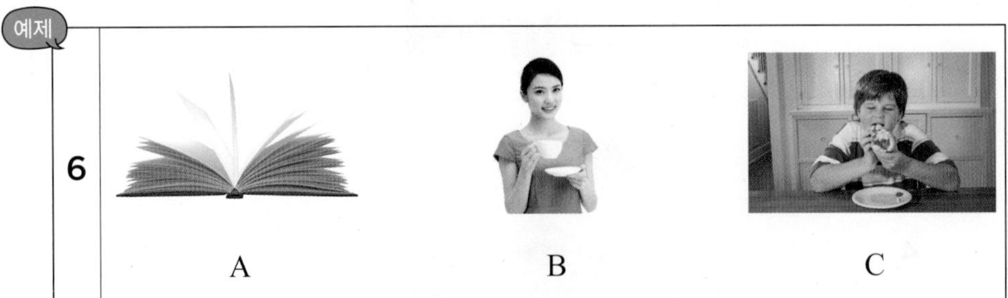

1. 사진 A, B, C를 보고 **녹음 내용**을 **예상**해 본다.
2. 예상한 표현과 **녹음의 핵심어**를 맞춰 본다.
3. 녹음과 일치하는 사진을 고른다.
4. **녹음**은 **두 번** 들려준다. **한 번 더 들려줄 때** 집중해서 **검토**한다.
5. 정답을 체크하고 난 후, **다음 문제를 들을 준비**를 한다.
6. 듣기 영역 시험이 모두 끝나고 **답안지 작성 시간**에 정답을 **답안지**에 **표시**한다.

4 한눈에 보이는 예제 풀이

Step 1. 사진을 보고 녹음 내용을 예상해 보자!

3장의 사진을 보면서 표현을 일일이 생각하다가 정작 녹음을 놓칠 수 있다. 제2부분은 녹음에서 들리는 표현을 중심으로 답을 찾자.

书 shū 책

茶 chá 차, tea
姐姐 jiějie 언니, 누나
喝 hē 마시다

儿子 érzi 아들
吃 chī 먹다

Step 2. 녹음을 듣고 정답 여부를 판단하자!

'喝茶 hē chá(차를 마시다)'라고 했으므로 차를 마시고 있는 B가 정답이다.

Tā hěn xǐhuan hē chá. 她 很 喜欢 喝 茶。	그녀는 차 마시는 것을 매우 좋아한다.

기초 실력 다지기

제시된 뜻을 보고 빈칸에 들어갈 한어병음과 연결하세요.

❶ Wǒ xǐhuan ( ). • • A diànhuà
나는 책 보는 것을 좋아한다.

❷ Tā zài dǎ ( ). • • B érzi
그는 전화를 하고 있다.

❸ Tā shì wǒ de ( ). • • C kàn shū
그는 나의 아들이다.

정답 ❶ C ❷ A ❸ B

plus+ ❶ 나는 책 보는 것을 좋아한다. → 我喜欢看书。Wǒ xǐhuan kàn shū. ❷ 그는 전화를 하고 있다. → 他在打电话。Tā zài dǎ diànhuà. ❸ 그는 나의 아들이다. → 他是我的儿子。Tā shì wǒ de érzi.

실전 감각을 익히는 기출문제

★ 녹음을 듣고 내용과 일치하는 사진을 고르세요. Track 47

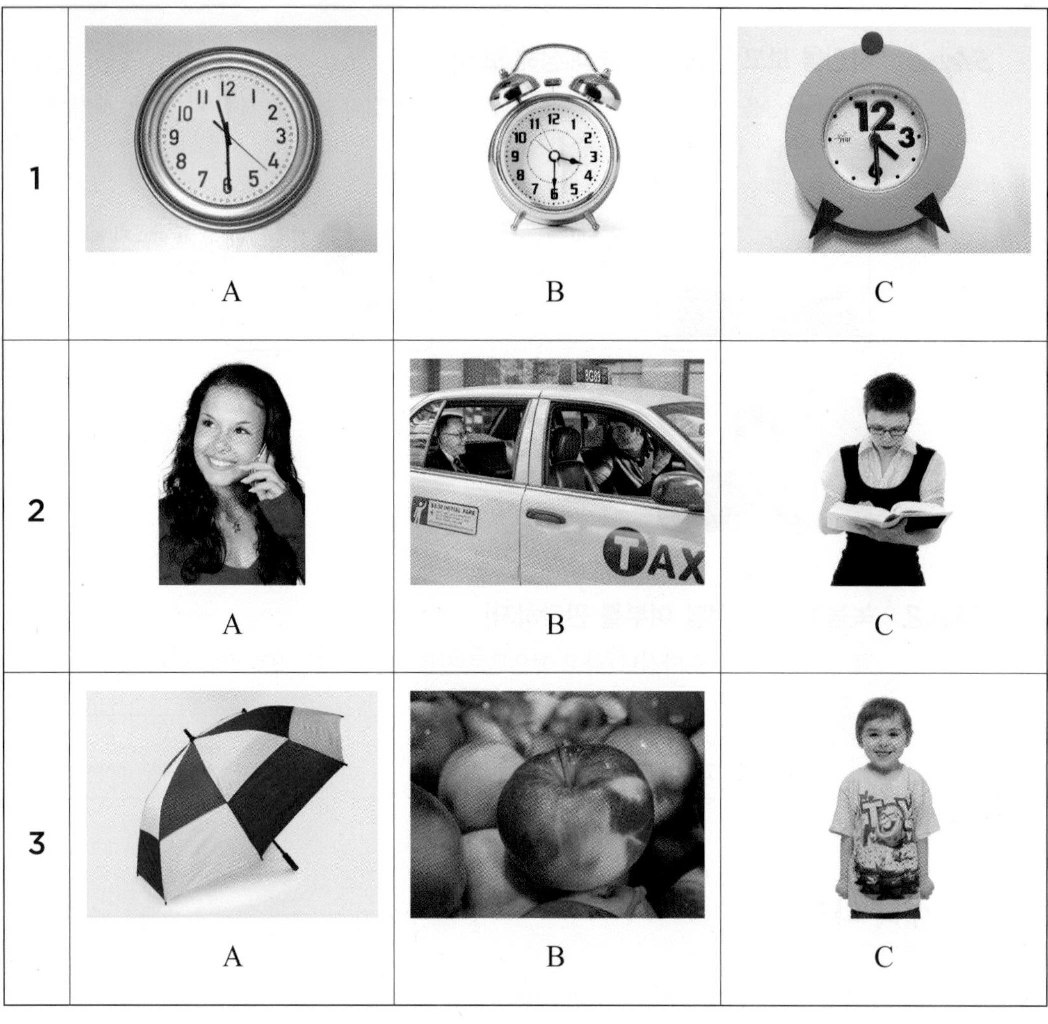

정답 및 해설

1. 사진을 보고 **시간**에 **주의하라!** Track 47-①

해설 사진에 시계가 있으므로, 시간과 관련된 내용이 나올 것임을 예상해 볼 수 있다. 녹음에서 '四点半 sì diǎn bàn(4시 반)'이라고 했으므로, 정답은 C이다. 시간이나 숫자 표현에서 '四 sì(4, 넷)'와 '十 shí(10, 열)'를 혼동하지 않도록 주의해야 한다.

정답 C

녹음

Xiànzài sì diǎn bàn. 现在 四 点 半。	지금은 4시 반이다.

단어 现在 xiànzài 명 지금, 현재 | ★四 sì 수 4, 넷 | ★点 diǎn 양 시 | 半 bàn 수 반, 2분의 1

2. 사진을 보고 **사람**이나 **사물**의 **명칭**을 **생각하라**!

해설 사진을 관찰하면 '电话 diànhuà(전화기)', '出租车 chūzūchē(택시)', '书 shū(책)'를 떠올릴 수 있다. 녹음에서 '在出租车上 zài chūzūchē shang(택시에 있다)'이라고 했으므로 정답은 B이다.

정답 B

녹음

Wǒ zài chūzūchē shang ne. 我 在 出租车 上 呢。	나는 택시에 있어요.

단어 我 wǒ 대 나, 저 | ★在 zài 동 ~에 있다 | ★出租车 chūzūchē 명 택시 | ★上 shàng 명 위 | 呢 ne 조 문장 끝에 쓰여 진행을 나타내거나 말투를 부드럽게 함

1급 듣기

3. 사진과 관련된 **상태 표현**을 **떠올려라**!

해설 녹음에서 '下雨 xiàyǔ(비가 내린다)'라고 했고, 이것은 우산을 봤을 때 떠올릴 수 있는 적절한 표현이므로 정답은 A이다.

정답 A

녹음

Xiàyǔ le. 下雨 了。	비가 내려요.

단어 ★下雨 xiàyǔ 동 비가 내리다 | ★了 le 조 변화 혹은 새로운 상황의 출현을 나타냄

기출 확인 TEST

Track 48

녹음을 잘 듣고 빈칸에 들어갈 한어병음을 쓰세요.

❶ Jīntiān bú shì ______________ .

❷ Hái méi ______________ ne.

❸ Wǒ bù xǐhuan ______________ .

정답 ❶ xīngqīsì ❷ xiàyǔ ❸ zuò chē

녹음 ❶ 今天不是星期四。Jīntiān bú shì xīngqīsì. 오늘은 목요일이 아니다.

❷ 还没下雨呢。Hái méi xiàyǔ ne. 아직 비가 내리지 않는다.

❸ 我不喜欢坐车。Wǒ bù xǐhuan zuò chē. 나는 차 타는 것을 좋아하지 않는다.

시험처럼 풀어보는 실전문제 1

제한 시간 3분

학습일 ____/____ 맞은 개수 ______

Track 49

★ 녹음을 듣고 내용과 일치하는 사진을 고르세요.

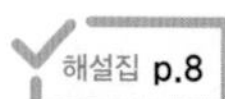
해설집 p.8

1	 A	 B	 C
2	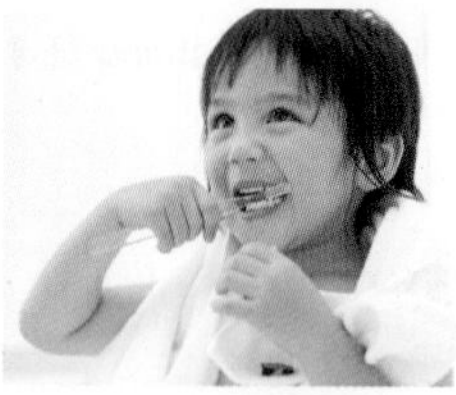 A	 B	 C
3	 A	 B	 C
4	 A	 B	 C
5	 A	 B	 C

시험처럼 풀어보는 실전문제 2

제한 시간 **3분**

학습일 ____/____ 맞은 개수 ______

Track 50

★ 녹음을 듣고 내용과 일치하는 사진을 고르세요.

해설집 p.10

1	 A	 B	 C
2	 A	 B	 C
3	 A	 B	 C
4	 A	 B	 C
5	 A	 B	 C

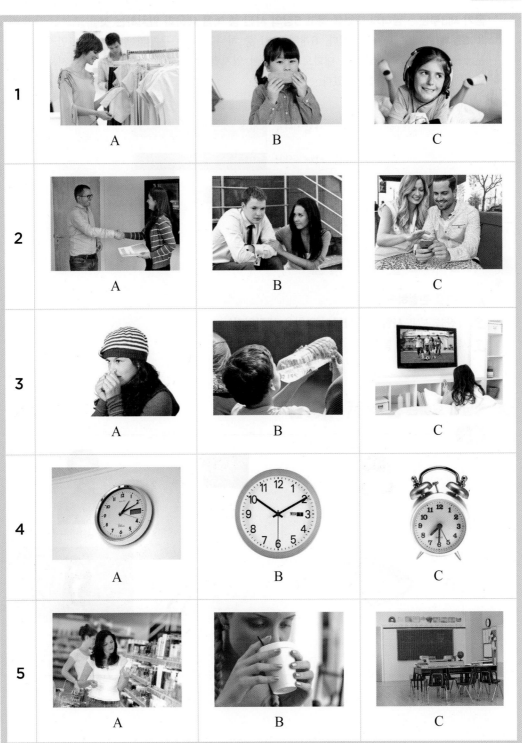

제3부분

학습일 ____/____

1 기본부터 파악하는 문제 유형

듣기 제3부분은 **남녀의 대화를 듣고 5장의 사진 중 녹음 내용과 일치하는 것**을 고르는 문제로, 총 **5문제**(11-15번)가 출제된다. 6개의 보기 중 하나는 예시 문제의 정답이므로 먼저 지우고 문제를 풀도록 하자. 남녀의 대화로 구성되어 있지만 듣기 제1, 2부분과 마찬가지로 특정한 단어만으로도 답을 찾을 수 있다.

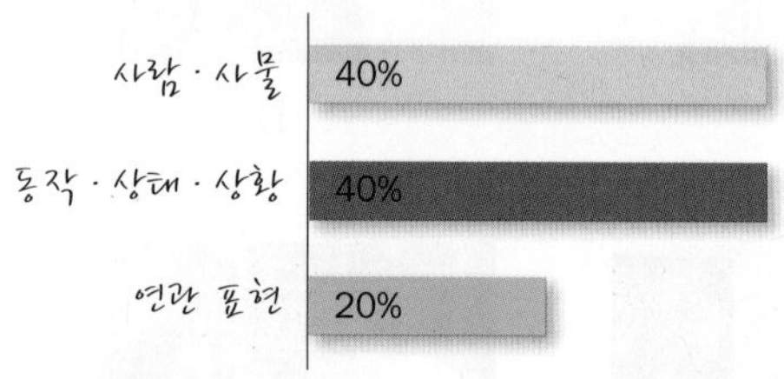

2 핵심을 찌르는 문제 공략법

1. 사진을 **관찰하라**!
2. 사진을 보고 **사람**이나 **사물**의 **명칭**을 **생각하라**!
3. 사진과 관련된 **동작**이나 **상태 표현**을 **떠올려라**!

3 정답이 보이는 문제 풀이 방법

Track 51

예제

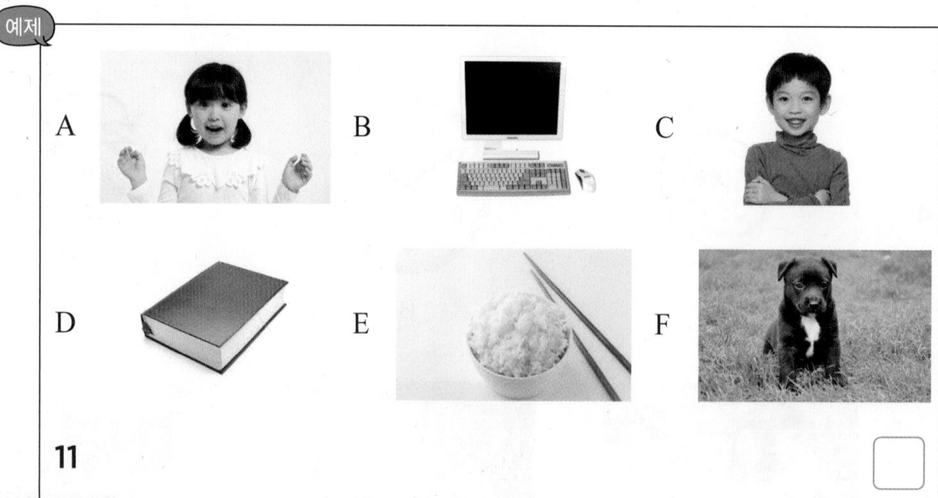

1. 사진을 보고 녹음 내용을 **예상**해 본다.
2. 녹음을 들으면서 **관련 있는 사진**을 찾는다.
3. 녹음과 관련 있는 사진(A–F)을 네모 칸에 적는다.
4. **녹음**은 **두 번** 들려준다. **한 번 더 들려줄 때** 집중해서 **검토**한다.
5. 정답을 체크하고 난 후, **다음 문제를 들을 준비**를 한다.
6. 듣기 영역 시험이 모두 끝나고 **답안지 작성 시간**에 정답을 **답안지**에 **표시**한다.

4 한눈에 보이는 예제 풀이

Step 1. 사진을 보고 녹음 내용을 예상해 보자!

사진을 보고 떠오르는 표현을 중심으로 녹음 내용을 예상해 본다. 남녀의 대화에서 들리는 표현을 중심으로 답을 찾자.

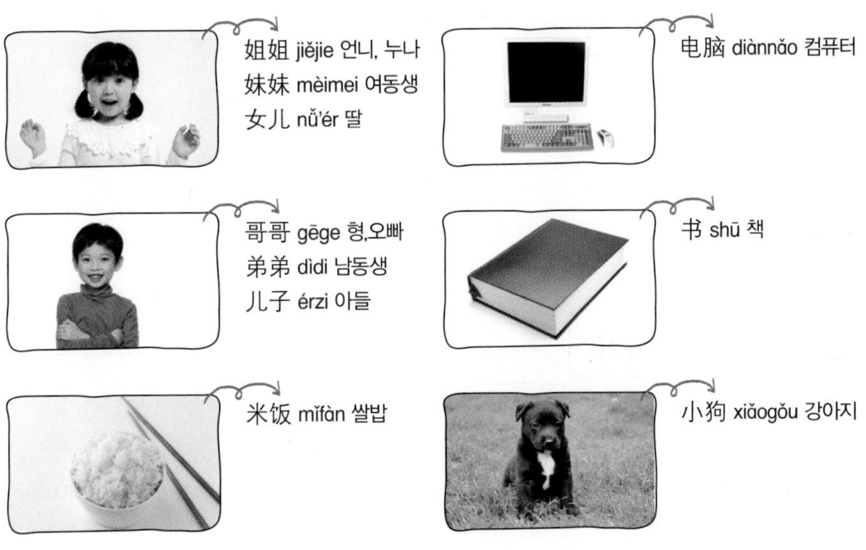

Step 2. 녹음을 듣고 정답 여부를 판단하자!

'他的女儿 tā de nǚ'ér(그의 딸)'이라고 했으므로, 여자아이 사진인 A가 정답이다.

녹음

Tā de nǚ'ér jiào shénme míngzi ? 男：他 的 女儿 叫 什么 名字？	남: 그의 딸은 이름이 뭐니?
Tā jiào Zhāng Míng . 女：她 叫 张 明。	여: 그녀는 장밍(张明)이라고 해.

기초 실력 다지기

제시된 뜻을 보고 빈칸에 들어갈 한어병음과 연결하세요.

❶ Wǒ zài (　　　　) shang. •
나는 차 (안)에 있다.

❷ Zǎoshang (　　　　). •
아침 8시다.

❸ Nǐ xǐhuan chī (　　　　) ma? •
너는 사과 먹는 것을 좋아하니?

• A píngguǒ

• B chē

• C bā diǎn

정답 ❶ B ❷ C ❸ A

plus+ ❶ 나는 차 (안)에 있다. → 我在车上。Wǒ zài chē shang.

❷ 아침 8시다. → 早上八点。Zǎoshang bā diǎn.

❸ 너는 사과 먹는 것을 좋아하니? → 你喜欢吃苹果吗? Nǐ xǐhuan chī píngguǒ ma?

실전 감각을 익히는 기출문제

★ 녹음을 듣고 내용과 일치하는 사진을 고르세요.

Track 52

A 

B 

C 

1 ☐

2 ☐

3 ☐

1급 듣기

정답 및 해설

1. 사진을 **관찰하라**!

Track 52-①

해설 녹음에서 남자가 '坐出租车去 zuò chūzūchē qù(택시를 타고 가다)'라고 했으므로 사진 B가 정답이다.

정답 B

녹음

Nǐ zěnme qù ? 女：你 怎么 去？	여: 너는 어떻게 가니?
Wǒ zuò chūzūchē qù . 男：我 坐 出租车 去。	남: 나는 택시를 타고 가.

단어 ★怎么 zěnme 대 어떻게 | 去 qù 동 가다 | ★出租车 chūzūchē 명 택시

2. 사진을 보고 **사물**의 **명칭**을 **생각하라**!

Track 52-②

해설 사진을 보면 '水果 shuǐguǒ(과일)'나 '苹果 píngguǒ(사과)'를 떠올릴 수 있다. 녹음에서 '苹果 píngguǒ(사과)'를 많이 먹으라고 했으므로, 사진 A가 정답이다.

정답 A

녹음

Xièxie nǐ de shuǐguǒ . 女：谢谢 你 的 水果。	여: 과일을 줘서 고마워.
Bú kèqi . Nǐ duō chī píngguǒ . 男：不 客气。你 多 吃 苹果。	남: 천만에. 사과를 많이 먹어.

단어 谢谢 xièxie 동 고마워요, 감사해요 | 水果 shuǐguǒ 명 과일 | 不客气 bú kèqi 천만에요, 별말씀을요 | 多 duō 형 많다 | 吃 chī 동 먹다 | ★苹果 píngguǒ 명 사과

3. 사진과 관련된 **동작**이나 **상태 표현**을 **떠올려라**!

Track 52-③

(해설) 녹음에서 몇 시 비행기를 타는지를 물어보았고, '七点 qī diǎn(7시)'이라고 했으므로, 시계를 보는 사진 C가 가장 적합하다.

(정답) C

(녹음)

Nǐ zuò jǐ diǎn de fēijī? 男：你 坐 几 点 的 飞机？	남: 너는 몇 시 비행기를 타니?
Shàngwǔ qī diǎn. 女：上午 七 点。	여: 오전 7시.

(단어) 你 nǐ 대 너, 당신 | 坐 zuò 동 (교통수단을) 타다 | 几 jǐ 수 몇 | ★点 diǎn 양 시 | 的 de 조 ~의, ~한 | ★飞机 fēijī 명 비행기 | 上午 shàngwǔ 명 오전 | 七 qī 수 7, 일곱

1급 듣기

기출 확인 TEST

Track 53

녹음을 잘 듣고 빈칸에 들어갈 한어병음을 쓰세요.

❶ Wǒ ________________, yào qù shàngkè.

❷ Wǒ de ________________ bā diǎn dào.

❸ Nǐ xǐhuan chī shénme ________________?

(정답) ❶ zài chē shang ❷ fēijī ❸ shuǐguǒ

(녹음) ❶ 我在车上，要去上课。Wǒ zài chē shang, yào qù shàngkè. 나는 차에 있는데, 수업하러 간다.
❷ 我的飞机八点到。Wǒ de fēijī bā diǎn dào. 내 비행기는 8시에 도착한다.
❸ 你喜欢吃什么水果？ Nǐ xǐhuan chī shénme shuǐguǒ? 너는 무슨 과일 먹는 걸 좋아하니?

시험처럼 풀어보는 실전문제 1

제한 시간 **4분**

학습일 ____/____ 맞은 개수 ______

Track 54

★ 녹음을 듣고 내용과 일치하는 사진을 고르세요.

해설집 p.13

A

B

C

D

E

1 ☐

2 ☐

3 ☐

4 ☐

5 ☐

시험처럼 풀어보는 실전문제 2

제한 시간 **4분** | 학습일 ____/____ | 맞은 개수 ____

Track 55

★ 녹음을 듣고 내용과 일치하는 사진을 고르세요.

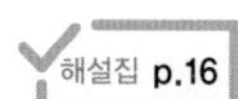
해설집 p.16

A 

B 

C 

D 

E 

1 ☐

2 ☐

3 ☐

4 ☐

5 ☐

1급 듣기

듣기 제4부분

학습일 ____/____

① 기본부터 파악하는 **문제 유형**

듣기 제4부분은 **서술문을 듣고 질문에 적절한 답**을 선택하는 문제로, 총 **5문제**(16-20번)가 출제된다. 듣기 제4부분에서는 보기가 사진이 아닌 **한자**와 **한어병음**으로 제시된다.

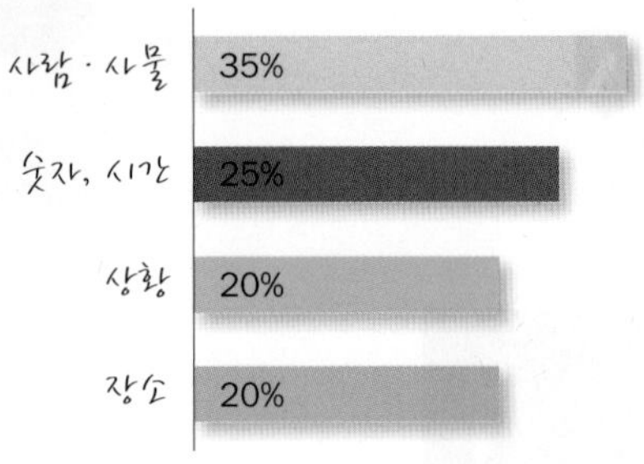

② 핵심을 찌르는 **문제 공략법**

1. 보기를 보고 **무엇을 묻는 질문이 나올지 예상하라**!
2. **보기와 일치하는 표현**에 **주목하라**!

③ 정답이 보이는 **문제 풀이 방법**

Track 56

예제
16 A dìdi 弟弟 B bàba 爸爸 C gēge 哥哥

1. **보기**(**A**, **B**, **C**)를 빠르게 **확인**하고, 어떤 **질문**(**누가**, **언제**, **어디서**, **무엇을**)이 나올지 예상해 본다.
2. **보기와 일치**하는 **표현**이 **녹음에 나오는지** 생각하며 듣는다.
3. 녹음과 일치하는 표현이 없을 때에는 **대화 내용**을 **근거**로 **가장 적절한 정답**을 찾는다.
4. **대화**가 **끝난 뒤**에 나오는 **질문을 놓치지 않도록 주의**한다.
5. **녹음**은 **두 번** 들려준다. **한 번 더 들려줄 때** 집중해서 **검토**한다.
6. 정답을 체크하고 난 후, **다음 문제를 들을 준비**를 한다.
7. 듣기 영역 시험이 모두 끝나고 **답안지 작성 시간**에 정답을 **답안지**에 **표시**한다.

④ 한눈에 보이는 예제 풀이

Step 1. 보기를 보고 무엇을 묻는 질문이 나올지 예상해 보자.

보기에 가족과 관련된 단어가 제시되어 있으므로 관계나 신분을 물어보는 문제가 나올 거라고 예상할 수 있다.

Step 2. 녹음을 듣고 정답 여부를 판단하자!

녹음에서 '哥哥 gēge(형, 오빠)'라고 했고 질문에서는 '谁 shéi(누구)'라고 물었으므로, 정답은 C이다.

녹음	
Tā shì wǒ gēge . 他 是 我 哥哥 。	그는 내 형(오빠)이야.
Tā shì shéi ? 问：他 是 谁？	질문: 그는 누구인가?
A 弟弟 dìdi　B 爸爸 bàba　C 哥哥 gēge	A 남동생　B 아빠　C 형(오빠)

기초 실력 다지기

⚡ 다음 우리말 뜻에 해당하는 단어를 고르세요.

❶ 다음 주　A 下个星期 xià ge xīngqī　B 下个月 xià ge yuè

❷ 초등학교　A 小学 xiǎoxué　B 大学 dàxué

❸ 반 친구, 급우　A 儿子 érzi　B 同学 tóngxué

정답 ❶A ❷A ❸B

plus+ 下个月 xià ge yuè 다음 달 | 大学 dàxué 대학교 | 儿子 érzi 아들

1급 듣기

실전 감각을 익히는 기출문제

★ 녹음을 듣고 내용과 일치하는 것을 고르세요. Track 57

	A	B	C
1	hòutiān 后天	xià ge yuè 下 个 月	xià ge xīngqī 下 个 星期
2	wǒ 我	érzi 儿子	érzi de tóngxué 儿子 的 同学

정답 및 해설

1. 보기를 보고 **무엇을 묻는 질문이** 나올지 **예상하라**! Track 57-1

해설 보기 A, B, C에 날짜와 관련된 표현이 나왔으므로 날짜를 물어보는 질문이 나올 거라고 예상할 수 있다. 녹음에서 '下个月 xià ge yuè(다음 달)'에 베이징에 간다고 했으므로 B가 정답이다.

정답 B

녹음

Xià ge yuè, wǒ qù Běijīng. 下 个 月，我 去 北京。	다음 달에 나는 베이징에 가.
Tā shénme shíhou qù Běijīng? 问：他 什么 时候 去 北京？	질문: 그는 언제 베이징에 가나?
hòutiān A 后天	A 모레
xià ge yuè B 下 个 月	B 다음 달
xià ge xīngqī C 下 个 星期	C 다음 주

단어 ★下个月 xià ge yuè 다음 달 | 去 qù 동 가다 | 北京 Běijīng 고유 베이징, 북경

2. 보기와 **일치**하는 **표현**을 **들어라!**

(해설) 보기에 사람과 관련된 단어가 제시되어 있으므로 관계나 신분을 묻는 문제가 나올 거라고 예상할 수 있다. 녹음에서 '我儿子的同学 wǒ érzi de tóngxué(내 아들의 학교 친구)'가 병원에서 일한다고 했으므로 C가 정답이다.

(정답) C

(녹음)

Tā shì wǒ érzi de tóngxué, tā zài yīyuàn gōngzuò. 他是我儿子的同学，他在医院工作。 Shéi zài yīyuàn gōngzuò? 问：谁在医院工作？	그는 내 아들의 급우이다. 그는 병원에서 일한다. 질문: 누가 병원에서 일하나?
A 我 wǒ　B 儿子 érzi　C 儿子的同学 érzi de tóngxué	A 나　B 아들　C 아들의 급우

(단어) 儿子 érzi 명 아들 | ★同学 tóngxué 명 반 친구, 급우 | 在 zài 개 ~에서 | 医院 yīyuàn 명 병원 | 工作 gōngzuò 동 일하다

기출 확인 TEST

Track 58

녹음을 잘 듣고 빈칸에 들어갈 한어병음을 쓰세요.

❶ Tā ________________ huíjiā le.

❷ Wǒ nǚ'ér de tóngxué shì ________________.

(정답) ❶ shàng ge yuè ❷ yīshēng

(녹음) ❶ 他上个月回家了。Tā shàng ge yuè huíjiā le. 그는 지난달에 집으로 돌아갔다.
❷ 我女儿的同学是医生。Wǒ nǚ'ér de tóngxué shì yīshēng. 내 딸의 급우는 의사다.

시험처럼 풀어보는 실전문제 1

학습일 ____/____ 맞은 개수 ______

★ 녹음을 듣고 내용과 일치하는 것을 고르세요.

1 A 哥哥 gēge　B 姐姐 jiějie　C 妹妹 mèimei

2 A 星期三 xīngqīsān　B 星期四 xīngqīsì　C 星期日 xīngqīrì

3 A 很 好 hěn hǎo　B 不 会 写 bú huì xiě　C 不 会 读 bú huì dú

4 A 热 rè　B 冷 lěng　C 下雨 xiàyǔ

5 A 小学 xiǎoxué　B 中学 zhōngxué　C 大学 dàxué

실전문제 2

학습일 ____/____ 맞은 개수 ____

★ 녹음을 듣고 내용과 일치하는 것을 고르세요.

해설집 p.21

1 A 商店 (shāngdiàn)　B 医院 (yīyuàn)　C 他家 (tā jiā)

2 A 右边 (yòubian)　B 左边 (zuǒbian)　C 中间 (zhōngjiān)

3 A 睡觉了 (shuìjiào le)　B 迟到了 (chídào le)　C 吃饭了 (chīfàn le)

4 A 我 (wǒ)　B 女儿 (nǚ'ér)　C 妈妈 (māma)

5 A 13号 (hào)　B 14号 (hào)　C 15号 (hào)

중국을 여행할 때 왜 계절과 지역을 잘 고려해야 할까요?

중국은 땅이 넓어 지역마다 날씨가 많이 다릅니다. 중국의 남쪽 지역은 겨울에도 기온이 영하로 내려가지 않고 따뜻하지만, 북쪽 지역은 영하 40도까지 내려갈 만큼 굉장히 춥습니다.

ㄴ 하이난다오(海南岛 Hǎinándǎo)

그렇다면 겨울에는 남쪽 지역으로 여행을 가는 것이 좋을까요? 상하이(上海 Shànghǎi)나 광저우(广州 Guǎngzhōu), 하이난다오(海南岛 Hǎinándǎo)와 같은 중국의 남쪽 지역은 겨울에 기온이 영하로 떨어지지 않아 겨울에 여행하기 좋을 것 같지만, 건물 안에 난방 시설이 잘 갖춰져 있지 않아 숙소에서 잠을 잘 때 오히려 더 추울 수 있습니다.

ㄴ 하얼빈 빙등 축제(冰灯节 Bīngdēngjié)

하얼빈(哈尔滨 Hā'ěrbīn)과 같은 중국의 북쪽 지역은 겨울에 영하 40도까지 내려갈 정도로 춥습니다. 하얼빈은 추운 기후를 활용해 매년 빙등 축제가 열리는 곳으로도 유명합니다. 겨울에는 매우 춥지만, 난방 시설은 잘 되어 있습니다. 외부에서 활동하기에는 많이 춥지만, 숙소에서 잠을 잘 때에는 따뜻합니다.

남쪽 지역은 여름이 덥고 길어서 냉방 시설이 잘 갖춰져 있습니다. 밖은 무척 덥지만 실내에 들어가면 너무 시원해서 얇은 겉옷이 필요합니다. 그래서 여름에 남쪽 지역으로 여행을 가더라도 얇은 겉옷은 꼭 챙겨야 합니다.

이처럼 계절과 지역에 따라서 중국은 날씨가 많이 다릅니다. 따라서 중국을 여행할 때에는 미리 여행지의 날씨를 알아보고 준비하는 것이 좋습니다.

新HSK

1급

독해

이 단원에서는

HSK 1급 독해 문제의 유형을 파악하고 문제를 푸는 방법을 학습합니다. 제한 시간 내에 문제를 푸는 연습을 해보세요.

독해 제1부분

학습일 ____/____

1 기본부터 파악하는 문제 유형

독해 제1부분은 하나의 사진과 하나의 단어가 제시되고 **사진과 단어가 서로 일치하는지 판단**하는 문제로, 총 **5문제**(21-25번)가 출제된다. 사람 · 사물 명칭이 가장 많이 출제되며, 동작 · 상태 표현이 종종 출제된다.

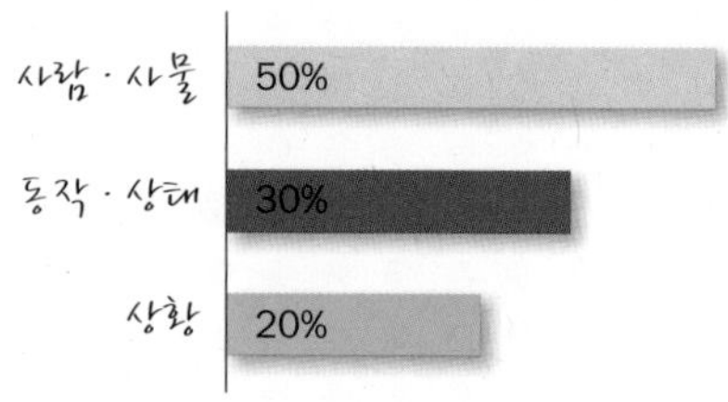

2 핵심을 찌르는 문제 공략법

1. **단어를 모를 때**에는 **한자에서 힌트**를 얻어라!
2. **한자를 모를 때**에는 **부수에서 힌트**를 얻어라!
3. **한자를 모를 때**에는 **한어병음**을 봐라!

3 정답이 보이는 문제 풀이 방법

예제

21		diànshì 电视	

1. 사진과 제시된 **한자**, **한어병음**을 **확인**한다.
2. 사진과 중국어가 서로 일치하면 √를, 일치하지 않으면 **X**를 표시한다.
3. 독해 제1부분(21-25번)을 풀고 난 후, 정답을 답안지에 옮겨 적는다.

4 한눈에 보이는 예제 풀이

Step 1. 사진과 제시된 한자, 한어병음을 비교해 보자!

사진과 단어를 보고 서로 일치하는지 판단한다. 만약, 답을 확실히 모를 때에는 한어병음이나 한자를 활용해 정답을 찾자.

Step 2. 정답 여부를 판단하자!

'电视 diànshì'는 '텔레비전'이라는 뜻이므로 사진과 일치하지 않는다. 따라서 정답은 X이다.

해석

diànshì 电视	텔레비전

기초 실력 다지기

⚡ 제시된 단어에 공통으로 들어가는 한자와 한어병음을 쓰세요.

보기

zǐ(zi)	xué	zì	diàn	diàn	diǎn
子	学	字	电	店	点

❶ (　　　) xí 　(　　　) xiào
______ 习 | ______ 校

❷ shāng (　　　) | fàn (　　　)
商 ______ | 饭 ______

❸ zhuō (　　　) | bēi (　　　)
桌 ______ | 杯 ______

정답 ❶ xué 学 ❷ diàn 店 ❸ zi 子

plus+ ❶ 学习 xuéxí 공부하다 | 学校 xuéxiào 학교 ❷ 商店 shāngdiàn 가게, 상점 | 饭店 fàndiàn 호텔, 식당
❸ 桌子 zhuōzi 탁자, 테이블 | 杯子 bēizi 잔, 컵

실전 감각을 익히는 **기출문제**

★ 제시된 사진과 단어가 일치하면 √, 일치하지 않으면 X를 표시하세요.

1		nǚ'ér 女儿	
2		chá 茶	
3		lǎoshī 老师	

정답 및 해설

1. 단어를 모를 때에는 **한자**에서 **힌트**를 얻어라!

해설 사진에는 남자아이가 있고, 제시된 '女儿 nǚ'ér'은 '딸'이라는 의미이므로 사진과 일치하지 않는다.

정답 X

TIP 한자에 '女'가 들어가면 그 단어는 '여자'와 관련된 의미일 경우가 많다.
예 女人 nǚrén 여자 | 妈妈 māma 엄마 | 姐姐 jiějie 누나, 언니 | 妹妹 mèimei 여동생

2. 한자를 모를 때에는 **부수**에서 **힌트**를 얻어라!

해설 사진에는 마시는 차가 있고, 제시된 '茶 chá'는 '차'라는 의미이므로 사진과 일치한다.

정답 √

TIP 한자에 부수 '艹'가 들어가면 '풀'과 관련된 의미를 나타낸다.
예 菜 cài 요리, 음식 | 茶 chá 차, tea

3. 한자를 모를 때에는 **한어병음**을 봐라!

해설 '老师 lǎoshī'는 '선생님'을 의미하므로 사진과 일치한다. 한자가 어렵고 부담스럽다면 한어병음을 보고 풀자.

정답 √

1급 독해

기출 확인 TEST

빈칸에 들어갈 부수를 보기에서 고르세요.

보기
艹 目 讠 口 亻

❶ [ ]兑 shuō 말하다

❷ [ ]采 cài 요리, 음식

❸ [ ]乞 chī 먹다

정답 ❶ 讠 [언어와 관련이 있는 부수] ❷ 艹 [풀과 관련이 있는 부수] ❸ 口 [입과 관련이 있는 부수]

시험처럼 풀어보는 실전문제 1

제한 시간 2분

학습일 ____/____ 맞은 개수 ________

★ 제시된 사진과 단어가 일치하면 √, 일치하지 않으면 X를 표시하세요. 해설집 p.24

1		xuésheng 学生	
2		fàndiàn 饭店	
3		hěn lěng 很 冷	
4		jiějie 姐姐	
5		hē 喝	

시험처럼 풀어보는 **실전문제 2**

제한 시간 2분 | 학습일 ____/____ 맞은 개수 ______

★ 제시된 사진과 단어가 일치하면 √, 일치하지 않으면 X를 표시하세요.

해설집 p.25

1		yǐzi 椅子	
2		huǒchē 火车	
3		xiě 写	
4		tā 他	
5		mǐfàn 米饭	

독해 제2부분

학습일 ____/____

1 기본부터 파악하는 문제 유형

독해 제2부분은 문장을 읽고 **5장의 사진 중 일치하는 것**을 고르는 문제로, 총 **5문제**(26-30번)가 출제된다. 6개의 보기 중 하나는 예시 문제의 정답이므로 먼저 지우고 문제를 풀도록 하자. 독해 제2부분에서는 문장이 제시되지만 특정한 단어만으로도 답을 찾을 수 있다.

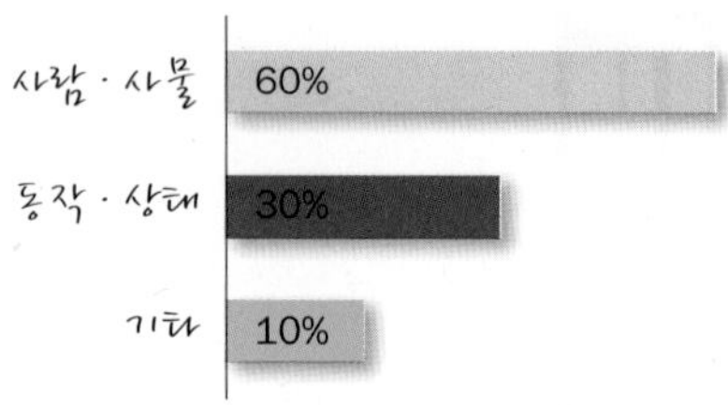

2 핵심을 찌르는 문제 공략법

1. 문장을 정확하게 해석하면서 **사람**이나 **사물**의 **명칭**(**명사**)을 찾아라!
2. 상황을 묘사하는 **동작**이나 **상태 표현**도 놓치지 말자!

3 정답이 보이는 문제 풀이 방법

예제

Zhè shì wǒ de shū.
26 这是我的书。 ☐

1. 사진 A-F를 관찰하고 **관련 표현을 예상**해 본다.
2. 사진을 보고 직접 떠오르는 표현이 없을 때에는 **연관 표현**을 **유추**해 본다.
3. 문장을 읽고 **관련 있는 사진을 찾는다**.
4. 사진과 내용이 일치하면 해당 **문장 뒤에 답(A-F)**을 적는다.
5. **완벽하게 일치하는 문제**부터 풀면 오답을 피할 수 있다.
6. 독해 제2부분(26-30번) 문제를 풀고 난 후, 정답을 답안지에 옮겨 적는다.

4 한눈에 보이는 예제 풀이

Step 1. 제시된 문장에서 사람이나 사물의 명칭을 찾아라!

이 문장에 나온 명사로는 '书 shū'가 있다. '书 shū'는 '책'을 의미하므로 B가 정답이다.

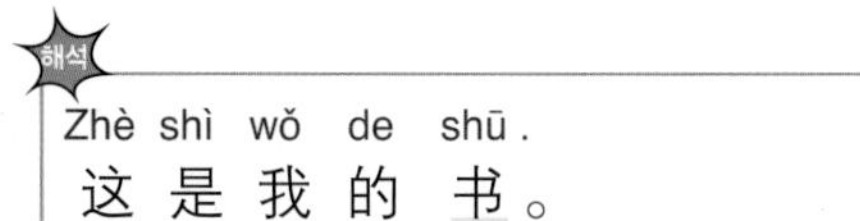

해석	
Zhè shì wǒ de shū. 这是我的书。	이것은 나의 책이다.

Step 2. 아는 문제를 먼저 풀고 모르는 문제는 나중에 풀자!

A는 '电视 diànshì(텔레비전)', D는 '冷 lěng(춥다)', E는 '吃 chī(먹다)' 등이 떠오른다. 하지만 이 단어들은 책과 관련이 없으므로 정답에서 제외한다.

기초 실력 다지기

다음 제시된 단어의 뜻을 고르세요.

❶ 小狗 (xiǎogǒu) A 고양이 B 강아지

❷ 椅子 (yǐzi) A 의자 B 탁자, 테이블

❸ 喝 (hē) A 먹다 B 마시다

정답 ❶ B ❷ A ❸ B

plus+ 고양이 → 小猫 xiǎomāo | 탁자, 테이블 → 桌子 zhuōzi | 먹다 → 吃 chī

1급 독해

실전 감각을 익히는 기출문제

★ 제시된 문장의 내용과 일치하는 사진을 고르세요.

A

B

C

1 Wǒ huì zuò Zhōngguó cài.
我 会 做 中国 菜。 ☐

2 Wǒ bù xiǎng zuò zuòyè.
我 不 想 做 作业。 ☐

정답 및 해설

1. 문장에서 **사물**의 **명칭**(**명사**)을 찾아라!

해설　'菜 cài'는 '요리, 음식'이라는 의미이므로, 요리하는 사진 B가 정답이다.

정답　B

Wǒ huì zuò Zhōngguó cài. 我 会 做 中国 菜。 (做…菜: 요리를 하다, 음식을 만들다)	나는 중국 요리를 할 줄 안다.

단어　会 huì 조동 ~할 줄 알다, ~할 수 있다 ｜ ★做 zuò 동 하다, 만들다 ｜ ★中国 Zhōngguó 고유 중국 ｜ ★菜 cài 명 요리, 음식

2. 상황을 묘사하는 **상태 표현**도 놓치지 말자!

해설 '不想做 bù xiǎng zuò(하고 싶지 않다)'라고 했으므로, 사진 A가 가장 적합하다.

정답 A

Wǒ bù xiǎng zuò zuòyè . 我 不 想 做 作业 。 숙제를 하다	나는 숙제를 하고 싶지 않다.

단어 不 bù 부 ~하지 않다 | ★想 xiǎng 조동 ~하고 싶다 | 做 zuò 동 하다, 만들다 | 作业 zuòyè 명 숙제

1급 독해

기출 확인 TEST

우리말 뜻을 보고 알맞은 단어를 고르세요.

Wǒ (xǐhuan / xuéxí) kàn shū .
❶ 我 (喜欢 / 学习) 看 书 。 나는 책 보는 것을 좋아한다.

Nàr yǒu nǐ de (érzi / yǐzi) .
❷ 那儿 有 你 的 (儿子 / 椅子) 。 저기에 너의 의자가 있다.

정답 ❶ xǐhuan 喜欢 ❷ yǐzi 椅子

시험처럼 풀어보는 **실전문제 1**

제한 시간 3분

학습일 ____/____ 맞은 개수 ____

★ 제시된 문장의 내용과 일치하는 사진을 고르세요.

해설집 p.27

A 

B 

C 

D 

E 

1 Zhè shì wǒ dìdi de diànnǎo.
这是我弟弟的电脑。 ☐

2 Wǒ míngtiān zuò fēijī qù.
我明天坐飞机去。 ☐

3 Wǒ bù xiǎng hē chá.
我不想喝茶。 ☐

4 Xuéxiào li yǒu hěn duō xuésheng.
学校里有很多学生。 ☐

5 Wǒ xǐhuan chī píngguǒ.
我喜欢吃苹果。 ☐

시험처럼 풀어보는 실전문제 2

제한 시간 3분　학습일 ____/____　맞은 개수 ______

★ 제시된 문장의 내용과 일치하는 사진을 고르세요.

해설집 p.29

A 

B

C

D

E

1 Wǒ néng chī yí kuàir ma?
我 能 吃 一 块儿 吗？ ☐

2 Tāmen zài mǎi yīfu ne.
她们 在 买 衣服 呢。 ☐

3 Duō chī xiē shuǐguǒ.
多 吃 些 水果。 ☐

4 Lái, wǒmen kànkan, lǐmiàn shì shénme dōngxi.
来，我们 看看，里面 是 什么 东西。 ☐

5 Wéi, nǐ shuìjiào le ma?
喂，你 睡觉 了 吗？ ☐

독해 제3부분

학습일 ____/____

1 기본부터 파악하는 문제 유형

독해 제3부분은 **서로 관련 있는 질문과 대답 혹은 대화를 연결**시키는 문제로, 총 **5문제**(31-35번)가 출제된다. 시간이나 장소를 묻는 문제가 많이 출제되고, 간단하게 긍정형이나 부정형으로 대답하는 문제가 출제되기도 한다.

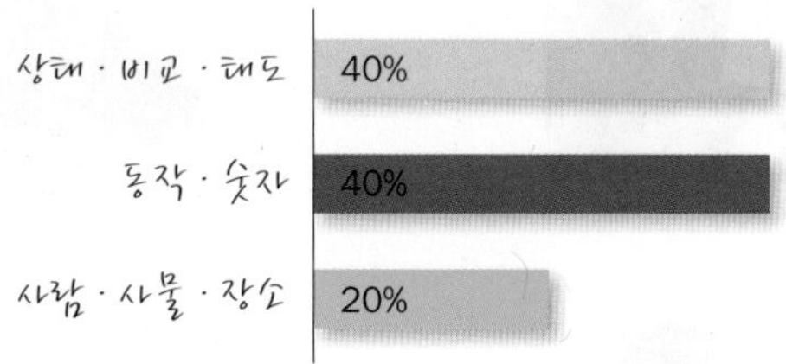

2 핵심을 찌르는 문제 공략법

1. **의문대명사**에 **주의**하라!
2. **긍정형**이나 **부정형**으로 대답할 수 있는 **질문**인지 **주의**하라!
3. **감정**을 표현했을 때 어떻게 반응해야 하는지 **주의**하라!

3 정답이 보이는 문제 풀이 방법

예제

31	Nǐ bàba zài nǎr ? 你 爸爸 在 哪儿？	□	A Sān diǎn . 三 点。 B Zài jiā . 在 家。 C Zuò fēijī . 坐 飞机。

1. 문제에서 **질문 형식**의 **문장**을 **먼저 찾는다.**
2. 그 **질문**과 **어울리는 대답**이나 **문장**을 보기 A-F 중에서 고른다.
3. **완벽하게 어울리는 문제부터** 풀면 오답을 피할 수 있다.
4. **문제와 보기를 연결하여 해석**해 보고 검토한다.
5. 독해 제3부분(31-35번)을 풀고 난 후, 정답을 답안지에 옮겨 적는다.

4 한눈에 보이는 **예제 풀이**

Step 1. 질문에서 무엇을 묻는지 살펴보자.

의문대명사 '哪儿 nǎr(어디)'을 이용하여 장소를 묻고 있음을 알 수 있으므로, 보기 A-F 중 장소 표현을 찾는다.

Step 2. 보기를 보고 질문에 적절한 대답을 찾자.

장소를 묻는 질문에 적절한 대답은 B이다.

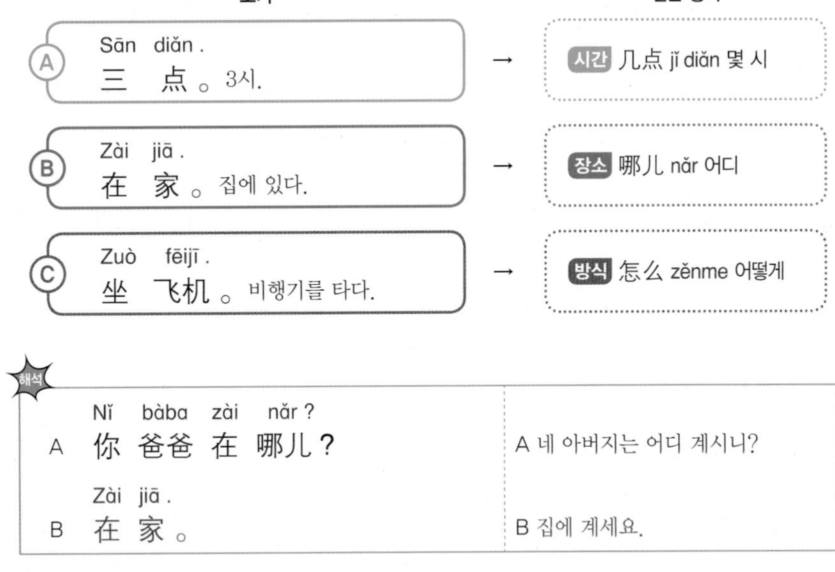

보기
질문 형식
A Sān diǎn. 三点。3시.
시간 几点 jǐ diǎn 몇 시
B Zài jiā. 在家。집에 있다.
장소 哪儿 nǎr 어디
C Zuò fēijī. 坐飞机。비행기를 타다.
방식 怎么 zěnme 어떻게

해석

A 你爸爸在哪儿？(Nǐ bàba zài nǎr?)	A 네 아버지는 어디 계시니?
B 在家。(Zài jiā.)	B 집에 계세요.

기초 실력 다지기

다음 의문 표현의 알맞은 뜻을 찾아 연결하세요.

❶ 怎么 (zěnme) • • A 누구

❷ 谁 (shéi) • • B 어떻게

❸ 几 (jǐ) • • C 몇

정답 ❶ B ❷ A ❸ C

1급 독해

실전 감각을 익히는 기출문제

★ 제시된 질문이나 말에 알맞은 대답을 고르세요.

1	Nǐ shénme shíhou huíjiā ? 你 什么 时候 回家？	☐	A Méi guānxi . 没 关系。
2	Xiàwǔ nǐ qùbuqù shāngdiàn ? 下午 你 去不去 商店？	☐	B Bú qù . 不 去。
3	Duìbuqǐ . 对不起。	☐	C Xiàkè yǐhòu . 下课 以后。

정답 및 해설

1. **의문대명사**에 주의하라!

해설 언제(什么时候 shénme shíhou) 집에 돌아오는지 물었으므로 때를 나타내는 표현으로 대답해야 한다. 따라서 정답은 C이다.

정답 C

A Nǐ shénme shíhou huíjiā ? 你 什么 时候 回家？	A 너는 언제 집에 가니?
B Xiàkè yǐhòu . 下课 以后。	B 수업이 끝난 후에.

단어 ★什么时候 shénme shíhou 언제 | 回家 huíjiā 동 집에 돌아가다(돌아오다) | 下课 xiàkè 동 수업을 마치다 | ★以后 yǐhòu 명 이후, ~한 후

2. **긍정형**이나 **부정형**으로 대답할 수 있는 질문인지 주의하라!

해설 가는지 안 가는지(去不去 qùbuqù)를 물었으므로 긍정 또는 부정으로 대답할 수 있다. 따라서 안 간다(不去 bú qù)고 대답한 B가 정답이다.

정답 B

Xiàwǔ nǐ qùbuqù shāngdiàn ? A 下午 你 去不去 商店？	A 오후에 너는 상점에 갈 거야 안 갈 거야?
Bú qù . B 不 去。	B 안 가.

단어 下午 **xiàwǔ** 명 오후 | 去 **qù** 동 가다 | 商店 **shāngdiàn** 명 가게, 상점

3. **감정**을 표현했을 때 어떻게 **반응**해야 하는지 주의하라!

해설 미안하다(对不起 duìbuqǐ)고 사과할 때에는 괜찮다(没关系 méi guānxi)고 대답하므로, A가 정답이다.

정답 A

Duìbuqǐ . A 对不起。	A 미안해.
Méi guānxi . B 没 关系。	B 괜찮아.

1급 독해

기출 확인 TEST

우리말 뜻을 보고 알맞은 단어를 고르세요.

Nǐ (shénme shíhou / zěnme) lái de ?
❶ 你（什么 时候 / 怎么）来 的？ 너는 언제 왔니?

Tā shì (nǎr / shéi) ?
❷ 他 是（哪儿 / 谁）？ 그는 누구니?

Jīntiān xīngqī (shénme / jǐ) ?
❸ 今天 星期（什么 / 几）？ 오늘은 무슨 요일이니?

정답 ❶ shénme shíhou 什么时候 ❷ shéi 谁 ❸ jǐ 几

plus+ 怎么 zěnme 어떻게 | 哪儿 nǎr 어디 | 什么 shénme 무슨

시험처럼 풀어보는 실전문제 1

학습일 ____/____ 맞은 개수 ______

★ 제시된 질문이나 말에 알맞은 대답을 고르세요.

해설집 p.32

1	Wǒ de shū ne ? 我 的 书 呢 ?	□	A	Bú kèqi . 不 客气 。
2	Xīngqīliù nǐ kànbukàn diànyǐng ? 星期六 你 看不看 电影 ?	□	B	Bú kàn . 不 看 。
3	Xièxie . 谢谢 。	□	C	Bā diǎn bàn . 八 点 半 。
4	Nǐ jǐ diǎn shàngbān ? 你 几 点 上班 ?	□	D	Zài zhuōzi shang . 在 桌子 上 。
5	Jīntiān tiānqì zěnmeyàng ? 今天 天气 怎么样 ?	□	E	Hěn hǎo . 很 好 。

시험처럼 풀어보는 **실전문제 2**

제한 시간 6분

학습일 ____/____ 맞은 개수 ______

★ 제시된 질문이나 말에 알맞은 대답을 고르세요.

해설집 p.34

1 Nàge rén shì shéi?
那个 人 是 谁？

2 Tā shì nǎ guó rén?
她 是 哪 国 人？

3 Nǐ zěnme qù shāngdiàn?
你 怎么 去 商店？

4 Nǐ gēge zài nǎr?
你 哥哥 在 哪儿？

5 Tā nǚ'ér duō dà le?
他 女儿 多 大 了？

A Zhōngguórén.
中国人。

B Zuò chūzūchē qù.
坐 出租车 去。

C Tā zài gōngsī.
他 在 公司。

D Wǒ bú rènshi tā.
我 不 认识 她。

E 7 suì.
7 岁。

1급 독해

제4부분

학습일 ____/____

1 기본부터 파악하는 문제 유형

독해 제4부분은 **문장 속 빈칸에 들어갈 알맞은 단어를 보기에서 고르는 문제**로, 총 **5문제**(36-40번)가 출제된다. 독해 제4부분에서는 동사나 명사와 관련된 문제가 많이 출제된다.

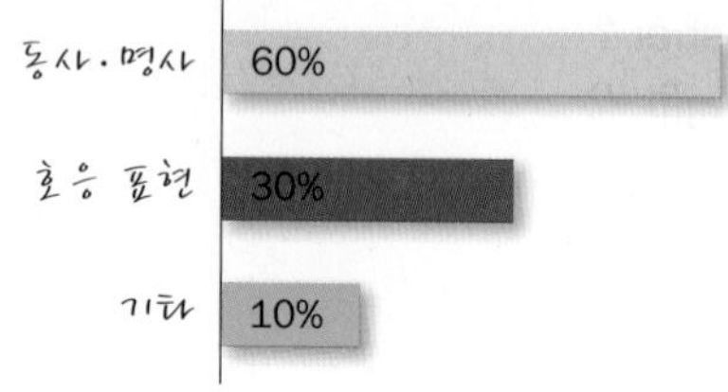

2 핵심을 찌르는 문제 공략법

1. 문장을 정확하게 해석하면서 **서로 어울리는 동사**나 **명사**를 찾아라!
2. 문장에서 **빈칸 앞뒤에 호응하는 표현**을 찾아라!

3 정답이 보이는 문제 풀이 방법

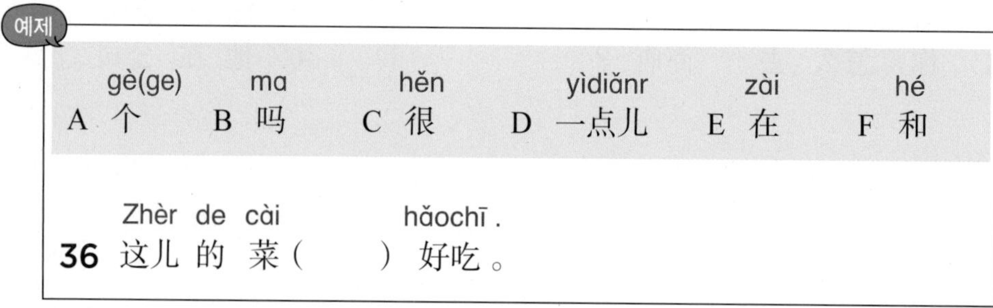

예제

gè(ge)	ma	hěn	yìdiǎnr	zài	hé
A 个	B 吗	C 很	D 一点儿	E 在	F 和

Zhèr de cài hǎochī.
36 这儿 的 菜（ ）好吃。

1. **보기로 주어진 단어 A-F의 뜻**을 떠올린다.
2. 문장 혹은 대화를 읽으면서 **빈칸에 보기 단어를 하나씩 넣어 해석해 본다.**
3. 빈칸에 보기 단어를 넣어 **자연스럽게 해석이 되면, 해당 보기(A-F)를 빈칸에 적는다.**
4. **빈칸 앞뒤에 주어진 표현**을 보고 **어법 규칙**을 적용해 보면 쉽게 정답을 찾을 수 있다.
5. 독해 제4부분(36-40번)을 풀고 난 후, 정답을 답안지에 옮겨 적는다.

④ 한눈에 보이는 예제 풀이

Step 1. **문장을 차근차근 해석하면서 무슨 표현이 부족한지 생각해 보자!**

술어가 형용사(好吃 hǎochī 맛있다)이므로, 그 앞에는 정도를 나타내는 부사(很 hěn 매우, 太 tài 너무, 真 zhēn 정말)가 올 가능성이 높다. 따라서 정답은 C이다.

Zhèr de cài (hěn) hǎochī . 这儿 的 菜 (很) 好吃 。	이곳의 요리는 (아주) 맛있다.

Step 2. **만약 정답을 고르지 못했다면, 나머지 보기 단어의 특징을 살펴보자!**

보기에서 답이 될 수 없는 것을 먼저 지우면 정답을 고르는 데 도움이 된다. '个 gè'는 양사로서 물건이나 사람을 셀 때 쓰이므로 A는 정답이 아니다. '一点儿 yìdiǎnr(조금)'은 형용사 뒤에 써서 비교의 의미를 나타내는데, 빈칸 뒤에 형용사가 있으므로 D는 정답이 아니다.

1급 독해

기초 실력 다지기

다음 중 어울리는 동사와 목적어를 연결하세요.

❶ tīng 听 ·	· A dōngxi 东西
❷ mǎi 买 ·	· B yīnyuè 音乐
❸ chī 吃 ·	· C xuéxiào 学校
❹ qù 去 ·	· D fàn 饭

정답 ❶ B ❷ A ❸ D ❹ C

plus+ 听音乐 tīng yīnyuè 음악을 듣다 | 买东西 mǎi dōngxi 물건을 사다 | 吃饭 chīfàn 밥을 먹다 | 去学校 qù xuéxiào 학교에 가다

실전 감각을 익히는 **기출문제**

★ 빈칸에 들어갈 알맞은 단어를 고르세요.

ne A 呢	kàn B 看	tīng C 听	ma D 吗

1 Wǒ xiǎng (　　) Zhōngguó diànyǐng .
我 想 (　　) 中国 电影 。

2 Tāmen zài shuìjiào (　　) .
他们 在 睡觉 (　　) 。

정답 및 해설

1. 문장을 정확하게 해석하면서 **서로 어울리는 동사**를 찾아라!

해설 '电影 diànyǐng'은 '영화'라는 뜻으로, '보다'라는 뜻의 동사 '看 kàn'과 호응하여 쓸 수 있다.

정답 B

Wǒ xiǎng (kàn) Zhōngguó diànyǐng . 我 想 (看) 中国 电影 。 (看…电影: 영화를 보다)	나는 중국 영화를 (보고) 싶다.

단어 想 xiǎng 조동 ~하고 싶다[바람, 소망을 나타냄] | ★看 kàn 동 보다 | 中国 Zhōngguó 고유 중국 | ★电影 diànyǐng 명 영화

2. 문장에서 **빈칸 앞뒤에 호응**하는 **표현**을 찾아라!

해설 동사 앞에 오는 '在 zài'는 '~하고 있다, ~하는 중이다'라는 뜻으로 동작의 진행을 나타낸다. '在 zài'가 진행을 나타낼 때 주로 문장 끝에 '呢 ne'와 함께 호응하여 쓰이므로, 정답은 A이다.

정답 A

Tāmen zài shuìjiào (ne). 他们 在 睡觉 (呢)。 ~하고 있다, ~하는 중이다	그는 잠을 자(고 있다).

단어 他们 tāmen 대 그들 | ★在 zài 부 ~하고 있다, ~하는 중이다[동작의 진행을 나타냄] | 睡觉 shuìjiào 동 잠을 자다

1급 독해

기출 확인 TEST

빈칸에 들어갈 알맞은 단어를 보기에서 고르세요.

보기

dǎ A 打　　zuò B 做

❶ Wǒ yào ( ) zuòyè.
我 要 ( ) 作业。 나는 숙제를 해야 한다.

❷ Wǒ huì ( ) cài.
我 会 ( ) 菜。 나는 음식을 할 줄 안다.

❸ Gěi wǒ ( ) diànhuà ba.
给 我 ( ) 电话 吧。 내게 전화하세요.

정답 ❶ B ❷ B ❸ A

시험처럼 풀어보는 **실전문제 1**

학습일 ____/____ 맞은 개수 ____

★ 빈칸에 들어갈 알맞은 단어를 고르세요.

해설집 p.36

shāngdiàn A 商店	hé B 和	xiǎng C 想	hàomǎ D 号码	zài E 在

1 Tā ( ) kàn diànyǐng ne .
他（　　）看 电影 呢。

2 Wǒ ( ) huíjiā shuìjiào .
我（　　）回家 睡觉。

3 Wǒ jiā yǒu sān kǒu rén : Bàba 、 māma ( ) wǒ .
我 家 有 三 口 人：爸爸、妈妈（　　）我。

4 Nǐ de diànhuà ( ) shì duōshao ?
男：你 的 电话（　　）是 多少？

女：13833899756。

5 Míngtiān nǐ zuò shénme ?
女：明天 你 做 什么？

Wǒ qù ( ) mǎi dōngxi .
男：我 去（　　）买 东西。

시험처럼 풀어보는 실전문제 2

학습일 ____/____ 맞은 개수 ______

★ 빈칸에 들어갈 알맞은 단어를 고르세요.

해설집 p.38

zuò A 坐	qiánmiàn B 前面	yuè C 月	Hànyǔ D 汉语	méi guānxi E 没 关系

1 Zuótiān shì 8 ( ) 19 rì.
昨天 是 8 ( ) 19 日。

2 Nàge fànguǎnr zài huǒchēzhàn ( ).
那个 饭馆儿 在 火车站 ( )。

3 Nǐ huì shuō ( ) ma?
你 会 说 ( ) 吗?

4 男: Nǐ hǎo! Wáng xiānsheng zài ma?
你 好! 王 先生 在 吗?

女: Zài, qǐng ( ), wǒ qù jiào tā.
在, 请 ( ), 我 去 叫 他。

5 女: Duìbuqǐ, wǒ bú huì zuò fàn.
对不起, 我 不 会 做 饭。

男: ( ), wǒ huì.
( ), 我 会。

이제부터

新 HSK

2급에

도전해 봅시다!

新 HSK

2급 듣기

이 단원에서는

지금까지 학습한 내용을 토대로 HSK 2급 듣기 문제의 유형을 파악하고 문제를 푸는 방법을 공부합니다. 녹음을 들으며 제한 시간 내에 문제를 푸는 연습을 하세요.

제1부분

학습일 ____/____

1 기본부터 파악하는 **문제 유형**

듣기 제1부분은 **사진과 녹음이 일치하는지 판단하는 문제**로, 총 **10문제**(1–10번)가 출제된다. 사진과 녹음이 **일치하면 √, 일치하지 않으면** X로 **표시**한다. 듣기 제1부분에서는 **사람과 사물의 동작**이나 **상태**에 관한 표현이 자주 출제되기 때문에, 이와 관련된 표현을 많이 알고 있으면 큰 도움이 된다.

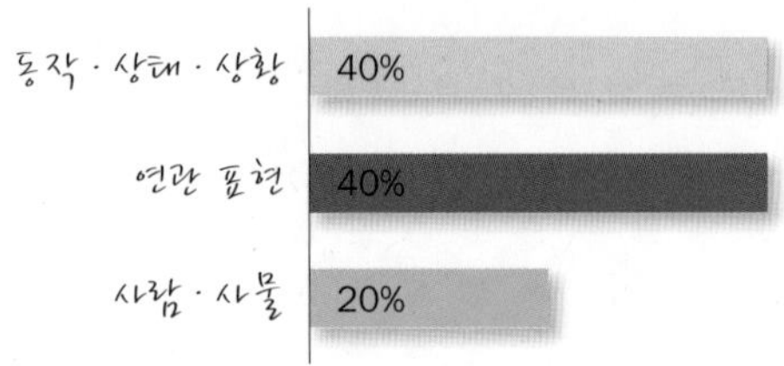

2 핵심을 찌르는 **문제 공략법**

1. 사진의 **동작**, **상태**, **상황**을 통해 녹음 내용을 **연상하라**!
2. 사진과 관련된 **연관 표현**을 **유추하라**!
3. 사진의 **사람**, **사물**을 **관찰하라**!

3 정답이 보이는 **문제 풀이 방법**

Track 61

1		

1. 사진을 보고 사람, 사물, 장소, 상황을 관찰해 **녹음 내용**을 **예상**해 본다.
2. **예상한 표현**과 **녹음의 핵심어**를 맞춰 본다.
3. 녹음과 사진이 일치하면 √, 일치하지 않으면 **X**로 표시한다.
4. **녹음**은 **두 번** 들려준다. **한 번 더 들려줄 때** 집중해서 **검토**한다.
5. 정답을 체크하고 난 후, **다음 문제를 들을 준비**를 한다.
6. 듣기 영역 시험이 모두 끝나고 **답안지 작성 시간**에 정답을 **답안지**에 **표시**한다.

4 한눈에 보이는 예제 풀이

Step 1. 사진을 보고 어떤 녹음이 나올지 예상해 보자!

사진을 보고 이미 알고 있는 단어를 떠올리자.

사물 蛋糕 dàngāo 케이크 | 生日 shēngrì 생일

상태 好吃 hǎochī 맛있다 | 祝你生日快乐！ Zhù nǐ shēngrì kuàilè! 생일 축하합니다!

Step 2. 녹음을 듣고 정답 여부를 판단하자!

녹음에 '生日 shēngrì(생일)'가 들리고, '祝你生日快乐！Zhù nǐ shēngrì kuàilè!(생일 축하합니다!)'라고 했으므로 사진과 녹음 내용이 일치한다. 따라서 정답은 √이다.

녹음

Zhù nǐ shēngrì kuàilè ! 祝 你 生日 快乐！	생일 축하합니다!

기초 실력 다지기

제시된 사진과 일치하는 단어를 연결하세요.

❶  • • A shuìjiào 睡觉

❷  • • B bàozhǐ 报纸

❸  • • C xiǎogǒu 小狗

정답 ❶ C ❷ A ❸ B

plus+ 睡觉 shuìjiào 잠을 자다 | 报纸 bàozhǐ 신문 | 小狗 xiǎogǒu 강아지

실전 감각을 익히는 **기출문제**

★ 녹음을 듣고 사진과 일치하면 √, 일치하지 않으면 X를 표시하세요. Track 62

1		
2		
3		

정답 및 해설

1. 인물의 **동작**을 **관찰하라**! Track 62-①

해설 사진을 보면 두 사람이 악수하며 인사하고 있다. 녹음에서 '见到您很高兴 jiàndào nín hěn gāoxìng(만나서 반갑습니다)'이라고 했으므로, 녹음과 사진의 상황이 일치한다.

정답 √

녹음

Nín hǎo! Jiàndào nín hěn gāoxìng. 您 好！ 见到 您 很 高兴。	안녕하세요! 만나서 반갑습니다.

단어 见到 jiàndào 만나다 | 很 hěn 부 매우, 아주 | 高兴 gāoxìng 형 기쁘다, 즐겁다

2. 사진과 관련된 **연관 표현**을 **유추하라**! Track 62-②

해설 사진에 '레몬'이 있지만, 이 단어는 2급 수준에서 너무 어려우므로, 색깔, 크기 등 사물의 특징을 토대로 다른 쉬운 표현을 떠올려 본다. 녹음에서 '右边的小 yòubian de xiǎo(오른쪽 것이 작다)'라고 크기에 대한 비교 표현이 나왔지만, 사진은 왼쪽 것이 작으므로 일치하지 않는다.

정답 X

녹음 Zuǒbian de dà, yòubian de xiǎo.
左边 的 大，右边 的 小。
왼쪽의 것은 크고, 오른쪽의 것은 작다.

단어 ★左边 zuǒbian 명 좌(측), 왼쪽 | 的 de 조 '~한 사람, ~한 것'의 의미를 가진 명사로 만듦 | 大 dà 형 (크기가) 크다 | ★右边 yòubian 명 우(측), 오른쪽 | 小 xiǎo 형 작다

3. 사물을 관찰하라!

Track 62-③

해설 사진에는 책(书 shū)이 있지만, 녹음에서는 '报纸 bàozhǐ(신문)'라고 했으므로, 사진과 녹음은 서로 일치하지 않는다.

정답 X

녹음 Gěi nǐ, zhè shì jīntiān de bàozhǐ.
给 你，这 是 今天 的 报纸。
여기 있어, 이것은 오늘의 신문이야.

단어 ★给 gěi 동 주다 | 这 zhè 대 이, 이것 | 是 shì 동 ~이다 | 今天 jīntiān 명 오늘 | ★报纸 bàozhǐ 명 신문

기출 확인 TEST

Track 63

녹음을 잘 듣고 빈칸을 채우세요.

Tā zhèngzài ________ ne.
❶ 他 正在 ________ 呢。

Xuéxiào ________ shì yīyuàn.
❷ 学校 ________ 是 医院。

Nǐ hǎo! Rènshi nǐ hěn ________.
❸ 你 好！认识 你 很 ________。

정답 ❶ kàn bàozhǐ 看报纸 ❷ zuǒbian 左边 ❸ gāoxìng 高兴

녹음 ❶ 他正在看报纸呢。Tā zhèngzài kàn bàozhǐ ne. 그는 신문을 보는 중이다.
❷ 学校左边是医院。Xuéxiào zuǒbian shì yīyuàn. 학교 왼쪽은 병원이다.
❸ 你好！认识你很高兴。Nǐ hǎo! Rènshi nǐ hěn gāoxìng. 안녕하세요. 만나서 반갑습니다.

시험처럼 풀어보는 실전문제 1

제한 시간 **4분**

학습일 ____/____ 맞은 개수 ______

★ 녹음을 듣고 사진과 일치하면 √, 일치하지 않으면 X를 표시하세요.

1		
2		
3		
4		
5		

6		
7		
8		
9		
10		

2급
듣기

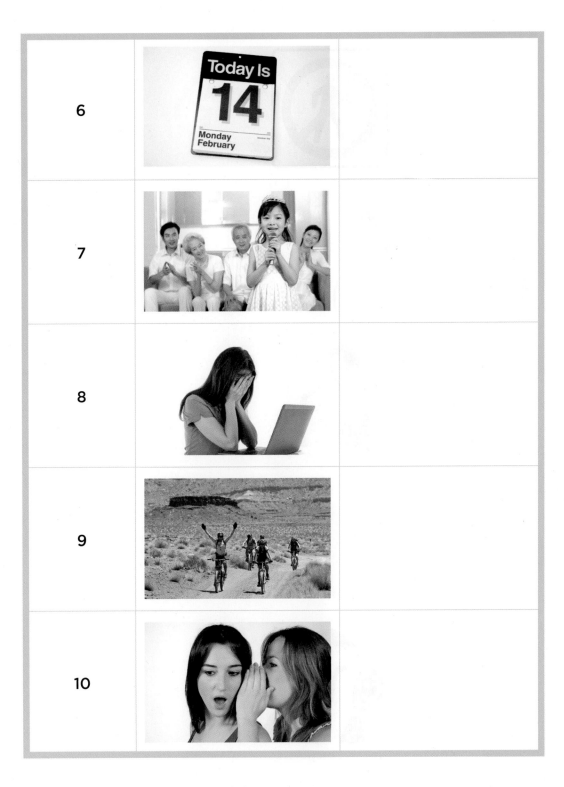

시험처럼 풀어보는 실전문제 2

제한 시간 **4분**

학습일 ____/____ 맞은 개수 ________

Track 65

★ 녹음을 듣고 사진과 일치하면 √, 일치하지 않으면 X를 표시하세요.

1		
2		
3	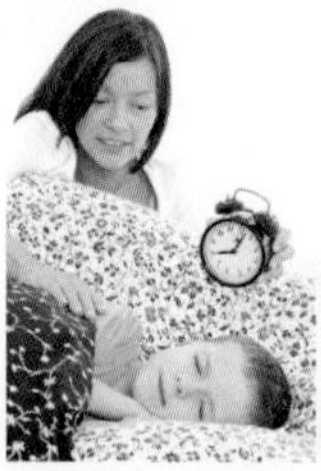	
4		
5		

해설집
p.45

6		
7		
8		
9		
10		

듣기 제2부분

학습일 ____/____

1 기본부터 파악하는 문제 유형

듣기 제2부분은 **남자와 여자의 대화** 내용을 듣고 알맞은 사진을 고르는 문제로, 총 **10문제**(11-20번)가 출제된다. 듣기 제2부분도 듣기 제1부분과 마찬가지로 **사람과 사물의 동작**이나 **상태**를 나타내는 표현이 자주 출제된다. 듣기 제2부분은 사진은 짧게 살펴보고, 녹음에서 들리는 표현을 중심으로 답을 찾아야 한다.

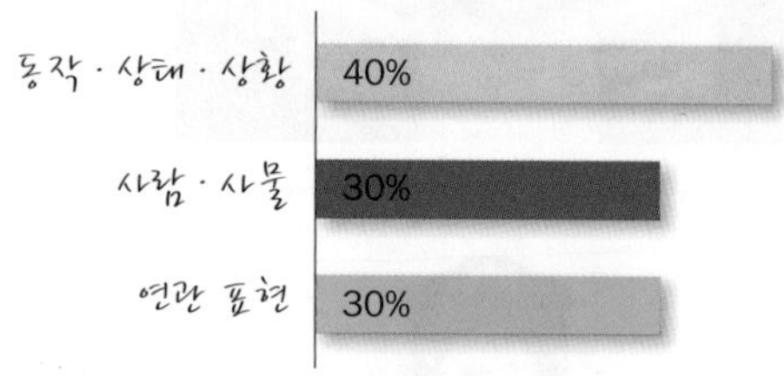

2 핵심을 찌르는 문제 공략법

1. 사진의 **동작**, **상태**, **상황**을 통해 녹음 내용을 **연상하라**!
2. 사진과 관련된 **연관 표현**을 **유추하라**!
3. 사진의 **사람**, **사물**을 **관찰하라**!

3 정답이 보이는 문제 풀이 방법

Track 66

예제

1. 사진을 보고 녹음 내용을 **예상**해 본다.
2. 녹음을 들으면서 **관련 있는 사진**을 찾는다.
3. 녹음과 관련 있는 사진(A-F)을 네모 칸에 적는다.
4. **녹음**은 **두 번** 들려준다. **한 번 더 들려줄 때** 집중해서 **검토**한다.
5. 정답을 체크하고 난 후, **다음 문제를 들을 준비**를 한다.
6. 듣기 영역 시험이 모두 끝나고 **답안지 작성 시간**에 정답을 **답안지**에 **표시**한다.

4 한눈에 보이는 예제 풀이

Step 1. 사진을 보고 어떤 내용이 나올지 예상해 본다.

사진을 보고 떠오르는 동작이나 상태 관련 동사를 떠올려 본다.

听音乐 tīng yīnyuè
음악을 듣다

下雨 xiàyǔ
비가 내리다

买衣服 mǎi yīfu
옷을 사다

累 lèi
피곤하다

游泳 yóuyǒng
수영하다

运动 yùndòng
운동하다

2급
듣기

Step 2. **녹음을 듣고 정답 여부를 판단하자!**

녹음에서 '衣服 yīfu(옷)'가 얼마인지 물었으므로, 정답은 C이다.

Xiǎojiě, zhè jiàn yīfu duōshao qián? 男：小姐，这 件 衣服 多少 钱？	남: 아가씨, 이 옷은 얼마예요?
Bāshí. 女：八十。	여: 80위안이요.

기초 실력 다지기

제시된 사진과 일치하는 문장을 연결하세요.

❶  ·

❷  ·

❸  ·

· A Zhè shì wǒ de xiǎogǒu.
这 是 我 的 小狗。

· B Wǒ hěn xǐhuan tīng yīnyuè.
我 很 喜欢 听 音乐。

· C Wǒ zhèngzài xuéxí Hànyǔ.
我 正在 学习 汉语。

정답 ❶B ❷C ❸A

plus+ 这是我的小狗。Zhè shì wǒ de xiǎogǒu. 이것은 내 강아지이다.
我很喜欢听音乐。Wǒ hěn xǐhuan tīng yīnyuè. 나는 음악 듣는 것을 매우 좋아한다.
我正在学习汉语。Wǒ zhèngzài xuéxí Hànyǔ. 나는 중국어를 공부하는 중이다.

실전 감각을 익히는 **기출문제**

★ 녹음을 듣고 내용과 일치하는 사진을 고르세요. Track 67

A 

B 

C 

1 ☐

2 ☐

3 ☐

2급 듣기

정답 및 해설

1. 인물의 **동작**을 **관찰하라**!

Track 67 ①

해설 녹음에서 남자가 여자의 '女儿 nǚ'ér(딸)'에 대해서 물었고, 딸이 춤추는 것을 배우고 있다고 대답했으므로, 사진 B가 정답이다.

정답 B

녹음

Nín nǚ'ér zài jiā ma? 男：您 女儿 在 家 吗？	남: 당신 딸은 집에 있나요?
Bú zài, tā qù xué tiàowǔ le. 女：不在，她 去 学 跳舞 了。	여: 없어요. 그녀는 춤추는 걸 배우러 갔어요.

단어 女儿 nǚ'ér 명 딸 | 家 jiā 명 집 | 学 xué 동 배우다 | ★跳舞 tiàowǔ 동 춤을 추다

TIP 동사 '在 zài'로 '~에 있다'는 표현을 할 때에는 반드시 장소를 在 뒤에 써야 한다.

2. 사진과 관련된 **단어**를 **들어라**!

Track 67 ②

해설 여자가 말한 '件 jiàn(벌)'은 옷을 셀 때 쓰는 양사이므로, 옷과 관련된 내용임을 유추할 수 있다. 녹음에서 남녀가 옷을 입어 보는 것에 대한 대화를 하고 있으므로 사진 A가 정답이다.

정답 A

녹음

Zhè jiàn zěnmeyàng? Nǐ shì yi shì? 女：这 件 怎么样？你 试 一 试？	여: 이 옷 어때요? 당신 한 번 입어 볼래요?
Hǎo, wǒ xǐhuan zhège yánsè de. 男：好，我 喜欢 这个 颜色 的。	남: 좋아요, 난 이 색깔의 것을 좋아해요.

단어 这 zhè 대 이, 이것 | 件 jiàn 양 벌[옷을 세는 단위] | 怎么样 zěnmeyàng 대 어떠하다 | 试 shì 동 시험 삼아 해보다, 시도하다 | 好 hǎo 형 그래, 좋아[칭찬, 동의를 나타냄] | 喜欢 xǐhuan 동 좋아하다 | ★颜色 yánsè 명 색, 색깔 | 的 de 조 '~한 사람, ~한 것'의 뜻을 가진 명사로 만듦

3. 사진 속 **사람**을 **관찰하라**!

Track 67-3

해설 녹음에서 남자가 '你和狗说话，它能听懂吗? Nǐ hé gǒu shuōhuà, tā néng tīng dǒng ma?(개한테 말을 하면, 개가 알아듣니?)'라고 물었으므로 사진 C가 정답이다.

정답 C

녹음

Nǐ hé gǒu shuōhuà, tā néng tīng dǒng ma? 男：你和狗说话，它能听懂吗？	남: 개한테 말을 하면, 개가 알아듣나요?
Tā dōu néng tīng dǒng. 女：它都能听懂。	여: 다 알아들어요.

단어 ★说话 shuōhuà 동 말을 하다 | 狗 gǒu 명 개 | ★它 tā 대 그(것), 저(것)[사람 외의 것을 가리킴] | 能 néng 조동 ~할 수 있다 | 听 tīng 동 듣다 | ★懂 dǒng 동 이해하다, 알다

TIP '懂 dǒng'은 '이해하다, 알다'라는 뜻으로, 동사 뒤에 써서 동작의 결과를 보충 설명한다. '听懂 tīng dǒng'은 듣고 그 결과를 이해함을 나타낸다.
예) 看懂 kàn dǒng 보고 이해하다

기출 확인 TEST

Track 68

녹음을 잘 듣고 빈칸을 채우세요.

Nǐ xǐhuan shénme ____________ ?
❶ 你 喜欢 什么 ____________ ?

Wǒ kěyǐ ________ yi ________ ma ?
❷ 我 可以 ________ 一 ________ 吗 ?

Tā zhèngzài ____________ .
❸ 他 正在 ____________ 。

정답 ❶ yánsè 颜色 ❷ shì 试 / shì 试 ❸ tiàowǔ 跳舞

녹음 ❶ 你喜欢什么颜色? Nǐ xǐhuan shénme yánsè? 너는 무슨 색깔을 좋아하니?
❷ 我可以试一试吗? Wǒ kěyǐ shì yi shì ma? 제가 한 번 입어 봐도 될까요?
❸ 他正在跳舞。Tā zhèngzài tiàowǔ. 그는 춤을 추고 있다.

시험처럼 풀어보는 **실전문제 1**

학습일 ____/____ 맞은 개수 ______

Track 69

★ 녹음을 듣고 내용과 일치하는 사진을 고르세요.

1-5

A 

B 

C 

D 

E 

1 ☐

2 ☐

3 ☐

4 ☐

5 ☐

해설집 p.50

6 - 10

A 

B 

C 

D 

E 

6 ☐

7 ☐

8 ☐

9 ☐

10 ☐

시험처럼 풀어보는 **실전문제 2**

제한 시간 6분 학습일 ____/____ 맞은 개수 ____

Track 70

★ 녹음을 듣고 내용과 일치하는 사진을 고르세요.

1-5

A

B

C

D

E

1 ☐

2 ☐

3 ☐

4 ☐

5 ☐

해설집 p.56

6-10

A 

B 

C 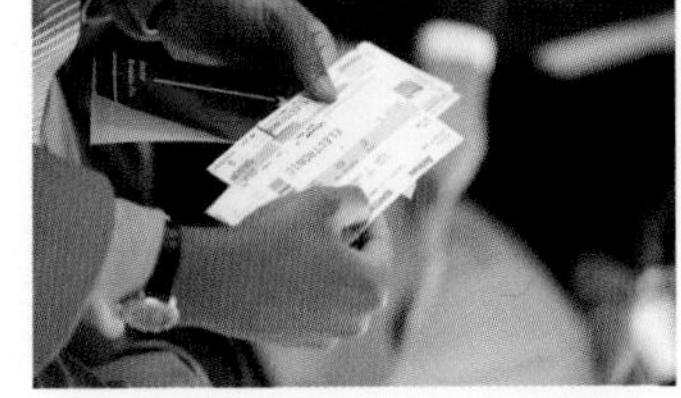

D 

E 

6 

7 

8 

9 

10 

2급 듣기

듣기 제3부분

학습일 ____/____

1 기본부터 파악하는 문제 유형

듣기 제3부분은 **남녀의 대화를 듣고 질문에 적절한 답**을 선택하는 문제로, 총 **10문제**(21-30번)가 출제된다. 보기를 먼저 보고 대화 내용을 잘 들으면 쉽게 정답을 찾을 수 있다.

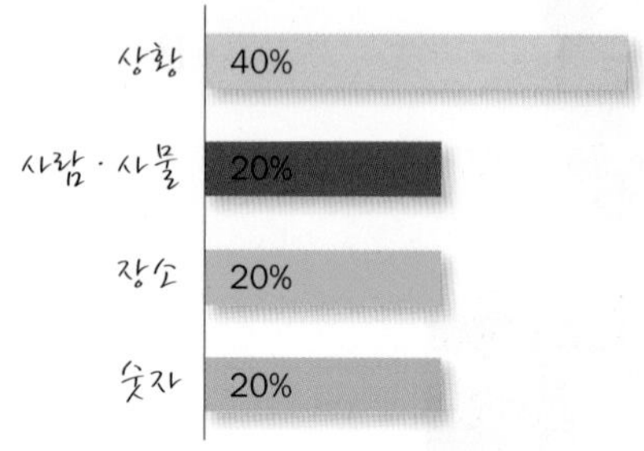

2 핵심을 찌르는 문제 공략법

1. **보기와 일치하는 표현**을 **들어라!**
2. **대화의 내용과 상황**을 **파악하라!**

3 정답이 보이는 문제 풀이 방법

Track 71

예제

	yīyuàn	xuéxiào	jīchǎng
21	A 医院	B 学校	C 机场

1. **보기**(**A**, **B**, **C**)를 빠르게 **확인**하고, 어떤 **질문**(**누가**, **언제**, **어디서**, **무엇을**)이 나올지 예상해 본다.
2. **보기와 일치**하는 **표현**이 **녹음에 나오는지** 생각하며 듣는다.
3. 녹음과 일치하는 표현이 없을 때에는 **대화 내용**을 **근거**로 **가장 적절한 정답**을 찾는다.
4. **대화**가 **끝난 뒤**에 나오는 **질문을 놓치지 않도록 주의**한다.
5. **녹음**은 **두 번** 들려준다. **한 번 더 들려줄 때** 집중해서 **검토**한다.
6. 정답을 체크하고 난 후, **다음 문제를 들을 준비**를 한다.
7. 듣기 영역 시험이 모두 끝나고 **답안지 작성 시간**에 정답을 **답안지**에 **표시**한다.

4 한눈에 보이는 예제 풀이

Step 1. 보기를 보고 무엇을 묻는 질문이 나올지 예상해 보자.

보기에 장소 단어가 있으므로 장소를 물어보는 문제가 나올 거라고 예상할 수 있다.

Step 2. 녹음을 듣고 정답 여부를 판단하자!

녹음에서 '飞机 fēijī(비행기)'가 곧 도착한다고 했으므로, 그들은 장 선생님을 마중하러 공항으로 가고 있음을 알 수 있다. 따라서 정답은 C이다.

녹음

Zhāng xiānsheng de fēijī kuài dào le, wǒmen hái yào duō cháng shíjiān? 女：张先生的飞机快到了，我们还要多长时间？	여: 장 선생님의 비행기가 곧 도착해요. 우리는 (시간이) 얼마나 더 걸리나요?
Wǒmen zài yǒu shí fēnzhōng jiù dào le. 男：我们再有十分钟就到了。	남: 우리는 10분만 더 있으면 곧 도착해요.
Tāmen yào qù nǎr? 问：他们要去哪儿？	질문: 그들은 어디에 가려고 하나?
A yīyuàn 医院　B xuéxiào 学校　C jīchǎng 机场	A 병원　B 학교　C 공항

기초 실력 다지기

다음 우리말 뜻에 해당하는 단어를 고르세요.

❶ 전화　A diànhuà 电话　B diànshì 电视

❷ 10　A sì 四　B shí 十

❸ 저기, 거기　A zhèr 这儿　B nàr 那儿

정답 ❶ A ❷ B ❸ B

plus+ 电视 diànshì 텔레비전, TV | 四 sì 4, 넷 | 这儿 zhèr 여기

2급 듣기

실전 감각을 익히는 기출문제

★ 녹음을 듣고 내용과 일치하는 것을 고르세요. Track 72

1	A 学校 (xuéxiào)	B 公司 (gōngsī)	C 弟弟 家 (dìdi jiā)
2	A 8点 30分 (diǎn fēn)	B 8点 40分 (diǎn fēn)	C 8点 50分 (diǎn fēn)

정답 및 해설

1. **들리는 표현** 그대로가 **정답**이다! Track 72-①

해설 녹음에서 남자가 여자에게 오빠가 아직도 '学校 xuéxiào(학교)'에 사는지 물었고, 여자가 '对 duì(맞아)'라고 했으므로 정답은 A이다.

정답 A

녹음

Nǐ gēge xiànzài hái zhù zài xuéxiào li ma?
男：你 哥哥 现在 还 住 在 学校 里 吗？
남: 너희 오빠는 지금도 여전히 학교에 사니?

Duì, tā hái zhù zài xuéxiào li.
女：对，他 还 住 在 学校 里。
여: 맞아, 그는 여전히 학교에 살아.

Gēge xiànzài zhù zài nǎr?
问：哥哥 现在 住 在 哪儿？
질문: 오빠는 지금 어디에 사는가?

A 学校 (xuéxiào) B 公司 (gōngsī) C 弟弟 家 (dìdi jiā)
A 학교 B 회사 C 남동생 집

단어 ★哥哥 gēge 명 오빠, 형 | 现在 xiànzài 명 지금, 현재 | ★还 hái 부 여전히, 아직도 | ★住 zhù 동 살다, 거주하다 | 在 zài 개 ~에서 | 学校 xuéxiào 명 학교 | 里 lǐ 명 안, 속 | ★对 duì 형 맞다, 옳다

2. **보기**를 보고 **대화의 내용**을 **예상하라**! Track 72-②

해설 보기에 시간 표현이 나왔으므로, 시간과 관련된 대화 내용이 나올 것임을 예상할 수 있다. 녹음에서 여자가 지금 '八点四十 bā diǎn sìshí(8시 40분)'라고 하자 남자가 '就到 jiù dào(곧 도착할 거야)'라고 했으므로 샤오리가 도착하는 시간은 8시 40분보다 늦어야 한다. 따라서 정답은 C이다.

정답 C

녹음

Xiǎo Lǐ zěnme hái méi lái, dōu bā diǎn sìshí le. 女：小李怎么还没来，都八点四十了。	여: 샤오리(小李)는 왜 아직도 안 왔지. 벌써 8시 40분이야.
Wǒ yǐjīng gěi tā dǎ diànhuà le, tā shuō zài chūzūchē shang, jǐ fēnzhōng hòu jiù dào. 男：我已经给他打电话了，他说在出租车上，几分钟后就到。	남: 내가 이미 그에게 전화를 했는데, 그가 택시에 있다고 했어. 몇 분 후면 곧 도착할 거야.
Xiǎo Lǐ jǐ diǎn dào? 问：小李几点到？	질문: 샤오리(小李)는 몇 시에 도착하나?
A 8 diǎn 30 fēn A 8点30分	A 8시 30분
B 8 diǎn 40 fēn B 8点40分	B 8시 40분
C 8 diǎn 50 fēn C 8点50分	C 8시 50분

단어 怎么 zěnme 대 어떻게, 어째서, 왜 | 还没 hái méi 아직 ~하지 않았다 | 都…了 dōu…le 벌써(이미) ~했다 | 点 diǎn 양 시 | ★已经 yǐjīng 부 이미, 벌써 | ★给 gěi 개 ~에게 | 打电话 dǎ diànhuà 전화를 하다 | 说 shuō 동 말하다 | 在 zài 동 ~에 있다 | 出租车 chūzūchē 명 택시 | 几 jǐ 수 몇 | 分钟 fēnzhōng 명 분[시간의 양] | 后 hòu 명 후, 뒤 | ★就 jiù 부 곧, 바로 | ★到 dào 동 도착하다

2급 듣기

기출 확인 TEST

Track 73

녹음을 잘 듣고 빈칸을 채우세요.

Nǐ ________ hái zhù zài Běijīng ma?
❶ 你 ________ 还住在北京吗？

Tā sì diǎn yǐhòu jiù ________.
❷ 她四点以后就 ________。

정답 ❶ gēge 哥哥 ❷ dào 到

녹음 ❶ 你哥哥还住在北京吗？ Nǐ gēge hái zhù zài Běijīng ma? 너희 오빠는 아직 베이징에 사니?
❷ 她四点以后就到。 Tā sì diǎn yǐhòu jiù dào. 그녀는 4시 이후면 곧 도착한다.

시험처럼 풀어보는 실전문제 1

제한 시간 8분

학습일 ____/____ 맞은 개수 ______

Track 74

★ 녹음을 듣고 내용과 일치하는 것을 고르세요.

해설집 p.63

	A	B	C
1	cài 菜	chá 茶	shuǐguǒ 水果
2	yīyuàn 医院	jīchǎng 机场	huǒchēzhàn 火车站
3	65	70	75
4	māma 妈妈	bàba 爸爸	sòng niúnǎi de 送 牛奶 的
5	yí cì 一 次	liǎng cì 两 次	liù cì 六 次
6	kànguo le 看过 了	tài lèi le 太 累 了	yǒu bié de shì 有 别 的 事
7	méi kāijī 没 开机	kuài méi diàn le 快 没 电 了	zhǎo bu dào le 找 不 到 了
8	yīyuàn 医院	jiāli 家里	fànguǎnr 饭馆儿
9	fēnzhōng 5 分钟	fēnzhōng 10 分钟	fēnzhōng 15 分钟
10	chīfàn 吃饭	qù shàngkè 去 上课	hē kāfēi 喝 咖啡

시험처럼 풀어보는 실전문제 2

제한 시간 8분

학습일 ____/____ 맞은 개수 ______

Track 75

★ 녹음을 듣고 내용과 일치하는 것을 고르세요.

해설집 p.71

1 A 鱼 (yú) B 西瓜 (xīguā) C 鸡蛋 (jīdàn)

2 A 200 多 (duō) B 2000 多 (duō) C 2500 多 (duō)

3 A 公司 (gōngsī) B 教室 (jiàoshì) C 医院 (yīyuàn)

4 A 在 右边 (zài yòubian) B 有 两 张 (yǒu liǎng zhāng) C 还 没 看见 (hái méi kànjiàn)

5 A 多 运动 (duō yùndòng) B 少 吃饭 (shǎo chīfàn) C 多 吃 肉 (duō chī ròu)

6 A 不 想 回家 (bù xiǎng huíjiā) B 住 得 不 远 (zhù de bù yuǎn) C 不 认识 路 (bú rènshi lù)

7 A 想 喝 水 (xiǎng hē shuǐ) B 生病 了 (shēngbìng le) C 不 睡 了 (bú shuì le)

8 A 两 块 钱 (liǎng kuài qián) B 三 块 钱 (sān kuài qián) C 四 块 钱 (sì kuài qián)

9 A 不 累 (bú lèi) B 没 听 懂 (méi tīng dǒng) C 想 休息 (xiǎng xiūxi)

10 A 大 一点儿 (dà yìdiǎnr) B 小 一点儿 (xiǎo yìdiǎnr) C 高 一点儿 (gāo yìdiǎnr)

제4부분

학습일 ____/____

1 기본부터 파악하는 문제 유형

듣기 제4부분은 **남녀의 긴 대화를 듣고 질문에 적절한 답**을 선택하는 문제로, 총 **5문제**(31–35번)가 출제된다. 듣기 제4부분은 듣기 제3부분보다 대화 내용이 길기 때문에 좀 더 집중해서 들어야 한다.

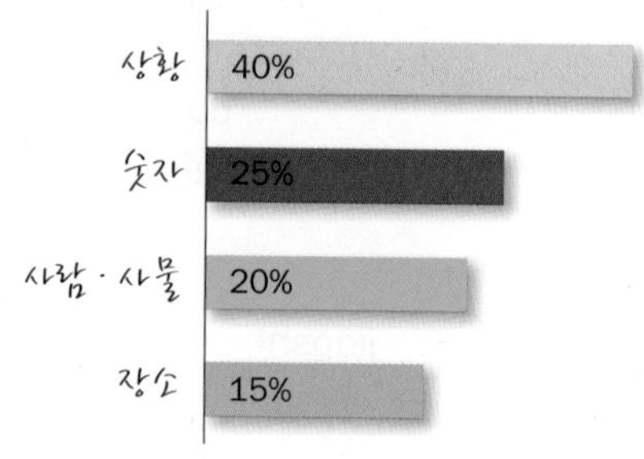

2 핵심을 찌르는 문제 공략법

1. **보기와 일치하는 표현**을 **들어라!**
2. **대화의 내용과 상황**을 **파악하라!**

3 정답이 보이는 문제 풀이 방법

Track 76

예제

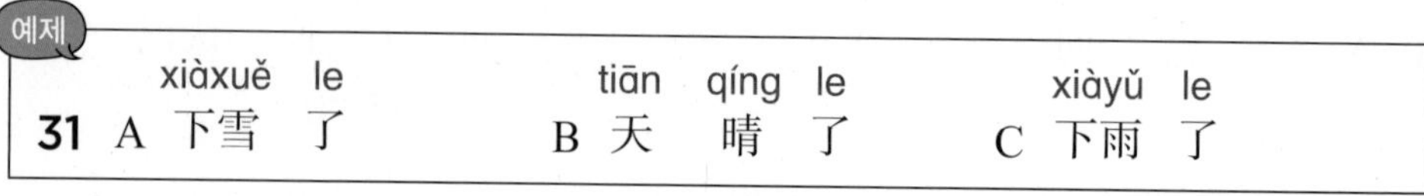

31 A 下雪(xiàxuě) 了(le)　B 天(tiān) 晴(qíng) 了(le)　C 下雨(xiàyǔ) 了(le)

1. **보기**(A, B, C)를 빠르게 **확인**하고, 어떤 **질문**(**누가**, **언제**, **어디서**, **무엇을**)이 나올지 예상해 본다.
2. **보기와 일치**하는 **표현**이 **녹음에 나오는지** 생각하며 듣는다.
3. 녹음과 일치하는 표현이 없을 때에는 **대화 내용**을 **근거**로 **가장 적절한 정답**을 찾는다.
4. **대화**가 **끝난 뒤**에 나오는 **질문을 놓치지 않도록 주의**한다.
5. **녹음**은 **두 번** 들려준다. **한 번 더 들려줄 때** 집중해서 **검토**한다.
6. 정답을 체크하고 난 후, **다음 문제를 들을 준비**를 한다.
7. 듣기 영역 시험이 모두 끝나고 **답안지 작성 시간**에 정답을 **답안지**에 **표시**한다.

4 한눈에 보이는 예제 풀이

Step 1. 보기를 보고 무엇을 묻는 질문이 나올지 예상해 보자.

보기에 날씨와 관련된 단어가 있으므로 날씨와 관련된 문제임을 예상할 수 있다.

Step 2. 녹음을 듣고 정답 여부를 판단하자!

녹음에서 '下雨 xiàyǔ(비가 내린다)'라고 했으므로, 정답은 C이다.

녹음

Jiǔ diǎn le, wǒ yào huíjiā le. 男：九 点 了，我 要 回家 了。	남: 9시가 됐어, 나 집에 가야 해.
Wàimiàn zhèngzài xiàyǔ, nín lùshang màn diǎnr. 女：外面 正在 下雨，您 路上 慢 点儿。	여: 밖에 비가 오고 있어, 가는 길 조심해.
Xièxie, zàijiàn. 男：谢谢，再见。	남: 고마워, 안녕.
Míngtiān jiàn. 女：明天 见。	여: 내일 봐.
Xiànzài tiānqì zěnmeyàng? 问：现在 天气 怎么样？	질문: 지금 날씨는 어떠한가?
xiàxuě le A 下雪 了 tiān qíng le B 天 晴 了 xiàyǔ le C 下雨 了	A 눈이 내린다 B 맑아졌다 C 비가 내린다

기초 실력 다지기

다음 우리말 뜻에 해당하는 단어를 고르세요.

❶ 딸   A 儿子 (érzi)   B 女儿 (nǚ'ér)

❷ 미안해요   A 没 关系 (méi guānxi)   B 对不起 (duìbuqǐ)

정답 ❶ B ❷ B

plus+ 儿子 érzi 아들 | 没关系 méi guānxi 괜찮아요

2급 듣기

실전 감각을 익히는 기출문제

★ 녹음을 듣고 내용과 일치하는 것을 고르세요. Track 77

1 A 妻子 (qīzi)　B 妹妹 (mèimei)　C 女儿 (nǚ'ér)

2 A 16 号 (hào)　B 17 号 (hào)　C 18 号 (hào)

정답 및 해설

1. 보기와 일치하는 표현을 들어라!

Track 77-1

해설 보기에 사람의 신분에 대한 표현이 있으므로, 신분과 관련된 표현에 집중하며 듣는다. 녹음에서 남자가 자신의 '女儿 nǚ'ér(딸)'이 춤추는 걸 배울 수 있으면 좋겠다고 했으므로, 정답은 C이다.

정답 C

녹음

Nín cóng jǐ suì kāishǐ xuéxí tiàowǔ ? 男：您 从 几 岁 开始 学习 跳舞？	남: 당신은 몇 살부터 춤추는 걸 배우기 시작하셨나요?
Qī suì . 女：七 岁 。	여: 7살이요.
Shì ma ? Wǒ nǚ'ér yě qī suì le . Wǒ xīwàng tā néng hé nín xué tiàowǔ , kěyǐ ma ? 男：是吗？ 我 女儿 也 七 岁 了 。 我 希望 她 能 和 您 学 跳舞， 可以 吗？	남: 그래요? 제 딸도 7살이 되었어요. 전 제 딸이 당신께 춤추는 걸 배웠으면 좋겠는데, 괜찮으세요?
Méi wèntí . 女：没 问题 。	여: 문제없어요.
Nán de xiǎng ràng shéi xué tiàowǔ ? 问：男 的 想 让 谁 学 跳舞？	질문: 남자는 누구한테 춤추는 걸 배우게 하고 싶어하나?
A 妻子 (qīzi)　B 妹妹 (mèimei)　C 女儿 (nǚ'ér)	A 아내　B 여동생　C 딸

단어 几 jǐ 수 몇 | 岁 suì 양 살, 세 | ★开始 kāishǐ 동 시작하다 | 学习 xuéxí 동 배우다, 공부하다 | ★跳舞 tiàowǔ 동 춤을 추다 | 女儿 nǚ'ér 명 딸 | ★也 yě 부 ~도, 역시 | ★希望 xīwàng 동 희망하다, 바라다 | 和 hé 개 ~에게 | ★让 ràng 동 (~로 하여금) ~하게 하다, 시키다 | 谁 shéi 대 누구

2. **보기**를 파악해 **대화의 내용**을 **예상하라!**

Track 

해설 보기에 날짜가 있으므로, 날짜와 관련된 대화 내용이 나올 것임을 예상할 수 있다. 녹음에서 여자가 '明天的 míngtiān de(내일 것)'를 원한다고 하자, 남자가 '四月十七日的 sì yuè shíqī rì de(4월 17일 것)'를 드리겠다고 했으므로 정답은 A이다.

정답 A

녹음

Jīntiān de piào hái yǒu ma? 女：今天的票还有吗？	여: 오늘 표가 아직 있어요?
Duìbuqǐ, méiyǒu le. 男：对不起，没有了。	남: 미안합니다. 없어요.
Nà wǒ yào liǎng zhāng míngtiān de. 女：那我要两张明天的。	여: 그럼, 내일 것 두 장 주세요.
Hǎo, gěi nín sì yuè shíqī rì de. 男：好，给您四月十七日的。	남: 네, 4월 17일 것을 드릴게요.
Jīntiān jǐ hào? 问：今天几号？	질문: 오늘은 며칠인가?
A 16号(hào) B 17号(hào) C 18号(hào)	A 16일 B 17일 C 18일

단어 ★票 piào 명 표, 티켓 | 还 hái 부 또 | 对不起 duìbuqǐ 동 미안하다, 죄송하다 | 没有 méiyǒu 동 없다, 가지고 있지 않다 | 那 nà 접 그럼, 그렇다면 | ★要 yào 동 원하다 | 张 zhāng 양 장[종이를 셀 때 쓰는 단위] | 明天 míngtiān 명 내일 | 好 hǎo 형 그래, 좋아[칭찬, 동의를 나타냄] | ★给 gěi 동 주다 | 月 yuè 명 월 | ★日 rì 명 일(= 号 hào)

TIP '的 de'는 '~한 사람, ~한 것'의 뜻으로 뒤에 나올 명사를 생략하고 말할 때 쓴다.

2급 듣기

기출 확인 TEST

Track 78

녹음을 잘 듣고 빈칸을 채우세요.

❶ ________ nín shí yuè sānshí hào de piào.
________ 您十月三十号的票。

❷ Wǒ ________ nǐ néng lái wǒ jiā chīfàn.
我 ________ 你能来我家吃饭。

정답 ❶ Gěi 给 ❷ xīwàng 希望

녹음 ❶ 给您十月三十号的票。Gěi nín shí yuè sānshí hào de piào. 당신에게 10월 30일의 표를 드릴게요.
❷ 我希望你能来我家吃饭。Wǒ xīwàng nǐ néng lái wǒ jiā chīfàn. 난 네가 우리 집에 밥 먹으러 오길 바란다.

시험처럼 풀어보는 **실전문제 1**

학습일 ____/____ 맞은 개수 ______

★ 녹음을 듣고 내용과 일치하는 것을 고르세요.

1 A 妻子 (qīzi) B 学生 (xuésheng) C 同学 (tóngxué)

2 A 说得好 (shuō de hǎo) B 写得好 (xiě de hǎo) C 不会说 (bú huì shuō)

3 A 天阴了 (tiān yīn le) B 下雨了 (xiàyǔ le) C 下雪了 (xiàxuě le)

4 A 多买些 (duō mǎi xiē) B 少买些 (shǎo mǎi xiē) C 不要卖了 (bú yào mài le)

5 A 3月1号 (yuè hào) B 4月1号 (yuè hào) C 4月2号 (yuè hào)

시험처럼 풀어보는 **실전문제 2**

학습일 ____/____ 맞은 개수 ______

★ 녹음을 듣고 내용과 일치하는 것을 고르세요.

해설집 p.83

1 A 4 点 (diǎn) B 5 点 (diǎn) C 6 点 (diǎn)

2 A 要喝水 (yào hē shuǐ) B 要吃米饭 (yào chī mǐfàn) C 要吃苹果 (yào chī píngguǒ)

3 A 非常好 (fēicháng hǎo) B 不会说 (bú huì shuō) C 不太好 (bú tài hǎo)

4 A 路上 (lùshang) B 机场 (jīchǎng) C 飞机上 (fēijī shang)

5 A 学校 (xuéxiào) B 商店 (shāngdiàn) C 教室 (jiàoshì)

2급 듣기

식사 대접을 받을 때 왜 음식을 다 먹으면 안 되나요?

ㄴ 원탁에서 식사하는 중국인

중국은 식사 예절을 굉장히 중요하게 여기기 때문에 대부분의 약속에 식사를 함께 하고, 손님을 위한 식사 대접에도 굉장히 신경을 씁니다. 우선 중국에서는 일반적으로 여러 사람이 커다란 원형 테이블에 둘러 앉아 식사를 합니다. 보통 음식을 테이블 중간에 놓고 각자 덜어 먹거나, 테이블 중앙에 회전판이 있다면 새로운 음식이 나왔을 때 손님쪽으로 음식을 돌려 주는 것이 예의입니다. 공용 수저로 먹고 싶은 음식을 개인 접시에 담고 수시로 원판을 돌려주는 것이 좋습니다.

중국에서 숟가락은 보통 탕 요리나 국을 먹을 때에만 사용하고, 밥이나 음식은 주로 젓가락으로 먹습니다. 중국 숟가락은 우리나라와 달리 안이 움푹 파였고 크기도 작습니다.

식사 대접을 받을 때 중국에서는 음식을 조금 남기는 것이 좋습니다. 중국인은 손님이 다 먹기 힘들 정도로 식사를 푸짐하게 차려야 한다고 생각하기 때문에 손님이 그릇을 비우면 음식이 부족하다고 생각합니다. 따라서 음식을 맛있게 먹되 아주 조금은 남겨주는 것이 예의라는 점 잊지 마세요.

ㄴ 중국인이 사용하는 수저

新 HSK

이 **단원에서는**

지금까지 학습한 내용을 토대로 HSK 2급 독해 문제의 유형을 파악하고 문제를 푸는 방법을 공부합니다. 제한 시간 내에 문제를 푸는 연습을 하세요.

독해 제1부분

학습일 ____/____

1 기본부터 파악하는 문제 유형

독해 제1부분은 제시된 문장과 내용이 일치하는 사진을 고르는 문제로, 총 **5문제**(36-40번)가 출제된다. 사람 · 사물, 동작 · 상태 · 상황의 표현이 고루 출제되기 때문에 동사나 명사를 많이 알고 있으면 큰 도움이 된다. 또한 동사와 함께 호응하여 쓰는 명사를 함께 외워두자.

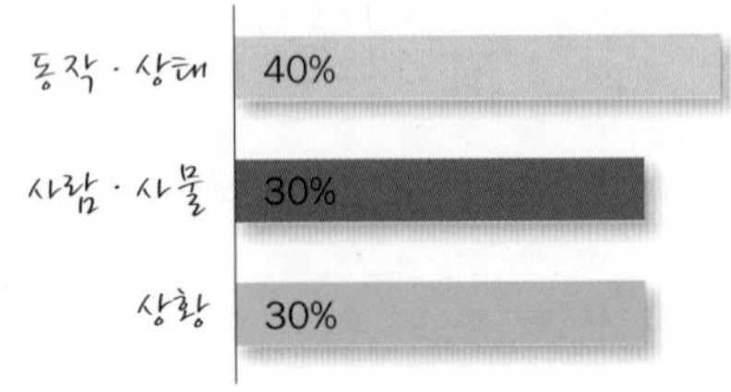

2 핵심을 찌르는 문제 공략법

1. 상황을 묘사하는 **동작**이나 **상태 표현**을 찾아라!
2. 문장을 정확하게 해석하면서 **사람**이나 **사물**의 **명칭**(**명사**)을 찾아라!
3. 문장을 해석하면서 **대화의 내용과 상황**을 파악하라!

3 정답이 보이는 문제 풀이 방법

예제

Wǒ xiǎng gěi tā dǎ diànhuà .
36 我 想 给 她 打 电话。 ☐

1. 사진(A–F)을 관찰하고 **관련 표현을 예상**해 본다.
2. 사진을 보고 직접 떠오르는 표현이 없을 때에는 **연관 표현**을 **유추**해 본다.
3. 문장을 읽고 **관련 있는 사진을 찾는다**.
4. 사진과 내용이 일치하면 **해당 문장 뒤에 답**(**A–F**)을 적는다.
5. **완벽하게 일치하는 문제**부터 풀면 오답을 피할 수 있다.
6. 독해 제1부분(36–40번) 문제를 풀고 난 후, 정답을 답안지에 옮겨 적는다.

4 한눈에 보이는 예제 풀이

Step 1. 사진을 보고 관련 표현을 예상해 본다.

사진을 보고 동작이나 상태 또는 사람이나 사물과 관련된 표현을 떠올린다. 사진을 보고 떠오르는 표현이 없다면 연관된 표현을 떠올려 보자.

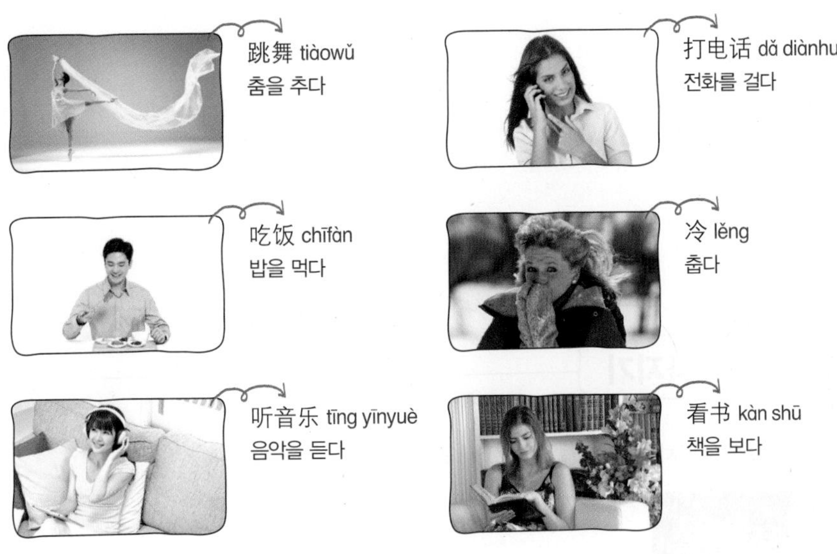

Step 2. 제시된 문장에서 동작이나 상태 표현을 찾아라!

문장에 제시된 동작 관련 표현은 '打电话 dǎ diànhuà(전화를 걸다)'가 있다.

Wǒ xiǎng gěi tā dǎ diànhuà. 我 想 给 她 打 电话。	난 그녀에게 전화를 하고 싶어요.

Step 3. 제시된 문장과 일치하는 사진을 찾는다!

문장의 내용과 일치하는 사진은 전화를 하고 있는 사진 B이다.

기초 실력 다지기

제시된 사진과 일치하는 단어를 연결하세요.

❶  ・　　・ A 电影 diànyǐng

❷  ・　　・ B 学 xué

❸  ・　　・ C 女朋友 nǚpéngyou

정답 ❶ A ❷ C ❸ B

plus+ 电影 diànyǐng 영화 | 学 xué 배우다 | 女朋友 nǚpéngyou 여자 친구

실전 감각을 익히는 기출문제

★ 제시된 문장과 가장 잘 어울리는 사진을 고르세요.

A 

B 

C 

1 Duìbuqǐ, wǒ hái méi xué huì yóuyǒng ne.
对不起，我 还 没 学 会 游泳 呢。 ☐

2 Wàimiàn de xuě xià de zhēn dà. Wǒmen chūqu wánr, hǎobuhǎo?
外面 的 雪 下 得 真 大。我们 出去 玩儿，好不好？ ☐

3 Tài hǎo le! Nánpéngyou yào hé wǒ yìqǐ qù kàn diànyǐng le.
太 好 了！ 男朋友 要 和 我 一起 去 看 电影 了。 ☐

2급 독해

정답 및 해설

1. 문장에서 **동작 표현**을 찾아라!

해설 '游泳 yóuyǒng(수영)'을 배우지 못했다고 했으므로, 튜브를 끼고 수영을 하고 있는 C가 가장 적합하다.

정답 C

Duìbuqǐ, wǒ hái méi xué huì yóuyǒng ne. 对不起，我 还 没 学 会 游泳 呢。	미안해, 난 아직 수영을 배우지 못했어.

단어 对不起 duìbuqǐ 동 미안해요, 죄송해요 | 还没 hái méi 아직 ~하지 않았다 | ★游泳 yóuyǒng 동 수영을 하다

TIP '会 huì'는 '~할 수 있다, ~할 줄 안다'라는 뜻으로, 학습을 통한 능력이나 가능을 나타낸다. '学会 xué huì'는 배워서 할 줄 아는 것을 뜻한다.

2. 문장에서 **사물**의 **명칭(명사)**을 찾아라!

해설 밖에 '雪 xuě(눈)'이 많이 내린다고 했으므로, B가 가장 적합하다.

정답 B

Wàimiàn de xuě xià de zhēn dà. Wǒmen chūqu 外面 的 雪 下 得 真 大。我们 出去 wánr, hǎobuhǎo? 玩儿，好不好？	밖에 눈이 정말 많이 내리네. 우리 나가서 놀래?

단어 外面 wàimiàn 명 밖, 바깥쪽 | ★雪 xuě 명 눈 | 下 xià 동 내리다 | ★真 zhēn 부 정말, 진짜 | 出去 chūqu 동 나가다 | ★玩儿 wánr 동 놀다

3. 문장을 해석하면서 **상황**을 파악하라!

해설 '太好了 tài hǎo le(정말 잘됐다)'는 기쁜 일이 있을 때 쓰는 감탄 표현이다. 보기 중에서 휴대폰을 들고 기뻐하는 A가 가장 적합하다.

정답 A

Tài hǎo le! Nánpéngyou yào hé wǒ yìqǐ qù kàn diànyǐng le. 太好了！男朋友要和我一起去看电影了。	정말 잘 됐다! 남자 친구가 나하고 같이 영화를 보러 가고 싶대.

단어 男朋友 nánpéngyou 명 남자 친구 | ★要 yào 조동 ~하려고 하다, ~하고자 하다 | 去 qù 동 가다 | 看 kàn 동 보다 | 电影 diànyǐng 명 영화

기출 확인 TEST

다음 문장을 읽고 빈칸을 채우세요.

Zuótiān xiàxuě le, hěn lěng.
❶ 昨天 下雪 了，很 冷。

→ 어제 ________________ , 매우 춥다.

Wǒ xiǎng chūqu wánr.
❷ 我 想 出去 玩儿。

→ 나는 나가서 ________________ .

Wǒmen yìqǐ qù yóuyǒng ba.
❸ 我们 一起 去 游泳 吧。

→ 우리 같이 ________________ 가자.

정답 ❶ 눈이 내려서 ❷ 놀고 싶다 ❸ 수영하러

2급 독해

시험처럼 풀어보는 **실전문제 1**

제한 시간 4분 　 학습일 ____/____ 　 맞은 개수 ______

★ 제시된 문장과 가장 잘 어울리는 사진을 고르세요.

A 

B 

C 

D 

E 

1 Tóngxuémen, nǐmen tīng dǒng le ma?
同学们， 你们 听 懂 了 吗？ □

2 Shēntǐ zěnmeyàng? Shénme shíhou néng chūyuàn?
身体 怎么样？ 什么 时候 能 出院？ □

3 Gěi nín jièshào yíxià, zhè shì wǒmen gōngsī de Lǐ xiānsheng.
给 您 介绍 一下，这 是 我们 公司 的 李 先生。 □

4 Lǐmiàn yǒu nǐ zuì ài chī de shuǐguǒ.
里面 有 你 最 爱 吃 的 水果。 □

5 Wǒ juéde zhè jiàn jiù hěn búcuò.
我 觉得 这 件 就 很 不错。 □

시험처럼 풀어보는 **실전문제 2**

제한 시간 4분 | 학습일 ___/___ | 맞은 개수 ___

★ 제시된 문장과 가장 잘 어울리는 사진을 고르세요.

해설집 p.91

A 

B 

C 

D 

E 

1 Mǐfàn zuò hǎo le, kuài lái chīfàn ba.
米饭 做 好 了，快 来 吃饭 吧。 ☐

2 Wǒ qīzi gěi wǒ dǎle ge diànhuà, wǒ yí ge dōu méi tīng dào.
我 妻子 给 我 打了 4 个 电话， 我 一 个 都 没 听 到。 ☐

3 Wéi, jiě, wǒ xià fēijī le, nǐ zài nǎr?
喂，姐，我 下 飞机 了，你 在 哪儿？ ☐

4 Huānyíng nín, qǐng zhèbian zǒu.
欢迎 您，请 这边 走。 ☐

5 Nǐ zěnme bú jìn jiàoshì? Xiǎng shénme ne?
你 怎么 不 进 教室？ 想 什么 呢？ ☐

제2부분

학습일 ____/____

1 기본부터 파악하는 **문제 유형**

독해 제2부분은 **빈칸에 들어갈 알맞은 단어**를 고르는 문제로, 총 **5문제**(41-45번)가 출제된다. 독해 제2부분에서는 동사나 명사와 관련된 문제가 많이 출제된다.

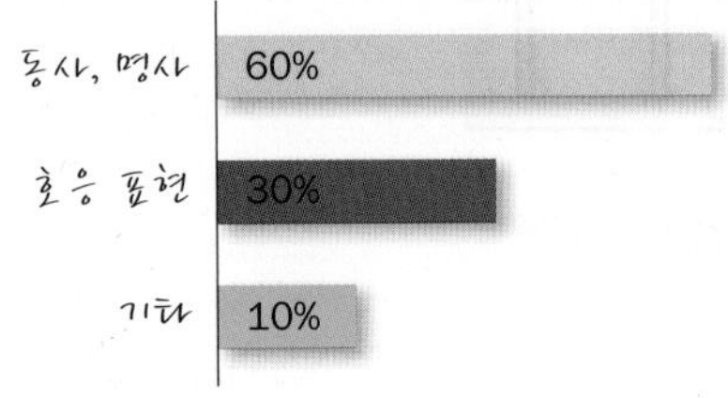

2 핵심을 찌르는 **문제 공략법**

1. 문장을 정확하게 해석하면서 **서로 어울리는 동사나 명사**를 찾아라!
2. 문장 속에서 **빈칸 앞, 뒤에 호응하는 표현**을 찾아라!

3 정답이 보이는 **문제 풀이 방법**

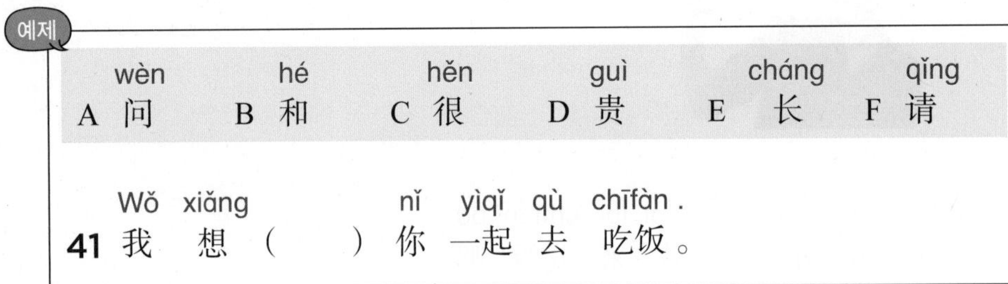
예제

A wèn 问　B hé 和　C hěn 很　D guì 贵　E cháng 长　F qǐng 请

41 Wǒ xiǎng (　　) nǐ yìqǐ qù chīfàn.
我想（　　）你一起去吃饭。

1. **보기로 주어진 단어(A-F)의 뜻**을 떠올린다.
2. 문장 혹은 대화를 읽으면서 **빈칸에 보기 단어를 하나씩 넣어 해석해 본다.**
3. 빈칸에 보기 단어를 넣어 **자연스럽게 해석이 되면, 해당 보기(A-F)를 빈칸에 적는다.**
4. **빈칸 앞뒤에 표현**을 보고 **어법 규칙**을 적용해 보면 쉽게 정답을 찾을 수 있다.
5. 독해 제2부분(41-45번)을 풀고 난 후, 정답을 답안지에 옮겨 적는다.

④ 한눈에 보이는 예제 풀이

Step 1. 빈칸 앞, 뒤에 호응하는 표현을 찾아라!

빈칸 앞에 '一起 yìqǐ'와 함께 호응하는 표현으로 '和 hé'가 있다. '和…一起(~와 함께)'의 형식으로 묶어서 기억하는 것이 좋다. 따라서 정답은 B이다.

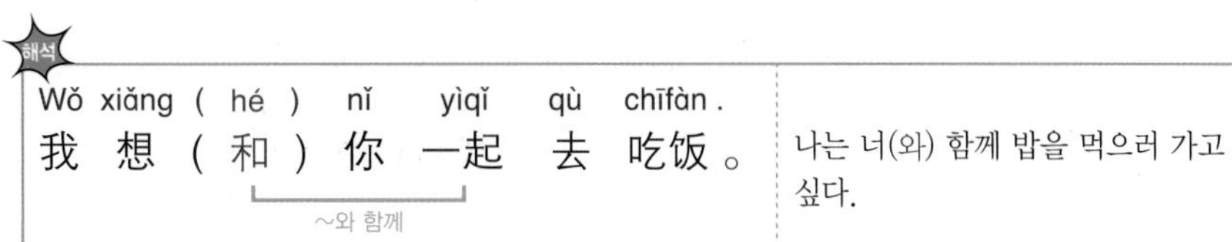
해석

Wǒ xiǎng (hé) nǐ yìqǐ qù chīfàn. 我 想 (和) 你 一起 去 吃饭。 (和…一起: ~와 함께)	나는 너(와) 함께 밥을 먹으러 가고 싶다.

Step 2. 정답을 고르지 못했다면, 나머지 보기 단어의 특징을 살펴보자!

정답이 될 수 없는 것을 먼저 지우면 정답을 좀 더 쉽게 찾을 수 있다. 동사 '问 wèn(묻다, 질문하다)'은 개사 '和'와 호응하지 않아 정답이 아니다. 부사 '很 hěn(매우)'은 보통 형용사 앞에 쓰는데, 빈칸 뒤에 동사 '去 qù'가 있으므로 정답이 될 수 없다.

기초 실력 다지기

제시된 동사와 어울리는 목적어를 연결하세요.

❶ 来 (lái) ·	· A 茶 (chá)
❷ 喝 (hē) ·	· B 书 (shū)
❸ 看 (kàn) ·	· C 北京 (Běijīng)

정답 ❶ C ❷ A ❸ B

plus+ 来北京 lái Běijīng 베이징에 오다 | 喝茶 hē chá 차를 마시다 | 看书 kàn shū 책을 보다

2급 독해

실전 감각을 익히는 기출문제

★ 빈칸에 들어갈 알맞은 단어를 고르세요.

rènshi A 认识	duì B 对	juéde C 觉得

1 Wǒ lái Běijīng de dì-yī tiān jiù (　　) tā le.
我来北京的第一天就(　　)他了。

2 Wánr diànnǎo (　　) yǎnjing bù hǎo.
玩儿电脑(　　)眼睛不好。

정답 및 해설

1. 서로 어울리는 동사나 명사를 찾아라!

해설 빈칸 뒤에 '他 tā(그)'가 있으므로 빈칸에는 동사가 필요하다. '认识 rènshi(알다)'는 길, 사람, 글자 등과 어울려 쓸 수 있다. 따라서 보기 중에 A가 가장 적합하다.

정답 A

Wǒ lái Běijīng de dì-yī tiān jiù (rènshi) tā le. 我来北京的第一天就(认识)他了。 (认识 他: 그를 알다)	나는 베이징에 온 첫날 그를 (알게) 되었다.

단어 来 lái 동 오다 | 北京 Běijīng 고유 베이징, 북경 | ★第一天 dì-yī tiān 첫째 날 | 就 jiù 부 곧, 바로 | ★认识 rènshi 동 (길·사람·글자를) 알다

TIP '认识'는 '路 lù(길)', '你 nǐ(당신)', '他 tā(그)', '字 zì(글자)' 등과 어울려 쓴다.

2. 빈칸 앞, 뒤에 호응하는 표현을 찾아라!

해설 '对 duì'는 '~에 대하여'라는 뜻으로 '好 hǎo(좋다)'와 호응하여, '对+대상+好(~에 좋다)'의 형식으로 자주 쓴다. 따라서 B가 가장 적합하다.

정답 B

Wánr diànnǎo (duì) yǎnjing bù hǎo . 玩儿 电脑 (对) 眼睛 不 好 。 ~에 좋다	컴퓨터를 하는 것은 눈(에) 안 좋다.

단어 ★玩儿 wánr 동 놀다 | 电脑 diànnǎo 명 컴퓨터 | ★对 duì 개 ~에 대하여 | ★眼睛 yǎnjing 명 눈 | 好 hǎo 형 좋다

기출 확인 TEST

다음 해석을 보고 알맞은 단어를 고르세요.

(Rènwéi / Rènshi) nǐ hěn gāoxìng .
❶ (认为 / 认识) 你 很 高兴 。 만나서 반가워요.

Duō chī shuǐguǒ duì (shēntǐ / yǎnjing) hǎo .
❷ 多 吃 水果 对 (身体 / 眼睛) 好 。 과일을 많이 먹으면 눈에 좋다.

정답 ❶ Rènshi 认识 ❷ yǎnjing 眼睛

plus+ 认为 rènwéi ~라고 여기다, 생각하다 | 身体 shēntǐ 몸, 신체

2급 독해

시험처럼 풀어보는 실전문제 1

학습일 ____/____ 맞은 개수 ____

★ 빈칸에 들어갈 알맞은 단어를 고르세요.

해설집 p.94

huídá A 回答	yìqǐ B 一起	pángbiān C 旁边	lí D 离	děng E 等

1 Wǒ jiā jiù zài qiánmiàn nàge shāngdiàn
我 家 就 在 前面 那个 商店 （ ）。

2 Kuài diǎnr, rénjiā dōu zài nǐ chīfàn ne.
快 点儿， 人家 都 在（ ）你 吃饭 呢。

3 Wǒ xiǎng hé nǐ qù kàn diànyǐng.
我 想 和 你（ ）去 看 电影。

4 Nǐ lái yíxià zhège wèntí, hǎo ma?
你 来（ ）一下 这个 问题， 好 吗？

5 Nǐ jiā xuéxiào yuǎn ma?
男: 你 家（ ） 学校 远 吗？

Bù yuǎn, zuò gōnggòng qìchē fēnzhōng jiù dào le.
女: 不 远， 坐 公共 汽车 15 分钟 就 到 了。

시험처럼 풀어보는 **실전문제 2**

제한 시간 4분

학습일 ____/____ 맞은 개수 ______

★ 빈칸에 들어갈 알맞은 단어를 고르세요.

해설집 p.96

wán A 完	liǎng B 两	jièshào C 介绍	shíjiān D 时间	tí E 题

Cóng wǒmen xuéxiào dào jīchǎng, zuò chūzūchē yào ge duō xiǎoshí.
1 从 我们 学校 到 机场，坐 出租车 要（ ）个 多 小时。

Zhèxiē gōngzuò nǐ shénme shíhou néng zuò
2 这些 工作 你 什么 时候 能 做（ ）?

Duìbuqǐ, ràng nǐ děngle zhème cháng
3 对不起，让 你 等了 这么 长（ ）。

Wǒ gěi nǐ yí ge Zhōngguó péngyou, zěnmeyàng?
4 我 给 你（ ）一 个 中国 朋友，怎么样？

Xièxie nǐ, zhège wǒ xiànzài huì zuò le.
5 男: 谢谢 你，这个（ ）我 现在 会 做 了。

Bú kèqi, yǒu bú huì de zài lái wèn wǒ.
女: 不 客气，有 不 会 的 再 来 问 我。

2급 독해

독해 제3부분

학습일 ____/____

1 기본부터 파악하는 문제 유형

독해 제3부분은 **본문과 ★표 문장의 내용이 일치하는지 판단**하는 문제로, 총 **5문제**(46–50번)가 출제된다. 동작, 상태, 비교, 시간, 가격 표현을 정확하게 이해하면 문제를 풀 때 많은 도움이 된다.

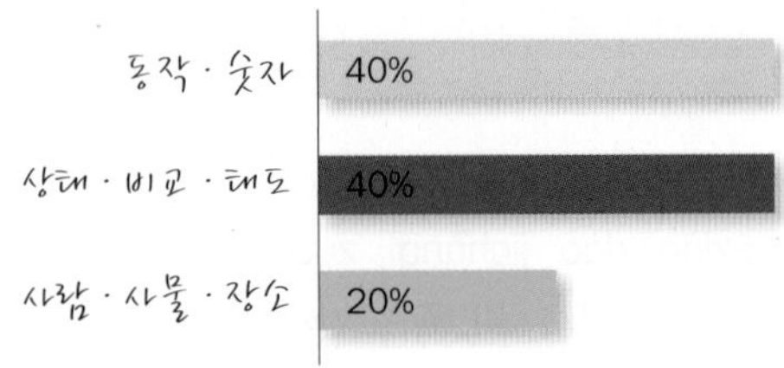

2 핵심을 찌르는 문제 공략법

1. 본문을 정확하게 해석하면서 **동작**이나 **상태** 표현에 주의하라!
2. 문장에서 **제시한 내용**인지 확인하라!

3 정답이 보이는 문제 풀이 방법

Zuótiān hé péngyoumen zài wàimiàn wánrle yí ge wǎnshang,
46 昨天 和 朋友们 在 外面 玩儿了 一 个 晚上，

hěn lèi, dànshì hěn gāoxìng.
很 累，但是 很 高兴。

Zuótiān wánr de bù gāoxìng.
★ 昨天 玩儿 得 不 高兴。 (   )

1. ★표 문장을 먼저 읽는다.
2. **★표 문장에 등장하는 표현(키워드)**을 본문에서 찾는다.
3. 본문을 해석하면서 내용이 **일치하면** √, **일치하지 않으면** X를 표시한다.
4. ★표 문장과 같은 표현이 본문에 나왔다고 해서 꼭 일치하는 것은 아니므로, 키워드 **앞, 뒤 내용도 꼼꼼하게** 살펴봐야 한다.
5. 독해 제3부분(46–50번)을 풀고 난 후, 정답을 답안지에 옮겨 적는다.

④ 한눈에 보이는 **예제 풀이**

Step 1. **★표 문장에서 키워드를 찾아라!**

본문과 ★표 문장에서 공통으로 등장하는 키워드는 '昨天玩儿 zuótiān wánr'이다.

Step 2. **키워드를 근거로 본문을 해석하면서 정답 여부를 판단하라!**

★표 문장에서는 '不高兴 bù gāoxìng(기쁘지 않다)'이라고 했지만, 본문에서는 '很高兴 hěn gāoxìng(매우 기쁘다)'이라고 했으므로 서로 일치하지 않는다.

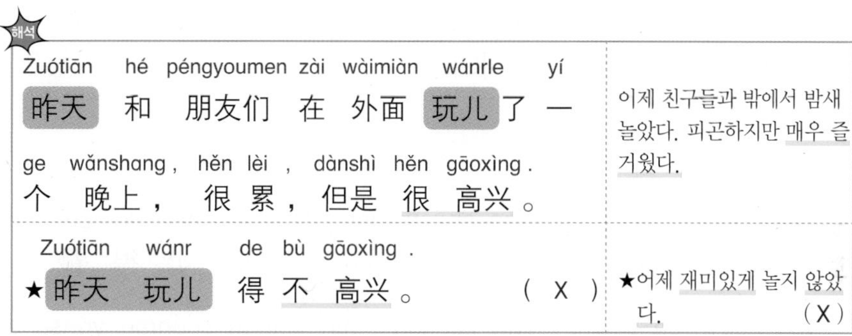
해석

Zuótiān hé péngyoumen zài wàimiàn wánrle yí ge wǎnshang, hěn lèi, dànshì hěn gāoxìng. 昨天和朋友们在外面玩儿了一个晚上，很累，但是很高兴。	어제 친구들과 밖에서 밤새 놀았다. 피곤하지만 매우 즐거웠다.
Zuótiān wánr de bù gāoxìng. ★昨天玩儿得不高兴。 (X)	★어제 재미있게 놀지 않았다. (X)

기초 실력 **다지기**

다음 제시된 단어의 반대말을 쓰세요.

❶ (duō) ↔ 少 shǎo　　❷ 儿子 érzi ↔ (nǚ'ér)

❸ (mǎi) ↔ 卖 mài　　❹ 来 lái ↔ (qù)

정답 ❶ 多 ❷ 女儿 ❸ 买 ❹ 去

plus+ 多 duō (수량이) 많다 ↔ 少 shǎo (수량이) 적다 | 儿子 érzi 아들 ↔ 女儿 nǚ'ér 딸 | 买 mǎi 사다 ↔ 卖 mài 팔다 | 来 lái 오다 ↔ 去 qù 가다

실전 감각을 익히는 **기출문제**

★ 제시된 문장을 읽고 내용이 일치하면 √, 일치하지 않으면 X를 표시하세요.

Xiǎoyǔ, nǐ dōu kànle liǎng ge duō xiǎoshí le, zhèyàng duì yǎnjing bù
1 小雨，你 都 看了 两 个 多 小时 了，这样 对 眼睛 不
hǎo. Lái, chī diǎnr shuǐguǒ, xiūxi yíxià ba.
好。来，吃 点儿 水果，休息 一下 吧。

Xiǎoyǔ zhèngzài chī shuǐguǒ.
★ 小雨 正在 吃 水果。 (　　)

Xiānsheng, zhège diànnǎo shì wǒmen diàn li mài de zuì hǎo de,
2 先生，这个 电脑 是 我们 店 里 卖 得 最 好 的，
yǒu hǎojǐ ge yánsè. Nín kànkan, nín xǐhuan shénme yánsè de?
有 好几 个 颜色。您 看看，您 喜欢 什么 颜色 的？

Mǎi zhège diànnǎo de rén hěn shǎo.
★ 买 这个 电脑 的 人 很 少。 (　　)

Shíjiān guò de zhēn kuài, wǒ lái Běijīng nián le. Wǒ nǚ'ér yǐjīng
3 时间 过 得 真 快，我 来 北京 10 年 了。我 女儿 已经
suì duō le, dōu kāishǐ xuéxí xiě Hànzì le.
5 岁 多 了，都 开始 学习 写 汉字 了。

Wǒ yǒu liǎng ge háizi.
★ 我 有 两 个 孩子。 (　　)

정답 및 해설

1. **동작 표현**에 주의하라!

해설 본문에서 샤오위더러 '吃点儿水果 chī diǎnr shuǐguǒ(과일을 좀 먹어라)'라고 권유했기 때문에, 아직 샤오위가 과일을 먹고 있는 중이 아니라는 것을 알 수 있다.

정답 X

Xiǎoyǔ, nǐ dōu kànle liǎng ge duō xiǎoshí le, 小雨，你都看了两个多小时了， zhèyàng duì yǎnjing bù hǎo. Lái, chī diǎnr 这样对眼睛不好。来，吃点儿 shuǐguǒ, xiūxi yíxià ba. 水果，休息一下吧。	샤오위(小雨), 너 벌써 두 시간 넘게 보는데, 이렇게 하면 눈에 안 좋단다. 자, 과일 좀 먹고, 좀 쉬어.
Xiǎoyǔ zhèngzài chī shuǐguǒ. ★小雨正在吃水果。（ X ）	★샤오위(小雨)는 과일을 먹고 있는 중이다. （ X ）

단어 都 dōu 부 이미, 벌써 | 看 kàn 동 보다 | ★两 liǎng 수 2, 둘 | 个 gè 양 개[사람이나 사물을 세는 단위] | 多 duō 수 남짓, 여[조금 넘는 어림수를 나타냄] | ★小时 xiǎoshí 명 시간[시간의 양] | 这样 zhèyàng 대 이렇게, 이래서 | ★对 duì 개 ~에 대하여 | ★眼睛 yǎnjing 명 눈 | 不 bù 부 (~하지) 않다 | 好 hǎo 형 좋다 | 吃 chī 동 먹다 | 点儿 diǎnr 양 조금, 약간[부정확한 수량] | 水果 shuǐguǒ 명 과일 | ★休息 xiūxi 동 쉬다, 휴식하다 | ★一下 yíxià 동사 뒤에 쓰여 '시험 삼아 해보다' 또는 '좀 ~하다'의 뜻을 나타냄 | ★吧 ba 조 ~해라, ~하자 | ★正在 zhèngzài 부 ~하고 있다, ~하는 중이다

2급
독해

2. **상태 표현**에 주의하라!

(해설) 본문에서 '卖得最好 mài de zuì hǎo(제일 잘 팔린다)'라고 했기 때문에, 사는 사람이 많다는 것을 알 수 있다. ★표 문장에서 컴퓨터를 사는 사람이 매우 적다고 했으므로 내용이 서로 일치하지 않는다.

(정답) X

Xiānsheng, zhège diànnǎo shì wǒmen diàn li 先生，这个 电脑 是 我们 店 里 mài de zuì hǎo de, yǒu hǎojǐ ge yánsè. 卖得最好的，有 好几 个 颜色。 Nín kànkan, nín xǐhuan shénme yánsè de? 您 看看，您 喜欢 什么 颜色 的？	선생님, 이 컴퓨터는 저희 가게에서 제일 잘 팔리는 것이고, 여러 가지 색깔이 있어요. 보세요, 어떤 색깔의 것이 좋으세요?
Mǎi zhège diànnǎo de rén hěn shǎo. ★ 买 这个 电脑 的 人 很 少。（X）	★이 컴퓨터를 사는 사람이 매우 적다. (X)

(단어) 先生 xiānsheng 명 선생, 씨[성인 남성에 대한 존칭] | 这 zhè 대 이, 이것 | 电脑 diànnǎo 명 컴퓨터 | 店 diàn 명 가게, 상점 | 里 lǐ 명 안, 속 | 卖 mài 동 팔다 | 最 zuì 부 가장, 제일 | 有 yǒu 동 있다, 가지고 있다 | 好几 hǎojǐ 수 여러, 몇 | ★颜色 yánsè 명 색, 색깔 | 喜欢 xǐhuan 동 좋아하다 | 什么 shénme 대 무슨, 무엇 | 买 mǎi 동 사다 | 很 hěn 부 매우

TIP 구조조사 '得 de'는 '동사+得+형용사'의 구조로 쓰여, 동작이 진행된 후 그 동작에 대한 묘사, 평가, 소감을 나타낸다. '卖得好 mài de hǎo'는 '잘 팔린다'는 의미이다.

3. 문장에 **제시된 내용**인지 **확인하라!**

(해설) 본문에서 '女儿 nǚ'ér(딸)'에 관한 이야기만 했기 때문에, 총 몇 명의 '孩子 háizi(자녀)'가 있는지 알 수 없다. 따라서 정답은 X이다.

(정답) X

Shíjiān guò de zhēn kuài, wǒ lái Běijīng nián 时间 过 得 真 快，我 来 北京 10 年 le. Wǒ nǚ'ér yǐjīng suì duō le, dōu 了。我 女儿 已经 5 岁 多 了，都 kāishǐ xuéxí xiě Hànzì le. 开始 学习 写 汉字 了。	시간이 참 빠르게 가는구나, 내가 베이징에 온 지도 10년이 되었다. 내 딸은 이미 5살이 조금 넘어서, 벌써 한자 쓰는 것을 배우기 시작했다.

Wǒ yǒu liǎng ge háizi .
★ 我 有 两 个 **孩子** 。 (X) ★나는 두 명의 자녀가 있다. (X)

단어 ★时间 shíjiān 명 시간 | ★过 guò 동 (시점, 때를) 지내다, 보내다 | ★真 zhēn 부 정말, 참으로 | ★快 kuài 형 빠르다 | 来 lái 동 오다 | 北京 Běijīng 고유 베이징, 북경 | 年 nián 명 년 | 女儿 nǚ'ér 명 딸 | ★已经 yǐjīng 부 이미, 벌써 | 岁 suì 양 살, 세 | ★开始 kāishǐ 동 시작하다 | 学习 xuéxí 동 공부하다 | 写 xiě 동 (글씨를) 쓰다 | 汉字 Hànzì 명 한자 | ★两 liǎng 수 2, 둘 | ★孩子 háizi 명 아이, 자녀

기출 확인 TEST

다음 해석을 보고 알맞은 단어를 고르세요.

Wǒ érzi jīnnián cái sān (suì / nián) .
❶ 我 儿子 今年 才 三 (岁 / 年)。
내 아들은 올해 겨우 3살이에요.

Wǒ pǎole (hǎojǐ / hǎo cháng) jiā shūdiàn dōu méiyǒu zhǎo dào .
❷ 我 跑了 (好几 / 好 长) 家 书店 都 没有 找 到 。
나는 여러 서점을 다녔는데도 찾지 못했어요.

Wǒ érzi (zhèngzài / yǐjīng) xiě Hànzì .
❸ 我 儿子 (正在 / 已经) 写 汉字 。
내 아들은 한자를 쓰고 있다.

정답 ❶ suì 岁 ❷ hǎojǐ 好几 ❸ zhèngzài 正在

plus+ 年 nián 년, 연도 | 好长 hǎo cháng 아주 긴 | 已经 yǐjīng 이미, 벌써

시험처럼 풀어보는 실전문제 1

학습일 ____/____ 맞은 개수 ______

★ 제시된 문장을 읽고 내용이 일치하면 √, 일치하지 않으면 X를 표시하세요.

1 Xiǎo Lǐ shì qùnián qī yuè lái Běijīng gōngzuò de, dào xiànzài yǐjīng kuài yì nián le.
小李是去年七月来北京工作的，到现在已经快一年了。

Xiǎo Lǐ lái Běijīng hěn duō nián le.
★ 小李来北京很多年了。 (　　)

2 Wáng xiānsheng, ràng nǐ gěi wǒ sòng zhème duō dōngxi, zhēnshi bù hǎoyìsi. Nín kuài hē diǎnr shuǐ ba.
王先生，让你给我送这么多东西，真是不好意思。您快喝点儿水吧。

Tā xiǎng ràng Wáng xiānsheng qù mǎi shuǐ.
★ 他想让王先生去买水。 (　　)

3 Wǒ gēge xuéxí búcuò, yě hěn ài bāngzhù péngyou, dàjiā dōu hěn xǐhuan tā.
我哥哥学习不错，也很爱帮助朋友，大家都很喜欢他。

Tā gēge hěn xǐhuan bāngzhù péngyou.
★ 他哥哥很喜欢帮助朋友。 (　　)

해설집 p.99

Zhèxiē zhuōzi hé yǐzi dōu shì duō nián qián zuò de, suǒyǐ bǐ
4 这些 桌子 和 椅子 都 是 100 多 年 前 做 的，所以 比

xiànzài de guì de duō.
现在 的 贵 得 多。

Zhèxiē zhuōzi hé yǐzi dōu hěn piàoliang.
★ 这些 桌子 和 椅子 都 很 漂亮。 (　　)

Wǒ dìdi bǐ wǒ xiǎo liǎng suì, dàn tā bǐ wǒ hái gāo yìdiǎnr, suǒyǐ
5 我 弟弟 比 我 小 两 岁，但 他 比 我 还 高 一点儿，所以

yǒu rén huì juéde tā bǐ wǒ dà.
有 人 会 觉得 他 比 我 大。

Tā dìdi bǐ tā gāo.
★ 他 弟弟 比 他 高。 (　　)

2급 독해

시험처럼 풀어보는 실전문제 2

제한 시간 5분

학습일 ____/____ 맞은 개수 ______

★ 제시된 문장을 읽고 내용이 일치하면 √, 일치하지 않으면 X를 표시하세요.

1 Tā zuò de cài bǐ wǒ zuò de hǎochī, dànshì yīnwèi gōngzuò máng,
他做的菜比我做的好吃，但是因为工作忙，
tā hěn shǎo zuò.
他很少做。

Tā bú huì zuò cài.
★ 他不会做菜。 (　　)

2 Wéi, bà, wǒ de fēijī shì xiàwǔ wǔ diǎn de. Zài yǒu fēnzhōng,
喂，爸，我的飞机是下午五点的。再有 30 分钟，
wǒ jiù dào jīchǎng le.
我就到机场了。

Tā zài qù jīchǎng de lùshang.
★ 他在去机场的路上。 (　　)

3 Wǒ de yí ge péngyou xiǎng bānjiā, xīwàng xīn fángzi lí gōngsī jìn yìxiē,
我的一个朋友想搬家，希望新房子离公司近一些，
zhèyàng tā měi tiān zǎoshang jiù kěyǐ diǎn qǐchuáng, bǐ xiànzài
这样他每天早上就可以 7 点起床，比现在
duō shuì bàn ge xiǎoshí.
多睡半个小时。

Péngyou xiànzài měi tiān diǎn bàn qǐchuáng.
★ 朋友现在每天 6 点半起床。 (　　)

해설집 p.102

Xiǎo Lǐ, nǐ yǒu shénme bù dǒng de wèntí jiù wèn, wǒmen dōu huì
4 小 李，你 有 什么 不 懂 的 问题 就 问，我们 都 会
bāng nǐ de, bié kèqi.
帮 你 的，别 客气。

Tāmen yào bāngzhù Xiǎo Lǐ.
★ 他们 要 帮助 小 李。 (　　　)

Wǒ shì dì-yī cì lái zhèr, suǒyǐ bù zhīdào qù nǎge dìfang zuì hǎo,
5 我 是 第一 次 来 这儿，所以 不 知道 去 哪个 地方 最 好，
qǐng nín gàosu wǒ.
请 您 告诉 我。

Tā yǐqián láiguo zhèr.
★ 他 以前 来过 这儿。 (　　　)

2급 독해

독해 제4부분

학습일 ____/____

1 기본부터 파악하는 문제 유형

독해 제4부분은 **두 사람의 대화를 완성하거나 두 문장을 자연스럽게 연결**하는 문제로, 총 **10 문제**(51-60번)가 출제된다. 문장을 보고 어떤 상황에서 쓰는 말인지 잘 파악해야 정답을 쉽게 찾을 수 있다. **감정 및 의사 표현**이나 **생활 관련 표현**을 묻는 문제가 자주 출제된다.

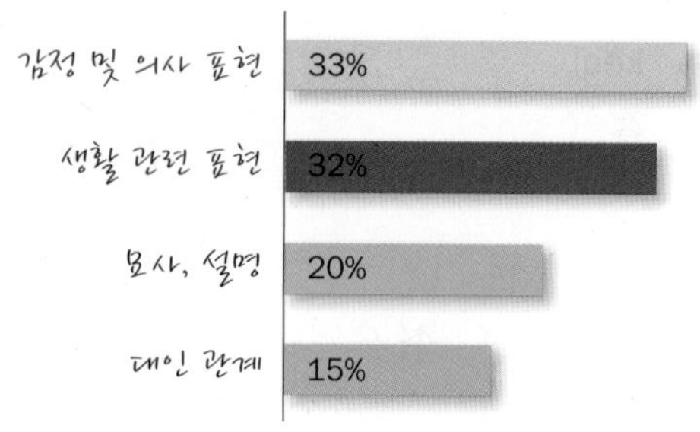

2 핵심을 찌르는 문제 공략법

1. **감정 및 의사 표현**을 파악하라!
2. 어떤 **질문**에 대한 **대답**인지 파악하라!
3. **동일한 화제**를 찾아라!
4. 문장을 해석하면서 설명하는 **대상**(**명사**)이 **동일한지** 파악하라!

3 정답이 보이는 문제 풀이 방법

예제

A　Xiànzài bā diǎn shí fēn.
现在 八 点 十 分。

B　Míngtiān yǒu kǎoshì, kǎo wán shì zài qù kàn ba.
明天 有 考试，考 完 试 再 去 看 吧。

51　Wǎnshang qùbuqù kàn diànyǐng?
晚上 去不去 看 电影？ ☐

1. **질문 형식의 문장을 먼저 찾고 질문과 어울리는 대답이나 문장을 고른다.**
2. 대화가 완성되지 않는다면, **한 사람이 두 문장을 이어서 하는 말**일 수도 있다.

3. **문제와 보기를 연결하여 해석**해 보고 자연스러운지 검토한다.

4. 독해 제4부분(51-60번)을 풀고 난 후, 정답을 답안지에 옮겨 적는다.

4 한눈에 보이는 예제 풀이

Step 1. **문제와 보기에서 질문 형식의 문장을 먼저 찾아라!**

Step 2. **질문의 대답으로 적절한 것을 찾아라!**

영화를 보러 가자는 제안에는 시험이 있으니 다음에 보자고 거절하는 대답이 적합하므로 정답은 B이다.

해석

A Wǎnshang qùbuqù kàn diànyǐng? 晚上 去不去 看 电影？	A 저녁에 영화 보러 갈래 안 갈래?
B Míngtiān yǒu kǎoshì, kǎo wán shì zài qù kàn ba. 明天 有 考试，考 完 试 再 去 看 吧。	B 내일 시험이 있어. 시험 다 보고 난 후에 보러 가자.

기초 실력 다지기

다음 중 어울리는 문장을 서로 연결하세요.

❶ Tā shì shéi?
她 是 谁？ ・　　・ A Tā qù Zhōngguó le.
他 去 中国 了。

❷ Nǐ érzi qù nǎr le?
你 儿子 去 哪儿 了？ ・　　・ B Shí yuè èrshíyī hào.
10 月 21 号。

❸ Jīntiān jǐ yuè jǐ hào?
今天 几 月 几 号？ ・　　・ C Tā shì wǒ de lǎoshī.
她 是 我 的 老师。

정답 ❶ C ❷ A ❸ B

plus+ ❶ 그녀는 누구야? – 그녀는 나의 선생님이셔. ❷ 당신의 아들은 어디에 갔나요? – 그는 중국에 갔어요.
❸ 오늘은 몇 월 며칠이에요? – 10월 21일이에요.

2급 독해

실전 감각을 익히는 기출문제

★ 다음 중 내용과 가장 잘 어울리는 문장을 고르세요.

A	Zhège zì shì "dà" de yìsi ma? 这个字是"大"的意思吗？
B	Wǒ shì yuè rì dào Běijīng de, kuài sān ge yuè le. 我是4月1日到北京的，快三个月了。
C	Duìbuqǐ, wǒ de biǎo mànle fēnzhōng, suǒyǐ lái wǎn le. 对不起，我的表慢了10分钟，所以来晚了。
D	Nàge chuān hóng yīfu de jiù shì wǒ érzi. 那个穿红衣服的就是我儿子。

1 Méi guānxi, diànyǐng hái méi kāishǐ ne.
没关系，电影还没开始呢。 □

2 Wǒ yě bù zhīdào, wǒmen qù wènwen Zhāng lǎoshī ba.
我也不知道，我们去问问张老师吧。 □

3 Nǐ lái Zhōngguó duō cháng shíjiān le?
你来中国多长时间了？ □

4 Tā zài nàr hé háizimen tī zúqiú.
他在那儿和孩子们踢足球。 □

정답 및 해설

1. 감정 표현을 파악하라!

해설 '没关系 méi guānxi(괜찮다)'는 사과에 대한 대답이므로, '对不起 duìbuqǐ(미안하다)'라고 말한 보기 C와 가장 잘 어울린다.

정답 C

A Duìbuqǐ, wǒ de biǎo mànle fēnzhōng, suǒyǐ lái wǎn le. 对不起，我的表慢了10分钟，所以来晚了。	A 미안해, 내 시계가 10분 느려져서 늦게 왔어.
B Méi guānxi, diànyǐng hái méi kāishǐ ne. 没关系，电影还没开始呢。	B 괜찮아. 영화는 아직 시작 안 했어.

단어 对不起 duìbuqǐ 동 미안해요, 죄송해요 | 表 biǎo 명 시계 | ★慢 màn 형 느리다 | 分钟 fēnzhōng 명 분[시간의 양] | ★所以 suǒyǐ 접 그래서 | 来 lái 동 오다 | ★晚 wǎn 형 늦다 | 没关系 méi guānxi 괜찮아요 | 电影 diànyǐng 명 영화 | 还没 hái méi 아직 ~하지 않았다 | ★开始 kāishǐ 동 시작하다

TIP '晚 wǎn'은 동사 '来 lái' 뒤에 쓰여 동작의 결과를 나타낸다. '来晚了'는 왔는데 그 결과가 늦었음을 나타낸다.

2급 독해

2. 어떤 **질문**에 대한 **대답**인지 파악하라!

해설 '不知道 bù zhīdào(모른다)'라고 말했으므로, 무엇에 대해 아는지 묻는 질문에 대한 대답이라는 것을 알 수 있다. 따라서 글자의 뜻을 물어본 보기 A가 정답이다.

정답 A

A Zhège zì shì "dà" de yìsi ma? 这个 字 是 "大" 的 意思 吗?	A 이 글자가 '크다'의 뜻이야?
B Wǒ yě bù zhīdào, wǒmen qù wènwen Zhāng lǎoshī ba. 我 也 不 知道, 我们 去 问问 张 老师 吧。	B 나도 모르겠어. 우리 장 선생님께 물어보러 가자.

단어 这 zhè 대 이, 이것 | 字 zì 명 글자 | 是 shì 동 ~이다 | 大 dà 형 크다 | ★意思 yìsi 명 뜻 | ★也 yě 부 ~도, 역시 | ★知道 zhīdào 동 알다 | 去 qù 동 가다 | ★问 wèn 동 묻다, 질문하다 | 老师 lǎoshī 명 선생님

TIP 동사를 두 번 겹쳐 쓰면 '잠깐 시도하다', '~해보다'라는 의미로, 1음절 동사는 'AA', 'A一A'의 형식으로 쓴다.
예) 问问 wènwen = 问一问 wèn yi wèn 좀 물어보다

3. **동일한 화제**를 찾아라!

해설 중국에 온 지 얼마나 되었냐고 물었으므로, 기간에 대해 대답하는 것이 적합하다. 따라서 곧 3개월이 된다고 말한 보기 B와 가장 잘 어울린다.

정답 B

A Nǐ lái Zhōngguó duō cháng shíjiān le? 你 来 中国 多 长 时间 了?	A 너는 중국에 온 지 얼마나 됐니?
B Wǒ shì yuè rì dào Běijīng de, kuài sān ge yuè le. 我 是 4 月 1 日 到 北京 的, 快 三 个 月 了。	B 나는 4월 1일에 베이징에 도착했어, 곧 3개월이 돼.

단어 中国 Zhōngguó 고유 중국 | 多长时间 duō cháng shíjiān 얼마 동안, 얼마나 | 月 yuè 명 월 | ★日 rì 명 일 | ★到 dào 동 도착하다, 이르다 | 北京 Běijīng 고유 베이징, 북경 | 快…了 kuài…le 곧 ~할 것이다[임박을 나타냄]

4. 문장을 해석하면서 설명하는 **대상**이 **동일한지** 파악하라!

해설 아이들과 축구를 하는 '그(他 tā)'에 대해 말하고 있으므로 보기에서 동일한 대상을 찾는다. 빨간 옷을 입은 아이가 자신의 아들이라고 한 보기 D가 가장 적합하다.

정답 D

Nàge chuān hóng yīfu de jiù shì wǒ érzi. 那个 穿 红 衣服 的 就 是 我 儿子。 Tā zài nàr hé háizimen tī zúqiú. 他 在 那儿 和 孩子们 踢 足球。	저 빨간 옷을 입은 아이가 바로 내 아들이에요. 그는 저기에서 아이들과 축구를 하고 있어요.

단어 那 nà 대 그(것), 저(것) | ★穿 chuān 동 입다 | ★红 hóng 형 빨갛다 | 衣服 yīfu 명 옷 | ★就 jiù 부 곧, 바로 | 儿子 érzi 명 아들 | 在 zài 개 ~에서 | 那儿 nàr 대 거기, 저기 | 和 hé 개 ~와(과) | ★孩子 háizi 명 아이, 자식 | 们 men 접미 ~들[인칭대명사나 사람을 지칭하는 명사 뒤에 쓰여 복수를 나타냄] | ★踢足球 tī zúqiú 축구를 하다

기출 확인 TEST

다음 문장을 읽고 빈칸을 채우세요.

Tā qù Zhōngguó kuài yí ge yuè le.
❶ 她 去 中国 快 一 个 月 了。

→ 그녀는 중국에 간 지 ______________.

Zhè shì Xiǎo Wáng xiě de, nǐ wèn tā ba.
❷ 这 是 小 王 写 的，你 问 他 吧。

→ 이것은 샤오왕(小王)이 쓴 것이니, ______________.

Duìbuqǐ, wǒ dǎ cuò le.
❸ 对不起，我 打 错 了。

→ ______________, 제가 (전화를) 잘못 걸었어요.

정답 ❶ 곧 한 달이 된다 ❷ 그에게 물어보세요 ❸ 미안해요

2급 독해

시험처럼 풀어보는 실전문제 1

제한 시간 9분 학습일 ____/____ 맞은 개수 ______

★ 다음 중 내용과 가장 잘 어울리는 문장을 고르세요.

1-5

A Hǎo, zàijiàn, dàole gěi wǒ lái ge diànhuà.
好，再见，到了给我来个电话。

B Shéi dǎ lái de diànhuà?
谁打来的电话？

C Zhège xīguā néngbunéng zài piányi diǎnr?
这个西瓜能不能再便宜点儿？

D Duìbuqǐ, qǐng děng yíxià, Lǐ lǎoshī hái méi dào.
对不起，请等一下，李老师还没到。

E Méi guānxi, nǐmen zuò chūzūchē qù ba.
没关系，你们坐出租车去吧。

1 Yí ge péngyou, tā jiào Wáng Xiǎoyǔ.
一个朋友，她叫王小雨。 ☐

2 Zěnmeyàng? Xiànzài kěyǐ kāishǐ le ma?
怎么样？现在可以开始了吗？ ☐

3 Chuán kuài kāi le, nǐ huíqu ba.
船快开了，你回去吧。 ☐

4 Zuì shǎo kuài qián.
最少150块钱。 ☐

5 Jīchǎng lí zhèr hěn yuǎn.
机场离这儿很远。 ☐

해설집 p.106

6-10

A Shì nǐ shàng cì shuō de nàge rén ma?
是 你 上 次 说 的 那个 人 吗？

B Shì, tā suì le, xiànzài bǐ tā māma hái gāo ne.
是，她 18 岁 了，现在 比 她 妈妈 还 高 呢。

C Hǎo, méi guānxi, wǒmen zài qù bié de shāngdiàn kànkan.
好，没 关系，我们 再 去 别 的 商店 看看。

D Yīnwèi wǒ bù zhīdào zěnme shuō.
因为 我 不 知道 怎么 说。

E Zhèr yǒu yīyuàn ma? Wǒ bù shūfu, xiǎng qù kàn yīshēng.
这儿 有 医院 吗？我 不 舒服，想 去 看 医生。

6 Zhège shǒubiǎo de yánsè, wǒ bù xǐhuan.
这个 手表 的 颜色，我 不 喜欢。 ☐

7 Hǎo jiǔ méi jiàn, méi xiǎng dào, Xiǎo Lǐ dōu zhème dà le.
好 久 没 见，没 想 到，小 李 都 这么 大 了。 ☐

8 Xiàng qián zǒu, jiù zài nàr.
向 前 走，就 在 那儿。 ☐

9 Míngtiān shàngwǔ lái wǒ jiā ba, gěi nǐ jièshào ge péngyou.
明天 上午 来 我 家 吧，给 你 介绍 个 朋友。 ☐

10 Wǒ hái méi gàosu tā zhè jiàn shì.
我 还 没 告诉 他 这 件 事。 ☐

시험처럼 풀어보는 **실전문제 2**

제한 시간 9분

학습일 ____/____ 맞은 개수 ____

★ 다음 중 내용과 가장 잘 어울리는 문장을 고르세요.

1-5

A Tài duō le ba? Zhè shì yào!
太多了吧？这是药！

B Xièxie nǐ sòng wǒ huíjiā.
谢谢你送我回家。

C Yǐzi shang nà jiàn yīfu shì yào xǐ de ma?
椅子上那件衣服是要洗的吗？

D Bǐ zuótiān hǎo duō le, xièxie nǐ.
比昨天好多了，谢谢你。

E Jiāli méiyǒu jīdàn le, bù néng zuò jīdàn tāng le.
家里没有鸡蛋了，不能做鸡蛋汤了。

1 Bú shì, wǒ xiàwǔ tī qiú hái yào chuān ne.
不是，我下午踢球还要穿呢。 ☐

2 Méi guānxi, wǒmen chī diǎnr bié de ba.
没关系，我们吃点儿别的吧。 ☐

3 Yīshēng shuō dàren yì tiān kěyǐ chī cì.
医生说大人一天可以吃 4 次。 ☐

4 Nǐ jīntiān shēntǐ zěnmeyàng?
你今天身体怎么样？ ☐

5 Bú kèqi, wàimiàn lěng, nǐ kuài jìnqu ba, zàijiàn.
不客气，外面冷，你快进去吧，再见。 ☐

해설집
p.112

6 - 10

Hǎo de, wǒ mǎshàng zhǔnbèi.
A 好的，我 马上 准备。

Huǒchēzhàn jiù zài qiánmiàn, hěn jìn.
B 火车站 就 在 前面， 很 近。

Wǒ de xiǎomāo ne?
C 我 的 小猫 呢？

Wǒ yào qù dǎ qiú, nǐ ne?
D 我 要 去 打 球，你 呢？

Tóngxuémen, jīntiān wǒmen kāishǐ xuéxí dì-èr kè.
E 同学们， 今天 我们 开始 学习 第二 课。

Zài gěi wǒ lái yì bēi chá ba.
6 再 给 我 来 一 杯 茶 吧。 ☐

Nǐ xiàkè hòu zuò shénme?
7 你 下课 后 做 什么？ ☐

Qǐng nǐ dú yíxià zhè jǐ ge Hànzì.
8 请 你 读 一下 这 几 个 汉字。 ☐

Zài ménkǒu wánr ne.
9 在 门口 玩儿 呢。 ☐

Wǒmen zǒuzhe qù zěnmeyàng?
10 我们 走着 去 怎么样？ ☐

맛있는 중국어 HSK 합격 프로젝트

모의고사

模拟考试

미리 체크하세요!

1 모의고사 듣기 파일을 준비해 주세요.

+ 듣기 파일은 맛있는북스 홈페이지(www.booksJRC.com)에서 무료로 다운로드 할 수 있습니다.

2 답안지는 본책 291쪽에 수록되어 있습니다. 답안지를 잘라 실제 시험처럼 답을 기입하세요.

3 2B 연필, 지우개, 시계를 준비해 주세요.

+ 2B 연필은 두 개를 준비하여 하나는 마킹용, 다른 하나는 작문할 때 사용하세요.
+ 1급 듣기 영역은 약 15분, 독해 영역은 17분입니다.
+ 2급 듣기 영역은 약 25분, 독해 영역은 22분입니다.

무료 동영상 강의

『맛있는 중국어 新HSK 첫걸음 1~2급』 모의고사의 동영상 강의는 맛있는북스 홈페이지(www.booksJRC.com)에서 **무료**로 제공됩니다.

▲강의 보기

新汉语水平考试
HSK（一级）

注　意

一、HSK（一级）分两部分：

1. 听力（20题，约15分钟）
2. 阅读（20题，17分钟）

二、**听力结束后，有3分钟填写答题卡**。

三、全部考试约40分钟（含考生填写个人信息时间5分钟）。

一、听力

第一部分

第 1–5 题

例如:		√
		×
1.	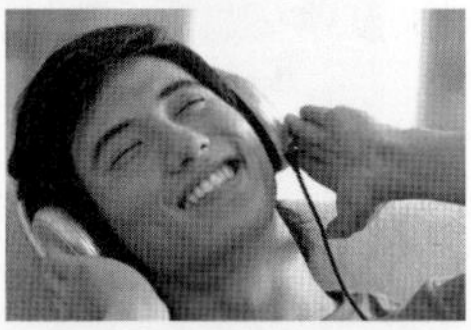	
2.		
3.		
4.		
5.		

1급 모의고사 1회

第二部分

第 6–10 题

例如:	 A √	 B	 C
6.	 A	 B	 C
7.	 A	 B	 C
8.	 A	 B	 C

9.	 A	 B	 C
10.	 A	 B	 C

第三部分

第 11–15 题

A

B

C

D

E

F

例如：女：你好！ (Nǐ hǎo!)

男：你好！很高兴认识你。 (Nǐ hǎo! Hěn gāoxìng rènshi nǐ.) [C]

11. [ ]

12. [ ]

13. [ ]

14. [ ]

15. [ ]

第四部分

第 16–20 题

Xiàwǔ wǒ qù shāngdiàn , wǒ xiǎng mǎi yìxiē shuǐguǒ .
例如：下午 我 去 商店 ， 我 想 买 一些 水果 。

Tā xiàwǔ qù nǎlǐ ?
问：她 下午 去 哪里 ？

	shāngdiàn	yīyuàn	xuéxiào
	A 商店 √	B 医院	C 学校

	tā de	wǒ de	tóngxué de
16.	A 他 的	B 我 的	C 同学 的
	xīngqīsān	xīngqīwǔ	xīngqīliù
17.	A 星期三	B 星期五	C 星期六
	nián	nián	nián
18.	A 5 年	B 6 年	C 7 年
	chá	píngguǒ	bēizi
19.	A 茶	B 苹果	C 杯子
	ài xuéxí	hěn piàoliang	xiǎng huíjiā
20.	A 爱 学习	B 很 漂亮	C 想 回家

二、阅 读

第 一 部 分

第 21–25 题

例如:		diànshì 电视	×
		fēijī 飞机	√
21.		méiyǒu 没有	
22.		sì 四	
23.		shuōhuà 说话	
24.		chá 茶	
25.		zhuōzi 桌子	

第 二 部 分

第 26–30 题

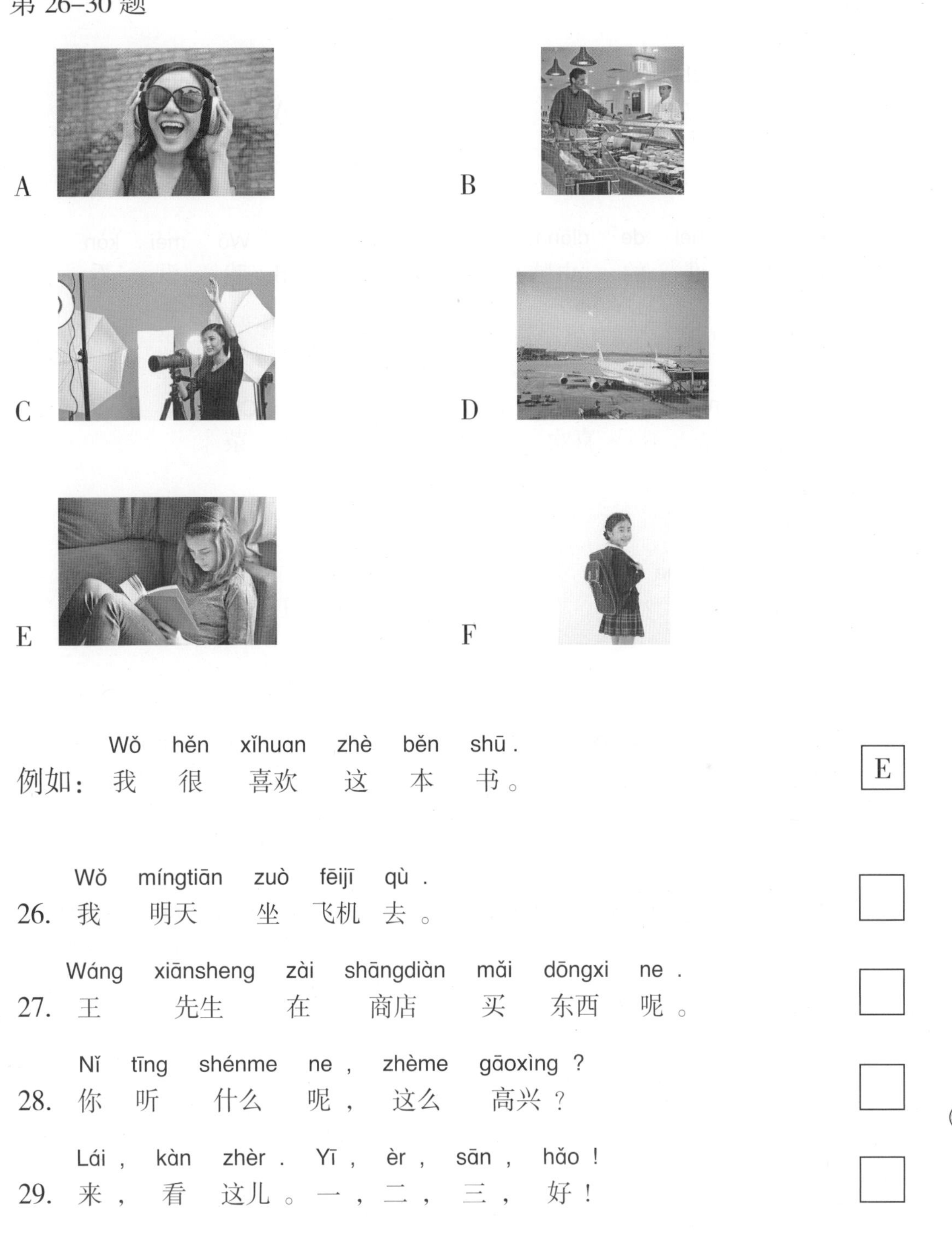

Wǒ hěn xǐhuan zhè běn shū .
例如：我 很 喜欢 这 本 书。 E

Wǒ míngtiān zuò fēijī qù .
26. 我 明天 坐 飞机 去 。

Wáng xiānsheng zài shāngdiàn mǎi dōngxi ne .
27. 王 先生 在 商店 买 东西 呢 。

Nǐ tīng shénme ne , zhème gāoxìng ?
28. 你 听 什么 呢 ， 这么 高兴 ？

Lái , kàn zhèr . Yī , èr , sān , hǎo !
29. 来 ， 看 这儿 。一 ， 二 ， 三 ， 好 ！

Tā zuótiān qù xuéxí le .
30. 她 昨天 去 学习 了 。

1급 모의고사 1회

第三部分

第 31–35 题

例如：Nǐ hē shuǐ ma? 你喝水吗？	F	A	Méi guānxi. 没关系。
31. Zhè shì shéi de diànnǎo? 这是谁的电脑？		B	Wǒ méi kàn. 我没看。
32. Duìbuqǐ, nǐ bù xǐhuan gǒu? 对不起，你不喜欢狗？		C	Chá. 茶。
33. Nǐ hē shénme? 你喝什么？		D	Dǎ diànhuà. 打电话。
34. Nàge diànyǐng zěnmeyàng? 那个电影怎么样？		E	Lǐ xiǎojiě de. 李小姐的。
35. Tā zài jiā zuò shénme ne? 她在家做什么呢？		F	Hǎo de, xièxie! 好的，谢谢！

第四部分

第 36–40 题

	lǐ		néng		suì		míngzi		duōshao		xǐhuan
A	里	B	能	C	岁	D	名字	E	多少	F	喜欢

Nǐ jiào shénme

例如：你 叫 什么 （ D ）？

Zhōngwǔ wǒ qǐng nǐ chīfàn ma ?

36. 中午 我 （ ） 请 你 吃饭 吗？

Wáng lǎoshī jīnnián le .

37. 王 老师 今年 60 （ ） 了。

Tā hé tā māma dōu kàn diànshì .

38. 他 和 他 妈妈 都 （ ） 看 电视。

Wǒ ài chī zhège cài , zhège cài qián ?

39. 女：我 爱 吃 这个 菜，这个 菜 （ ） 钱？

kuài .

男：19 块。

Nǐ zài nǎr ? Wǒ méi kànjiàn nǐ .

40. 男：你 在 哪儿？我 没 看见 你。

Wǒ zài fàndiàn wǒ kànjiàn nǐ le .

女：我 在 饭店 （ ），我 看见 你 了。

1급 모의고사 1회

新汉语水平考试
HSK（一级）

注　意

一、HSK（一级）分两部分：

1. 听力（20题，约15分钟）

2. 阅读（20题，17分钟）

二、**听力结束后，有3分钟填写答题卡**。

三、全部考试约40分钟（含考生填写个人信息时间5分钟）。

一、听 力

第 一 部 分

第 1–5 题

例如:		√
		×
1.		
2.	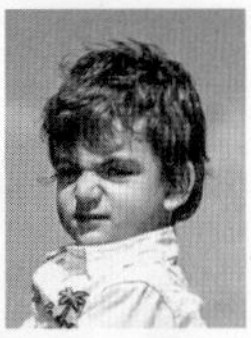	
3.		
4.		
5.		

第 二 部 分

第 6–10 题

例如:	 A √	 B	 C
6.	 A	 B	 C
7.	 A	 B	 C
8.	 A	 B	 C

9.	 A	 B	 C
10.	 A	 B	 C

第三部分

第 11-15 题

A 

B 

C 

D 

E 

F 

例如： 女：Nǐ hǎo！
你 好！
男：Nǐ hǎo! Hěn gāoxìng rènshi nǐ.
你 好！很 高兴 认识 你。 C

11. ☐

12. ☐

13. ☐

14. ☐

15. ☐

第四部分

第16–20题

例如：
Xiàwǔ wǒ qù shāngdiàn, wǒ xiǎng mǎi yìxiē shuǐguǒ.
下午 我 去 商店，我 想 买 一些 水果。

Tā xiàwǔ qù nǎlǐ?
问：她 下午 去 哪里？

A shāngdiàn 商店 √　　B yīyuàn 医院　　C xuéxiào 学校

16. A suì 10 岁　　B suì 11 岁　　C suì 20 岁

17. A Běijīng 北京　　B yīyuàn 医院　　C huǒchēzhàn 火车站

18. A shū 书　　B chá 茶　　C píngguǒ 苹果

19. A 4350　　B 4530　　C 3540

20. A dìdi 弟弟　　B gēge 哥哥　　C bàba 爸爸

1급 모의고사2회

二、阅 读

第 一 部 分

第 21–25 题

例如:		diànshì 电视	×
		fēijī 飞机	√
21.		xiānsheng 先生	
22.		qǐng 请	
23.		hē 喝	
24.		yīfu 衣服	
25.		zuò 坐	

第二部分

第26-30题

A

B

C

D

E

F

Wǒ hěn xǐhuan zhè běn shū.
例如：我 很 喜欢 这 本 书。 E

Zhè shì wǒ mǎi de zhuōzi hé yǐzi.
26. 这 是 我 买 的 桌子 和 椅子。

Xiànzài qī diǎn duō le.
27. 现在 七 点 多 了。

Wǒ xiǎng shuìjiào le.
28. 我 想 睡觉 了。

Tā jīntiān hěn bù gāoxìng.
29. 他 今天 很 不 高兴。

Wáng xiǎojiě, shì nǐ de diànhuà.
30. 王 小姐，是 你 的 电话。

第三部分

第31–35题

例如：	Nǐ hē shuǐ ma? 你喝水吗？	F	A	Méi guānxi. 没关系。
31.	Duìbuqǐ, wǒ lái wǎn le. 对不起，我来晚了。		B	Méiyǒu. 没有。
32.	Zuótiān xiàyǔ le ma? 昨天下雨了吗？		C	Yí ge yuè. 一个月。
33.	Shéi huì shuō Hànyǔ? 谁会说汉语？		D	ge. 93个。
34.	Xuéxiào yǒu duōshao xuésheng? 学校有多少学生？		E	Wǒ érzi. 我儿子。
35.	Nǐ qù Zhōngguó xuéxí jǐ tiān? 你去中国学习几天？		F	Hǎo de, xièxie! 好的，谢谢！

第四部分

第36–40题

cài	zài	liáng	míngzi	zěnmeyàng	dōu
A 菜	B 在	C 凉	D 名字	E 怎么样	F 都

Nǐ jiào shénme
例如：你 叫 什么（ D ）？

Tā bàba qiánmiàn nàge yīyuàn li .
36. 他 爸爸（ ）前面 那个 医院 里。

Tiānqì hěn rè , hē diǎnr de .
37. 天气 很 热，喝 点儿（ ）的。

Wǒ jiějie xǐhuan chī Zhōngguó
38. 我 姐姐 喜欢 吃 中国（ ）。

Zuótiān de diànyǐng
39. 女：昨天 的 电影（ ）？

Wǒ méi qù kàn diànyǐng , wǒ zài jiā kàn diànshì le .
男：我 没 去 看 电影，我 在 家 看 电视 了。

Nǐmen jiā shéi huì kāichē ?
40. 男：你们 家 谁 会 开车？

Wǒ bàba、māma huì .
女：我 爸爸、妈妈（ ）会。

1급 모의고사 2회

新汉语水平考试
HSK（二级）

注 意

一、HSK（二级）分两部分：

1. 听力（35题，约25分钟）

2. 阅读（25题，22分钟）

二、听力结束后，有3分钟填写答题卡。

三、全部考试约55分钟（含考生填写个人信息时间5分钟）。

一、听 力

第 一 部 分

第 1–10 题

例如:		√
		×
1.		
2.	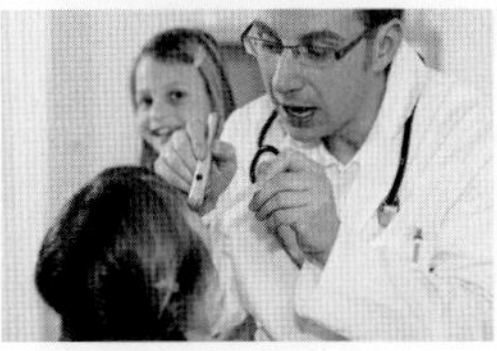	
3.		
4.	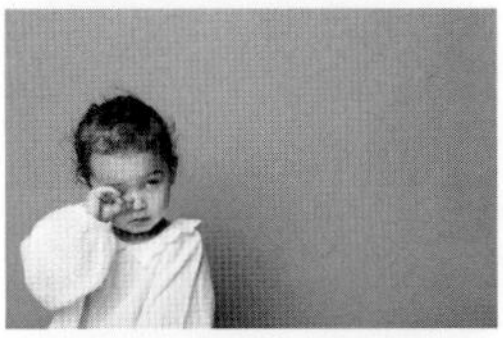	
5.		

2급 모의고사 1회

6.		
7.		
8.		
9.		
10.		

第 二 部 分

第 11–15 题

A 

B 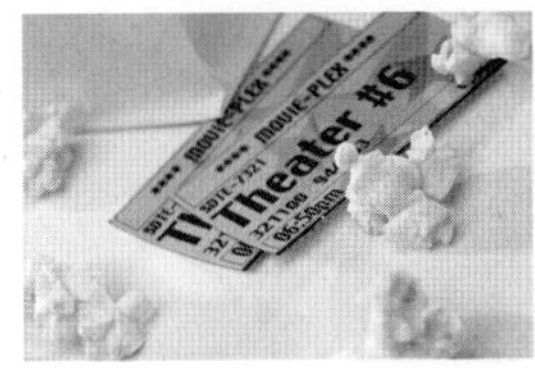

C 

D 

E 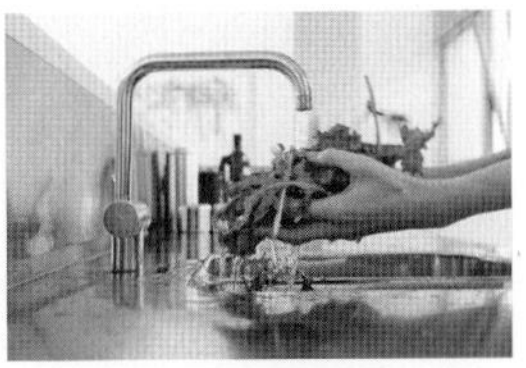

F 

Nǐ xǐhuan shénme yùndòng ?
例如：男：你 喜欢 什么 运动？
Wǒ zuì xǐhuan tī zúqiú .
女：我 最 喜欢 踢 足球。 D

11.

12.

13.

14.

15.

第 16–20 题

A 

B 

C 

D 

E 

16. □

17. □

18. □

19. □

20. □

第三部分

第21–30题

Xiǎo Wáng, zhèlǐ yǒu jǐ ge bēizi, nǎge shì nǐ de?
例如：男：小 王， 这里 有 几 个 杯子， 哪个 是 你 的？

Zuǒbian nàge hóngsè de shì wǒ de.
女：左边 那个 红色 的 是 我 的。

Xiǎo Wáng de bēizi shì shénme yánsè de?
问：小 王 的 杯子 是 什么 颜色 的？

hóngsè / hēisè / báisè
A 红色 √ B 黑色 C 白色

píngguǒ / xīguā / niúnǎi
21. A 苹果 B 西瓜 C 牛奶

shuǐ / chá / kāfēi
22. A 水 B 茶 C 咖啡

hěn lèi / hǎo duō le / tiān qíng le
23. A 很 累 B 好 多 了 C 天 晴 了

nǚ'ér / jiějie / érzi
24. A 女儿 B 姐姐 C 儿子

gōngyuán / fàndiàn / yīyuàn
25. A 公园 B 饭店 C 医院

wèn lù / zuò yùndòng / mǎi dōngxi
26. A 问 路 B 做 运动 C 买 东西

27. A 12 B 120 C 1200

diǎn / diǎn fēn / diǎn fēn
28. A 8 点 B 7 点 50 分 C 8 点 10 分

qīzi / dìdi / érzi
29. A 妻子 B 弟弟 C 儿子

gōngsī / xuéxiào / péngyou jiā
30. A 公司 B 学校 C 朋友 家

第四部分

第31–35题

Qǐng zài zhèr xiě nín de míngzi .
例如：女：请 在 这儿 写 您 的 名字 。

Shì zhèr ma ?
男：是 这儿 吗 ？

Bú shì , shì zhèr .
女：不 是 ， 是 这儿 。

Hǎo , xièxie .
男：好 ， 谢谢 。

Nán de yào xiě shénme ?
问：男 的 要 写 什么 ？

míngzi	shíjiān	fángjiān hào
A 名字 √	B 时间	C 房间 号

	hēisè de	hóngsè de	báisè de
31.	A 黑色 的	B 红色 的	C 白色 的
	chá	dàmǐ	jīdàn
32.	A 茶	B 大米	C 鸡蛋
	kěyǐ	bù kěyǐ	tā méiyǒu huídá
33.	A 可以	B 不 可以	C 她 没有 回答
	zuò huǒchē	zuò fēijī	zuò chūzūchē
34.	A 坐 火车	B 坐 飞机	C 坐 出租车
	kǎoshì	xué chànggē	xiě Hànzì
35.	A 考试	B 学 唱歌	C 写 汉字

二、阅 读

第 一 部 分

第 36-40 题

A 

B 

C 

D 

E 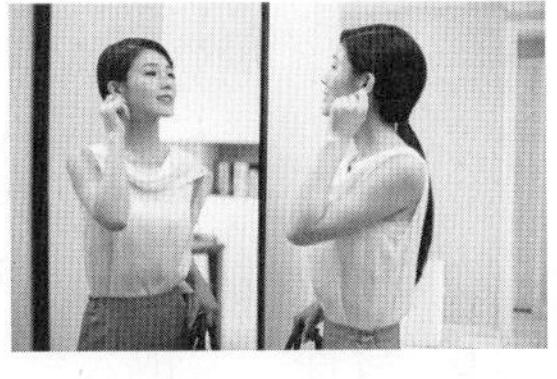

F 

例如：Měi ge xīngqīliù, wǒ dōu qù dǎ lánqiú.
每 个 星期六，我 都 去 打 篮球。 D

36. Nǐ zhǎo shénme shū, wǒ bāng nǐ zhǎo ba.
你 找 什么 书，我 帮 你 找 吧。 ☐

37. diǎn le, kě wǒ xiǎng zài shuì yí ge xiǎoshí.
7 点 了，可 我 想 再 睡 一 个 小时。 ☐

38. Xiānsheng, zhè shì nín yào de cài.
先生，这 是 您 要 的 菜。 ☐

39. Bàba, wǒ yǒu shìqing gàosu nǐ.
爸爸，我 有 事情 告诉 你。 ☐

40. Zhè jiàn yīfu shì wǒ qùnián mǎi de, jīntiān dì-yī cì chuān.
这 件 衣服 是 我 去年 买 的，今天 第一 次 穿。 ☐

2급 모의고사 1회

第二部分

第41–45题

	shǒubiǎo		jìn		suǒyǐ		qīzi		guì		kuàilè
A	手表	B	进	C	所以	D	妻子	E	贵	F	快乐

Zhèr de yángròu hěn hǎochī, dànshì yě hěn
例如：这儿 的 羊肉 很 好吃， 但是 也 很 （ E ）。

Zhège hóng de bǐ hēi de hǎokàn.
41. 这个 （ ） 红 的 比 黑 的 好看。

Xīwàng nǐ zài xīn de yì nián li tiāntiān
42. 希望 你 在 新 的 一 年 里 天天 （ ）。

Wǒ cóng xiǎo jiù xǐhuan yùndòng, shēntǐ hěn hǎo.
43. 我 从 小 就 喜欢 运动， （ ） 身体 很 好。

Nín lái le, qǐng
44. 您 来 了， 请 （ ）。

Nǐ de zài xué Hànyǔ ma?
45. 女：你 的 （ ） 在 学 汉语 吗？

Duì, tā míngnián yào qù Zhōngguó gōngzuò.
男：对， 她 明年 要 去 中国 工作。

第三部分

第46-50题

Xiànzài shì diǎn fēn, tāmen yǐjīng yóule fēnzhōng le.
例如：现在是11点30分，他们已经游了20分钟了。
Tāmen diǎn fēn kāishǐ yóuyǒng.
★ 他们11点10分开始游泳。 （ √ ）

Wǒ huì tiàowǔ, dàn tiào de bù zěnmeyàng.
我会跳舞，但跳得不怎么样。
Wǒ tiào de fēicháng hǎo.
★ 我跳得非常好。 （ × ）

Zuótiān hé péngyoumen zài wàimiàn wánrle yí ge wǎnshang, hěn lèi, dànshì hěn gāoxìng.
46. 昨天和朋友们在外面玩儿了一个晚上，很累，但是很高兴。
Zuótiān wánr de bù gāoxìng.
★ 昨天玩儿得不高兴。 （ ）

Nàge shāngdiàn jiù zài wǒmen jiā de yòubian, fēicháng jìn.
47. 那个商店就在我们家的右边，非常近。
Nàge shāngdiàn lí wǒmen jiā bù yuǎn.
★ 那个商店离我们家不远。 （ ）

Tā yǒu liǎng ge nǚ'ér, dà nǚ'ér jīnnián suì, bǐ xiǎo nǚ'ér dà suì.
48. 他有两个女儿，大女儿今年10岁，比小女儿大3岁。
Xiǎo nǚ'ér jīnnián suì le.
★ 小女儿今年5岁了。 （ ）

Kuài qǐlai, xiànzài dōu diǎn le, bàn ge xiǎoshí hòu diànyǐng
49. 快 起来，现在 都 9 点 了，半 个 小时 后 电影
jiù kāishǐ le.
就 开始 了。

Diànyǐng diǎn bàn kāishǐ.
★ 电影 9 点 半 开始。 ( )

Zhù nǐ shēngrì kuàilè, sòng nǐ yí liàng xīn zìxíngchē, xīwàng
50. 祝 你 生日 快乐，送 你 一 辆 新 自行车，希望
nǐ néng xǐhuan.
你 能 喜欢。

Jīntiān shì tā shēngrì.
★ 今天 是 他 生日。 ( )

第四部分

第 51–55 题

A Bù le, zǒule yì tiān yǒudiǎnr lèi, wǒ xiǎng huíqu shuìjiào.
不了，走了一天有点儿累，我想回去睡觉。

B Nǐ érzi shénme shíhou dào?
你儿子什么时候到？

C Bú shì, wǒ lái zhǎo péngyou.
不是，我来找朋友。

D Nǐ xiào shénme? Nàme gāoxìng.
你笑什么？那么高兴。

E Tā zài nǎr ne? Nǐ kànjiàn tā le ma?
他在哪儿呢？你看见他了吗？

F Nǐ de shēntǐ zěnmeyàng le?
你的身体怎么样了？

例如：Tā hái zài jiàoshì li xuéxí.
他还在教室里学习。 E

51. Yǐjīng hǎo duō le, xièxie nǐ lái kàn wǒ.
已经好多了，谢谢你来看我。 ☐

52. Nǐ zài zhè jiā gōngsī gōngzuò ma?
你在这家公司工作吗？ ☐

53. Wǎnshang diǎn. Fēijī kěnéng huì wǎndiǎn.
晚上 8 点。飞机可能会晚点。 ☐

54. Jīntiān de bàozhǐ tài yǒu yìsi le.
今天的报纸太有意思了。 ☐

55. Qù wǒ fángjiān zuòzuo, hē bēi chá?
去我房间坐坐，喝杯茶？ ☐

第 56-60 题

Fēicháng gǎnxiè nǐ néng bāngzhù wǒ xuéxí Hànyǔ .
A 非常 感谢 你 能 帮助 我 学习 汉语 。

Wǒ chūmén de shíhou , tā hái méi qǐchuáng .
B 我 出门 的 时候 ， 他 还 没 起床 。

Huǒchēzhàn lí zhèr yuǎn ma ?
C 火车站 离 这儿 远 吗 ？

Zhège yuè zhēnde fēicháng máng .
D 这个 月 真的 非常 忙 。

Xiǎogǒu zěnme le ? Wèishénme bù chī dōngxi ?
E 小狗 怎么 了 ？ 为什么 不 吃 东西 ？

Nǐ dìdi zěnme méi gēn nǐ yìqǐ lái ne ?
56. 你 弟弟 怎么 没 跟 你 一起 来 呢 ？ ☐

Hěn jìn , cóng zhèr zuò chūzūchē , wǔ fēnzhōng jiù dào le .
57. 很 近 ， 从 这儿 坐 出租车 ， 五 分钟 就 到 了 。 ☐

Bú kèqi , zhèyàng zuò wǒ yě hěn gāoxìng .
58. 不 客气 ， 这样 做 我 也 很 高兴 。 ☐

Tā bú rènshi nǐ .
59. 它 不 认识 你 。 ☐

Tā xiànzài měi tiān gōngzuò ge xiǎoshí , xīngqītiān yě bù xiūxi .
60. 他 现在 每 天 工作 10 个 小时 ， 星期天 也 不 休息 。 ☐

新汉语水平考试
HSK（二级）

注 意

一、HSK（二级）分两部分：

1. 听力（35题，约25分钟）

2. 阅读（25题，22分钟）

二、**听力结束后，有3分钟填写答题卡**。

三、全部考试约55分钟（含考生填写个人信息时间5分钟）。

一、听 力

第 一 部 分

第 1–10 题

例如:		√
		×
1.		
2.		
3.		
4.		
5.	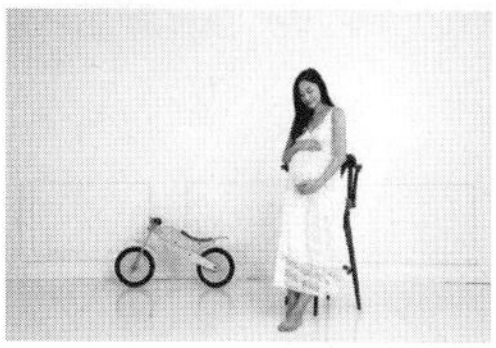	

6.		
7.		
8.		
9.		
10.		

第二部分

第 11-15 题

A 

B 

C 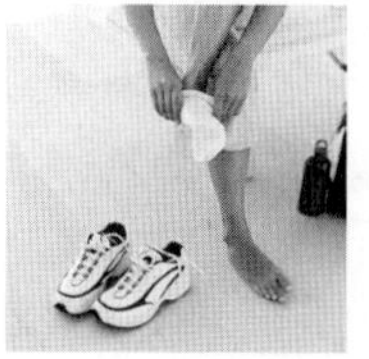

D 

E 

F 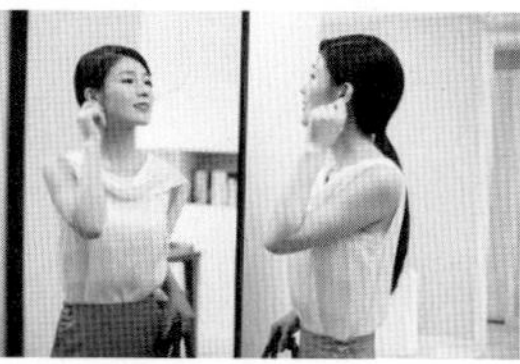

		Nǐ	xǐhuan	shénme	yùndòng ?	
例如：	男：	你	喜欢	什么	运动？	
		Wǒ	zuì	xǐhuan	tī	zúqiú .
	女：	我	最	喜欢	踢	足球。

D

11. ☐

12. ☐

13. ☐

14. ☐

15. ☐

第 16–20 题

A 

B 

C 

D 

E 

16. □

17. □

18. □

19. □

20. □

第三部分

第21–30题

例如：

Xiǎo Wáng, zhèlǐ yǒu jǐ ge bēizi, nǎge shì nǐ de?
男：小 王， 这里 有 几 个 杯子，哪个 是 你 的？

Zuǒbian nàge hóngsè de shì wǒ de.
女：左边 那个 红色 的 是 我 的。

Xiǎo Wáng de bēizi shì shénme yánsè de?
问：小 王 的 杯子 是 什么 颜色 的？

	hóngsè	hēisè	báisè
	A 红色 √	B 黑色	C 白色

	A	B	C
21.	chuán 船	chūzūchē 出租车	zìxíngchē 自行车
22.	míngtiān zhōngwǔ 明天 中午	jīntiān zhōngwǔ 今天 中午	jīntiān xiàwǔ 今天 下午
23.	zuò cài 做 菜	mǎi shǒujī 买 手机	kàn shǒubiǎo 看 手表
24.	dìdi de 弟弟 的	gēge de 哥哥 的	péngyou de 朋友 的
25.	tài wǎn le 太 晚 了	Xiǎo Lǐ bú zài 小 李 不 在	bú rènshi lù 不 认识 路
26.	fàndiàn 饭店	yīyuàn 医院	jiāli 家里
27.	gōngsī 公司	xuéxiào 学校	dìdi jiā 弟弟 家
28.	rì 5 日	rì 8 日	rì 9 日
29.	huíjiā 回家	chànggē 唱歌	mǎi qiānbǐ 买 铅笔
30.	hěn gāoxìng 很 高兴	yǒudiǎnr lèi 有点儿 累	yǒudiǎnr máng 有点儿 忙

第四部分

第 31–35 题

例如：

Qǐng zài zhèr xiě nín de míngzi .
女：请 在 这儿 写 您 的 名字 。

Shì zhèr ma ?
男：是 这儿 吗 ？

Bú shì , shì zhèr .
女：不 是 ， 是 这儿。

Hǎo , xièxie .
男：好 ， 谢谢 。

Nán de yào xiě shénme ?
问：男 的 要 写 什么 ？

	míngzi	shíjiān	fángjiān hào
	A 名字 √	B 时间	C 房间 号
	jīchǎng	fàndiàn	xuéxiào
31.	A 机场	B 饭店	C 学校
	yuán	yuán	yuán
32.	A 100 元	B 150 元	C 500 元
	sān diǎn	jiǔ diǎn	liù diǎn bàn
33.	A 三 点	B 九 点	C 六 点 半
	lǎoshī	yīshēng	fúwùyuán
34.	A 老师	B 医生	C 服务员
	xuéxí	kànbìng	gōngzuò
35.	A 学习	B 看病	C 工作

二、阅 读

第 一 部 分

第 36–40 题

A 

B 

C 

D 

E 

F 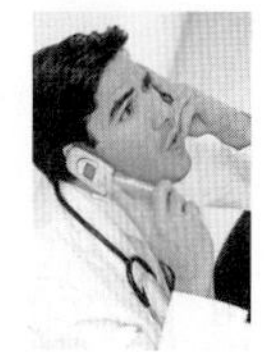

Měi ge xīngqīliù, wǒ dōu qù dǎ lánqiú.
例如：每 个 星期六， 我 都 去 打 篮球。 D

Nǐ shuō shénme? Duìbuqǐ, wǒ méi tīng dǒng.
36. 你 说 什么？ 对不起， 我 没 听 懂。 □

Xuě xià de zhēn dà, wǒmen chūqu wánr, hǎobuhǎo?
37. 雪 下 得 真 大， 我们 出去 玩儿， 好不好？ □

Bù hǎoyìsi, wǒ hái méi xué huì yóuyǒng ne.
38. 不 好意思， 我 还 没 学 会 游泳 呢。 □

Tài hǎo le! Nán péngyou yào hé wǒ yìqǐ qù lǚyóu le.
39. 太 好 了！ 男 朋友 要 和 我 一起 去 旅游 了。 □

Bú yào kàn bàozhǐ le, kāishǐ gōngzuò ba.
40. 不 要 看 报纸 了， 开始 工作 吧。 □

第二部分

第41–45题

qùnián	rènshi	wèishénme	xiǎoshí	guì	cóng
A 去年	B 认识	C 为什么	D 小时	E 贵	F 从

Zhèr de yángròu hěn hǎochī, dànshì yě hěn
例如：这儿 的 羊肉 很 好吃， 但是 也 很 （ E ）。

Wǒ jiějie de háizi zuì xǐhuan wèn
41. 我 姐姐 的 孩子 最 喜欢 问 （ ）。

Wǒ yǐjīng jiāli chūlai le, fēnzhōng hòu jiù dào.
42. 我 已经 （ ） 家里 出来 了， 30 分钟 后 就 到。

Wǒ zhàngfu shì cóng kāishǐ xuéxí zuò fàn de.
43. 我 丈夫 是 从 （ ） 开始 学习 做 饭 的。

Nǐ zhīdào ma? Yì nián yǒu duō ge
44. 你 知道 吗？ 一 年 有 8700 多 个 （ ）。

Wáng xiǎojiě pángbiān de nàge nán háir shì shéi?
45. 女：王 小姐 旁边 的 那个 男 孩儿 是 谁？
Nǐ ma?
你 （ ） 吗？
Shì tā nán péngyou.
男：是 她 男 朋友。

第三部分

第46–50题

Xiànzài shì diǎn fēn, tāmen yǐjīng yóule fēnzhōng le.
例如：现在是11点30分，他们已经游了20分钟了。

Tāmen diǎn fēn kāishǐ yóuyǒng.
★ 他们11点10分开始游泳。 （ √ ）

Wǒ huì tiàowǔ, dàn tiào de bù zěnmeyàng.
我会跳舞，但跳得不怎么样。

Wǒ tiào de fēicháng hǎo.
★ 我跳得非常好。 （ × ）

Chànggē shì yí jiàn ràng rén gāoxìng de shìqing, měi nián shēngrì wǒ dōu huì hé péngyoumen qù chànggē.
46. 唱歌是一件让人高兴的事情，每年生日我都会和朋友们去唱歌。

Wǒ ài chànggē.
★ 我爱唱歌。 （ ）

Wǒ hěn xǐhuan chī shuǐguǒ, yóuqí shì píngguǒ. Wǒ měi tiān zǎoshang chī yí ge píngguǒ, yīshēng shuō, zǎoshang chī yí ge píngguǒ duì shēntǐ fēicháng hǎo.
47. 我很喜欢吃水果，尤其是苹果。我每天早上吃一个苹果，医生说，早上吃一个苹果对身体非常好。

Wǒ juéde píngguǒ hěn hǎochī.
★ 我觉得苹果很好吃。 （ ）

2급 모의고사2회

Wǒ cóng shí suì kāishǐ dǎ lánqiú, yǐjīng dǎle nián
48. 我 从 十 岁 开始 打 篮球，已经 打了 13 年
le, wǒ měi cì dǎ qiú de shíhou dōu fēicháng kuàilè.
了，我 每 次 打 球 的 的候 都 非常 快乐。

Tā dǎ qiú dǎle hěn cháng shíjiān.
★ 他 打 球 打了 很 长 时间。 ( )

Jīntiān shì yuè rì, zài yǒu liǎng ge xīngqī jiù shì wǒ
49. 今天 是 9 月 11 日，再 有 两 个 星期 就 是 我
māma de shēngrì le. Wǒ xiǎng sòng tā yí jiàn yīfu.
妈妈 的 生日 了。我 想 送 她 一 件 衣服。

yuè rì shì wǒ de shēngrì.
★ 9 月 11 日 是 我 的 生日。 ( )

Cóng gōngsī dào huǒchēzhàn, zuò chūzūchē yào liǎng ge
50. 从 公司 到 火车站， 坐 出租车 要 两 个
xiǎoshí. Wǒmen sān diǎn de huǒchē, yī diǎn cóng gōngsī
小时。我们 三 点 的 火车，一 点 从 公司
zǒu, kěyǐ ma?
走，可以 吗？

Tāmen zuò yī diǎn de huǒchē.
★ 他们 坐 一 点 的 火车。 ( )

第四部分

第51-55题

Wǒ shì xīn lái de, suǒyǐ nín kěnéng méi jiànguo wǒ.
A 我 是 新 来 的，所以 您 可能 没 见过 我。

Huǒchē kuài kāi le, nín huíqu ba.
B 火车 快 开 了，您 回去 吧。

Tóngxuémen, wǒmen kāishǐ shàngkè.
C 同学们，我们 开始 上课。

Xīngqīsān qùbuqù kàn diànyǐng?
D 星期三 去不去 看 电影？

Tā zài nǎr ne? Nǐ kànjiàn tā le ma?
E 他 在 哪儿 呢？你 看见 他 了 吗？

Zhè shì wǒ dì-èr cì lái Běijīng.
F 这 是 我 第二 次 来 北京。

Tā hái zài jiàoshì li xuéxí.
例如：他 还 在 教室 里 学习。 [E]

Érzi, dàole gěi nǐ māma lái ge diànhuà.
51. 儿子，到了 给 你 妈妈 来 个 电话。 [ ]

Nǐ shì zài zhèlǐ gōngzuò de ma?
52. 你 是 在 这里 工作 的 吗？ [ ]

Xīngqīsì yào kǎoshì, kǎo wán shì zài qù kàn ba.
53. 星期四 要 考试，考 完 试 再 去 看 吧。 [ ]

Xīwàng zhè cì nǐ néng zài zhèr duō zhù jǐ tiān.
54. 希望 这 次 你 能 在 这儿 多 住 几 天。 [ ]

Qǐng nǐ dú yíxià zhè jǐ ge Hànzì.
55. 请 你 读 一下 这 几 个 汉字。 [ ]

第56-60题

Nà běn shū wǒ yǐjīng kàn wán le .
A 那 本 书 我 已经 看 完 了 。

Hǎo de , xièxie nǐmen .
B 好 的 ， 谢谢 你们 。

Méi guānxi , wǒ zuò chūzūchē qù ba .
C 没 关系 ， 我 坐 出租车 去 吧 。

Mā , jīntiān tiānqì zěnmeyàng ? Shì yīntiān ?
D 妈 ， 今天 天气 怎么样 ？ 是 阴天 ？

Wǒ jiù zhīdào tā xìng Wáng .
E 我 就 知道 他 姓 王 。

Zěnme zhème kuài ? Yǒu yìsi ma ?
56. 怎么 这么 快 ？ 有 意思 吗 ？ ☐

Jīchǎng lí zhèr hěn yuǎn .
57. 机场 离 这儿 很 远 。 ☐

Nàge yīshēng méi gàosu wǒ tā de míngzi .
58. 那个 医生 没 告诉 我 他 的 名字 。 ☐

Màn zǒu , huānyíng nín xià cì zài lái .
59. 慢 走 ， 欢迎 您 下 次 再 来 。 ☐

Qíngtiān , dànshì hěn lěng , nǐ chūmén duō chuān diǎnr .
60. 晴天 ， 但是 很 冷 ， 你 出门 多 穿 点儿 。 ☐

★ 주의 사항 ★

1. 모든 **답안**은 **2B 연필**로 **작성**해야 합니다.
2. 답안을 **마킹**할 때에는 **진하게 칸에 꽉 차도록** 칠해야 합니다.
3. **답안지**는 시험 중간에 **교환이 되지 않습니다.**

■ 汉语水平考试 HSK（一级）答题卡 ■

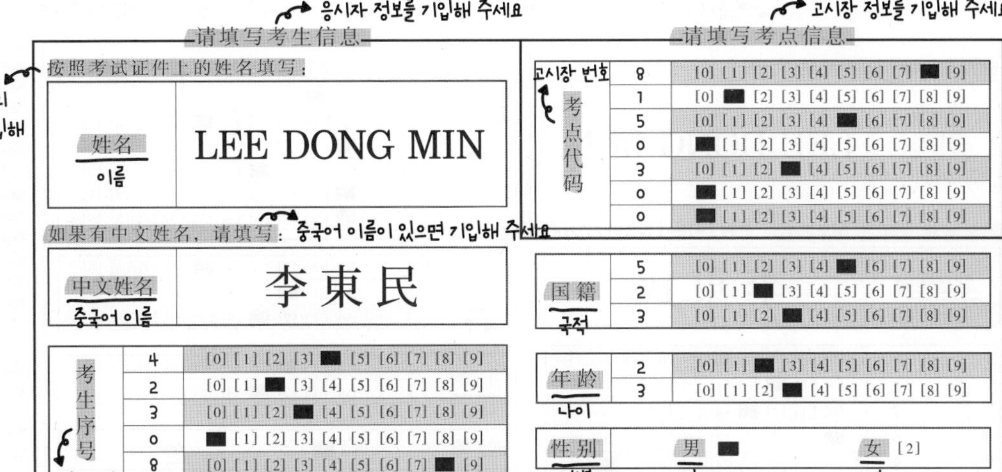

응시자 정보를 기입해 주세요 — 请填写考生信息

按照考试证件上的姓名填写： (수험표상의 이름을 기입해 주세요)

姓名 / 이름	LEE DONG MIN

如果有中文姓名，请填写： (중국어 이름이 있으면 기입해 주세요)

中文姓名 / 중국어 이름	李東民

考生序号 (수험 번호)		
	4	[0] [1] [2] [3] ■ [5] [6] [7] [8] [9]
	2	[0] [1] ■ [3] [4] [5] [6] [7] [8] [9]
	3	[0] [1] [2] ■ [4] [5] [6] [7] [8] [9]
	0	■ [1] [2] [3] [4] [5] [6] [7] [8] [9]
	8	[0] [1] [2] [3] [4] [5] [6] [7] ■ [9]

고시장 정보를 기입해 주세요 — 请填写考点信息

考点代码 (고시장 번호)		
	8	[0] [1] [2] [3] [4] [5] [6] [7] ■ [9]
	1	[0] ■ [2] [3] [4] [5] [6] [7] [8] [9]
	5	[0] [1] [2] [3] [4] ■ [6] [7] [8] [9]
	0	■ [1] [2] [3] [4] [5] [6] [7] [8] [9]
	3	[0] [1] [2] ■ [4] [5] [6] [7] [8] [9]
	0	■ [1] [2] [3] [4] [5] [6] [7] [8] [9]
	0	■ [1] [2] [3] [4] [5] [6] [7] [8] [9]

国籍 (국적)		
	5	[0] [1] [2] [3] [4] ■ [6] [7] [8] [9]
	2	[0] [1] ■ [3] [4] [5] [6] [7] [8] [9]
	3	[0] [1] [2] ■ [4] [5] [6] [7] [8] [9]

年龄 (나이)		
	2	[0] [1] ■ [3] [4] [5] [6] [7] [8] [9]
	3	[0] [1] [2] ■ [4] [5] [6] [7] [8] [9]

性别 (성별)	男 (남) ■	女 (여) [2]

注意 (주의) 请用2B铅笔这样写：■ (2B 연필로 ■ 이렇게 칠하세요)

一、听力 듣기 (듣기 영역 시험 종료 후, 3분 동안 기입)

*답안지의 번호 순서에 주의하세요

1. ■ [×]	6. [A] [B] [C]	11. [A] [B] [C] [D] [E] [F]	16. [A] [B] [C]
2. [√] ■	7. [A] [B] [C]	12. [A] [B] [C] [D] [E] [F]	17. [A] [B] [C]
3. [√] ■	8. [A] [B] [C]	13. [A] [B] [C] [D] [E] [F]	18. [A] [B] [C]
4. ■ [×]	9. [A] [B] [C]	14. [A] [B] [C] [D] [E] [F]	19. [A] [B] [C]
5. ■ [×]	10. [A] [B] [C]	15. [A] [B] [C] [D] [E] [F]	20. [A] [B] [C]

二、阅读 독해 (독해 영역 시험 시간 내에 답 기입)

21. [√] [×]	26. [A] [B] [C] [D] [E] [F]	31. [A] [B] [C] [D] [E] [F]	36. [A] [B] [C] [D] [E] [F]
22. [√] [×]	27. [A] [B] [C] [D] [E] [F]	32. [A] [B] [C] [D] [E] [F]	37. [A] [B] [C] [D] [E] [F]
23. [√] [×]	28. [A] [B] [C] [D] [E] [F]	33. [A] [B] [C] [D] [E] [F]	38. [A] [B] [C] [D] [E] [F]
24. [√] [×]	29. [A] [B] [C] [D] [E] [F]	34. [A] [B] [C] [D] [E] [F]	39. [A] [B] [C] [D] [E] [F]
25. [√] [×]	30. [A] [B] [C] [D] [E] [F]	35. [A] [B] [C] [D] [E] [F]	40. [A] [B] [C] [D] [E] [F]

★ 주의 사항 ★

1. 모든 **답안**은 **2B 연필**로 **작성**해야 합니다.
2. 답안을 **마킹**할 때에는 **진하게 칸에 꽉 차도록** 칠해야 합니다.
3. **답안지**는 시험 중간에 **교환이 되지 않습니다.**

■ 汉语水平考试 HSK (二级) 答题卡 ■

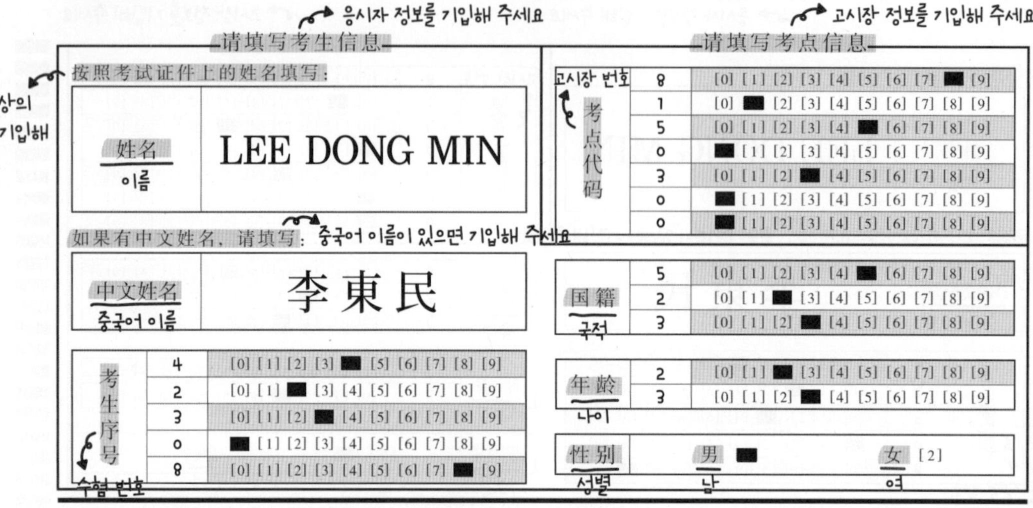

응시자 정보를 기입해 주세요 / 고시장 정보를 기입해 주세요

请填写考生信息

按照考试证件上的姓名填写： (수험표상의 이름을 기입해 주세요)

姓名 (이름)	LEE DONG MIN

如果有中文姓名，请填写： (중국어 이름이 있으면 기입해 주세요)

中文姓名 (중국어 이름)	李東民

考生序号 (수험 번호)		
	4	[0] [1] [2] [3] ■ [5] [6] [7] [8] [9]
	2	[0] [1] ■ [3] [4] [5] [6] [7] [8] [9]
	3	[0] [1] [2] ■ [4] [5] [6] [7] [8] [9]
	0	■ [1] [2] [3] [4] [5] [6] [7] [8] [9]
	8	[0] [1] [2] [3] [4] [5] [6] [7] ■ [9]

请填写考点信息

考点代码 (고시장 번호)		
	8	[0] [1] [2] [3] [4] [5] [6] [7] ■ [9]
	1	[0] ■ [2] [3] [4] [5] [6] [7] [8] [9]
	5	[0] [1] [2] [3] [4] ■ [6] [7] [8] [9]
	0	■ [1] [2] [3] [4] [5] [6] [7] [8] [9]
	3	[0] [1] [2] ■ [4] [5] [6] [7] [8] [9]
	0	■ [1] [2] [3] [4] [5] [6] [7] [8] [9]
	0	■ [1] [2] [3] [4] [5] [6] [7] [8] [9]

国籍 (국적)		
	5	[0] [1] [2] [3] [4] ■ [6] [7] [8] [9]
	2	[0] [1] ■ [3] [4] [5] [6] [7] [8] [9]
	3	[0] [1] [2] ■ [4] [5] [6] [7] [8] [9]

年龄 (나이)		
	2	[0] [1] ■ [3] [4] [5] [6] [7] [8] [9]
	3	[0] [1] [2] ■ [4] [5] [6] [7] [8] [9]

性别 (성별)	男 (남) ■	女 (여) [2]

注意 (주의) 请用2B铅笔这样写：■ (2B 연필로 ■ 이렇게 칠하세요)

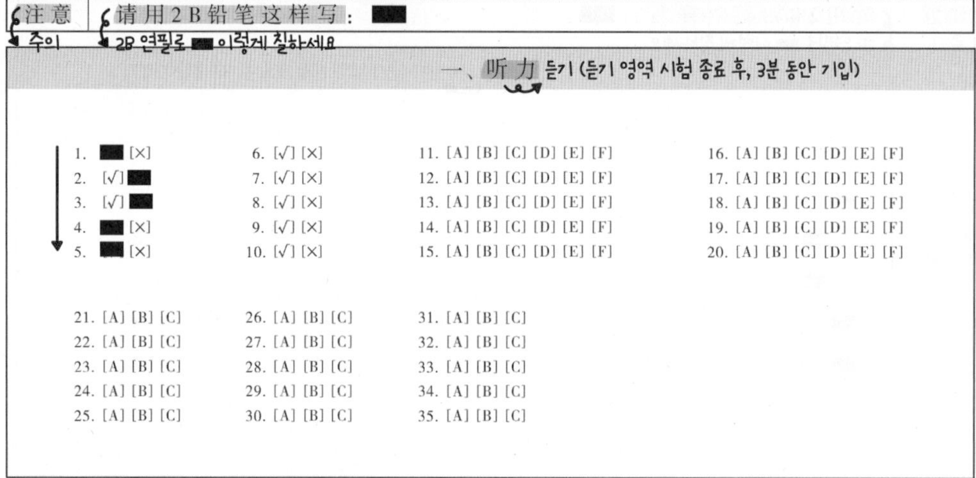

一、听力 듣기 (듣기 영역 시험 종료 후, 3분 동안 기입)

*답안지의 번호 순서에 주의하세요

1. ■ [×]
2. [√] ■
3. [√] ■
4. ■ [×]
5. ■ [×]
6. [√] [×]
7. [√] [×]
8. [√] [×]
9. [√] [×]
10. [√] [×]

11.–20. [A] [B] [C] [D] [E] [F]

21.–35. [A] [B] [C]

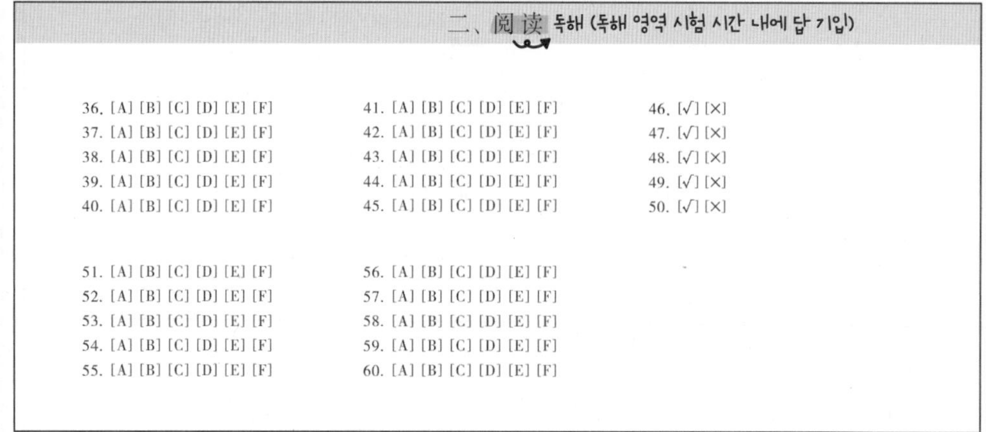

二、阅读 독해 (독해 영역 시험 시간 내에 답 기입)

36.–45. [A] [B] [C] [D] [E] [F]

46.–50. [√] [×]

51.–60. [A] [B] [C] [D] [E] [F]

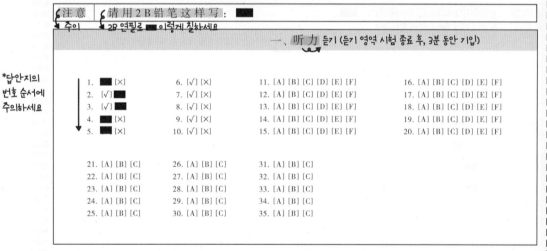

■ 汉语水平考试 HSK（一级）答题卡 ■

请填写考生信息

按照考试证件上的姓名填写：

姓名	

如果有中文姓名，请填写：

中文姓名	

考生序号		
		[0] [1] [2] [3] [4] [5] [6] [7] [8] [9]
		[0] [1] [2] [3] [4] [5] [6] [7] [8] [9]
		[0] [1] [2] [3] [4] [5] [6] [7] [8] [9]
		[0] [1] [2] [3] [4] [5] [6] [7] [8] [9]
		[0] [1] [2] [3] [4] [5] [6] [7] [8] [9]

请填写考点信息

考点代码		
		[0] [1] [2] [3] [4] [5] [6] [7] [8] [9]
		[0] [1] [2] [3] [4] [5] [6] [7] [8] [9]
		[0] [1] [2] [3] [4] [5] [6] [7] [8] [9]
		[0] [1] [2] [3] [4] [5] [6] [7] [8] [9]
		[0] [1] [2] [3] [4] [5] [6] [7] [8] [9]
		[0] [1] [2] [3] [4] [5] [6] [7] [8] [9]
		[0] [1] [2] [3] [4] [5] [6] [7] [8] [9]

国籍		
		[0] [1] [2] [3] [4] [5] [6] [7] [8] [9]
		[0] [1] [2] [3] [4] [5] [6] [7] [8] [9]
		[0] [1] [2] [3] [4] [5] [6] [7] [8] [9]

年龄		
		[0] [1] [2] [3] [4] [5] [6] [7] [8] [9]
		[0] [1] [2] [3] [4] [5] [6] [7] [8] [9]

性别	男 [1]	女 [2]

注意	请用2B铅笔这样写：■

一、听力

1. [√] [×]	6. [A] [B] [C]	11. [A] [B] [C] [D] [E] [F]	16. [A] [B] [C]
2. [√] [×]	7. [A] [B] [C]	12. [A] [B] [C] [D] [E] [F]	17. [A] [B] [C]
3. [√] [×]	8. [A] [B] [C]	13. [A] [B] [C] [D] [E] [F]	18. [A] [B] [C]
4. [√] [×]	9. [A] [B] [C]	14. [A] [B] [C] [D] [E] [F]	19. [A] [B] [C]
5. [√] [×]	10. [A] [B] [C]	15. [A] [B] [C] [D] [E] [F]	20. [A] [B] [C]

二、阅读

21. [√] [×]	26. [A] [B] [C] [D] [E] [F]	31. [A] [B] [C] [D] [E] [F]	36. [A] [B] [C] [D] [E] [F]
22. [√] [×]	27. [A] [B] [C] [D] [E] [F]	32. [A] [B] [C] [D] [E] [F]	37. [A] [B] [C] [D] [E] [F]
23. [√] [×]	28. [A] [B] [C] [D] [E] [F]	33. [A] [B] [C] [D] [E] [F]	38. [A] [B] [C] [D] [E] [F]
24. [√] [×]	29. [A] [B] [C] [D] [E] [F]	34. [A] [B] [C] [D] [E] [F]	39. [A] [B] [C] [D] [E] [F]
25. [√] [×]	30. [A] [B] [C] [D] [E] [F]	35. [A] [B] [C] [D] [E] [F]	40. [A] [B] [C] [D] [E] [F]

자르는 선

■ 汉语水平考试 HSK（一级）答题卡 ■

请填写考生信息

按照考试证件上的姓名填写：

姓名	

如果有中文姓名，请填写：

中文姓名	

考生序号		
		[0] [1] [2] [3] [4] [5] [6] [7] [8] [9]
		[0] [1] [2] [3] [4] [5] [6] [7] [8] [9]
		[0] [1] [2] [3] [4] [5] [6] [7] [8] [9]
		[0] [1] [2] [3] [4] [5] [6] [7] [8] [9]
		[0] [1] [2] [3] [4] [5] [6] [7] [8] [9]

请填写考点信息

考点代码		
		[0] [1] [2] [3] [4] [5] [6] [7] [8] [9]
		[0] [1] [2] [3] [4] [5] [6] [7] [8] [9]
		[0] [1] [2] [3] [4] [5] [6] [7] [8] [9]
		[0] [1] [2] [3] [4] [5] [6] [7] [8] [9]
		[0] [1] [2] [3] [4] [5] [6] [7] [8] [9]
		[0] [1] [2] [3] [4] [5] [6] [7] [8] [9]
		[0] [1] [2] [3] [4] [5] [6] [7] [8] [9]

国籍		
		[0] [1] [2] [3] [4] [5] [6] [7] [8] [9]
		[0] [1] [2] [3] [4] [5] [6] [7] [8] [9]
		[0] [1] [2] [3] [4] [5] [6] [7] [8] [9]

年龄		
		[0] [1] [2] [3] [4] [5] [6] [7] [8] [9]
		[0] [1] [2] [3] [4] [5] [6] [7] [8] [9]

性别	男 [1]	女 [2]

注意	请用2B铅笔这样写：■

一、听力

1. [√] [×]	6. [A] [B] [C]	11. [A] [B] [C] [D] [E] [F]	16. [A] [B] [C]
2. [√] [×]	7. [A] [B] [C]	12. [A] [B] [C] [D] [E] [F]	17. [A] [B] [C]
3. [√] [×]	8. [A] [B] [C]	13. [A] [B] [C] [D] [E] [F]	18. [A] [B] [C]
4. [√] [×]	9. [A] [B] [C]	14. [A] [B] [C] [D] [E] [F]	19. [A] [B] [C]
5. [√] [×]	10. [A] [B] [C]	15. [A] [B] [C] [D] [E] [F]	20. [A] [B] [C]

二、阅读

21. [√] [×]	26. [A] [B] [C] [D] [E] [F]	31. [A] [B] [C] [D] [E] [F]	36. [A] [B] [C] [D] [E] [F]
22. [√] [×]	27. [A] [B] [C] [D] [E] [F]	32. [A] [B] [C] [D] [E] [F]	37. [A] [B] [C] [D] [E] [F]
23. [√] [×]	28. [A] [B] [C] [D] [E] [F]	33. [A] [B] [C] [D] [E] [F]	38. [A] [B] [C] [D] [E] [F]
24. [√] [×]	29. [A] [B] [C] [D] [E] [F]	34. [A] [B] [C] [D] [E] [F]	39. [A] [B] [C] [D] [E] [F]
25. [√] [×]	30. [A] [B] [C] [D] [E] [F]	35. [A] [B] [C] [D] [E] [F]	40. [A] [B] [C] [D] [E] [F]

자르는 선

■ 汉语水平考试 HSK（二级）答题卡 ■

请填写考生信息

按照考试证件上的姓名填写：

姓名	

如果有中文姓名，请填写：

中文姓名	

考生序号		
		[0] [1] [2] [3] [4] [5] [6] [7] [8] [9]
		[0] [1] [2] [3] [4] [5] [6] [7] [8] [9]
		[0] [1] [2] [3] [4] [5] [6] [7] [8] [9]
		[0] [1] [2] [3] [4] [5] [6] [7] [8] [9]
		[0] [1] [2] [3] [4] [5] [6] [7] [8] [9]

请填写考点信息

考点代码		
		[0] [1] [2] [3] [4] [5] [6] [7] [8] [9]
		[0] [1] [2] [3] [4] [5] [6] [7] [8] [9]
		[0] [1] [2] [3] [4] [5] [6] [7] [8] [9]
		[0] [1] [2] [3] [4] [5] [6] [7] [8] [9]
		[0] [1] [2] [3] [4] [5] [6] [7] [8] [9]
		[0] [1] [2] [3] [4] [5] [6] [7] [8] [9]
		[0] [1] [2] [3] [4] [5] [6] [7] [8] [9]

国籍		
		[0] [1] [2] [3] [4] [5] [6] [7] [8] [9]
		[0] [1] [2] [3] [4] [5] [6] [7] [8] [9]
		[0] [1] [2] [3] [4] [5] [6] [7] [8] [9]

年龄		
		[0] [1] [2] [3] [4] [5] [6] [7] [8] [9]
		[0] [1] [2] [3] [4] [5] [6] [7] [8] [9]

性别	男 [1]	女 [2]

注意	请用2B铅笔这样写：■

一、听力

1. [√] [×]
2. [√] [×]
3. [√] [×]
4. [√] [×]
5. [√] [×]

6. [√] [×]
7. [√] [×]
8. [√] [×]
9. [√] [×]
10. [√] [×]

11. [A] [B] [C] [D] [E] [F]
12. [A] [B] [C] [D] [E] [F]
13. [A] [B] [C] [D] [E] [F]
14. [A] [B] [C] [D] [E] [F]
15. [A] [B] [C] [D] [E] [F]

16. [A] [B] [C] [D] [E] [F]
17. [A] [B] [C] [D] [E] [F]
18. [A] [B] [C] [D] [E] [F]
19. [A] [B] [C] [D] [E] [F]
20. [A] [B] [C] [D] [E] [F]

21. [A] [B] [C]
22. [A] [B] [C]
23. [A] [B] [C]
24. [A] [B] [C]
25. [A] [B] [C]

26. [A] [B] [C]
27. [A] [B] [C]
28. [A] [B] [C]
29. [A] [B] [C]
30. [A] [B] [C]

31. [A] [B] [C]
32. [A] [B] [C]
33. [A] [B] [C]
34. [A] [B] [C]
35. [A] [B] [C]

二、阅读

36. [A] [B] [C] [D] [E] [F]
37. [A] [B] [C] [D] [E] [F]
38. [A] [B] [C] [D] [E] [F]
39. [A] [B] [C] [D] [E] [F]
40. [A] [B] [C] [D] [E] [F]

41. [A] [B] [C] [D] [E] [F]
42. [A] [B] [C] [D] [E] [F]
43. [A] [B] [C] [D] [E] [F]
44. [A] [B] [C] [D] [E] [F]
45. [A] [B] [C] [D] [E] [F]

46. [√] [×]
47. [√] [×]
48. [√] [×]
49. [√] [×]
50. [√] [×]

51. [A] [B] [C] [D] [E] [F]
52. [A] [B] [C] [D] [E] [F]
53. [A] [B] [C] [D] [E] [F]
54. [A] [B] [C] [D] [E] [F]
55. [A] [B] [C] [D] [E] [F]

56. [A] [B] [C] [D] [E] [F]
57. [A] [B] [C] [D] [E] [F]
58. [A] [B] [C] [D] [E] [F]
59. [A] [B] [C] [D] [E] [F]
60. [A] [B] [C] [D] [E] [F]

자르는 선

■ 汉语水平考试 HSK（二级）答题卡 ■

请填写考生信息

按照考试证件上的姓名填写：

姓名	

如果有中文姓名，请填写：

中文姓名	

考生序号		
		[0] [1] [2] [3] [4] [5] [6] [7] [8] [9]
		[0] [1] [2] [3] [4] [5] [6] [7] [8] [9]
		[0] [1] [2] [3] [4] [5] [6] [7] [8] [9]
		[0] [1] [2] [3] [4] [5] [6] [7] [8] [9]
		[0] [1] [2] [3] [4] [5] [6] [7] [8] [9]

请填写考点信息

考点代码		
		[0] [1] [2] [3] [4] [5] [6] [7] [8] [9]
		[0] [1] [2] [3] [4] [5] [6] [7] [8] [9]
		[0] [1] [2] [3] [4] [5] [6] [7] [8] [9]
		[0] [1] [2] [3] [4] [5] [6] [7] [8] [9]
		[0] [1] [2] [3] [4] [5] [6] [7] [8] [9]
		[0] [1] [2] [3] [4] [5] [6] [7] [8] [9]
		[0] [1] [2] [3] [4] [5] [6] [7] [8] [9]

国籍		
		[0] [1] [2] [3] [4] [5] [6] [7] [8] [9]
		[0] [1] [2] [3] [4] [5] [6] [7] [8] [9]
		[0] [1] [2] [3] [4] [5] [6] [7] [8] [9]

年龄		
		[0] [1] [2] [3] [4] [5] [6] [7] [8] [9]
		[0] [1] [2] [3] [4] [5] [6] [7] [8] [9]

性别	男 [1]	女 [2]

注意	请用2B铅笔这样写：■

一、听力

1. [√] [×]
2. [√] [×]
3. [√] [×]
4. [√] [×]
5. [√] [×]

6. [√] [×]
7. [√] [×]
8. [√] [×]
9. [√] [×]
10. [√] [×]

11. [A] [B] [C] [D] [E] [F]
12. [A] [B] [C] [D] [E] [F]
13. [A] [B] [C] [D] [E] [F]
14. [A] [B] [C] [D] [E] [F]
15. [A] [B] [C] [D] [E] [F]

16. [A] [B] [C] [D] [E] [F]
17. [A] [B] [C] [D] [E] [F]
18. [A] [B] [C] [D] [E] [F]
19. [A] [B] [C] [D] [E] [F]
20. [A] [B] [C] [D] [E] [F]

21. [A] [B] [C]
22. [A] [B] [C]
23. [A] [B] [C]
24. [A] [B] [C]
25. [A] [B] [C]

26. [A] [B] [C]
27. [A] [B] [C]
28. [A] [B] [C]
29. [A] [B] [C]
30. [A] [B] [C]

31. [A] [B] [C]
32. [A] [B] [C]
33. [A] [B] [C]
34. [A] [B] [C]
35. [A] [B] [C]

二、阅读

36. [A] [B] [C] [D] [E] [F]
37. [A] [B] [C] [D] [E] [F]
38. [A] [B] [C] [D] [E] [F]
39. [A] [B] [C] [D] [E] [F]
40. [A] [B] [C] [D] [E] [F]

41. [A] [B] [C] [D] [E] [F]
42. [A] [B] [C] [D] [E] [F]
43. [A] [B] [C] [D] [E] [F]
44. [A] [B] [C] [D] [E] [F]
45. [A] [B] [C] [D] [E] [F]

46. [√] [×]
47. [√] [×]
48. [√] [×]
49. [√] [×]
50. [√] [×]

51. [A] [B] [C] [D] [E] [F]
52. [A] [B] [C] [D] [E] [F]
53. [A] [B] [C] [D] [E] [F]
54. [A] [B] [C] [D] [E] [F]
55. [A] [B] [C] [D] [E] [F]

56. [A] [B] [C] [D] [E] [F]
57. [A] [B] [C] [D] [E] [F]
58. [A] [B] [C] [D] [E] [F]
59. [A] [B] [C] [D] [E] [F]
60. [A] [B] [C] [D] [E] [F]

자르는 선

MEMO

MEMO

맛있는 중국어 新HSK

1~2급

첫걸음 해설집

JRC 중국어연구소 기획 / 박수진 저

맛있는 books

첫걸음 1~2급 해설집

기획 JRC 중국어연구소
저자 박수진
발행인 김효정
발행처 맛있는books
등록번호 제2006-000273호

주소 서울시 서초구 명달로 54 JRC빌딩 7층
전화 구입문의 02·567·3861
내용문의 02·567·3860
팩스 02·567·2471
홈페이지 www.booksJRC.com

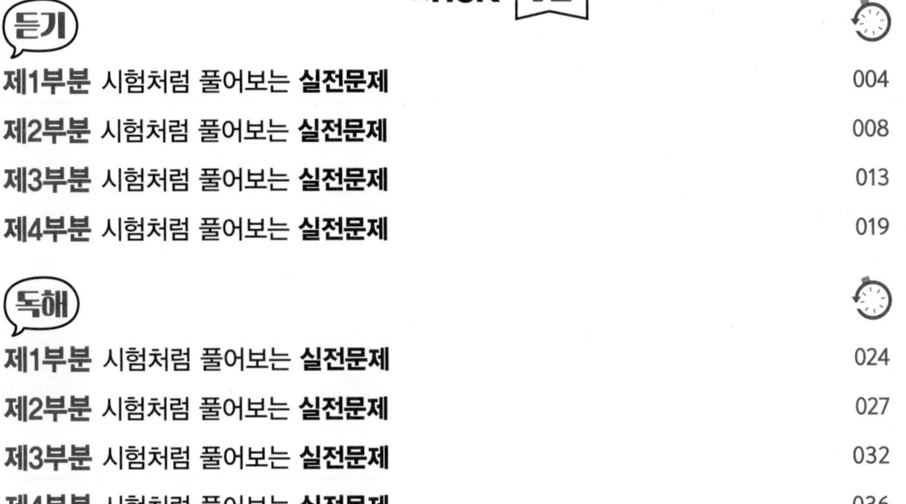

맛있는 중국어 新HSK 1급

듣기

독해

맛있는 중국어 新HSK 2급

듣기

독해

모의고사 1급

모의고사 2급

시험처럼 풀어보는 실전문제 1

기본서 118쪽

정답 1. √ 2. X 3. √ 4. √ 5. X

1

Track 44-1

사진에 '책(书 shū)'이 있으므로 정답은 √이다.

정답 √

녹음

shū 书	책

단어 书 shū 명 책

2

Track 44-2

사진에는 남자아이가 즐거워하고 있지만, 녹음에서는 '对不起 duìbuqǐ(미안해)'라고 했으므로 정답은 X이다.

정답 X

녹음

Duìbuqǐ . 对不起 。	미안해요.

단어 对不起 duìbuqǐ 동 미안하다, 죄송하다

3 Track **44-3**

사진에서 물건을 사고 있으므로 정답은 √이다.

정답 √

녹음

mǎi dōngxi 买 东西	물건을 사다

단어 ★买 mǎi 동 사다 | 东西 dōngxi 명 물건

4 Track **44-4**

사진에 '2008'이라는 숫자가 쓰여 있고, 녹음에서 '2008年 èr líng líng bā nián(2008년)'이라고 했으므로 정답은 √이다.

정답 √

녹음

èr líng líng bā nián 二 零 零 八 年	2008년

단어 二 èr 수 2, 둘 | 零 líng 수 0, 영 | 八 bā 수 8, 여덟 | ★年 nián 명 년, 해

5 Track **44-5**

사진에는 음료를 마시고 있지만, 녹음에서는 '문(门 mén)'을 연다고 했으므로 정답은 X이다.

정답 X

녹음

dǎ kāi mén 打 开 门	문을 열다

단어 打开 dǎ kāi 열다 | 门 mén 명 문

시험처럼 풀어보는 실전문제 2

기본서 119쪽

정답 1. X 2. √ 3. √ 4. X 5. X

1

Track **45-1**

사진에는 '탁자(桌子 zhuōzi)'가 제시되어 있는데, 녹음에서는 '椅子 yǐzi(의자)'라고 했으므로 정답은 X이다.

정답 X

녹음

yǐzi 椅子	의자

단어 椅子 yǐzi 명 의자

2

Track **45-2**

사진에는 여자가 전화를 하고 있고, 녹음에서 '打电话 dǎ diànhuà(전화를 걸다)'라고 했으므로 정답은 √이다.

정답 √

녹음

dǎ diànhuà 打 电话	전화를 걸다

단어 打电话 dǎ diànhuà 전화를 걸다

3

Track **45-3**

사진에 의사가 나와 있고, 녹음에서는 의사(医生 yīshēng)를 본다. 즉 '진찰을 받다'라고 했으므로 정답은 √이다.

정답 √

녹음

kàn yīshēng 看 医生	진찰을 받다

단어 看 kàn 동 보다 | ★医生 yīshēng 명 의사

4

Track **45-4**

사진에는 아이가 울고 있는데, 녹음에서는 '高兴 gāoxìng(기쁘다)'이라고 했으므로 정답은 X이다.

정답 X

녹음

hěn gāoxìng 很 高兴	매우 기쁘다

단어 很 hěn 부 매우 | 高兴 gāoxìng 형 기쁘다

5

Track **45-5**

사진에는 여자가 노래를 부르고 있는데, 녹음에서는 '学汉语 xué Hànyǔ(중국어를 배운다)'라고 했으므로 정답은 X이다.

정답 X

녹음

xué Hànyǔ 学 汉语	중국어를 배우다

단어 学 xué 동 배우다, 학습하다 | 汉语 Hànyǔ 명 중국어

 시험처럼 풀어보는 실전문제 1

기본서 124쪽

정답 1. B 2. C 3. A 4. B 5. C

1 Track **49-1**

녹음에서 '儿子 érzi(아들)'가 있다고 했으므로, 남자아이가 있는 사진 B가 정답이다.

정답 B

녹음

Wǒ yǒu yí ge érzi. 我 有 一 个 儿子。	나는 아들이 한 명 있다.

단어 有 yǒu 통 있다, 가지고 있다 | 个 gè 양 명[사람을 세는 단위] | ★儿子 érzi 명 아들

2 Track **49-2**

녹음에서 '睡觉 shuìjiào(잠을 잔다)'라고 했으므로 사진 C가 정답이다.

정답 C

녹음

Tā zhèngzài shuìjiào. 她 正在 睡觉。	그녀는 잠을 자고 있다.

단어 她 tā 대 그녀 | 正在 zhèngzài 부 ~하고 있다, ~하는 중이다 | ★睡觉 shuìjiào 통 잠을 자다

어법 正在 zhèngzài

부사 '正在 zhèngzài'는 '~하고 있다, ~하는 중이다'라는 의미로 동사 앞에 쓰여 동작의 진행을 나타낸다.

예 我正在看电视。Wǒ zhèngzài kàn diànshì. 나는 텔레비전을 보고 있다.

3 Track **49-3**

녹음에서 '中国菜 Zhōngguó cài(중국 요리)'를 좋아한다고 했으므로, 사진 A가 정답이다.

정답 A

녹음 Wǒ dìdi ài chī Zhōngguó cài.
我弟弟爱吃中国菜。 내 남동생은 중국 요리 먹는 것을 몹시 좋아한다.

단어 弟弟 dìdi 명 남동생 | 爱 ài 동 사랑하다, 몹시 좋아하다 | 吃 chī 동 먹다 | 中国 Zhōngguó 고유 중국 | ★菜 cài 명 요리, 음식

어법 爱 ài

동사 '爱 ài'는 '사랑하다'라는 의미와 함께 '몹시 좋아하다'라는 의미로도 쓰인다.

예 我爱你。Wǒ ài nǐ. 나는 너를 사랑해. | 我爱看书。Wǒ ài kàn shū. 나는 책 보는 것을 몹시 좋아한다.

4 Track **49-4**

녹음에서 '小狗 xiǎogǒu(강아지)'가 귀엽다고 했으므로, 사진 B가 정답이다.

정답 B

녹음 Xiǎogǒu hěn kě'ài.
小狗很可爱。 강아지가 매우 귀엽다.

단어 ★小狗 xiǎogǒu 명 강아지 | 很 hěn 부 매우 | 可爱 kě'ài 형 귀엽다

어법 很 hěn

'很 hěn'은 '매우'라는 의미로, 형용사 앞에 쓰여 의미를 강조한다.

예 她很漂亮。Tā hěn piàoliang. 그녀는 매우 예쁘다.

5 Track 49-5

녹음에서 '水果 shuǐguǒ(과일)'라고 했으므로, 사진 C가 정답이다.

정답 C

녹음 Zhèxiē shì shuǐguǒ.
这些 是 水果。 이것들은 과일이다.

단어 这 zhè 대 이, 이것 | 些 xiē 양 몇몇, 약간 | 是 shì 동 ~이다 | ★水果 shuǐguǒ 명 과일

어법 是 shì

동사 '是 shì'는 'A是B'의 형식으로 쓰여, 'A는 B이다'라는 의미를 나타낸다.

예 这是我的老师。 Zhè shì wǒ de lǎoshī. 이 분은 우리 선생님이다.

시험처럼 풀어보는 실전문제 2

기본서 125쪽

정답 1. A 2. B 3. B 4. A 5. C

1 Track 50-1

녹음에서 '衣服 yīfu(옷)'가 예쁘다고 했으므로, 사진 A가 정답이다.

정답 A

녹음 Zhè jiàn yīfu hěn piàoliang.
这 件 衣服 很 漂亮。 이 옷은 정말 예쁘다.

단어 ★件 jiàn 양 벌[옷을 세는 단위] | 衣服 yīfu 명 옷 | 漂亮 piàoliang 형 예쁘다

2

Track 50-2

'怎么了 zěnme le'는 '왜 그래, 무슨 일이야?'라는 의미로, 상대방이 걱정되거나 염려될 때 쓰는 표현이다. 따라서 B가 정답이다.

정답 B

녹음 Nǐ zěnme le, bù gāoxìng le?
你怎么了，不高兴了？
너 왜 그래? 기분이 안 좋아졌어?

단어 ★怎么了 zěnme le 무슨 일이야?, 어떻게 된 거야? | ★高兴 gāoxìng 형 기쁘다, 즐겁다

3

Track 50-3

녹음에서 '想喝水 xiǎng hē shuǐ(물 마시고 싶다)'라고 했으므로, 사진 B가 정답이다.

정답 B

녹음 Tài rè le, yǒu shuǐ ma? Wǒ xiǎng hē shuǐ.
太热了，有水吗？我想喝水。
너무 더운데, 물 있어? 나 물 마시고 싶어.

단어 太…了 tài…le 너무 ~하다 | ★热 rè 형 덥다 | 水 shuǐ 명 물 | 吗 ma 조 ~이니? | 想 xiǎng 조동 ~하고 싶다 | 喝 hē 동 마시다

어법 有 yǒu

동사 '有 yǒu'는 소유의 개념으로 '있다, 가지고 있다'라는 의미가 있다.

예 我有一个弟弟。Wǒ yǒu yí ge dìdi. 나는 남동생이 한 명 있다.

1급 듣기

4

Track **50-4**

녹음에서 '一点十分 yī diǎn shí fēn(1시 10분)'이라고 했으므로, 사진 A가 정답이다.

정답 A

녹음 Xiànzài shì xiàwǔ yī diǎn shí fēn .
现在 是 下午 一 点 十 分 。 지금은 오후 1시 10분이다.

단어 现在 xiànzài 명 지금, 현재 | 下午 xiàwǔ 명 오후 | ★一 yī 수 1, 하나 | ★点 diǎn 양 시 | ★十 shí 수 10, 열 | ★分 fēn 양 분

5

Track **50-5**

녹음에서 '学校 xuéxiào(학교)'에 갔다고 했으므로, 사진 C가 정답이다.

정답 C

녹음 Tā qù xuéxiào le .
他 去 学校 了 。 그는 학교에 갔다.

단어 去 qù 동 가다 | ★学校 xuéxiào 명 학교 | 了 le 조 동작 혹은 상황이 완료되었음을 나타냄

시험처럼 풀어보는 실전문제 1

기본서 132쪽

정답 1. A 2. D 3. B 4. E 5. C

1

Track 54-1

녹음에서 남자가 '医生 yīshēng(의사)'의 이름을 물었고, 그 이름을 답해 주었으므로 사진 A가 가장 적합하다.

정답 A

녹음

男：前面 Qiánmiàn 那个 nàge 医生 yīshēng 叫 jiào 什么 shénme 名字 míngzi？	남: 앞에 저 의사는 이름이 뭐니?
女：他 Tā？他 Tā 叫 jiào 李 Lǐ 明 Míng。	여: 저 사람? 그는 리밍(李明)이야.

단어 前面 qiánmiàn 명 앞(쪽) | 那 nà 대 그, 저 | ★医生 yīshēng 명 의사 | 叫 jiào 동 (~라고) 부르다 | 什么 shénme 대 무슨, 무엇 | 名字 míngzi 명 이름

어법 叫 jiào

동사 '叫 jiào'는 '(~라고) 부르다'라는 의미로, 이름을 말할 때 쓴다. 성씨를 말할 때는 '姓 xìng(성이 ~이다)'을 쓴다.

예 她叫张红。Tā jiào Zhāng Hóng. 그녀는 장훙(张红)이라고 해요.
我姓刘。Wǒ xìng Liú. 저는 성이 류(刘)예요.

2

Track **54-2**

녹음에서 남자가 '在出租车上 zài chūzūchē shang(택시에 있다)'이라고 했으므로, 사진 D가 가장 적합하다.

정답 D

녹음

Wéi, nǐ zài nǎr? 女：喂，你 在 哪儿？	여: 여보세요, 너 어디야?
Wǒ zài chūzūchē shang, yào huíjiā ne. 男：我 在 出租车 上，要 回家 呢。	남: 나 택시에 있어, 집에 가려고.

단어 喂 wéi 감탄 (전화상에서) 여보세요 | 在 zài 동 ~에 있다 | 哪儿 nǎr 대 어디 | ★出租车 chūzūchē 명 택시 | 要 yào 조동 ~하고자 하다 | 回家 huíjiā 동 집에 돌아오다(돌아가다)

3

Track **54-3**

녹음에서 여자가 '喜欢唱歌 xǐhuan chànggē(노래하는 것을 좋아한다)'라고 했으므로, 사진 B가 정답이다.

정답 B

녹음

Nǐ xǐhuan zuò shénme? 男：你 喜欢 做 什么？	남: 너는 뭐 하는 것을 좋아해?
Wǒ hěn xǐhuan chànggē, nǐ ne? 女：我 很 喜欢 唱歌，你 呢？	여: 나는 노래하는 것을 아주 좋아해, 너는?

단어 ★喜欢 xǐhuan 동 좋아하다 | 做 zuò 동 하다 | 什么 shénme 대 무엇, 무슨 | 很 hěn 부 매우 | ★唱歌 chànggē 동 노래를 부르다 | 呢 ne 조 문장 끝에서 반복되는 질문을 생략하고 물을 때 씀

4

Track **54-4**

녹음에서 '苹果 píngguǒ(사과)'를 원한다고 했으므로, 사진 E가 정답이다.

정답 E

녹음

女：你还要什么？ Nǐ hái yào shénme?	여: 또 어떤 것을 원하세요?
男：我要一斤苹果，多少钱？ Wǒ yào yì jīn píngguǒ, duōshao qián?	남: 사과 한 근 주세요, 얼마예요?

단어 还 hái 부 또, 더(욱) | 要 yào 동 원하다 | 一 yī 수 1, 하나 | 斤 jīn 양 근[무게의 단위] | ★苹果 píngguǒ 명 사과 | 多少钱 duōshao qián 얼마예요?

5

Track **54-5**

녹음에서 '这些人都是谁? Zhèxiē rén dōu shì shéi?(이 사람들은 누구니?)'라고 묻자, '친구(朋友 péngyou)'라고 대답했으므로, 사진 C가 가장 적합하다.

정답 C

녹음

男：这些人都是谁？ Zhèxiē rén dōu shì shéi?	남: 이 사람들은 누구니?
女：他们都是我在中国认识的朋友。 Tāmen dōu shì wǒ zài Zhōngguó rènshi de péngyou.	여: 그들은 모두 내가 중국에서 알게 된 친구야.

단어 ★些 xiē 양 몇몇, 약간 | 是 shì 동 ~이다 | 谁 shéi 대 누구 | 他们 tāmen 대 그들 | 都 dōu 부 모두 | 在 zài 개 ~에서 | 中国 Zhōngguó 고유 중국 | 认识 rènshi 동 (사람·길·글자를) 알다 | ★朋友 péngyou 명 친구

어법 (一)些 (yì)xiē

'(一)些 (yì)xiē'는 '몇몇, 조금, 약간'이라는 뜻으로 확실치 않은 적은 수량을 나타낸다.

예 那些水果很好吃。Nàxiē shuǐguǒ hěn hǎochī. 그 과일들은 매우 맛있다.

시험처럼 풀어보는 실전문제 2

기본서 133쪽

정답 1. E 2. D 3. B 4. A 5. C

1

Track 55-1

녹음에서 '几点上课? Jǐ diǎn shàngkè?(몇 시에 수업하니?)'라고 물었으므로, 사진 E가 정답이다.

정답 E

녹음

Nǐ měi tiān jǐ diǎn shàngkè ? 女：你 每 天 几 点 上课？	여: 너는 매일 몇 시에 수업하니?
Wǒ měi tiān bā diǎn shàngkè . 男：我 每 天 八 点 上课。	남: 나는 매일 8시에 수업해.

단어 每天 měi tiān 명 매일 | 几 jǐ 수 몇 | 点 diǎn 양 시 | ★上课 shàngkè 동 수업하다, 강의하다 | 八 bā 수 8, 여덟

2

Track 55-2

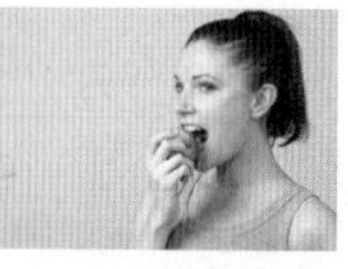

녹음에서 '你吃什么? Nǐ chī shénme?(너는 무엇을 먹니?)'라고 물었고, '苹果 píngguǒ(사과)'를 먹는다고 했으므로, 사진 D가 가장 적합하다.

정답 D

녹음

Nǐ chī shénme ? 男：你 吃 什么？	남: 너는 무엇을 먹니?
Wǒ chī píngguǒ . 女：我 吃 苹果。	여: 나는 사과를 먹어.

단어 ★吃 chī 동 먹다 | ★什么 shénme 대 무엇, 무슨 | ★苹果 píngguǒ 명 사과

3

Track **55-3**

녹음에서 '跑了 pǎole(뛰었다)'라고 했으므로, 사진 B가 정답이다.

정답 B

녹음

Tài bàng le! Wǒ péngyou pǎole dì-yī míng. 女：太棒了！我朋友跑了第一名。	여: 정말 대단해! 내 친구가 달리기 1등을 했어.
Tā shì hào ma? 男：他是9号吗？	남: 그는 9번이니?

단어 棒 bàng 형 (성적이) 좋다, (수준이) 높다 | 朋友 péngyou 명 친구 | ★跑 pǎo 동 달리다, 뛰다 | 第一名 dì-yī míng 1위, 1등 | ★号 hào 명 번호 | 吗 ma 조 ~이니?

어법 太 tài

'太 tài'는 '너무, 몹시, 지나치게'라는 뜻으로 상태의 정도가 심할 때 쓴다. 감탄의 어투를 강조할 때에는 '了 le'와 함께 쓰기도 한다.

예 水果太贵了。Shuǐguǒ tài guì le. 과일이 너무 비싸요.

4

Track **55-4**

녹음에서 '电话号码 diànhuà hàomǎ(전화번호)'를 묻고 답했으므로, 사진 A가 정답이다.

정답 A

녹음

Nǐ de diànhuà hàomǎ shì duōshao? 男：你的电话号码是多少？	남: 너의 전화번호는 몇 번이니?
Wǒ de diànhuà hàomǎ shì 女：我的电话号码是86881021。	여: 내 전화번호는 86881021이야.

단어 的 de 조 ~의, ~한 | ★电话 diànhuà 명 전화 | ★号码 hàomǎ 명 번호 | 多少 duōshao 대 얼마, 몇

5 Track **55-5**

녹음에서 어디에 가는지 물었고, '商店 shāngdiàn(상점)'에 간다고 대답했으므로, 사진 C가 정답이다.

정답 C

녹음

Nǐ qù nǎr ? 女：你 去 哪儿？	여: 너는 어디 가니?
Wǒ qù shāngdiàn . 男：我 去 商店。	남: 나는 상점에 가.

단어 去 qù 동 가다 | ★哪儿 nǎr 대 어디 | ★商店 shāngdiàn 명 상점, 가게

시험처럼 풀어보는 실전문제 1

기본서 138쪽

정답 1. A 2. C 3. A 4. B 5. C

1

Track 59-1

해설 녹음에서 '有两个哥哥 yǒu liǎng ge gēge(형이 두 명 있다)'라고 했으므로, A가 정답이다.

정답 A

녹음

Wǒ méiyǒu jiějie hé mèimei, yě méiyǒu 我 没有 姐姐 和 妹妹，也 没有 dìdi, zhǐ yǒu liǎng ge gēge. 弟弟，只 有 两 个 哥哥。 Tā yǒu shénme? 问：他 有 什么？	나는 누나와 여동생이 없고, 남동생도 없고, 형만 두 명 있다. 질문: 그는 무엇을 가지고 있나?
gēge A 哥哥 jiějie B 姐姐 mèimei C 妹妹	A 형 B 누나 C 여동생

단어 ★姐姐 jiějie 명 누나, 언니 | 和 hé 접 ~와(과) | ★妹妹 mèimei 명 여동생 | 也 yě 부 ~도, 역시 | ★弟弟 dìdi 명 남동생 | 只 zhǐ 부 단지, 다만 | 两 liǎng 수 2, 둘 | 个 gè 양 명[사람을 세는 단위] | ★哥哥 gēge 명 오빠, 형 | 有 yǒu 동 있다, 가지고 있다 | ★什么 shénme 대 무엇, 무슨

2

Track 59-2

해설 녹음에서 '일요일(星期天 xīngqītiān)'에 돌아온다고 했으므로 일요일의 또 다른 표현인 C가 정답이다.

정답 C

녹음

Wǒ zài nàr zhù sān tiān, xīngqītiān 我 在 那儿 住 三 天，星期天 huílai, zàijiàn. 回来，再见。 Tā nǎ tiān huílai? 问：他 哪 天 回来？	나는 거기에서 3일 묵고, 일요일에 돌아올거야, 안녕. 질문: 그는 언제 돌아오나?
xīngqīsān A 星期三 xīngqīsì B 星期四 xīngqīrì C 星期日	A 수요일 B 목요일 C 일요일

단어 那儿 nàr 대 그곳, 거기 | 住 zhù 동 살다, 묵다 | 三天 sān tiān 3일 | ★星期天 xīngqītiān 일요일 | 回来 huílai 돌아오다 | 再见 zàijiàn 동 또 만나, 안녕[헤어질 때 하는 인사] | ★哪天 nǎ tiān 어느 날, 언제

3

Track 59-3

해설 녹음에서 '他的汉语很好 tā de Hànyǔ hěn hǎo(그의 중국어 실력은 매우 좋다)'라고 했으므로, A가 정답이다.

정답 A

녹음

Tā de Hànyǔ hěn hǎo, tā huì xiě bù shǎo Hànzì. 他的汉语很好，他会写不少汉字。	그의 중국어 실력은 매우 좋고, 그는 많은 한자를 쓸 줄 안다.
Tā de Hànyǔ zěnmeyàng? 问：他的汉语怎么样？	질문: 그의 중국어 실력은 어떠한가?
hěn hǎo A 很好	A 매우 좋다
bú huì xiě B 不会写	B 쓸 줄 모른다
bú huì dú C 不会读	C 읽을 줄 모른다

단어 ★汉语 Hànyǔ 명 중국어 | ★很 hěn 부 매우 | ★好 hǎo 형 좋다 | 写 xiě 동 (글씨를) 쓰다 | 不少 bù shǎo 적지 않다, 많다 | 汉字 Hànzì 명 한자 | ★怎么样 zěnmeyàng 대 어떠하다

어법 会 huì

'会 huì'는 '~할 수 있다, ~할 줄 안다'라는 뜻으로, 동사 앞에 쓰여 학습을 통한 능력이나 가능을 나타낸다. 부정형은 '不会 bú huì'를 쓰고, '~할 줄 모른다'라고 해석한다.

예 我会说汉语。Wǒ huì shuō Hànyǔ. 나는 중국어를 할 줄 안다.
我不会说汉语。Wǒ bú huì shuō Hànyǔ. 나는 중국어를 할 줄 모른다.

4

Track 59-4

해설 녹음에서 오늘 날씨가 '冷 lěng(춥다)'이라고 했으므로, B가 정답이다.

정답 B

녹음

Jīntiān tiānqì hěn lěng, hē yì bēi rè chá ba. 今天天气很冷，喝一杯热茶吧。	오늘은 날씨가 추우니, 따뜻한 차 한 잔 마시자.
Jīntiān tiānqì zěnmeyàng? 问：今天天气怎么样？	질문: 오늘 날씨가 어떠한가?
rè lěng xiàyǔ A 热 B 冷 C 下雨	A 덥다 B 춥다 C 비가 내린다

단어 今天 jīntiān 명 오늘 | 天气 tiānqì 명 날씨 | 很 hěn 부 매우 | ★冷 lěng 형 춥다 | 喝 hē 동 마시다 | 杯 bēi 양 잔, 컵 | 热茶 rè chá 따뜻한 차 | 吧 ba 조 ~하자, ~해라

---

5 Track 59-5

해설 녹음에서 '在大学工作 zài dàxué gōngzuò(대학에서 일한다)'라고 했으므로, C가 정답이다.

정답 C

녹음

Wǒ yǒu yí ge jiějie, tā zài dàxué gōngzuò. 我有一个姐姐，她在大学工作。	나는 누나가 한 명 있다. 그녀는 대학에서 일한다.
Tā de jiějie zài nǎr gōngzuò? 问：他的姐姐在哪儿工作？	질문: 그의 누나는 어디에서 일하는가?
A xiǎoxué 小学 B zhōngxué 中学 C dàxué 大学	A 초등학교 B 중고등학교 C 대학교

단어 在 zài 개 ~에서 | ★大学 dàxué 명 대학교 | 工作 gōngzuò 동 일하다 | 哪儿 nǎr 대 어디

시험처럼 풀어보는 실전문제 2

기본서 139쪽

정답 1. B 2. A 3. B 4. B 5. B

1 Track 60-1

해설 녹음에서 다음 주에 '去医院 qù yīyuàn(병원에 간다)'이라고 했으므로, B가 정답이다.

정답 B

녹음

Xià ge xīngqī, wǒ qù yīyuàn kàn yīshēng. 下个星期，我去医院看医生。	다음 주에 나는 병원에 가서 진찰을 받는다.
Tā xià ge xīngqī yào qù nǎr? 问：他下个星期要去哪儿？	질문: 그는 다음 주에 어디에 가려고 하는가?
A shāngdiàn 商店 B yīyuàn 医院 C tā jiā 他家	A 상점 B 병원 C 그의 집

단어 下个星期 xià ge xīngqī 다음 주 | 去 qù 동 가다 | ★医院 yīyuàn 명 병원 | 看 kàn 동 보다 | 医生 yīshēng 명 의사 | 什么时候 shénme shíhou 언제

어법 去 qù

'去 qù'는 '가다'라는 의미로, 뒤에 장소 목적어가 온다.

예 去商店 qù shāngdiàn 상점에 가다

2

Track 60-2

해설 녹음에서 '右边 yòubian(오른쪽)'에 '도서관(图书馆 túshūguǎn)'이 있다고 했으므로, A가 정답이다.

정답 A

녹음

Yòubian de jiù shì túshūguǎn . 右边 的 就 是 图书馆 。	오른쪽의 것이 바로 도서관이다.
Túshūguǎn zài nǎr ? 问： 图书馆 在 哪儿？	질문: 도서관은 어디에 있나?
yòubian / zuǒbian / zhōngjiān A 右边 B 左边 C 中间	A 오른쪽 B 왼쪽 C 중간

단어 ★右边 yòubian 명 오른쪽 | 就 jiù 부 곧, 바로 | 图书馆 túshūguǎn 명 도서관

3

Track 60-3

해설 녹음에서 '迟到了 chídào le(지각했다)'라고 했으므로, B가 정답이다.

정답 B

녹음

Tā jīntiān qǐ wǎn le , shàngkè chídào le . 他 今天 起 晚 了，上课 迟到 了 。	그는 오늘 늦게 일어나서 수업에 늦었다.
Tā jīntiān zěnme le ? 问：他 今天 怎么 了？	질문: 그는 오늘 무슨 일이 있었나?
shuìjiào le A 睡觉 了	A 잠을 잤다
chídào le B 迟到 了	B 지각했다
chīfàn le C 吃饭 了	C 밥을 먹었다

단어 今天 jīntiān 명 오늘 | 起 qǐ 동 일어나다 | 晚 wǎn 형 늦다 | 了 le 조 동작의 완료를 나타내거나 변화 혹은 새로운 상황의 출현을 나타냄 | 上课 shàngkè 동 수업하다, 강의하다 | ★迟到 chídào 동 지각하다 | 怎么了 zěnme le 무슨 일이야?, 어떻게 된 거야?

4

Track **60-4**

해설 녹음에서 '我女儿 wǒ nǚ'ér(내 딸)'이 노래하고 춤추는 것을 좋아한다고 했으므로, B가 정답이다.

정답 B

녹음

Tā shì wǒ nǚ'ér, xǐhuan chànggē tiàowǔ. 她是我女儿，喜欢唱歌跳舞。	그녀는 내 딸인데, 노래하고 춤추는 것을 좋아한다.
Shéi xǐhuan chànggē tiàowǔ? 问：谁喜欢唱歌跳舞？	질문: 누가 노래하고 춤추는 것을 좋아하나?
A 我 (wǒ)　B 女儿 (nǚ'ér)　C 妈妈 (māma)	A 나　B 딸　C 엄마

단어 ★女儿 nǚ'ér 명 딸 | ★喜欢 xǐhuan 동 좋아하다 | ★唱歌 동 chànggē 노래를 부르다 | 跳舞 tiàowǔ 동 춤을 추다 | 谁 shéi 대 누구

어법 명사 수식과 的 de

명사를 수식할 때에는 '的 de'를 사용해야 하지만, 가족이나 학교처럼 밀접한 관계는 '的 de'를 생략할 수 있다.

예 我(的)妈妈 wǒ (de) māma 우리 엄마 | 我们(的)学校 wǒmen (de) xuéxiào 우리 학교

5

Track **60-5**

해설 녹음에서 오늘이 '十四号 shísì hào(14일)'라고 했으므로, B가 정답이다.

정답 B

녹음

Jīntiān shì shísì hào, xīngqīwǔ. 今天是十四号，星期五。	오늘은 14일, 금요일이다.
Jīntiān jǐ hào? 问：今天几号？	질문: 오늘은 며칠인가?
A 13号 (hào)　B 14号 (hào)　C 15号 (hào)	A 13일　B 14일　C 15일

단어 ★号 hào 명 일 | 星期五 xīngqīwǔ 금요일 | 几 jǐ 수 몇

시험처럼 풀어보는 실전문제 1

기본서 146쪽

정답 1. X 2. X 3. √ 4. X 5. X

1

'学生 xuésheng'은 '학생'이라는 의미이므로 사진과 일치하지 않는다.

정답 X

2

'饭店 fàndiàn'은 '호텔, 식당'이라는 의미이므로 사진과 일치하지 않는다.

정답 X

3

'很冷 hěn lěng'은 '매우 춥다'라는 의미이므로 사진과 일치한다.

정답 √

4

'姐姐 jiějie'는 '누나, 언니'라는 의미이지만, 사진에는 남자아이가 제시되어 있으므로 일치하지 않는다.

정답 X

5

'喝 hē'는 '마시다'라는 의미이지만, 듣고(听 tīng) 있는 사진이 제시되어 있으므로 일치하지 않는다.

정답 X

실력 향상을 위한 **점프 표현**

부수에 '口'가 있으면 그 단어는 입과 관련된 의미일 경우가 많다.

吃 chī 먹다 | 喝 hē 마시다 | 叫 jiào 부르다

1급 독해

시험처럼 풀어보는 실전문제 2

기본서 147쪽

정답 1. √ 2. X 3. √ 4. X 5. X

1

'椅子 yǐzi'는 '의자'라는 의미이므로 사진과 일치한다.

정답 √

2

'火车 huǒchē'는 '기차'라는 의미이지만, 사진은 자전거(自行车 zìxíngchē)가 제시되어 있으므로 일치하지 않는다.

정답 X

3

'写 xiě'는 '(글씨를) 쓰다'라는 의미이므로 사진과 일치한다.

정답 √

4

'他 tā'는 '그'라는 의미로 남자를 가리킬 때 쓰이는데, 사진에는 여자가 제시되어 있으므로 일치하지 않는다.

정답 X

실력 향상을 위한 **점프 표현**

부수에 '人(亻)'이 있으면 그 단어는 사람과 관련된 의미일 경우가 많다.

你 nǐ 너, 당신 | 他 tā 그

5

'米饭 mǐfàn'은 '쌀밥'이라는 의미이므로 사진과 일치하지 않는다.

정답 X

실력 향상을 위한 **점프 표현**

부수에 '食(饣)'이 있으면 그 단어는 먹는 것과 관련된 의미일 경우가 많다.

米饭 mǐfàn 쌀밥 | 饭馆 fànguǎn 식당 | 饮料 yǐnliào 음료

시험처럼 풀어보는 실전문제 1

기본서 152쪽

정답 1. D 2. E 3. A 4. B 5. C

1

'电脑 diànnǎo'는 '컴퓨터'라는 의미이므로, 사진 D가 정답이다.

정답 D

해석 Zhè shì wǒ dìdi de diànnǎo.
这 是 我 弟弟 的 电脑。 — 이것은 내 남동생의 컴퓨터이다.

단어 这 zhè 대 이, 이것 | 弟弟 dìdi 명 남동생 | 的 de 조 ~의 | ★电脑 diànnǎo 명 컴퓨터

실력 향상을 위한 점프 표현

'电 diàn'은 '전자, 전기'라는 뜻으로 전자 제품과 관련된 단어에 주로 쓰인다.
电视 diànshì 텔레비전 | 电脑 diànnǎo 컴퓨터 | 电话 diànhuà 전화

2

'飞机 fēijī'는 '비행기'라는 의미이므로, 사진 E가 정답이다.

정답 E

해석 Wǒ míngtiān zuò fēijī qù.
我 明天 坐 飞机 去。 — 나는 내일 비행기를 타고 간다.

단어 明天 míngtiān 명 내일 | 坐 zuò 동 (교통수단을) 타다 | ★飞机 fēijī 명 비행기 | 去 qù 동 가다

3

'不想喝茶 bù xiǎng hē chá'는 '차를 마시고 싶지 않다'라는 의미이므로, 거절하는 사진 A가 정답이다.

정답 A

해석 Wǒ bù xiǎng hē chá.
我 不 想 喝 茶。 | 나는 차를 마시기 싫어.

단어 ★不想 bù xiǎng ~하고 싶지 않다 | ★喝 hē 동 마시다 | ★茶 chá 명 차, tea

4

'很多学生 hěn duō xuésheng(많은 학생)'이 있다고 했으므로, 사진 B가 정답이다.

정답 B

해석 Xuéxiào li yǒu hěn duō xuésheng.
学校 里 有 很 多 学生。 | 학교 안에 많은 학생이 있다.

단어 学校 xuéxiào 명 학교 | 有 yǒu 동 있다, 가지고 있다 | 很 hěn 부 매우 | 多 duō 형 많다 | ★学生 xuésheng 명 학생

어법 有 yǒu와 是 shì

동사 '有 yǒu' 혹은 '是 shì'로 존재를 나타낼 때에는 반드시 장소를 '有'나 '是' 앞에 써야 한다.

장소 + 有(是) + 존재하는 것

예 学校前边有一个银行。Xuéxiào qiánbian yǒu yí ge yínháng. 학교 앞에 은행이 하나 있다.
医院右边是学校。Yīyuàn yòubian shì xuéxiào. 병원 오른쪽은 학교이다.

5

'苹果 píngguǒ'는 '사과'라는 의미이므로, 사진 C가 정답이다.

정답 C

해석

Wǒ xǐhuan chī píngguǒ . 我 喜欢 吃 苹果 。	나는 사과 먹는 것을 좋아한다.

단어 喜欢 xǐhuan 동 좋아하다 | 吃 chī 동 먹다 | ★苹果 píngguǒ 명 사과

시험처럼 풀어보는 실전문제 2

기본서 153쪽

정답 1. E 2. C 3. B 4. A 5. D

1

'我能吃…吗? Wǒ néng chī…ma?'는 '제가 ~를 먹어도 될까요?'라는 의미이므로, 사진 E가 정답이다.

정답 E

해석

Wǒ néng chī yí kuàir ma ? 我 能 吃 一 块儿 吗 ?	제가 한 조각 먹어도 될까요?

단어 块儿 kuàir 양 덩어리[덩어리나 조각 모양의 물건을 세는 단위]

2

'买衣服 mǎi yīfu'는 '옷을 사다'라는 의미이므로 사진 C가 정답이다.

정답 C

해석

Tāmen zài mǎi yīfu ne. 她们 在 买 衣服 呢。	그녀들은 옷을 사고 있다.

단어 她们 tāmen 대 그녀들 | 在 zài 부 ~하고 있다, ~하는 중이다 | ★买 mǎi 동 사다 | ★衣服 yīfu 명 옷

3

'水果 shuǐguǒ'는 '과일'이라는 의미이므로 사진 B가 정답이다.

정답 B

해석

Duō chī xiē shuǐguǒ. 多 吃 些 水果。	과일 좀 많이 먹어.

단어 多 duō 형 많다 | 些 xiē 양 몇몇, 약간 | ★水果 shuǐguǒ 명 과일

어법 多 duō의 부사어 역할

'多 duō'와 같은 1음절 형용사는 동사 바로 앞에서 부사어처럼 쓸 수 있다.

예 多 duō 형 많다 → 多喝水 duō hē shuǐ 물을 많이(더) 마시다

4

'里面是什么东西 lǐmiàn shì shénme dōngxi'는 '안에 있는 것이 무엇인가'라는 의미이므로, 사진 A가 정답이다.

정답 A

해석

Lái, wǒmen kànkan, lǐmiàn shì shénme dōngxi. 来，我们 看看，里面 是 什么 东西。	자, 봅시다, 안에 무엇이 있는지.

단어 来 lái 동 자[주의를 집중시킬 때 씀] | 我们 wǒmen 대 우리(들) | 看 kàn 동 보다 | ★里面 lǐmiàn 명 안(쪽) | ★什么 shénme 대 무엇, 무슨 | ★东西 dōngxi 명 물건, 것

5

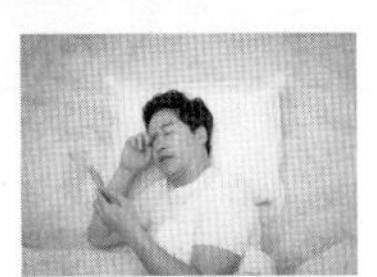

'睡觉 shuìjiào'는 '잠을 자다'라는 의미이므로 사진 D가 정답이다.

정답 D

해석

Wéi, nǐ shuìjiào le ma? 喂，你 睡觉 了 吗？	여보세요, 너 잤니?

단어 喂 wéi 감탄 (전화상에서) 여보세요 | ★睡觉 shuìjiào 동 잠을 자다

시험처럼 풀어보는 실전문제 1

기본서 158쪽

정답 1. D 2. B 3. A 4. C 5. E

1

해설 '呢 ne'는 문장 끝에 쓰여 반복되는 질문을 생략하고 물을 때 쓴다. 질문에서 생략된 부분은 '어디에 있니?'이므로, 대답으로 가장 적절한 것은 장소에 대해 말한 D이다.

정답 D

해석

Wǒ de shū ne? A: 我的书呢？	A: 내 책은?
Zài zhuōzi shang. B: 在桌子上。	B: 탁자 위에 있어.

단어 的 de 조 ~의 | ★书 shū 명 책 | 在 zài 동 ~에 있다 | ★桌子 zhuōzi 명 탁자, 테이블 | 上 shàng 명 위

2

해설 보는지 안 보는지(看不看 kànbukàn) 물었으므로, 안 본다(不看 bú kàn)고 말한 보기 B가 정답이다.

정답 B

해석

Xīngqīliù nǐ kànbukàn diànyǐng? A: 星期六你看不看电影？	A: 토요일에 너는 영화를 보니 안 보니?
Bú kàn. B: 不看。	B: 안 봐.

단어 星期六 xīngqīliù 토요일 | ★看 kàn 동 보다 | 电影 diànyǐng 명 영화 | ★不 bù 부 ~하지 않다

어법 정반의문문(~하니, ~안 하니?) → 기본서 27쪽

정반의문문은 긍정 형식(A)과 부정 형식(不A)을 연결하여 만드는 의문문(A不A)이다. 문장 끝에는 의문문을 만드는 '吗 ma'나 '吧 ba'를 쓸 수 없다.

예 你来不来? Nǐ láibulái? 너는 오니 안 오니?
你忙不忙? Nǐ mángbumáng? 너는 바쁘니 안 바쁘니?

3

해설 '고맙다(谢谢 xièxie)'라고 말할 때에는 '천만에요(不客气 bú kèqi)'라고 대답해야 하므로, A가 정답이다.

정답 A

해석

Xièxie . A: 谢谢。	A: 고마워요.
Bú kèqi . B: 不 客气。	B: 천만에요.

단어 ★谢谢 xièxie 동 고마워요, 감사해요 | ★不客气 bú kèqi 천만에요, 별말씀을요

4

해설 '몇 시(几点 jǐ diǎn)'에 출근하는지 물었으므로 '8시 반(八点半 bā diǎn bàn)'이라고 말한 C가 정답이다.

정답 C

해석

Nǐ jǐ diǎn shàngbān ? A: 你 几 点 上班？	A: 너는 몇 시에 출근해?
Bā diǎn bàn . B: 八 点 半。	B: 8시 반에.

단어 几 jǐ 수 몇 | 点 diǎn 양 시 | 上班 shàngbān 동 출근하다 | 半 bàn 수 절반, 2분의 1

어법 几 jǐ

의문대명사 '几 jǐ'는 '몇'이라는 의미로 10 이하의 적은 수를 물어볼 때 쓴다. 특히, 날짜, 시간을 물을 때 많이 쓴다.

예 现在几点? Xiànzài jǐ diǎn? 지금은 몇 시니?
今天几月几号? Jīntiān jǐ yuè jǐ hào? 오늘은 몇 월 며칠이니?
今天星期几? Jīntiān xīngqī jǐ? 오늘은 무슨 요일이니?

5

해설 날씨가 어떠한지(天气怎么样 tiānqì zěnmeyàng) 물었으므로, '좋다(好 hǎo)'라고 말한 E가 정답이다.

정답 E

해석

Jīntiān tiānqì zěnmeyàng ? A: 今天 天气 怎么样？	A: 오늘 날씨는 어때?
Hěn hǎo . B: 很 好。	B: 매우 좋아.

단어 今天 jīntiān 명 오늘 | ★天气 tiānqì 명 날씨 | ★怎么样 zěnmeyàng 대 어떠하다 | 很 hěn 부 매우 | ★好 hǎo 형 좋다

시험처럼 풀어보는 실전문제 2

기본서 159쪽

정답 1. D　2. A　3. B　4. C　5. E

1

해설 '누구(谁 shéi)'인지 물었으므로 '모른다(不认识 bú rènshi)'라고 말한 D가 정답이다.

정답 D

해석

Nàge rén shì shéi ? A: 那个 人 是 谁？	A: 저 사람은 누구니?
Wǒ bú rènshi tā . B: 我 不 认识 她。	B: 나는 그녀를 몰라.

단어 那 nà 대 그, 저 | 个 gè 양 명[사람을 세는 단위] | 人 rén 명 사람 | ★谁 shéi 대 누구 | ★认识 rènshi 동 (사람·길·글자를) 알다

2

해설 어느 나라 사람인지(哪国人 nǎ guó rén) 물었으므로 '중국인(中国人 Zhōngguórén)'이라고 말한 A가 정답이다.

정답 A

해석

Tā shì nǎ guó rén ? A: 她 是 哪 国 人？	A: 그녀는 어느 나라 사람이야?
Zhōngguórén . B: 中国人。	B: 중국인이야.

단어 哪 nǎ 대 어느, 어디 | 国 guó 명 나라 | 中国 Zhōngguó 고유 중국

3

해설 '상점(商店 shāngdiàn)'에 어떻게 가는지 물었으므로, '택시를 타고 간다(坐出租车去 zuò chūzūchē qù)'라고 말한 B가 정답이다.

정답 B

해석

Nǐ zěnme qù shāngdiàn ? A: 你 怎么 去 商店？	A: 너는 상점에 어떻게 가니?
Zuò chūzūchē qù . B: 坐 出租车 去。	B: 택시를 타고 가요.

단어 怎么 zěnme 대 어떻게 | 去 qù 동 가다 | ★商店 shāngdiàn 명 상점 | 坐 zuò 동 (교통수단을) 타다 | 出租车 chūzūchē 명 택시

4

해설 어디에 있는지(在哪儿 zài nǎr)를 물었으므로, '회사에 있다(在公司 zài gōngsī)'라고 말한 C가 정답이다.

정답 C

해석

Nǐ gēge zài nǎr ? A: 你 哥哥 在 哪儿？	A: 너희 오빠는 어디에 있니?
Tā zài gōngsī . B: 他 在 公司。	B: 그는 회사에 있어.

단어 哥哥 gēge 명 오빠, 형 | ★在 zài 동 ~에 있다 | 哪儿 nǎr 대 어디 | ★公司 gōngsī 명 회사

어법 在 zài

동사 '在 zài'로 '~에 있다'라는 존재를 표현할 때에는 반드시 장소를 在 뒤에 써야 한다.

존재하는 것 + 在 + 장소

예 我姐姐在中国。Wǒ jiějie zài Zhōngguó. 우리 언니는 중국에 있다.

5

해설 몇 살인지(多大了 duō dà le) 나이를 물었으므로, 7살(7岁 qī suì)이라고 말한 E가 정답이다.

정답 E

해석

Tā nǚ'ér duō dà le ? A: 他 女儿 多 大 了？	A: 그의 딸은 몇 살이니?
suì . B: 7 岁。	B: 7살이야.

단어 女儿 nǚ'ér 명 딸 | ★多 duō 부 얼마나 | ★大 dà 형 (나이가) 많다 | ★岁 suì 양 살, 세

시험처럼 풀어보는 실전문제 1

기본서 164쪽

정답 1. E　2. C　3. B　4. D　5. A

1-5

A 商店 shāngdiàn 명 상점, 가게	B 和 hé 접 ~와(과), 그리고	C 想 xiǎng 조동 ~하고 싶다
D 号码 hàomǎ 명 번호	E 在 zài 부 ~하고 있다, ~하는 중이다	

1

해설 문장 끝에 '呢 ne'가 있고, 영화를 보고 있으므로 보기 중에서 동작의 진행을 나타내는 '在 zài'가 정답이다.

정답 E

해석

Tā (zài) kàn diànyǐng ne. 他 (在) 看 电影 呢。 ~하고 있다	그는 영화를 보(고 있다).

단어 ★看 kàn 동 보다 | ★电影 diànyǐng 명 영화

어법 在 zài

'在 zài'는 동사 앞에 쓰여 동작의 진행을 나타낸다. 이때 문장 끝에 '呢 ne'를 쓸 수 있다.

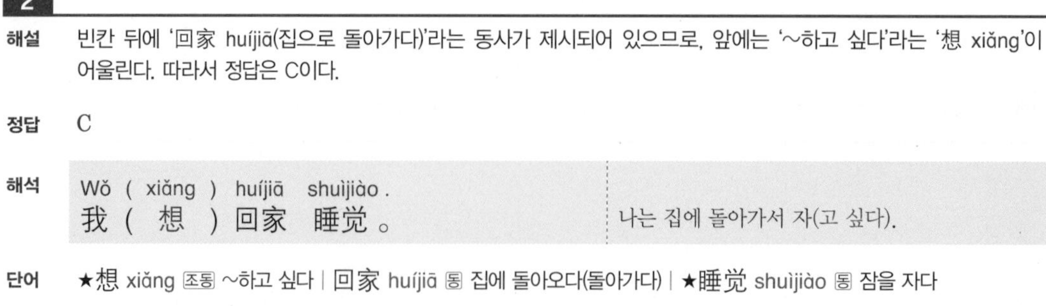

예 我在看电视(呢)。Wǒ zài kàn diànshì (ne). 나는 텔레비전을 보고 있다.

2

해설 빈칸 뒤에 '回家 huíjiā(집으로 돌아가다)'라는 동사가 제시되어 있으므로, 앞에는 '~하고 싶다'라는 '想 xiǎng'이 어울린다. 따라서 정답은 C이다.

정답 C

해석

Wǒ (xiǎng) huíjiā shuìjiào. 我 (想) 回家 睡觉。	나는 집에 돌아가서 자(고 싶다).

단어 ★想 xiǎng 조동 ~하고 싶다 | 回家 huíjiā 동 집에 돌아오다(돌아가다) | ★睡觉 shuìjiào 동 잠을 자다

3

해설 여러 개의 (대)명사를 열거할 때에는 마지막 (대)명사 앞에 '그리고'라는 의미의 '和 hé'를 쓴다.

정답 B

해석

Wǒ jiā yǒu sān kǒu rén : Bàba、 māma 我 家 有 三 口 人：爸爸 、妈妈 (hé) wǒ . (和) 我 。 그리고 나	우리 집에는 아빠, 엄마 (그리고) 나 이렇게 세 식구가 있다.

단어 家 jiā 명 집 | 有 yǒu 동 있다, 가지고 있다 | 口 kǒu 양 식구[가족 수를 셀 때 쓰임] | 人 rén 명 사람 | 爸爸 bàba 명 아빠 | 妈妈 māma 명 엄마

4

해설 '전화번호'는 '电话号码 diànhuà hàomǎ'라고 하므로 D가 정답이다.

정답 D

해석

Nǐ de diànhuà (hàomǎ) shì 男：你 的 电话 (号码) 是 전화번호 duōshao ? 多少？	남: 너의 전화(번호)는 몇 번이니?
女：13833899756。	여: 13833899756이야.

단어 ★电话 diànhuà 명 전화 | ★号码 hàomǎ 명 번호 | 多少 duōshao 대 얼마

5

해설 동사 '去 qù'는 '가다'라는 의미로, 그 뒤에 장소 목적어가 온다. 따라서 보기 중 장소를 나타내는 A가 정답이다.

정답 A

해석

Míngtiān nǐ zuò shénme ? 女： 明天 你 做 什么？	여: 내일 너는 뭐 하니?
Wǒ qù (shāngdiàn) mǎi dōngxi . 男：我 去 (商店) 买 东西 。 상점에 가다	남: 나는 물건을 사러 (상점)에 갈 거야.

단어 明天 míngtiān 명 내일 | 做 zuò 동 하다 | 什么 shénme 대 무엇, 무슨 | ★去 qù 동 가다 | ★商店 shāngdiàn 명 상점, 가게 | 买 mǎi 동 사다 | 东西 dōngxi 명 물건

어법 연동문(1)

연동문은 한 개의 주어와 두 개 이상의 동사로 구성된 문장으로, 동사의 배열 순서는 주로 '시간 발생의 원리'에 따른다.

주어 + 동사1(来/去) + 목적어1(장소) + 동사2 + 목적어2

예 我去中国学习汉语。 Wǒ qù Zhōngguó xuéxí Hànyǔ.
나는 중국에 가서 중국어를 배운다(나는 중국어를 배우러 중국에 간다).

시험처럼 풀어보는 실전문제 2

기본서 165쪽

정답 1. C 2. B 3. D 4. A 5. E

1-5

A 坐 zuò 동 앉다, (교통수단을) 타다	B 前面 qiánmiàn 명 앞(쪽)	C 月 yuè 명 달, 월
D 汉语 Hànyǔ 명 중국어	E 没关系 méi guānxi 괜찮아요	

1

해설 날짜를 말할 때에는 'O월 O일'을 'O月O日(号) O yuè O rì(hào)'라고 하므로, C가 정답이다.

정답 C

해석

Zuótiān shì (yuè) rì . 昨天 是 8 (月) 19 日。	어제는 8(월) 19일이었다.

단어 昨天 zuótiān 명 어제 | 是 shì 동 ~이다 | ★月 yuè 명 월 | 日 rì 명 일

2

해설 동사 '在 zài'로 '~에 있다'는 존재를 나타낼 때에는 반드시 장소를 在 뒤에 써야 한다. '火车站 huǒchēzhàn(기차역)' 뒤에는 방위를 나타내는 '前面 qiánmiàn(앞)'이 적당하므로, 정답은 B이다.

정답 B

해석

Nàge fànguǎnr zài huǒchēzhàn (qiánmiàn) . 那个 饭馆儿 在 火车站 (前面)。 앞에 있다	그 식당은 기차역 (앞)에 있다.

단어 那 nà 대 그, 저 | 个 gè 양 개[사람이나 사물을 세는 단위] | 饭馆儿 fànguǎnr 명 식당 | ★火车站 huǒchēzhàn 명 기차역 | ★前面 qiánmiàn 명 앞(쪽)

3

해설 '说 shuō'는 '말하다'라는 뜻으로, 말이나 외국어를 목적어로 쓸 수 있다. 따라서 보기 중에서 '중국어(汉语 Hànyǔ)'인 D가 정답이다.

정답 D

해석

Nǐ huì shuō (Hànyǔ) ma? 你 会 说 (汉语) 吗? 중국어를 말하다	너는 (중국어)를 할 줄 아니?

단어 ★说 shuō 동 말하다 | ★汉语 Hànyǔ 명 중국어

4

해설 '请 qǐng'은 상대방에게 공손하게 부탁할 때 쓴다. '앉다'의 의미인 동사 '坐 zuò'와 함께 써서 '앉으세요(请坐 qǐng zuò)'라고 표현하므로, A가 정답이다.

정답 A

해석

Nǐ hǎo! Wáng xiānsheng zài ma? 男：你 好！ 王 先生 在 吗？	남: 안녕하세요! 왕(王) 선생님 계세요?
Zài, qǐng (zuò), wǒ qù jiào tā. 女：在，请 (坐)，我 去 叫 他。 앉으세요	여: 계세요. (앉으)세요. 제가 가서 그를 부를게요.

단어 先生 xiānsheng 명 선생, 씨[성인 남성에 대한 존칭] | 在 zài 동 ~에 있다 | ★坐 zuò 동 앉다 | 去 qù 동 가다 | 叫 jiào 동 부르다

5

해설 '미안하다(对不起 duìbuqǐ)'라는 말에는 '괜찮다(没关系 méi guānxi)'라고 대답할 수 있으므로, E가 정답이다.

정답 E

해석

Duìbuqǐ, wǒ bú huì zuò fàn. 女：对不起，我 不 会 做 饭。	여: 미안해, 나는 밥을 할 줄 몰라.
(Méi guānxi), wǒ huì. 男：(没 关系)，我 会。	남: (괜찮아), 내가 할 줄 알아.

단어 ★对不起 duìbuqǐ 동 미안해요, 죄송해요 | 做饭 zuò fàn 밥을 하다 | ★没关系 méi guānxi 괜찮아요

시험처럼 풀어보는 실전문제 1

기본서 172쪽

정답 1. X 2. X 3. √ 4. √ 5. X 6. X 7. √ 8. √ 9. X 10. √

1 Track **64-1**

사진에는 '고양이(猫 māo)'가 제시되어 있는데, 녹음에서는 '狗 gǒu(개)'라고 했으므로 정답은 X이다.

정답 X

녹음 Lǐ lǎoshī de gǒu shì hēisè de .
李 老师 的 狗 是 黑色 的。 | 이(李) 선생님의 개는 검은색이다.

단어 老师 lǎoshī 명 선생님, 교사 | 狗 gǒu 명 개 | ★黑色 hēisè 명 검은색

어법 的 de

'的 de'는 '~의, ~한'이라는 뜻으로 명사를 수식한다. 또한 '~의 것'이라는 뜻으로 뒤에 나올 명사를 생략하고 말할 때도 쓸 수 있다.

예 我的 wǒ de 나의 것 | 我的书 wǒ de shū 나의 책 | 我认识的人 wǒ rènshi de rén 내가 아는 사람

2 Track **64-2**

사진을 보고 '休息 xiūxi(쉬다)', '椅子 yǐzi(의자)' 등의 표현을 떠올릴 수 있다. 하지만 녹음에서 '再见 zàijiàn(안녕히 가세요)'이라고 했으므로, 정답은 X이다.

정답 X

녹음 Zàijiàn , huānyíng xià cì zài lái .
再见， 欢迎 下 次 再 来。 | 안녕히 가세요. 다음에 또 오세요.

단어 再见 zàijiàn 동 안녕히 가세요, 안녕히 계세요 | 欢迎 huānyíng 동 환영하다 | 下次 xià cì 다음 번 | ★再 zài 부 또, 다시, 재차 | 来 lái 동 오다

어법 再 zài

'再 zài'는 아직 일어나지 않은 동작의 반복을 나타내며, 보통 명령문이나 청유문에 많이 쓴다.

예 明天再说吧。Míngtiān zài shuō ba. 내일 다시 얘기하자.

실력 향상을 위한 **점프 표현**

헤어질 때 표현

一会儿见。Yíhuìr jiàn. 이따가(잠시 후에) 만나요. | 下次再说吧。Xià cì zài shuō ba. 다음 번에 다시 얘기해요. | 明天再谈吧。Míngtiān zài tán ba. 내일 다시 얘기해요.

3 Track **64-3**

사진을 보고 '咖啡 kāfēi(커피)', '茶 chá(차)' 등을 떠올릴 수 있다. 녹음에서 '喝杯咖啡 hē bēi kāfēi(커피 한 잔 드세요)'라고 했으므로 정답은 √이다.

정답 √

녹음

Gěi, hē bēi kāfēi. 给，喝 杯 咖啡。	자, 커피 한 잔 드세요.

단어 ★给 gěi 동 주다 | 喝 hē 동 마시다 | 杯 bēi 양 잔, 컵 | ★咖啡 kāfēi 명 커피

어법 양사

양사는 사물의 양을 세는 단위로서, 수사와 함께 '수사+양사+명사'의 형식으로 쓴다. 명사(사물, 사람)마다 특정한 양사(단위)를 사용하므로, 양사를 보면 뒤에 어떤 명사가 쓰일지 알 수 있다. 수사 一(yī)는 종종 생략되므로 듣기에서 혼동하지 않도록 주의해야 한다.

예 (一)杯茶 (yì) bēi chá 차 한 잔 | (一)件衣服 (yí) jiàn yīfu 옷 한 벌

4 Track **64-4**

사진을 보고 '礼物 lǐwù(선물)', '生日 shēngrì(생일)' 등을 떠올릴 수 있다. 녹음에서 '我要送她一件礼物 wǒ yào sòng tā yí jiàn lǐwù(나는 그녀에게 선물 하나를 주려고 해)'라고 했으므로 정답은 √이다.

정답 √

녹음

Míngtiān shì Xiǎo Zhāng de shēngrì, wǒ 明天 是 小 张 的 生日，我 yào sòng tā yí jiàn lǐwù. 要 送 她 一 件 礼物。	내일은 샤오장(小张)의 생일이야. 나는 그녀에게 선물 하나를 주려고 해.

단어 明天 míngtiān 명 내일 | ★生日 shēngrì 명 생일 | ★要 yào 조동 ~하려고 하다, ~하고자 하다 | ★送 sòng 동 선물하다, 보내다 | ★件 jiàn 양 개[선물을 세는 단위] | ★礼物 lǐwù 명 선물

어법 送 sòng

'送 sòng'은 '선물하다, 보내다'라는 뜻으로, '送+사람 목적어+사물 목적어(~에게 ~을 선물하다)'의 형식으로 쓴다. 이와 같이 두 개의 목적어를 갖는 동사에는 '给 gěi(주다)', '问 wèn(묻다)', '告诉 gàosu(알려주다, 말해주다)' 등이 있다.

5

Track **64-5**

사진에서 여자아이가 '축구(踢足球 tī zúqiú)'를 하고 있지만 녹음에서 '喜欢打篮球 xǐhuan dǎ lánqiú(농구 하는 걸 좋아한다)'라고 했으므로, 정답은 X이다.

정답 X

녹음 Nǐ kàn, nǚháizi yě xǐhuan dǎ lánqiú.
你看，女孩子也喜欢打篮球。 보세요, 여자아이도 농구 하는 걸 좋아해요.

단어 看 kàn 동 보다 | ★女孩子 nǚháizi 명 여자아이 | ★也 yě 부 ~도, 역시 | 喜欢 xǐhuan 동 좋아하다 | ★打篮球 dǎ lánqiú 농구를 하다

어법 也 yě

'也 yě'는 '~도, 역시'라는 뜻으로 주어 뒤에 쓴다.

예 我是韩国人，他也是韩国人。 Wǒ shì Hánguórén, tā yě shì Hánguórén.
나는 한국 사람이고, 그도 한국 사람이다.

실력 향상을 위한 **점프 표현**

체육 활동 관련 표현

运动 yùndòng 운동하다 | 跑步 pǎobù 달리기를 하다 | 打球 dǎ qiú 공을 치다, 공놀이를 하다, 구기운동을 하다 | 踢足球 tī zúqiú 축구를 하다

6

Track **64-6**

사진을 보고 오늘이 14일(十四号 shísì hào)인 것을 알 수 있다. 하지만 녹음에서는 '二十四号 èrshísì hào(24일)'라고 했으므로 정답은 X이다.

정답 X

녹음 Jīntiān shì èrshísì hào.
今天是二十四号。 오늘은 24일이에요.

단어 今天 jīntiān 명 오늘 | 二十四 èrshísì 수 24, 스물넷 | 号 hào 양 일

어법 날짜 표현

중국어에서 날짜 표현은 큰 개념에서 작은 개념으로 쓴다.

년		월		일		요일		시		분
二零一七年	→	十二月	→	十四号	→	星期天	→	两点	→	二十分
èr líng yī qī nián		shí'èr yuè		shísì hào		xīngqītiān		liǎng diǎn		èrshí fēn
2017년		12월		14일		일요일		2시		20분

7

Track **64-7**

노래하는 아이를 어른들이 즐거운 표정으로 보고 있고, 녹음에서 '唱得太好了 chàng de tài hǎo le(노래를 굉장히 잘하는구나)'라며 감탄했으므로 정답은 √이다.

정답 √

녹음 Nǐ chàng de tài hǎo le!
你 唱 得 太 好 了! 노래를 굉장히 잘하는구나!

단어 ★唱 chàng 동 노래하다 | ★得 de 조 동사나 형용사 뒤에 쓰여 상태의 정도를 보충하는 말과 연결됨 | 太 tài 부 너무, 굉장히 | 好 hǎo 형 좋다

어법 得 de

구조조사 '得 de'는 동사 뒤에 쓰여 동작이 진행된 후 그 동작에 대한 묘사, 평가, 소감을 나타낸다. 만약 동사 뒤에 목적어가 있다면, 동사를 두 번 써서 '(동사)+목적어+동사+得+형용사'의 형식으로 쓴다.

예 他(说)汉语说得很好。Tā (shuō) Hànyǔ shuō de hěn hǎo. 그는 중국어를 잘 한다.

8

Track **64-8**

사진을 보고 '看电脑 kàn diànnǎo(컴퓨터를 보다)', '眼睛 yǎnjing(눈)' 등을 떠올릴 수 있다. 녹음에서도 '看电脑，眼睛很累 kàn diànnǎo, yǎnjing hěn lèi(컴퓨터를 보니 눈이 피곤하다)'라고 했으므로 정답은 √이다.

정답 √

녹음 Cháng shíjiān kàn diànnǎo, yǎnjing hěn lèi.
长 时间 看 电脑，眼睛 很 累。 긴 시간 컴퓨터를 보니 눈이 피곤해요.

단어 ★长 cháng 형 길다 | ★时间 shíjiān 명 시간 | 电脑 diànnǎo 명 컴퓨터 | ★眼睛 yǎnjing 명 눈 | 很 hěn 부 매우, 너무 | ★累 lèi 형 피곤하다, 지치다

어법 很 hěn

'很 hěn'은 '매우, 너무'라는 뜻으로 상태의 정도를 강조할 때 쓴다. 상태의 정도를 강조하는 표현으로 '太 tài(너무)', '非常 fēicháng(아주, 굉장히)' 등도 자주 쓴다.

---

9 Track **64-9**

사진을 보고 '骑自行车 qí zìxíngchē(자전거를 타다)'를 떠올릴 수 있지만, 녹음에서 '坐着车 zuòzhe chē(차를 타고)'라고 했으므로 정답은 X이다.

정답 X

녹음

Tāmen zuòzhe chē chūqu le.
他们 坐着 车 出去 了。 그들은 차를 타고 나갔어요.

단어 他们 tāmen 때 그들 | 坐 zuò 동 (교통수단을) 타다 | ★出去 chūqu 동 나가다 | 了 le 조 동작 혹은 상황이 완료되었음을 나타냄

어법 着 zhe

'着 zhe'는 '~한 상태이다, ~하고 있다'의 뜻으로 상태의 지속을 나타낸다. '동사1+着+동사2'의 형식으로 쓰여 '~한 채로 ~하다'라는 의미를 나타낸다.

예 爸爸坐着看报纸。 Bàba zuòzhe kàn bàozhǐ. 아빠는 앉아서 신문을 보신다.

실력 향상을 위한 **점프 표현**

교통 수단 관련 표현

坐车 zuò chē 차를 타다 | 坐公共汽车 zuò gōnggòng qìchē 버스를 타다 | 坐飞机 zuò fēijī 비행기를 타다 | 坐船 zuò chuán 배를 타다 | 坐出租车 zuò chūzūchē 택시를 타다 | 骑自行车 qí zìxíngchē 자전거를 타다

10 Track **64-10**

사진을 보고 '说 shuō(말하다)', '告诉 gàosu(말해주다, 알려주다)' 등의 표현을 떠올릴 수 있다. 녹음에서도 '告诉你 gàosu nǐ(너에게 말해 주겠다)'라고 했으므로 정답은 √이다.

정답 √

녹음

Nǐ zhēn xiǎng zhīdào, nà wǒ gàosu nǐ.
你 真 想 知道，那 我 告诉 你。 정말 알고 싶다면, 그럼 제가 말해 줄게요.

단어 ★真 zhēn 부 정말, 진짜 | 想 xiǎng 조동 ~하고 싶다 | ★知道 zhīdào 동 알다 | 那 nà 접 그럼, 그렇다면 | ★告诉 gàosu 동 알리다, 알려주다, 말해주다

시험처럼 풀어보는 실전문제 2

기본서 174쪽

정답 1. X 2. √ 3. √ 4. X 5. √ 6. √ 7. X 8. √ 9. X 10. X

1

Track 65-1

사진에서 횡단 금지 표지판이 제시되어 있는데, 녹음에서는 '不能打电话 bù néng dǎ diànhuà(전화하면 안 돼요)'라고 했으므로 정답은 X이다.

정답 X

녹음

Xiānsheng, zhèlǐ bù néng dǎ diànhuà. 先生，这里不能打电话。	아저씨, 여기에서 전화하면 안 돼요.

단어 先生 xiānsheng 명 선생, 씨[성인 남성에 대한 존칭] | 这里 zhèlǐ 대 이곳, 여기 | 不能 bù néng ~할 수 없다, ~해서는 안 된다 | 打电话 dǎ diànhuà 전화를 하다, 전화를 걸다

어법 能 néng

'能 néng'은 '~할 수 있다'라는 뜻으로, 동사나 형용사 앞에 쓰여 시간적 혹은 상황적인 여건이 가능한지를 나타낸다. 부정형은 '不能 bù néng'으로, '~할 수 없다[능력, 가능]'와 '~하면 안 된다[금지]'라는 의미를 나타낸다.

예 你现在能不能来我家? Nǐ xiànzài néngbunéng lái wǒ jiā? 너는 지금 우리 집에 올 수 있니, 없니?

2

Track 65-2

사진에는 메달을 딴 선수가 있고, 녹음에서 '第一 dì-yī(1등)'라고 했으므로, 정답은 √이다.

정답 √

녹음

Zhè cì wǒmen shì dì-yī! 这次我们是第一!	이번에 우리가 1등이야!

단어 ★这次 zhè cì 이번 | 我们 wǒmen 대 우리(들) | 是 shì 동 ~이다 | ★第一 dì-yī 수 첫 번째

어법 第 dì+수사

'第 dì+수사'는 '~번째'라는 뜻으로 순서를 나타낸다. 주로 '第 dì+수사+(명사)'의 형식으로 말한다.

예 第一 dì-yī 첫 번째 | 第二 dì-èr 두 번째 | 第三 dì-sān 세 번째

3 Track **65-3**

사진에서 자고 있는 아이와 옆에서 깨우는 엄마가 있고, 녹음에서 '快起床 kuài qǐchuáng(어서 일어나라)'이라고 했으므로 정답은 √이다.

정답 √

녹음 Bié shuì le, kuài qǐchuáng ba.
别睡了，快起床吧。 | 자지 말고, 어서 일어나라.

단어 ★别(…了) bié(…le) ~하지 마라[금지] | 睡 shuì 동 (잠을) 자다 | 快 kuài 부 빨리, 어서, 급히 | ★起床 qǐchuáng 동 기상을 하다, 일어나다 | ★吧 ba 조 문장 맨 끝에 쓰여 제안, 청유, 명령을 나타냄

어법 别 bié

'别 bié'는 '~하지 마라'라는 뜻으로 금지를 나타낸다. '不要 bú yào'와 바꿔 쓸 수 있고, 문장 끝에 '了 le'와 함께 쓰기도 한다.

예 别看电视了。Bié kàn diànshì le. = 不要看电视了。Bú yào kàn diànshì le. 텔레비전을 보지 마라.

4 Track **65-4**

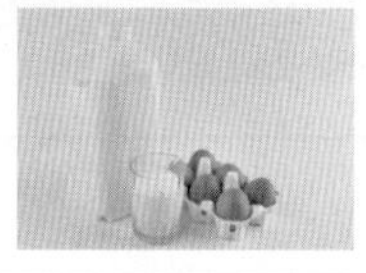

사진에 우유(牛奶 niúnǎi)와 계란(鸡蛋 jīdàn)이 있지만, 녹음에서는 '牛奶和蛋糕 niúnǎi hé dàngāo(우유와 케이크)'라고 했으므로 정답은 X이다.

정답 X

녹음 Wǒ gěi nǐ zhǔnbèile niúnǎi hé dàngāo.
我给你准备了牛奶和蛋糕。 | 내가 널 위해 우유와 케이크를 준비했어.

단어 ★给 gěi 개 ~을 위하여 | ★准备 zhǔnbèi 동 준비하다 | 了 le 조 동작 혹은 상황이 완료되었음을 나타냄 | ★牛奶 niúnǎi 명 우유 | 和 hé 접 ~와(과) | ★蛋糕 dàngāo 명 케이크

어법 和 hé

'和 hé'는 '~와(과)'라는 뜻으로 (대)명사와 (대)명사를 연결할 때 쓴다.

예 我和你 wǒ hé nǐ 나와 너 | 姐姐和妹妹 jiějie hé mèimei 언니(누나)와 여동생

5

Track 65-5

사진에서 사진을 찍고 있지만, '사진을 찍다'는 2급 수준에서 어렵다. 이런 문제는 사진과 관련 있는 다른 쉬운 표현을 떠올려 보자. 녹음에서 '再来一张 zài lái yì zhāng(또 한 장 찍자)'이라고 했으므로, 사진을 찍는 상황임을 알 수 있다. 따라서 정답은 √이다.

정답 √

녹음

Xiào yi xiào, zài lái yì zhāng! 笑一笑，再来一张！	웃어, 또 한 장 찍자!

단어 ★笑 xiào 동 웃다 | ★再 zài 부 또, 다시, 재차 | 来 lái 동 어떤 동작을 하다[의미가 구체적인 동사를 대신함] | 张 zhāng 양 장[종이를 세는 단위]

어법 1음절 동사 중첩

동사를 두 번 겹쳐 쓰면 '잠깐 시도하다'라는 의미로, 1음절 동사는 'AA', 'A一A'의 형식으로 쓴다.

예 听听 tīngting = 听一听 tīng yi tīng 들어보다

6

Track 65-6

사진에서 여자가 엄지를 치켜 세우고 있고, 녹음에서 '跳得真不错 tiào de zhēn búcuò(춤을 잘 춘다)'라고 칭찬했으므로, 정답은 √이다.

정답 √

녹음

Nǐ tiàowǔ tiào de zhēn búcuò! 你跳舞跳得真不错！	너는 춤을 정말 잘 춘다!

단어 ★跳舞 tiàowǔ 동 춤을 추다 | ★得 de 조 동사나 형용사 뒤에 쓰여 상태의 정도를 보충하는 말과 연결됨 | ★真 zhēn 부 정말, 참으로 | 不错 búcuò 형 좋다, 괜찮다, 잘하다

실력 향상을 위한 점프 표현

'동사+목적어' 구조의 이합동사

唱歌 chànggē 노래를 부르다 | 说话 shuōhuà 말을 하다 | 游泳 yóuyǒng 수영을 하다 | 跑步 pǎobù 달리기를 하다 | 睡觉 shuìjiào 잠을 자다 | 聊天 liáotiān 수다를 떨다, 이야기를 나누다 | 下雨 xiàyǔ 비가 오다(내리다) | 起床 qǐchuáng 기상을 하다, 일어나다 | 上课 shàngkè 수업을 하다 | 上班 shàngbān 출근을 하다

7

Track 65-7

사진에는 벽시계가 있지만, 녹음에서는 '手表 shǒubiǎo(손목시계)'라고 했으므로 정답은 X이다.

정답 X

녹음 Zhè shì wǒ xīn mǎi de shǒubiǎo.
这是我新买的手表。 이것은 내가 새로 산 손목시계이다.

단어 ★新 xīn 형 새롭다 | 买 mǎi 동 사다, 구입하다 | 的 de 조 ~의, ~한 | ★手表 shǒubiǎo 명 손목시계

어법 1음절 형용사

'新 xīn(새롭다)'을 비롯하여 '多 duō(많다)', '少 shǎo(적다)', '晚 wǎn(늦다)', '早 zǎo(이르다)', '快 kuài(빠르다)'와 같은 일부 1음절 형용사는 동사 앞에서 부사처럼 쓸 수 있다.

예 多吃 duō chī 많이 먹다 | 晚来 wǎn lái 늦게 오다

8

Track 65-8

사진에 비가 오고 있고, 녹음에서 '下雨了 xiàyǔ le(비가 온다)'라고 했으므로 정답은 √이다.

정답 √

녹음 Xiàyǔ le, dàn bú tài lěng.
下雨了，但不太冷。 비가 내리지만 별로 춥지 않다.

단어 下雨 xiàyǔ 동 비가 내리다 | 了 le 조 변화 혹은 새로운 상황의 출현을 나타냄 | 但 dàn 접 그러나, 하지만 | 不太 bú tài 그다지(별로) ~하지 않다 | 冷 lěng 형 춥다

어법 了 le

문장 끝에 쓰는 '了 le'는 변화나 새로운 상황의 출현을 나타내기도 하고, 상황이나 동작의 완료를 나타내기도 한다. 따라서 문맥에 따라 잘 해석해야 하고, 단순하게 '과거형'이라고 기억하면 안 된다.

예 下雨了。Xiàyǔ le. (안 내리던) 비가 내린다. | 感冒了。Gǎnmào le. 감기에 걸렸다, 감기에 걸리게 되었다.

9 Track 65-9

사진에 우회전 표지판이 제시되어 있지만, 녹음에서는 '向左拐 xiàng zuǒ guǎi(좌회전하세요)'라고 했으므로 정답은 X이다.

정답 X

녹음 Dàole qiánmiàn, zài xiàng zuǒ guǎi.
到了 前面，再 向 左 拐。 앞에 도착하고 나서, 좌회전하세요.

단어 ★到 dào 동 도착하다, 가다 | 了 le 조 동작 혹은 상황이 완료되었음을 나타냄 | 前面 qiánmiàn 명 앞(쪽) | ★再 zài 부 ~하고 나서, ~한 뒤에 | ★向 xiàng 개 ~을 향하여 | ★左 zuǒ 명 왼쪽 | 拐 guǎi 동 방향을 틀다, 꺾어 돌다

어법 向 xiàng

'向 xiàng'은 '~을 향하여'라는 뜻으로, 동작의 방향을 나타낸다. '向(往 wǎng)+방향+拐 guǎi'의 형식으로 쓰여 '~을 향하여 방향을 틀다'의 의미를 나타낸다.

예 向右拐 xiàng yòu guǎi = 往右拐 wǎng yòu guǎi 우회전하다, 오른쪽으로 방향을 틀다
向后走 xiàng hòu zǒu = 往后走 wǎng hòu zǒu 뒤로 가다

10 Track 65-10

사진에는 여자가 요리를 하고 있지만, 녹음에서 '给丈夫买的 gěi zhàngfu mǎi de(남편에게 사주는 것)'이라고 했으므로 정답은 X이다.

정답 X

녹음 Zhè shì tā gěi zhàngfu mǎi de.
这 是 她 给 丈夫 买 的。 이것은 그녀가 남편에게 사주는 거예요.

단어 ★给 gěi 개 ~에게 | ★丈夫 zhàngfu 명 남편 | 买 mǎi 동 사다, 구입하다 | 的 de 조 '~한 사람, ~한 것'의 뜻을 가진 명사로 만듦

2급 듣기

기본서 182쪽

정답 1. A 2. D 3. C 4. B 5. E 6. B 7. A 8. C 9. E 10. D

1 Track 69-1

녹음에서 '这些衣服 zhèxiē yīfu(이 옷들)'를 언제 빨았는지 물었으므로, 사진 A가 정답이다.

정답 A

녹음

Zhèxiē yīfu shì shénme shíhou xǐ de ? 女：这些 衣服 是 什么 时候 洗 的？	여: 이 옷들은 언제 빨았어?
Jiù shì zuótiān xiàwǔ . 男：就 是 昨天 下午。	남: 바로 어제 오후.

단어 些 xiē 양 몇몇, 약간 | 衣服 yīfu 명 옷 | 什么时候 shénme shíhou 언제 | ★洗 xǐ 동 씻다, 빨다 | ★就 jiù 부 곧, 바로 | 昨天 zuótiān 명 어제 | 下午 xiàwǔ 명 오후

어법 是…的 shì…de → 기본서 33쪽

'(是 shì)+시간, 장소, 방식+的 de' 형식은 이미 발생한 사실의 시간, 장소, 방식을 강조할 때 쓴다. 이때 '是'는 생략할 수 있다.

예 我是昨天来的。Wǒ shì zuótiān lái de. 나는 어제 왔다.
他是从中国来的。Tā shì cóng Zhōngguó lái de. 그는 중국에서 왔다.
他是坐飞机来的。Tā shì zuò fēijī lái de. 그는 비행기를 타고 왔다.

2

Track 69-2

녹음에서 남자가 '药一天吃几次? Yào yì tiān chī jǐ cì?(약은 하루에 몇 번 먹어요?)'라고 물었으므로 사진 D가 정답이다.

정답 D

녹음

Zhège yào yì tiān chī jǐ cì ne? 男：这个 药 一 天 吃 几 次 呢？	남: 이 약은 하루에 몇 번 먹어요?
Yīshēng shuō yì tiān chī sān cì. 女：医生 说 一 天 吃 三 次。	여: 의사가 말하길 하루에 세 번 먹으래요.

단어 ★药 yào 명 약 | 吃 chī 동 먹다 | 几 jǐ 수 몇 | ★次 cì 양 번[동작이 발생한 횟수를 세는 단위] | 医生 yīshēng 명 의사 | 说 shuō 동 말하다

어법 次 cì

양사 '次 cì'는 동작이 발생한 횟수를 세는 단위로, '수사+양사'의 형식으로 쓴다.

예 一次 yí cì 한 번 | 两次 liǎng cì 두 번 | 好几次 hǎojǐ cì 여러 번

3

Track 69-3

녹음에서 여자가 '车 chē(차)'에 대해서 물었고, 남자가 '车出问题了 chē chū wèntí le(차에 문제가 생겼어)'라고 대답한 것으로 보아, 차의 상태를 살피고 있는 사진인 C가 정답이다.

정답 C

녹음

Chē zěnme le? 女：车 怎么 了？	여: 차가 왜 그래?
Wǒ de chē chū wèntí le, nǐ néng lái bāng wǒ kàn yíxià ma? 男：我 的 车 出 问题 了，你 能 来 帮 我 看 一下 吗？	남: 내 차에 문제가 생겼어. 네가 와서 좀 봐줄 수 있니?

단어 车 chē 명 자동차, 차 | 出问题 chū wèntí 문제가 생기다 | 能 néng 조동 ~할 수 있다[시간적, 상황적 가능이나 능력을 나타냄] | 来 lái 동 오다 | ★帮 bāng 동 돕다 | ★一下 yíxià 수량 동사 뒤에 쓰여 '시험 삼아 해 보다' 또는 '좀 ~하다'의 뜻을 나타냄

2급 듣기

4

Track **69-4**

녹음에서 남자가 '考得怎么样? Kǎo de zěnmeyàng?(시험 본 거 어땠어?)'이라고 물었고, 여자가 '很多题…不会做 hěn duō tí…bú huì zuò(많은 문제를 ~못 풀었어)'라고 대답했으므로, 사진 B가 정답이다.

정답 B

녹음

男：上午 考得 怎么样？ Shàngwǔ kǎo de zěnmeyàng?	남: 오전에 시험 본 거 어땠어?
女：别问了，很多题我都不会做。 Bié wèn le, hěn duō tí wǒ dōu bú huì zuò.	여: 묻지 마, 많은 문제들을 난 못 풀었어.

단어 上午 shàngwǔ 명 오전 | ★考 kǎo 동 시험보다 | 怎么样 zěnmeyàng 대 어떠하다 | ★别(…了) bié(…le) ~하지 마라[금지] | ★问 wèn 동 묻다, 질문하다 | 做题 zuò tí 문제를 풀다 | 都 dōu 부 모두, 다 | 会 huì 조동 ~할 수 있다, ~할 줄 안다

5

Track **69-5**

녹음에서 여자가 준비됐냐는 질문에 '准备好了 zhǔnbèi hǎo le(준비됐어)'라고 대답했으므로, 사진 E가 정답이다.

정답 E

녹음

女：你 准备 好 了 吗？ Nǐ zhǔnbèi hǎo le ma?	여: 너는 준비됐니?
男：我 准备 好 了。 Wǒ zhǔnbèi hǎo le.	남: 나는 준비됐어.

단어 ★准备 zhǔnbèi 동 준비하다

어법 好 hǎo

'好 hǎo'는 동사 뒤에 쓰여 동작이 완성되었거나 잘 마무리되었음을 나타낸다. 주로 '동사+好+(了) (잘, 제대로, 다 ~했다)'의 형식으로 쓴다.

예 吃好了 chī hǎo le 잘 먹었다 | 看好了 kàn hǎo le 제대로 다 봤다 | 做好(了) zuò hǎo (le) 잘 만들었다, 다 됐다

6

Track 69-6

녹음에서 남자가 여자에게 '这件 zhè jiàn(이 옷)'이 어떤지 물으면서 '试一试 shì yi shì(입어 봐)'라고 했으므로, 사진 B가 정답이다.

정답 B

녹음

Zhè jiàn zěnmeyàng? Nǐ shì yi shì. 男：这件怎么样？你试一试。	남: 이거 어때? 입어 봐.
Hǎo, wǒ xǐhuan zhège yánsè de. 女：好，我喜欢这个颜色的。	여: 좋아, 난 이 색깔의 것이 좋아.

단어 ★件 jiàn 양 벌[옷을 세는 단위] | 喜欢 xǐhuan 동 좋아하다 | ★颜色 yánsè 명 색, 색깔

어법 怎么样 zěnmeyàng

대명사 '怎么样 zěnmeyàng'은 '어떠하다'의 뜻으로 상태에 대해 질문하거나 의견을 물을 때 쓴다.

예 那个人怎么样? Nàge rén zěnmeyàng? 저 사람은 어때?

7

Track 69-7

녹음에서 여자가 '天气真冷 tiānqì zhēn lěng(날씨가 정말 추워)'이라고 했으므로, 사진 A가 정답이다.

정답 A

녹음

Jīntiān hái shì yīntiān, zhè tiānqì zhēn lěng. 女：今天还是阴天，这天气真冷。	여: 오늘은 여전히 흐리네, 이런 날씨는 정말 추워.
Shì, wǒ chuānle zhème duō, hái juéde lěng. 男：是，我穿了这么多，还觉得冷。	남: 맞아. 나는 이렇게 많이 입었는데도, 여전히 추운 것 같아.

단어 今天 jīntiān 명 오늘 | ★还 hái 부 여전히, 아직도 | ★阴天 yīntiān 명 흐린 날씨 | 天气 tiānqì 명 날씨 | ★真 zhēn 부 정말, 참으로 | 冷 lěng 형 춥다 | ★穿 chuān 동 입다 | 这么 zhème 대 이렇게 | 多 duō 형 많다 | ★觉得 juéde 동 ~라고 여기다(생각하다)

어법 还 hái

부사 '还 hái'는 동사나 형용사 앞에서 '여전히, 아직도'의 의미로 쓴다.

예 他还没来。Tā hái méi lái. 그는 아직 오지 않았다.

8

Track **69-8**

녹음에서 남자가 '她怎么样? Tā zěnmeyàng?(그녀는 어때?)'이라고 물었고, 여자가 '漂亮 piàoliang(예쁘다)'이라고 대답했으므로, 사진 C가 정답이다.

정답 C

녹음

Tā zěnmeyàng? Piàoliang ma? 男：她怎么样？漂亮吗？	남: 그녀는 어때? 예뻐?
Zhēn piàoliang! Wǒ juéde fēicháng hǎo. 女：真漂亮！我觉得非常好。	여: 정말 예쁘다! 내 생각엔 굉장히 좋은 것 같아.

단어 漂亮 piàoliang 형 예쁘다 | ★非常 fēicháng 부 굉장히, 아주 | 好 hǎo 형 좋다

어법 真 zhēn

부사 '真 zhēn'은 동사나 형용사 앞에서 '정말, 참으로'의 의미로 쓰여 감탄의 어투를 강조한다.

예 真贵！ Zhēn guì! 정말 비싸!

9

Track **69-9**

녹음에서 여자의 질문에 남자가 '让我想想 ràng wǒ xiǎngxiang(내가 생각 좀 해 볼게)'이라고 대답했으므로, 사진 E가 정답이다.

정답 E

녹음

Wǒ xiǎng qù Shànghǎi lǚyóu, Shànghǎi nǎr zuì hǎowánr? 女：我想去上海旅游，上海哪儿最好玩儿？	여: 난 상하이로 여행하러 가고 싶은데, 상하이 어디가 제일 재미있어?
Ràng wǒ xiǎngxiang. 男：让我想想。	남: 내가 생각 좀 해 볼게.

단어 想 xiǎng 조동 ~하고 싶다 | 去 qù 동 가다 | 上海 Shànghǎi 고유 상하이, 상해 | ★旅游 lǚyóu 동 여행하다 | 哪儿 nǎr 대 어디 | ★最 zuì 부 가장, 제일 | ★好玩儿 hǎowánr 형 재미있다 | ★让 ràng 동 (~로 하여금) ~하게 하다, 만들다, 시키다 | 想 xiǎng 동 생각하다

어법 让 ràng

동사 '让 ràng'은 주로 '시키는 주체+让+시킴을 당하는 대상+동작'의 형식으로 쓰이며 '~가 ~더러 ~하게 시키다'라는 의미이다. 让 대신 '叫 jiào'로 바꿔 말할 수도 있다.

예 (你)让我看看。(Nǐ) ràng wǒ kànkan. (네가) 나 좀 보게 해줘.
医生让我休息休息。Yīshēng ràng wǒ xiūxi xiūxi. 의사가 나더러 좀 쉬라고 해요.

10 Track **69-10**

녹음에서 남자가 '你看 nǐ kàn(봐봐)'이라고 하면서 '没写错吧? Méi xiě cuò ba?(틀리게 쓰지 않았지?)'라고 물었으므로, 사진 D가 정답이다.

정답 D

녹음

Nǐ kàn, nǐ de míngzi wǒ méi xiě cuò ba? 男: 你看，你的名字我没写错吧？	남: 봐봐, 네 이름을 내가 틀리게 쓰지 않았지?
Méi cuò. 女: 没错。	여: 맞아.

단어 看 kàn 동 보다 | 名字 míngzi 명 이름 | 没 méi 부 ~하지 않았다 | 写 xiě 동 (글씨를) 쓰다 | ★错 cuò 형 틀리다

어법 错 cuò

'错 cuò'는 '틀리다'의 뜻으로, 동사 뒤에 쓰여 동작 후에 결과가 잘못되었음을 나타낸다. 주로 '동사+错+(了)' 형식으로 쓰이며, '틀리게(잘못) ~했다'라는 의미이다.

예 看错了 kàn cuò le 잘못 봤다

실력 향상을 위한 **점프 표현**

동작의 결과를 보충 설명하는 표현

吃完 chī wán 다 먹다 | 做好 zuò hǎo 잘, 제대로 하다 | 找到 zhǎo dào 찾(았)다 | 听懂 tīng dǒng 듣고 이해하다, 알아듣다

2급 듣기

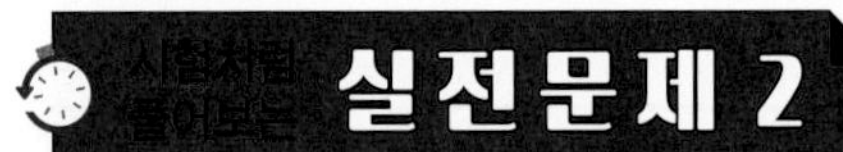

기본서 184쪽

정답 1. E 2. B 3. D 4. C 5. A 6. A 7. B 8. E 9. D 10. C

1 Track **70-1**

녹음에서 여자가 '小狗 xiǎogǒu(강아지)'를 찾게 도와줘서 고맙다고 했으므로, 사진 E가 정답이다.

정답 E

녹음

女：谢谢你帮我找到了小狗。 Xièxie nǐ bāng wǒ zhǎo dào le xiǎogǒu.	여: 강아지를 찾게 도와줘서 고마워요.
男：不客气。 Bú kèqi.	남: 천만에요.

단어 谢谢 xièxie 동 고마워요, 감사해요 | ★帮 bāng 동 돕다 | ★找 zhǎo 동 찾다 | ★到 dào 동사 뒤에 쓰여 목표가 달성되었거나 완성되었음을 나타냄 | 小狗 xiǎogǒu 명 강아지 | 不客气 bú kèqi 천만에요, 별말씀을요

어법 帮 bāng

'帮 bāng'은 '돕다'라는 뜻으로, 주로 '帮+사람+동사'의 형식으로 쓰이며, '~을 도와 ~하다'라는 의미이다.

예 我姐姐帮我做作业。 Wǒ jiějie bāng wǒ zuò zuòyè. 우리 언니는 나를 도와 숙제를 한다.

2 Track **70-2**

녹음에서 남자의 질문에 여자가 '老师，我！ Lǎoshī, wǒ!(선생님, 저요!)'라고 했으므로, 사진 B가 정답이다.

정답 B

녹음

男：谁来回答这个问题？ Shéi lái huídá zhège wèntí?	남: 누가 이 문제에 대답할래요?
女：老师，我！ Lǎoshī, wǒ!	여: 선생님, 저요!

단어 谁 shéi 대 누구 | 来 lái 동 어떤 동작을 하다[의미가 구체적인 동사를 대신함] | 回答 huídá 동 대답하다 | ★问题 wèntí 명 문제 | 老师 lǎoshī 명 선생님

어법 谁 shéi

'谁 shéi'는 '누구'라는 뜻으로 사람을 물을 때 쓴다. '哪位 nǎ wèi 누구, 어느 분'는 손님이나 웃어른을 물을 때 쓴다.

예 她是谁? Tā shì shéi? 그녀는 누구인가요? | 您是哪位? Nín shì nǎ wèi? 당신은 누구신가요?

3

Track 70-3

녹음에서 여자가 남자에게 '先生 xiānsheng(선생님)'이라고 존칭 표현을 쓰고, 남자가 '不能回答 bù néng huídá(대답할 수 없어요)'라고 했으므로, 사진 D가 정답이다.

정답 D

녹음

Xiānsheng, nín duì zhè jiàn shìqing zěnme kàn? 女：先生，您对这件事情怎么看？	여: 선생님, 이 일에 대해서 어떻게 보십니까?
Duìbuqǐ, wǒ xiànzài bù néng huídá. 男：对不起，我现在不能回答。	남: 미안합니다. 지금은 대답할 수 없어요.

단어 先生 xiānsheng 명 선생, 씨[성인 남성에 대한 존칭] | ★对 duì 개 ~에 대하여 | ★件 jiàn 양 개[일, 사건을 세는 단위] | ★事情 shìqing 명 일, 사건 | 怎么 zěnme 대 어떻게 | 看 kàn 동 보다 | 对不起 duìbuqǐ 동 미안해요, 죄송해요 | 现在 xiànzài 명 지금, 현재 | 能 néng 조동 ~할 수 있다[시간적, 상황적 가능이나 능력을 나타냄]

어법 对 duì

'对 duì'는 '~에 대하여'라는 뜻으로 동작이나 태도의 대상을 나타낼 때 쓴다. 자주 쓰는 표현으로는 '对…说 duì…shuō(~에게 말하다)', '对…好 duì…hǎo(~에게 잘하다, ~에 좋다)'가 있다.

예 王老师对我很好。 Wáng lǎoshī duì wǒ hěn hǎo. 왕(王) 선생님은 나에게 매우 잘해주신다.

4 Track **70-4**

녹음에서 남자가 '跳舞跳得怎么样? Tiàowǔ tiào de zěnmeyàng?(춤추는 거 어때요?)'이라고 물었고, 여자가 '非常好 fēicháng hǎo(아주 잘해요)'라고 대답했으므로, 사진 C가 정답이다.

정답 C

녹음

Tā tiàowǔ tiào de zěnmeyàng? 男: 他 跳舞 跳 得 怎么样?	남: 그는 춤추는 거 어때요?
Fēicháng hǎo, wǒ xǐhuan. 女: 非常 好, 我 喜欢。	여: 아주 잘해요, 난 마음에 들어요.

단어 ★跳舞 tiàowǔ 동 춤을 추다 | 怎么样 zěnmeyàng 대 어떠하다 | ★非常 fēicháng 부 굉장히, 아주 | 好 hǎo 형 좋다 | 喜欢 xǐhuan 동 좋아하다

어법 이합동사

2음절 동사 중에는 '跳舞 tiàowǔ'와 같이 '동사+목적어' 구조의 이합동사가 있다. 이합동사에는 이미 목적어 성분이 있으므로, 쓸 때 주의해야 한다.

예 跳舞 tiàowǔ(춤을 추다) = 跳 tiào(추다)+舞 wǔ(춤)

→ 跳过舞 tiàoguo wǔ 춤을 춘 적이 있다

5 Track **70-5**

녹음에서 여자가 남자에게 '西瓜 xīguā(수박)' 한 조각을 먹으라고 했고, 남자가 '好的 hǎo de(좋아)'라고 했으므로 사진 A가 정답이다.

정답 A

녹음

Tiānqì tài rè le, chī kuàir xīguā ba. 女: 天气 太 热 了, 吃 块儿 西瓜 吧。	여: 날씨가 너무 더운데, 수박 한 조각 먹어.
Hǎo de, xièxie. 男: 好 的, 谢谢。	남: 좋아, 고마워.

단어 天气 tiānqì 명 날씨 | 太 tài 부 너무, 지나치게 | 热 rè 형 덥다 | 吃 chī 동 먹다 | 块(儿) kuài(r) 양 조각, 덩어리 | ★西瓜 xīguā 명 수박

6

녹음에서 여자가 '是你写的吗? Shì nǐ xiě de ma?(네가 쓴 거니?)'라고 물으면서 '好看 hǎokàn(예쁘다)'이라고 감탄했으므로, 사진 A가 정답이다.

정답 A

녹음

Māma, shēngrì kuàilè! 男：妈妈，生日 快乐！	남: 엄마, 생일 축하드려요!
Xièxie nǐ! Zhè shì nǐ xiě de ma? 女：谢谢 你！这 是 你 写 的 吗？	여: 고맙구나. 이거 네가 쓴 거니? 정말 예쁘다!
Zhēn hǎokàn! 真 好看！	

단어 生日快乐 shēngrì kuàilè 생일 축하해요 | 写 xiě 동 (글씨를) 쓰다 | 的 de 조 '~한 사람, ~한 것'의 뜻을 가진 명사로 만듦 | ★真 zhēn 부 정말, 참으로 | 好看 hǎokàn 부 보기 좋다, 예쁘다

어법 의문문 → 기본서 26쪽

의문문을 만들 때 평서문 끝에 '吗 ma'를 쓰면 된다. 만약 마음 속에 어느 정도 확신이 있다면 '吧 ba'를 쓸 수도 있다.

예 你来吗? Nǐ lái ma? 너는 올 거니? | 你来吧? Nǐ lái ba? 너는 올 거지?

실력 향상을 위한 **점프 표현**

선물 관련 표현

送 sòng 선물하다 | 给 gěi 주다 | 买 mǎi 사다 | 准备 zhǔnbèi 준비하다 | 高兴 gāoxìng 기쁘다, 즐겁다

7

Track **70-7**

녹음에서 남자가 '到饭店了 dào fàndiàn le(호텔에 도착했어)', '想休息 xiǎng xiūxi(쉬고 싶다)'라고 했으므로, 사진 B가 정답이다.

정답 B

녹음

Wéi, nǐ dào Běijīng le ma? 女: 喂，你 到 北京 了 吗？	여: 여보세요, 베이징에 도착했니?
Dào le, wǒ xiànzài yǐjīng dào fàndiàn le, zhèng xiǎng xiūxi xiūxi ne. 男: 到 了，我 现在 已经 到 饭店 了，正 想 休息 休息 呢。	남: 도착했어. 난 지금 이미 호텔에 도착했고, 좀 쉬고 싶어.

단어 喂 wéi 감탄 (전화상에서) 여보세요 | ★到 dào 동 도착하다, 가다 | 北京 Běijīng 고유 베이징, 북경 | ★已经 yǐjīng 부 이미, 벌써 | ★饭店 fàndiàn 명 호텔 | ★正 zhèng 부 마침, 딱 | 想 xiǎng 조동 ~하고 싶다 | ★休息 xiūxi 동 쉬다, 휴식하다

어법 2음절 동사 중첩

동사를 두 번 겹쳐 쓰면 '잠깐 시도하다'라는 의미로, 2음절 동사는 'ABAB'의 형식으로 쓴다.

예 休息休息 xiūxi xiūxi 잠깐 쉬다

8

Track **70-8**

녹음에서 남자가 여자에게 오빠가 누구인지 묻자, 여자가 '右边的那个，四号 yòubian de nàge, sì hào(오른쪽의 저 사람, 4번)'라고 했으므로, 사진 E가 정답이다.

정답 E

녹음

Nǎge shì nǐ gēge? 男: 哪个 是 你 哥哥？	남: 어느 사람이 네 오빠야?
Yòubian de nàge, sì hào, kànjiàn le ma? 女: 右边 的 那个，四 号，看见 了 吗？	여: 오른쪽의 저 사람, 4번, 발견했니?

단어 哪 nǎ 대 어느 | ★哥哥 gēge 명 오빠, 형 | ★右边 yòubian 명 오른쪽 | 号 hào 명 번호, 번 | 看见 kànjiàn 동 보다, 발견하다

어법 见 jiàn

'见 jiàn'은 감각을 나타내는 동사(看 kàn, 听 tīng) 뒤에 쓰여 동작의 결과를 나타낸다.

예 看见了 kànjiàn le 보이게 되었다, 눈에 띄었다, 발견했다 | 听见了 tīngjiàn le 들렸다, 들리게 되었다

9

Track **70-9**

녹음에서 여자가 '生病了? Shēngbìng le?(병이 났어?)'라고 묻자 남자가 '吃点儿药就好了 chī diǎnr yào jiù hǎo le(약을 좀 먹으면 나아진다)'라고 대답했으므로, 사진 D가 정답이다.

정답 D

녹음

女：你 生病 了？ (Nǐ shēngbìng le?)	여: 너는 병이 났어?
男：没 事儿，吃 点儿 药 就 好 了。 (Méi shìr, chī diǎnr yào jiù hǎo le.)	남: 괜찮아, 약 좀 먹으면 곧 좋아져.

단어 ★生病 shēngbìng 동 병이 나다, 병이 생기다 | 没事儿 méi shìr 동 괜찮아요 | 吃 chī 동 먹다 | 点儿 diǎnr 양 조금, 약간[적은 수량에 쓰는 단위] | ★药 yào 명 약 | ★就 jiù 부 곧, 바로

어법 就 jiù

'就 jiù'는 '곧, 바로'라는 뜻으로 동사나 형용사 앞에 쓴다.

예 休息一会儿就好了。Xiūxi yíhuìr jiù hǎo le. 잠시 쉬면 곧 좋아져.

실력 향상을 위한 **점프 표현**

병이나 휴식 관련 표현

医院 yīyuàn 병원 | 生病 shēngbìng 병이 나다, 병이 생기다 | 药 yào 약 | 身体不好 shēntǐ bù hǎo 몸이 안 좋다 | 看病 kànbìng 진찰 받다, 진찰하다 | 看医生 kàn yīshēng 진찰을 받다 | 休息 xiūxi 휴식하다, 쉬다 | 眼睛红了 yǎnjing hóng le 눈이 빨개지다

2급 듣기

10 Track **70-10**

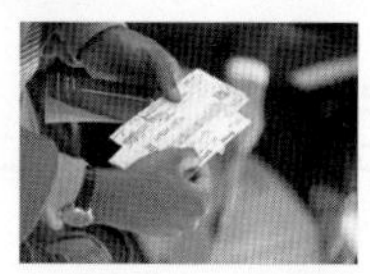

녹음에서 남자가 '火车票 huǒchēpiào(기차표)'를 아가씨에게 전해줄 것을 부탁했으므로, 사진 C가 정답이다.

정답 C

녹음

Zhè shì Zhāng xiǎojiě de huǒchēpiào, 男：这是张小姐的火车票， nǐ néng bāng wǒ gěi tā ma? 你能帮我给她吗？	남: 이거 장(张) 양의 기차표인데, 당신이 나를 도와 그녀에게 줄 수 있나요?
Méi wèntí. 女：没问题。	여: 문제없어요.

단어 小姐 xiǎojiě 명 아가씨, 양[젊은 여성에 대한 일반적인 호칭] | 火车 huǒchē 명 기차 | ★票 piào 명 표, 티켓 | ★帮 bāng 동 돕다 | ★给 gěi 동 주다 | ★没问题 méi wèntí 문제없어요

시험처럼 풀어보는 실전문제 1

기본서 190쪽

정답 1. C 2. B 3. B 4. C 5. B 6. A 7. B 8. B 9. B 10. C

1

Track 74-1

해설 녹음에서 남자가 '水果 shuǐguǒ(과일)'가 있다고 했으므로, C가 정답이다.

정답 C

녹음

男：吃点儿水果吧。水果在桌子上。 Chī diǎnr shuǐguǒ ba. Shuǐguǒ zài zhuōzi shang.	남: 과일을 좀 먹어. 과일이 탁자 위에 있어.
女：不，我想喝点儿茶。 Bù, wǒ xiǎng hē diǎnr chá.	여: 안 먹을래, 난 차를 좀 마시고 싶어.
问：桌子上有什么？ Zhuōzi shang yǒu shénme?	질문: 탁자 위에 무엇이 있나?
A 菜 cài　B 茶 chá　C 水果 shuǐguǒ	A 요리　B 차　C 과일

단어 吃 chī 동 먹다 | 点儿 diǎnr 양 조금, 약간[적은 수량에 쓰는 단위] | 水果 shuǐguǒ 명 과일 | 桌子 zhuōzi 명 테이블, 탁자 | 上 shàng 명 위 | 想 xiǎng 조동 ~하고 싶다 | 茶 chá 명 차, tea

2

Track 74-2

해설 녹음에서 남자가 '就到机场了 jiù dào jīchǎng le(곧 공항에 도착할 거예요)'라고 했으므로, B가 정답이다.

정답 B

녹음

女：李小姐快到了，她的飞机是几点的？ Lǐ xiǎojiě kuài dào le, tā de fēijī shì jǐ diǎn de?	여: 이(李) 양이 곧 도착하는데, 그녀의 비행기는 몇 시 것인가요?
男：五点的，我们十分钟后就到机场了。 Wǔ diǎn de, wǒmen shí fēnzhōng hòu jiù dào jīchǎng le.	남: 5시요. 우리는 10분 후면 곧 공항에 도착할 거예요.

Tāmen yào qù nǎr? 问：他们 要 去 哪儿？	질문: 그들은 어디에 가려고 하나?
yīyuàn jīchǎng huǒchēzhàn A 医院 B 机场 C 火车站	A 병원 B 공항 C 기차역

단어 小姐 xiǎojiě 명 아가씨, 양[젊은 여성에 대한 일반적인 호칭] | 快…了 kuài…le 곧 ~할 것이다 | ★到 dào 동 도착하다 | 飞机 fēijī 명 비행기 | 几 jǐ 수 몇 | 点 diǎn 양 시 | 分钟 fēnzhōng 명 분[시간의 양]

실력 향상을 위한 **점프 표현**

시간의 양을 나타내는 표현

两分钟 liǎng fēnzhōng 2분 | 两个小时 liǎng ge xiǎoshí 2시간 | 两天 liǎng tiān 2일

3 Track **74-3**

해설 녹음에서 남자가 '现在七十公斤 xiànzài qīshí gōngjīn(지금 70킬로그램)'이라고 했으므로, B가 정답이다.

정답 B

녹음

Zhège yuè wǒ měi tiān dōu qù yóuyǒng, wǒ xiànzài qīshí gōngjīn. 男：这个 月 我 每 天 都 去 游泳，我 现在 七十 公斤。	남: 이번 달에 난 매일 수영하러 갔어. 난 지금 70킬로그램이야.
Zhēnde ma? Shǎole wǔ gōngjīn? 女：真的 吗？少了 五 公斤？	여: 정말? 5킬로그램이 줄었어?
Nán de xiànzài duōshao gōngjīn? 问：男 的 现在 多少 公斤？	질문: 남자는 지금 몇 킬로그램인가?
A 65 B 70 C 75	A 65 B 70 C 75

단어 这个月 zhège yuè 이번 달 | 每天 měi tiān 명 매일 | 游泳 yóuyǒng 동 수영을 하다 | ★公斤 gōngjīn 양 킬로그램(kg) | 真的 zhēnde 부 진짜, 정말 | 少 shǎo 동 줄어들다, 감소하다

4

Track **74-4**

해설 녹음에서 '送牛奶的 sòng niúnǎi de(우유를 배달하는 사람)'라고 대답했으므로, C가 정답이다.

정답 C

녹음

Shéi zài mén wài? Shìbushì nǐ bàba huílai le? 女：谁 在 门 外？是不是 你 爸爸 回来 了？	여: 누가 문 밖에 있네? 네 아빠가 돌아오신 거니, 아니니?
Bú shì, shì sòng niúnǎi de. 男：不 是，<u>是 送 牛奶 的</u>。	남: 아니에요. <u>우유를 배달하는 사람이에요</u>.
Shéi zài mén wài? 问：谁 在 门 外？	질문: 누가 문 밖에 있나?
māma A 妈妈	A 엄마
bàba B 爸爸	B 아빠
sòng niúnǎi de C 送 牛奶 的	C 우유를 배달하는 사람

단어 谁 shéi 대 누구 | 在 zài 동 ~에 있다 | 门外 mén wài 문 밖 | 回来 huílai 동 돌아오다 | ★送 sòng 동 보내다, 배달하다 | ★牛奶 niúnǎi 명 우유

어법 送 sòng

동사 '送 sòng'은 여러 가지 뜻을 가지고 있다.

① 배웅하다

예 我送你回家。Wǒ sòng nǐ huíjiā. 내가 너를 집에 바래다 줄게.

② 보내다, 선물하다

예 我要送他一件衣服。Wǒ yào sòng tā yí jiàn yīfu. 나는 그에게 옷 한 벌을 선물해 주고 싶다.

5

Track **74-5**

해설 녹음에서 여자가 '来过一次 láiguo yí cì(한 번 온 적 있다)'라고 했으므로, 이번이 두 번째 온 것이다. 따라서 B가 정답이다.

정답 B

녹음

Nǐ shì dì-yī cì lái wǒmen zhèlǐ ma? 男：你 是 第一 次 来 我们 这里 吗？	남: 당신은 처음으로 (우리가 있는) 여기에 오신 건가요?
Bú shì, qùnián liù yuè wǒ láiguo yí cì. 女：不 是，去年 六 月 我 来过 一 次。	여: 아니요, 작년 6월에 한 번 온 적 있어요.
Nǚ de láiguo zhèr jǐ cì? 问：女 的 来过 这儿 几 次？	질문: 여자는 여기에 몇 번 온 적 있나?
A 一次 yí cì　B 两次 liǎng cì　C 六次 liù cì	A 한 번　B 두 번　C 여섯 번

단어 ★第一次 dì-yī cì 첫 번째, 처음 | 这里 zhèlǐ 대 여기, 이곳 | ★去年 qùnián 명 작년 | 月 yuè 명 월, 달 | ★次 cì 양 번[동작이 발생한 횟수를 세는 단위]

어법 过 guo

'过 guo'는 '~한 적 있다'의 뜻으로 동사 뒤에 쓰여 동작의 경험을 나타낸다.

예 我看过一次这个电影。Wǒ kànguo yí cì zhège diànyǐng. 난 이 영화를 한 번 본 적 있다.

실력 향상을 위한 **점프 표현**

횟수와 순서 관련 표현

一次 yí cì 한 번 | 两次 liǎng cì 두 번 | 好几次 hǎojǐ cì 여러 번 | 第一次 dì-yī cì 첫 번째 | 第二次 dì-èr cì 두 번째

6

해설 녹음에서 영화를 보러 가자는 여자의 말에 남자가 '已经看过了 yǐjīng kànguo le(이미 봤어)'라고 했으므로, A가 정답이다.

정답 A

녹음

Wǒmen xiàwǔ qù kàn diànyǐng, hǎo ma? 女：我们 下午 去 看 电影，好 吗？	여: 우리 오후에 영화를 보러 갈래?
Wǒ shàng ge xīngqī yǐjīng kànguo le, wǒmen qù yóuyǒng ba. 男：我 上 个 星期 已经 看过 了，我们 去 游泳 吧。	남: 나는 지난주에 이미 봤어. 우리 수영하러 가자.
Nán de wèishénme bú qù kàn diànyǐng? 问：男 的 为什么 不 去 看 电影？	질문: 남자는 왜 영화를 보러 가지 않나?
kànguo le A 看过 了	A 봤다
tài lèi le B 太 累 了	B 너무 피곤하다
yǒu bié de shì C 有 别 的 事	C 다른 일이 있다

단어 下午 xiàwǔ 명 오후 | 电影 diànyǐng 명 영화 | 上个星期 shàng ge xīngqī 지난주 | ★已经 yǐjīng 부 이미, 벌써 | ★游泳 yóuyǒng 동 수영을 하다

어법 …过了 …guo le

'…过了 …guo le'는 동작을 했고, 그 동작이 이미 끝났음을 나타낸다.

예 A: 你吃饭了吗? Nǐ chīfàn le ma? 너는 밥을 먹었니?
B: 吃过了。Chīguo le. 먹었어요.

7

Track **74-7**

해설 녹음에서 남자가 '快没电了 kuài méi diàn le(배터리가 곧 없어지려 해)'라고 했으므로, B가 정답이다.

정답 B

녹음

Wǒ de shǒujī kuài méi diàn le, zhè jiàn shìqing wǎnshang zài shuō ba. 男：我的手机快没电了，这件事情晚上再说吧。	남: 내 휴대폰이 배터리가 곧 없어지려 해. 이 일은 저녁에 다시 얘기하자.
Yě hǎo, wǎnshang děng nǐ diànhuà. 女：也好，晚上等你电话。	여: 그것도 좋지, 저녁에 네 전화를 기다릴게.
Nán de shǒujī zěnme le? 问：男的手机怎么了？	질문: 남자의 휴대폰은 어떻게 되었는가?
méi kāijī A 没开机	A 휴대폰을 켜지 않았다
kuài méi diàn le B 快没电了	B 배터리가 곧 없어지려 한다
zhǎo bu dào le C 找不到了	C 찾지 못하게 되었다

단어 ★手机 shǒujī 명 휴대폰 | 没电 méi diàn 배터리가 없다 | ★件 jiàn 양 개[일, 사건을 세는 단위] | ★事情 shìqing 명 일, 사건 | ★晚上 wǎnshang 명 저녁 | 说 shuō 동 말하다 | ★也 yě 부 ~도, 역시 | ★等 děng 동 기다리다 | 电话 diànhuà 명 전화

어법 快…了 kuài…le

'快…了 kuài…le'는 '곧(바로) ~할 것이다'의 뜻으로 새로운 상황이나 동작이 곧 발생할 것을 나타낸다.

예 快春天了。Kuài chūntiān le. 곧 봄이다.

8

Track **74-8**

해설 녹음에서 여자가 남자를 '儿子 érzi(아들)'라고 불렀고 남자는 여자가 만든 음식이 '比饭馆儿的还好吃 bǐ fànguǎnr de hái hǎochī(식당의 것보다 더 맛있어요)'라고 했으므로, B가 정답이다.

정답 B

녹음

Érzi, duō chī cài. 女：儿子，多吃菜。	여: 아들아, 많이 먹으렴.
Hǎo, nín zuò de cài bǐ fànguǎnr de hái hǎochī. 男：好，您做的菜比饭馆儿的还好吃。	남: 네, 엄마가 만든 요리가 식당의 것보다 더 맛있어요.

Tāmen zuì kěnéng zài nǎr? 问：他们 最 可能 在 哪儿？	질문: 그들은 어디에 있나?
A 医院 yīyuàn　B 家里 jiāli　C 饭馆儿 fànguǎnr	A 병원　B 집 안　C 식당

단어 儿子 érzi 명 아들 | 菜 cài 명 요리, 음식 | 做 zuò 동 (요리, 음식을) 하다, 만들다 | ★比 bǐ 개 ~보다 | 饭馆儿 fànguǎnr 명 식당, 음식점 | ★还 hái 부 더, 더욱 | ★好吃 hǎochī 형 맛있다

어법 比 bǐ

'比 bǐ'는 '~보다'의 뜻으로 두 개 혹은 여러 개의 대상을 비교할 때 쓴다. 'A+比+B+(更/还)'의 형식으로 쓰여 'A는 B보다 (더) ~하다'는 의미를 나타낸다.

예 今天比昨天(更/还)冷。Jīntiān bǐ zuótiān (gèng/hái) lěng. 오늘은 어제보다 (더) 춥다.

9

Track 74-9

해설 녹음에서 여자가 집에서 회사까지 '十分钟的路 shí fēnzhōng de lù(10분 걸리는 길)'라고 했으므로, B가 정답이다.

정답 B

녹음

Nǐ zhù nǎr? Lí gōngsī yuǎn ma? 男：你 住 哪儿？离 公司 远 吗？	남: 어디에 사세요? 회사에서 멀어요?
Lí gōngsī bù yuǎn, cóng wǒ jiā dào gōngsī jiù shí fēnzhōng de lù. 女：离 公司 不 远，从 我 家 到 公司 就 十 分钟 的 路。	여: 회사에서 멀지 않아요. 우리 집에서 회사까지 10분밖에 안 걸려요.
Cóng tā jiā dào gōngsī yào duō cháng shíjiān? 问：从 她 家 到 公司 要 多 长 时间？	질문: 그녀의 집에서 회사까지 얼마나 걸리나?
A 5 分钟 fēnzhōng　B 10 分钟 fēnzhōng　C 15 分钟 fēnzhōng	A 5분　B 10분　C 15분

단어 住 zhù 동 살다, 거주하다 | 哪儿 nǎr 대 어디 | ★公司 gōngsī 명 회사 | ★远 yuǎn 형 멀다 | 家 jiā 명 집 | ★就 jiù 부 겨우, 고작 | 分钟 fēnzhōng 명 분[시간의 양] | ★路 lù 명 길

어법 从 cóng+A+到 dào+B

'从 cóng+A+到 dào+B'는 'A에서(부터) B까지'라는 뜻이다. '从+A+到+B+要(有)+시간의 양' 형식으로 쓰여 'A에서 B까지 ~만큼 (시간이) 걸린다'라고 말할 수 있다.

예 从我家到学校要十分钟。Cóng wǒ jiā dào xuéxiào yào shí fēnzhōng.
우리 집에서 학교까지 10분 걸린다.

10

Track **74-10**

해설 녹음에서 여자가 남자에게 '喝杯咖啡吧 hē bēi kāfēi ba(커피 한 잔 마셔요)'라고 했으므로, C가 정답이다.

정답 C

녹음

女：别看电脑了，喝杯咖啡吧。 Bié kàn diànnǎo le, hē bēi kāfēi ba.	여: 컴퓨터를 보지 말고, 커피를 한 잔 마셔요.
男：谢谢，你真好。 Xièxie, nǐ zhēn hǎo.	남: 고마워요, 당신은 참 좋은 사람이에요.
问：女的让男的做什么？ Nǚ de ràng nán de zuò shénme?	질문: 여자는 남자더러 무엇을 하라고 하나?
A 吃饭 chīfàn	A 밥을 먹다
B 去上课 qù shàngkè	B 수업을 들으러 가다
C 喝咖啡 hē kāfēi	C 커피를 마시다

단어 电脑 diànnǎo 명 컴퓨터 | 喝 hē 동 마시다 | 杯 bēi 양 잔, 컵 | ★咖啡 kāfēi 명 커피 | ★真 zhēn 부 정말, 참으로

어법 吧 ba

어기조사 '吧 ba'는 여러 가지 뜻이 있다.

① ~하자[청유, 권유]

예 (我们)回家吧。(Wǒmen) huíjiā ba. (우리) 집에 가자.

② ~해라[명령]

예 (你)回家吧。(Nǐ) huíjiā ba. (너) 집에 가라.

③ ~이지?[질문]

예 他是老师吧? Tā shì lǎoshī ba? 그는 선생님이지?

시험처럼 풀어보는 실전문제 2

기본서 191쪽

정답 1. A 2. B 3. C 4. C 5. A 6. B 7. C 8. A 9. C 10. A

1

Track 75-1

해설 녹음에서 남자가 '鱼 yú(생선)'를 어떻게 파는지 물었으므로, A가 정답이다.

정답 A

녹음

Yú zěnme mài ne? 男：鱼 怎么 卖 呢？	남: 생선은 어떻게 팔아요?
Hěn piányi, sān kuài qián yì jīn. 女：很 便宜，三 块 钱 一 斤。	여: 싸요, 한 근에 3위안이에요.
Nán de yào mǎi shénme? 问：男 的 要 买 什么？	질문: 남자는 무엇을 사려고 하나?
A 鱼 yú　B 西瓜 xīguā　C 鸡蛋 jīdàn	A 생선　B 수박　C 계란

단어 ★鱼 yú 명 생선, 물고기 | 很 hěn 부 매우, 너무 | ★便宜 piányi 형 싸다 | ★块 kuài 양 위안[중국 화폐의 기본 단위] | 钱 qián 명 돈 | 斤 jīn 양 근[무게의 단위]

어법 의문대명사를 사용한 의문문 → 기본서 26쪽

의문대명사 '谁 shéi(누구)', '什么 shénme(무엇, 무슨), '哪儿 nǎr(어디)' 등을 사용하여 의문문을 만들 수 있다. 의문대명사를 사용한 의문문은 문장 끝에 '吗 ma'나 '吧 ba'는 쓸 수 없지만, '呢 ne'를 써서 어투를 부드럽게 할 수 있다.

예 你在哪儿(呢)? Nǐ zài nǎr (ne)? 너는 어디에 있니?
他是谁? Tā shì shéi? 그는 누구니?
这是什么? Zhè shì shénme? 이것은 무엇이니?

2

Track 75-2

해설 녹음에서 여자가 학생 수를 묻자 남자가 '两千多 liǎng qiān duō(2000여 명)'라고 했으므로, B가 정답이다.

정답 B

녹음

Nǐ zhīdào nǐmen xuéxiào yǒu duōshao xuésheng ma? 女：你 知道 你们 学校 有 多少 学生 吗？	여: 너희 학교에 몇 명의 학생이 있는지 아니?
Zhīdào, yǒu liǎng qiān duō. 男：知道，有 两 千 多。	남: 알아, 2000여 명이 있어.

Zhège xuéxiào yǒu duōshao xuésheng ? 问：这个 学校 有 多少 学生？	질문: 이 학교에는 몇 명의 학생이 있나?
duō duō duō A 200多 B 2000多 C 2500多	A 200여 명 B 2000여 명 C 2500여 명

단어 ★知道 zhīdào 동 알다 | 学校 xuéxiào 명 학교 | 有 yǒu 동 있다, 가지고 있다 | 多少 duōshao 대 얼마, 몇 | 学生 xuésheng 명 학생 | ★千 qiān 수 1000, 천 | 多 duō 수 남짓, 여[조금 넘는 어림수를 나타냄]

어법 多 duō

'多 duō'는 수사로 '약간 많은'의 뜻으로, 숫자의 마지막 자리가 0일 때 '10/100…+多+양사+명사'의 형식으로 쓰여 어림수(~정도, 즈음)를 나타낸다.

예 十多个学生 shí duō ge xuésheng 10여 명의 학생
三百多块钱 sānbǎi duō kuài qián 300여 위안의 돈

3

Track 75-3

해설 녹음에서 남자가 길을 아느냐고 묻자 여자가 '医院 yīyuàn(병원)'이 바로 앞에 있다고 했으므로, C가 정답이다.

정답 C

녹음

Nǐ zhēnde rènshi lù ? Shìbushì zǒu cuò le ? 男：你 真的 认识 路？是不是 走 错 了？	남: 너 정말 길 아니? 잘못 간 거 아니야?
Méi cuò, nàge yīyuàn wǒ qùguo hǎojǐ cì le, jiù zài qiánmiàn. 女：没 错，那个 医院 我 去过 好几 次 了，就 在 前面。	여: 틀림없어. 그 병원에 난 여러 번 가 봤어, 바로 앞이야.
Tāmen yào qù nǎr ? 问：他们 要 去 哪儿？	질문: 그들은 어디에 가려고 하나?
gōngsī jiàoshì yīyuàn A 公司 B 教室 C 医院	A 회사 B 교실 C 병원

단어 真的 zhēnde 부 정말로, 참으로 | 认识 rènshi 동 (사람·길·글자를) 알다 | ★路 lù 명 길 | ★走 zǒu 동 가다, 걷다, 떠나다 | ★错 cuò 형 틀리다 | 没错 méi cuò 틀림없다, 맞다, 옳다 | 医院 yīyuàn 명 병원 | 好几 hǎojǐ 수 여러, 몇 | ★次 cì 양 번[동작이 발생한 횟수를 세는 단위] | 在 zài 동 ~에 있다 | 前面 qiánmiàn 명 앞쪽

4

해설 녹음에서 여자가 발견했냐고 묻자 남자가 '等一等 děng yi děng(기다려)'이라고 했으므로 아직 못 찾은 상황이라는 것을 알 수 있다. 따라서 C가 정답이다.

정답 C

녹음

女：你看见了没有？那报纸就在电视右边。 Nǐ kànjiàn le méiyǒu? Nà bàozhǐ jiù zài diànshì yòubian.	여: 너는 발견했니? 그 신문은 텔레비전 오른쪽에 있어.
男：你等一等，你这儿的东西太多了。 Nǐ děng yi děng, nǐ zhèr de dōngxi tài duō le.	남: 기다려 봐. 여기 물건이 너무 많아.
问：男的是什么意思？ Nán de shì shénme yìsi?	질문: 남자의 말은 무슨 의미인가?
A 在右边 zài yòubian	A 오른쪽에 있다
B 有两张 yǒu liǎng zhāng	B 두 장이 있다
C 还没看见 hái méi kànjiàn	C 아직 발견하지 못했다

단어 看见 kànjiàn 동 보다, 보이다, 발견하다 | 那 nà 대 그(것), 저(것) | ★报纸 bàozhǐ 명 신문 | 电视 diànshì 명 텔레비전 | ★右边 yòubian 명 오른쪽 | ★等 děng 동 기다리다 | 东西 dōngxi 명 물건, 사물 | 多 duō 형 많다

어법 了 le'가 있는 문장의 의문문

了 le'가 있는 문장은 '吗 ma' 대신에 '没(有) méi(yǒu)'를 써서 의문문을 만들 수 있다.

예 你吃了吗? Nǐ chī le ma? 너는 먹었니? [몰라서 물을 때]
≒ 你吃了没(有)? Nǐ chī le méi(yǒu)? 너는 먹었니? [확인차 물을 때]

실력 향상을 위한 **점프 표현**

방향, 위치 관련 표현

面 miàn (물체의) 쪽, 면 | 前面 qiánmiàn ≒ 前边 qiánbian 앞(쪽) | 后面 hòumiàn ≒ 后边 hòubian 뒤(쪽) | 下边 xiàbian 아래쪽 | 上边 shàngbian 위쪽 | 附近 fùjìn 근처, 주위 | 旁边 pángbiān 옆, 근처, 부근 | 里面有什么? Lǐmiàn yǒu shénme? 안에 뭐가 있니?

5

Track 75-5

해설 녹음에서 여자가 남자에게 '要多运动了 yào duō yùndòng le(운동을 많이 해야겠구나)'라고 했으므로, A가 정답이다.

정답 A

녹음

Mā, wǒ xiànzài jiǔshí gōngjīn le. 男：妈，我现在九十公斤了。	남: 엄마, 저는 지금 90킬로그램 됐어요.
Jiǔshí gōngjīn? Nà nǐ zhēn yào duō yùndòng le. 女：九十公斤？那你真要多运动了。	여: 90킬로그램? 그럼 너는 정말 운동을 많이 해야겠구나.
Māma ràng érzi zuò shénme? 问：妈妈让儿子做什么？	질문: 엄마는 아들더러 무엇을 하라고 하나?
duō yùndòng A 多运动	A 많이 운동한다
shǎo chīfàn B 少吃饭	B 밥을 적게 먹는다
duō chī ròu C 多吃肉	C 고기를 많이 먹는다

단어 现在 xiànzài 명 지금, 현재 | 公斤 gōngjīn 양 킬로그램(kg) | 那 nà 접 그럼, 그러면 | ★要 yào 조동 ~해야 한다 | ★运动 yùndòng 동 운동하다

6

Track 75-6

해설 녹음에서 남자가 '我家离这儿很近 wǒ jiā lí zhèr hěn jìn(우리 집은 여기에서 가까워)'이라고 했으므로, B가 정답이다.

정답 B

녹음

Jīntiān tài wǎn le, wǒ sòng nǐ huíjiā. 女：今天太晚了，我送你回家。	여: 오늘은 너무 늦었으니, 내가 데려다줄게.
Méi guānxi, wǒ jiā lí zhèr hěn jìn. 男：没关系，我家离这儿很近。	남: 괜찮아, 우리 집은 여기에서 가까워.
Nán de shì shénme yìsi? 问：男的是什么意思？	질문: 남자의 말은 무슨 의미인가?

A 不想回家 (bù xiǎng huíjiā)	A 집에 돌아가고 싶지 않다
B 住得不远 (zhù de bù yuǎn)	B 멀지 않게 산다
C 不认识路 (bú rènshi lù)	C 길을 모른다

단어 今天 jīntiān 명 오늘 | 晚 wǎn 형 늦다 | ★送 sòng 동 배웅하다 | 回家 huíjiā 동 집에 돌아오다(돌아가다) | 没关系 méi guānxi 괜찮아요 | ★离 lí 개 ~에서, ~로부터 | ★近 jìn 형 가깝다

7

Track **75-7**

해설 녹음에서 여자가 '不睡了 bú shuì le(안 잘 거예요)'라고 했으므로, C가 정답이다.

정답 C

녹음

男：现在已经七点了，你快起来吧。 Xiànzài yǐjīng qī diǎn le, nǐ kuài qǐlai ba.	남: 지금 벌써 7시야. 빨리 일어나렴.
女：我不睡了，现在就起。 Wǒ bú shuì le, xiànzài jiù qǐ.	여: (이제) 안 잘 거예요, 지금 일어나요.
问：女的是什么意思？ Nǚ de shì shénme yìsi?	질문: 여자의 말은 무슨 의미인가?
A 想喝水 (xiǎng hē shuǐ)	A 물을 마시고 싶다
B 生病了 (shēngbìng le)	B 병이 생겼다
C 不睡了 (bú shuì le)	C (이제) 안 자겠다

단어 ★已经 yǐjīng 부 이미, 벌써 | 点 diǎn 양 시 | 快 kuài 부 빨리, 어서 | 起来 qǐlai 동 일어나다 | 睡 shuì 동 (잠을) 자다

어법 不…了 bù…le

'不…了 bù…le'는 '(이제는) ~하지 않다, ~않겠다'라는 뜻이고, 이때의 '了'는 문장 끝에 쓰여 상황의 변화를 나타낸다.

예 饱了，我不吃了。Bǎo le, wǒ bù chī le. 배불러, 나는 안 먹을래.

8

Track **75-8**

해설 녹음에서 여자가 '两块钱一斤 liǎng kuài qián yì jīn(한 근에 2위안)'이라고 했으므로, A가 정답이다.

정답 A

녹음

Yú zhēn piányi, xiànzài liǎng kuài qián yì jīn le. 女: 鱼真便宜，现在两块钱一斤了。	여: 생선이 정말 싸요. 지금 한 근에 2위안이에요.
Wǒ mǎi liǎng jīn. 男: 我买两斤。	남: 두 근 살게요.
Yú duōshao qián yì jīn? 问: 鱼多少钱一斤？	질문: 생선은 한 근에 얼마인가?
liǎng kuài qián A 两块钱	A 2위안
sān kuài qián B 三块钱	B 3위안
sì kuài qián C 四块钱	C 4위안

단어 ★鱼 yú 명 생선, 물고기 | ★真 zhēn 부 정말, 참으로 | ★便宜 piányi 형 (값이) 싸다 | 现在 xiànzài 명 지금, 현재 | 买 mǎi 동 사다, 구입하다

어법 块 kuài

양사 '块 kuài'는 금액을 세는 기본 단위로서, 수사와 함께 '수사+块+(钱)'의 형식으로 쓴다.

예 十块钱 shí kuài qián 10위안 | 一百块钱 yìbǎi kuài qián 100위안

9

Track **75-9**

해설 녹음에서 남자가 '累 lèi(피곤해)'라고 했고 여자가 의자에 가서 좀 앉자고 했으므로 남자가 쉬고 싶어한다는 것을 알 수 있다. 따라서 C가 정답이다.

정답 C

녹음

Zǒule zhème cháng shíjiān, yǒudiǎnr lèi. 男: 走了这么长时间，有点儿累。	남: 이렇게 오랫동안 걸으니, 좀 피곤해.
Wǒmen qù nàbian de yǐzi shang zuòzuo ba. 女: 我们去那边的椅子上坐坐吧。	여: 우리 저쪽 의자에 가서 좀 앉자.

Nán de zěnme le? 问：男 的 怎么 了？	질문: 남자는 어떠한가?
bú lèi A 不 累	A 피곤하지 않다
méi tīng dǒng B 没 听 懂	B 못 알아들었다
xiǎng xiūxi C 想 休息	C 쉬고 싶다

단어 ★走 zǒu 동 가다, 걷다, 떠나다 | 这么 zhème 대 이렇게 | ★长 cháng 형 길다 | ★时间 shíjiān 명 시간 | ★有点儿 yǒudiǎnr 부 조금 | ★累 lèi 형 피곤하다, 힘들다 | 去 qù 동 가다 | 椅子 yǐzi 명 의자 | 上 shàng 명 위

어법 有点儿 yǒudiǎnr

'有点儿 yǒudiǎnr'은 '조금'이라는 뜻으로 형용사 앞에 쓴다. '有点儿'은 상태의 정도가 약할 때 쓰고 부정적인 어투를 나타낸다.

예 这件衣服有点儿贵。Zhè jiàn yīfu yǒudiǎnr guì. 이 옷은 조금 비싸다.

10

Track 75-10

해설 녹음에서 여자가 '房间 fángjiān(방)'에 대해서 묻자 남자가 '大一些的 dà yìxiē de(좀 더 큰 것)'가 있는지 되물었으므로, 남자가 좀 더 큰 방을 원한다는 것을 알 수 있다. 따라서 A가 정답이다.

정답 A

녹음

Nín kàn zhège fángjiān zěnmeyàng? 女：您 看 这个 房间 怎么样？	여: 당신이 보기에 이 방은 어때요?
Hái kěyǐ, yǒuméiyǒu dà yìxiē de? 男：还 可以，有没有 大 一些 的？	남: 괜찮네요. (그런데) 좀 더 큰 것이 있나요, 없나요?
Nán de xiǎng yào shénmeyàng de fángjiān? 问：男 的 想 要 什么样 的 房间？	질문: 남자는 어떤 방을 원하나?
dà yìdiǎnr A 大 一点儿	A 좀 더 큰 것
xiǎo yìdiǎnr B 小 一点儿	B 좀 더 작은 것
gāo yìdiǎnr C 高 一点儿	C 좀 더 높은 것

단어 ★房间 fángjiān 명 방 | 怎么样 zěnmeyàng 대 어떠하다 | 大 dà 형 크다

시험처럼 풀어보는 실전문제 1

기본서 196쪽

정답 1. B 2. A 3. B 4. B 5. B

1 Track **79-1**

해설 녹음에서 남자가 '王老师 Wáng lǎoshī(왕 선생님)'를 찾으면서 '王老师的学生 Wáng lǎoshī de xuésheng(왕 선생님의 학생)'이라고 소개했으므로, B가 정답이다.

정답 B

녹음

Qǐngwèn, Wáng lǎoshī zài jiā ma? 男：请问，王 老师 在 家 吗？	남: 실례합니다, 왕(王) 선생님은 집에 계신가요?
Qǐng jìn, nǐ shì …… 女：请 进，你 是 ……	여: 들어오세요, 당신은 누구신가요?
Wǒ jiào Zhāng Hóng, wǒ shì Wáng lǎoshī de xuésheng. 男：我 叫 张 红，我 是 王 老师 的 学生。	남: 전 장홍(张红)이라고 하고요, 왕(王) 선생님의 학생입니다.
Qǐng zuò, tā zài fángjiān li kàn shū, wǒ qù jiào tā. 女：请 坐，他 在 房间 里 看 书，我 去 叫 他。	여: 앉아요, 그는 방에서 책을 보고 있으니, 제가 가서 그를 부를게요.
Shéi zhǎo Wáng lǎoshī? 问：谁 找 王 老师？	질문: 누가 왕(王) 선생님을 찾나?
A 妻子 qīzi　B 学生 xuésheng　C 同学 tóngxué	A 아내　B 학생　C 반 친구

단어 请问 qǐngwèn 동 말씀 좀 여쭙겠습니다 | 老师 lǎoshī 명 선생님 | 在 zài 동 ~에 있다 개 ~에서 | 家 jiā 명 집 | ★进 jìn 동 들어가다, 들어오다 | ★叫 jiào 동 (~라고) 부르다 | 学生 xuésheng 명 학생 | 坐 zuò 동 앉다 | ★房间 fángjiān 명 방 | 书 shū 명 책

어법 叫 jiào

동사 '叫 jiào'는 여러 가지 뜻을 가지고 있기 때문에 주의해야 한다.

① (~라고) 부르다

예 我叫张红。Wǒ jiào Zhāng Hóng. 나는 장훙(张红)이라고 한다.

② 부르다, 호출하다

예 我去叫他。Wǒ qù jiào tā. 내가 가서 그를 부르겠다.

③ 시키다, 요구하다 (=让 ràng)

예 医生叫我休息。Yīshēng jiào wǒ xiūxi. 의사가 나더러 쉬라고 한다.

실력 향상을 위한 **점프 표현**

방문할 때 표현

李先生在吗? Lǐ xiānsheng zài ma? 이(李) 선생님 계세요? | 我来找我爸爸。Wǒ lái zhǎo wǒ bàba. 저는 우리 아빠를 찾으러 왔어요. | 请进。Qǐng jìn. 들어오세요. | 等一下。Děng yíxià. 잠깐 기다리세요.

2

Track **79-2**

해설 녹음에서 여자가 '你说得很不错 nǐ shuō de hěn búcuò(너는 말을 정말 잘 한다)'라고 했으므로, A가 정답이다.

정답 A

녹음

Nǐ xué Hànyǔ duō cháng shíjiān le? 女：你 学 汉语 多 长 时间 了？	여: 너는 중국어를 배운 지 얼마나 됐니?
Kuài yì nián le. 男：快 一 年 了。	남: 곧 1년이 돼.
Nǐ shuō de hěn búcuò. 女：你 说 得 很 不错。	여: 너는 말을 정말 잘한다.
Tīng hé shuō hái kěyǐ, dú hé xiě bù hǎo. 男：听 和 说 还 可以，读 和 写 不 好。	남: 듣기랑 말하기는 괜찮은데, 읽기랑 쓰기는 못해.
Tā de Hànyǔ zěnmeyàng? 问：他 的 汉语 怎么样？	질문: 그의 중국어 실력은 어떠한가?
shuō de hǎo A 说 得 好	A 말을 잘한다
xiě de hǎo B 写 得 好	B 잘 쓴다
bú huì shuō C 不 会 说	C 말할 줄 모른다

단어 学 xué 동 배우다, 학습하다 | 汉语 Hànyǔ 명 중국어 | 多长时间 duō cháng shíjiān 얼마 동안, 얼마나 | 快…了 kuài…le 곧 ~할 것이다[임박을 나타냄] | 年 nián 명 년 | 不错 búcuò 형 좋다 | 听 tīng 동 듣다 | 和 hé 접 ~와(과) | 说 shuō 동 말하다 | 还可以 hái kěyǐ 그저 그렇다, 괜찮다 | 读 dú 동 읽다 | 写 xiě 동 (글씨를) 쓰다 | 好 hǎo 형 좋다, 잘하다

---

3 Track **79-3**

해설 녹음에서 여자가 '正在下雨 zhèngzài xiàyǔ(비가 내리고 있다)'라고 했으므로, B가 정답이다.

정답 B

녹음

Bā diǎn le, wǒ yào huíqu le. 男：八点了，我要回去了。	남: 8시가 됐으니, 저 돌아갈래요.
Hǎo de. Wàimiàn zhèngzài xiàyǔ, nín lùshang màn diǎnr. 女：好的。外面正在下雨，您路上慢点儿。	여: 네. 밖에 비가 오고 있으니, 조심히 가세요.
Méi guānxi. Zàijiàn. 男：没关系。再见。	남: 괜찮아요. 안녕히 계세요.
Míngtiān jiàn. 女：明天见。	여: 내일 만나요.
Xiànzài tiānqì zěnmeyàng? 问：现在天气怎么样？	질문: 지금 날씨는 어떠한가?
tiān yīn le A 天阴了	A 날이 흐려졌다
xiàyǔ le B 下雨了	B 비가 내린다
xiàxuě le C 下雪了	C 눈이 내린다

단어 点 diǎn 양 시 | 回去 huíqu 동 돌아가다 | 好的 hǎo de 좋다, 알겠다[승낙, 동의를 나타냄] | 外面 wàimiàn 명 바깥쪽 | ★下雨 xiàyǔ 동 비가 내리다 | 路上 lùshang 명 길 가는 중, 도중 | ★慢 màn 형 느리다 | 没关系 méi guānxi 괜찮아요 | 再见 zàijiàn 동 또 만나, 안녕[헤어질 때 하는 인사] | 明天 míngtiān 명 내일 | 见 jiàn 동 만나다, 보다

실력 향상을 위한 **점프 표현**

날씨 관련 표현

晴 qíng (날씨가) 맑다 | 阴 yīn (날씨가) 흐리다 | 天气晴天。Tiānqì qíngtiān. 오늘은 맑은 날씨다. | 下雨 xiàyǔ 비가 내리다 | 下雪 xiàxuě 눈이 내리다 | 冷 lěng 춥다 | 热 rè 덥다

4 Track **79-4**

해설 녹음에서 남자가 '别买太多 bié mǎi tài duō(너무 많이 사지 마)'라고 했으므로, B가 정답이다.

정답 B

녹음

女：西瓜很便宜，我们买一些吧。 Xīguā hěn piányi, wǒmen mǎi yìxiē ba.	여: 수박이 싼데, 우리 조금 사자.
男：买，我也很想吃。 Mǎi, wǒ yě hěn xiǎng chī.	남: 사, 나도 먹고 싶어.
女：那买几斤？ Nà mǎi jǐ jīn?	여: 그럼 몇 근 살까?
男：<u>别买太多</u>，买几斤就可以了。 Bié mǎi tài duō, mǎi jǐ jīn jiù kěyǐ le.	남: <u>너무 많이 사지 마</u>, 몇 근만 사면 돼.
问：男的是什么意思？ Nán de shì shénme yìsi?	질문: 남자의 말은 무슨 의미인가?
A 多买些 duō mǎi xiē	A 좀 더 사라
B 少买些 shǎo mǎi xiē	B 좀 덜 사라
C 不要卖了 bú yào mài le	C 팔지 마라

단어 ★西瓜 xīguā 명 수박 | ★便宜 piányi 형 (가격이) 싸다 | 买 mǎi 동 사다 | 些 xiē 양 몇몇, 약간 | ★也 yě 부 ~도, 역시 | 想 xiǎng 조동 ~하고 싶다 | 吃 chī 동 먹다 | 那 nà 접 그럼, 그러면 | 几 jǐ 수 몇 | 斤 jīn 양 근[무게의 단위] | 太 tài 부 너무, 지나치게 | 多 duō 형 많다

2급 듣기

5

Track 79-5

해설 녹음에서 남자가 '四月一号回来 sì yuè yī hào huílai(4월 1일에 돌아온다)'라고 했으므로, B가 정답이다.

정답 B

녹음

Sān yuè qù Běijīng lǚyóu zuì hǎo, 男：三月去北京旅游最好， shìbushì? 是不是？	남: 3월에 베이징으로 여행하러 가기 제일 좋아, 그렇지?
Duì, Běijīng sān yuè tiānqì bù lěng 女：对，北京三月天气不冷 yě bú rè. 也不热。	여: 맞아, 베이징은 3월에 날씨가 춥지도 않고 덥지도 않아.
Wǒ qù wánr liǎng ge xīngqī, 男：我去玩儿两个星期， sì yuè yī hào huílai. 四月一号回来。	남: 나는 2주 동안 놀러 갔다가, 4월 1일에 돌아올 거야.
Nǐ bié tài lèi le. 女：你别太累了。	여: 너 너무 무리하지 마.
Nán de nǎ tiān huílai? 问：男的哪天回来？	질문: 남자는 언제 돌아오나?
yuè hào A 3月1号	A 3월 1일
yuè hào B 4月1号	B 4월 1일
yuè hào C 4月2号	C 4월 2일

단어 月 yuè 명 월 | 北京 Běijīng 고유 베이징, 북경 | ★旅游 lǚyóu 동 여행하다 | ★最 zuì 부 가장, 제일 | 对 duì 형 맞다 | 天气 tiānqì 명 날씨 | 冷 lěng 형 춥다 | 热 rè 형 덥다 | ★玩(儿) wán(r) 동 놀다 | 星期 xīngqī 명 주, 주일 | ★号 hào 명 일 | ★回来 huílai 동 돌아오다 | ★别 bié 부 ~하지 마라[금지를 나타냄] | 太 tài 부 너무, 지나치게 | ★累 lèi 형 피곤하다, 힘들다

어법 不 bù+A+也不 yě bù+B

'不 bù+A+也不 yě bù+B'는 'A하지도 않고 B하지도 않다'라는 뜻으로, A, B는 서로 반대되는 의미의 형용사를 써야 한다.

예 不大也不小 bú dà yě bù xiǎo 크지도 작지도 않다
不贵也不便宜 bú guì yě bù piányi 비싸지도 싸지도 않다

실력 향상을 위한 **점프 표현**

때(시간/날짜)를 묻는 표현

早上 zǎoshang 아침 | 上午 shàngwǔ 오전 | 中午 zhōngwǔ 점심 | 下午 xiàwǔ 오후 | 晚上 wǎnshang 저녁, 밤 | 什么时候 shénme shíhou 언제 | 几月几号 jǐ yuè jǐ hào 몇 월 며칠 | 哪天 nǎ tiān 어느 날, 언제 | 星期几 xīngqī jǐ 무슨 요일 | 几点几分 jǐ diǎn jǐ fēn 몇 시 몇 분

시험처럼 풀어보는 실전문제 2

기본서 197쪽

정답 1. B 2. C 3. A 4. B 5. A

1

Track 80-1

해설 녹음에서 남자가 '五点下班 wǔ diǎn xiàbān(5시에 퇴근해요)'이라고 했으므로, B가 정답이다.

정답 B

녹음

Nín hái yǒu shénme wèntí ma? 男：您 还 有 什么 问题 吗？	남: 또 다른 질문이 있으신가요?
Nǐmen gōngsī jǐ diǎn shàngbān? 女：你们 公司 几 点 上班？	여: 당신들의 회사는 몇 시에 출근하세요?
Jiǔ diǎn. Xiàwǔ wǔ diǎn xiàbān. 男：九 点。下午 五 点 下班。	남: 9시요. 오후 5시에 퇴근해요.
Hǎo de, xièxie. 女：好 的，谢谢。	여: 알았어요, 고마워요.
Zhège gōngsī jǐ diǎn xiàbān? 问：这个 公司 几 点 下班？	질문: 이 회사는 몇 시에 퇴근하나?
A 4 点 (diǎn) B 5 点 (diǎn) C 6 点 (diǎn)	A 4시 B 5시 C 6시

단어 什么 shénme 대 무슨, 무엇 | ★问题 wèntí 명 문제 | ★公司 gōngsī 명 회사 | ★上班 shàngbān 동 출근을 하다 | 下午 xiàwǔ 명 오후 | ★下班 xiàbān 동 퇴근을 하다

2급 듣기

2

해설 녹음에서 여자가 '想吃个苹果再睡 xiǎng chī ge píngguǒ zài shuì(사과를 한 개 먹고 난 다음에 자고 싶어요)'라고 했으므로, C가 정답이다.

정답 C

녹음

Bà, nǐ shuì zháo le ma? 女：爸，你 睡 着 了 吗？	여: 아빠, 잠들었어요?
Bié shuōhuà le, nǐ kuài shuìjiào ba. 男：别 说话 了，你 快 睡觉 吧。	남: 말하지 말고, 빨리 자렴.
Wǒ xiǎng chī ge píngguǒ zài shuì. 女：我 想 吃 个 苹果 再 睡。	여: 사과를 한 개 먹고 난 다음에 자고 싶어요.
Píngguǒ yǐjīng shuì zháo le. 男：苹果 已经 睡 着 了。	남: 사과는 이미 잠들었단다.
Nǚ'ér wèishénme bú shuìjiào? 问：女儿 为什么 不 睡觉？	질문: 딸은 왜 잠을 자지 않나?
yào hē shuǐ A 要 喝 水	A 물을 마시고 싶다
yào chī mǐfàn B 要 吃 米饭	B 쌀밥을 먹고 싶다
yào chī píngguǒ C 要 吃 苹果	C 사과를 먹고 싶다

단어 睡着 shuì zháo 잠들다 | 说话 shuōhuà 동 말을 하다 | ★快 kuài 형 빠르다 | 睡觉 shuìjiào 동 잠을 자다 | 想 xiǎng 조동 ~하고 싶다 | 苹果 píngguǒ 명 사과

어법 着 zháo

'着 zháo'는 동사 뒤에 쓰여 목적을 달성하거나 동작의 완성을 나타낸다.

예 睡着 shuì zháo 잠들다 | 找着 zhǎo zháo 찾았다

3 Track **80-3**

해설 녹음에서 남자가 두 명의 외국 학생에 대해 묻자 여자가 '他们的汉语都非常好 tāmen de Hànyǔ dōu fēicháng hǎo(그들의 중국어 실력은 굉장히 좋아)'라고 했으므로, A가 정답이다.

정답 A

녹음

Nǐmen xuéxiào yǒu liǎng ge wàiguó xuésheng, duìbuduì? 男：你们 学校 有 两 个 外国 学生，对不对？	남: 너희 학교에는 두 명의 외국 학생이 있지?
Duì, nǐ zěnme zhīdào de? 女：对，你 怎么 知道 的？	여: 맞아, 너 어떻게 알았어?
Tīng wǒ jiě shuō de. Tāmen huì shuō Hànyǔ ma? 男：听 我 姐 说 的。他们 会 说 汉语 吗？	남: 누나가 말하는 거 들었어. 그들은 중국어를 할 줄 아니?
Tāmen de Hànyǔ dōu fēicháng hǎo, dàjiā hěn xǐhuan tāmen. 女：他们 的 汉语 都 非常 好，大家 很 喜欢 他们。	여: 그들은 중국어를 굉장히 잘해. 모두 그들을 좋아해.
Nà liǎng ge wàiguó xuésheng de Hànyǔ zěnmeyàng? 问：那 两 个 外国 学生 的 汉语 怎么样？	질문: 두 외국 학생의 중국어 실력은 어떠한가?
fēicháng hǎo A 非常 好	A 굉장히 잘한다
bú huì shuō B 不 会 说	B 말할 줄 모른다
bú tài hǎo C 不 太 好	C 별로 잘하지 못한다

단어 学校 xuéxiào 명 학교 | ★外国 wàiguó 명 외국 | 学生 xuésheng 명 학생 | ★对 duì 형 맞다 | 怎么 zěnme 대 어떻게 | ★知道 zhīdào 동 알다 | 听 tīng 동 듣다 | 说 shuō 동 말하다 | 汉语 Hànyǔ 명 중국어 | ★非常 fēicháng 부 굉장히, 아주 | ★大家 dàjiā 대 모두들, 여러분 | 喜欢 xǐhuan 동 좋아하다

어법 …，对不对? …, duìbuduì?

'…，对不对 duìbuduì'는 '맞니 안 맞니?'라는 뜻으로 확인을 위해 질문할 때 쓴다. '是不是 shìbushì'라고 말할 수도 있다.

예 李老师真好，对不对? Lǐ lǎoshī zhēn hǎo, duìbuduì?
= 李老师真好，是不是? Lǐ lǎoshī zhēn hǎo, shìbushì? 이(李) 선생님 참 좋으셔, 그렇지?

실력 향상을 위한 **점프 표현**

상태의 정도를 강조하는 표현

很 hěn 아주, 매우 | 非常 fēicháng 굉장히, 아주 | 太 tài 너무, 지나치게 | 最 zuì 가장, 제일 | 有点儿 yǒudiǎnr 조금[부정적 어투]

4 Track **80-4**

해설 녹음에서 여자는 '已经下飞机了 yǐjīng xià fēijī le(이미 비행기에서 내렸다)'라고 했으므로, 지금은 공항에 있다는 것을 알 수 있다. 따라서 B가 정답이다.

정답 B

녹음

Wéi, nǐ xiànzài dào nǎr le? 女：喂，你 现在 到 哪儿 了？	여: 여보세요, 지금 어디야?
Zhèngzài qù jīchǎng de lùshang, nǐ ne? 男：正在 去 机场 的 路上，你 呢？	남: 공항에 가는 길이야, 너는?
Wǒ yǐjīng xià fēijī le. Nǐ shénme shíhou néng dào zhèr? 女：我 已经 下 飞机 了。你 什么 时候 能 到 这儿？	여: 난 이미 비행기에서 내렸어. 너는 언제 여기에 도착할 수 있니?
Duìbuqǐ, shí fēnzhōng jiù dào. 男：对不起，十 分钟 就 到。	남: 미안해, 10분이면 도착해.
Nǚ de xiànzài zài nǎlǐ? 问：女 的 现在 在 哪里？	질문: 여자는 지금 어디에 있나?
A lùshang 路上	A 길 가는 중
B jīchǎng 机场	B 공항
C fēijī shang 飞机 上	C 비행기 안

단어 现在 xiànzài 명 지금, 현재 | ★到 dào 동 가다, 도착하다 | 哪儿 nǎr 대 어디 | 正在 zhèngzài 부 ~하고 있다, ~하는 중이다 | 路上 lùshang 명 길 가는 중, 도중 | 机场 jīchǎng 명 공항 | 下 xià 동 (낮은 곳으로) 내려가다, 내리다 | 飞机 fēijī 명 비행기 | 什么时候 shénme shíhou 언제 | 能 néng 조동 ~할 수 있다[시간적, 상황적 가능이나 능력을 나타냄] | 分钟 fēnzhōng 명 분[시간의 양] | ★就 jiù 부 곧, 바로

어법 已经 yǐjīng

'已经 yǐjīng'은 '이미, 벌써'라는 뜻으로 동작이나 상황의 완료를 강조하고, 완료의 '了 le'와 함께 쓴다.

예 他已经到学校了。 Tā yǐjīng dào xuéxiào le. 그는 이미 학교에 도착했다.

5

Track **80-5**

해설 녹음에서 남자가 '中学怎么走? Zhōngxué zěnme zǒu?(중고등학교는 어떻게 가요?)'라고 물었으므로, A가 정답이다.

정답 A

녹음

Qǐngwèn, dì-sānshíjiǔ zhōngxué zěnme zǒu? 男：请问，第三十九 中学 怎么 走？	남: 실례합니다, 39중고등학교는 어떻게 가요?
Xiàng qián zǒu, jiù zài lù de yòubian. 女：向 前 走，就 在 路 的 右边。	여: 앞으로 가면, 바로 길의 오른쪽에 있어요.
Xièxie nǐ. 男：谢谢 你。	남: 고맙습니다.
Bú kèqi. 女：不 客气。	여: 천만에요.
Nán de yào qù nǎr? 问：男 的 要 去 哪儿？	질문: 남자는 어디에 가려고 하나?
A 学校 xuéxiào　B 商店 shāngdiàn　C 教室 jiàoshì	A 학교　B 상점　C 교실

단어 中学 zhōngxué 명 중고등학교 | 怎么 zěnme 대 어떻게 | ★走 zǒu 동 가다, 떠나다, 걷다 | ★向 xiàng 개 ~을 향하여 | 前 qián 명 앞, 앞쪽 | ★就 jiù 부 곧, 바로 | ★路 lù 명 길 | ★右边 yòubian 명 오른쪽

어법 怎么 zěnme

'怎么 zěnme'는 '어떻게, 어째서, 왜'라는 뜻으로 방식이나 이유를 질문할 때 쓴다.

예 西瓜怎么卖? Xīguā zěnme mài? 수박은 어떻게 팔아요?
= 西瓜多少钱? Xīguā duōshao qián? 수박은 얼마예요?

火车站怎么走? Huǒchēzhàn zěnme zǒu? 기차역은 어떻게 가요?
= 火车站在哪儿? Huǒchēzhàn zài nǎr? 기차역은 어디에 있어요?

시험처럼 풀어보는 실전문제 1

기본서 206쪽

정답 1. C　2. A　3. D　4. B　5. E

1

'同学 tóngxué'는 '반 친구, 급우'라는 의미이므로 교실에서 수업을 하는 사진 C가 정답이다.

정답 C

해석

Tóngxuémen, nǐmen tīng dǒng le ma?
同学们，你们 听 懂 了 吗？

학생 여러분, 알아들었나요?

단어 同学 tóngxué 명 반 친구, 급우 | 们 men 접미 ~들[인칭대명사나 사람을 지칭하는 명사 뒤에 쓰여 복수를 나타냄] | 听 tīng 동 듣다 | ★懂 dǒng 동 이해하다

어법 懂 dǒng

'懂 dǒng'은 '이해하다, 알다'라는 뜻으로, 동사 뒤에 써서 동작의 결과를 보충 설명한다.

예 看懂 kàn dǒng 보고 이해하다 | 没听懂 méi tīng dǒng 듣고 이해하지 못하다, 알아듣지 못하다

2

'身体怎么样? Shēntǐ zěnmeyàng?(몸은 어때?)'이라고 말했으므로, 병원에 병문안을 간 사진인 A가 정답이다.

정답 A

해석

Shēntǐ zěnmeyàng? Shénme shíhou néng chūyuàn?
身体 怎么样？ 什么 时候 能 出院？

몸은 어때? 언제 퇴원할 수 있니?

단어 身体 shēntǐ 명 몸, 신체 | 怎么样 zěnmeyàng 대 어떠하다 | 什么时候 shénme shíhou 언제 | 能 néng 조동 ~할 수 있다 | 出院 chūyuàn 동 퇴원을 하다

어법 能 néng

'能 néng'은 '~할 수 있다'라는 뜻으로, 동사나 형용사 앞에 쓰여 시간적 혹은 상황적인 여건이 가능한지를 나타낸다. 부정형은 '不能 bù néng'으로, '~할 수 없다[능력, 가능]'와 '~하면 안 된다[금지]'라는 의미를 나타낸다.

예 你现在能不能来我家? Nǐ xiànzài néngbunéng lái wǒ jiā? 너는 지금 우리 집에 올 수 있니, 없니?

3

'给您介绍一下，这是… Gěi nín jièshào yíxià, zhè shì…(당신에게 소개해 드릴게요, 이분은 ~이에요)'는 다른 사람을 소개할 때 쓰는 표현이므로, 사진 D가 정답이다.

정답 D

해석

Gěi nín jièshào yíxià, zhè shì wǒmen gōngsī de Lǐ xiānsheng. 给您介绍一下，这是我们公司的李先生。	당신에게 소개해 드릴게요. 이분은 우리 회사의 이(李) 선생님이에요.

단어 给 gěi 개 ~에게 | ★介绍 jièshào 동 소개하다 | 一下 yíxià 수량 동사 뒤에 쓰여 '시험 삼아 해 보다' 또는 '좀 ~하다'의 뜻을 나타냄 | 这 zhè 대 이, 이것 | ★公司 gōngsī 명 회사 | 先生 xiānsheng 명 선생, 씨[성인 남성에 대한 존칭]

실력 향상을 위한 **점프 표현**

给 gěi 관련 표현

给她打电话 gěi tā dǎ diànhuà 그녀에게 전화를 하다 | 给你介绍 gěi nǐ jièshào 당신에게 소개하다 | 给他写信 gěi tā xiě xìn 그에게 편지를 쓰다

4

'里面有…水果 lǐmiàn yǒu…shuǐguǒ(안에 ~과일이 있어)'라고 했으므로, 사진 B가 정답이다.

정답 B

해석

Lǐmiàn yǒu nǐ zuì ài chī de shuǐguǒ. 里面有你最爱吃的水果。	안에 네가 가장 좋아하는 과일이 있어.

단어 里面 lǐmiàn 명 안(쪽) | 有 yǒu 동 있다 | ★最 zuì 부 가장, 제일 | 爱 ài 동 사랑하다, 몹시 좋아하다 | 吃 chī 동 먹다 | 水果 shuǐguǒ 명 과일

5

'件 jiàn'은 '벌'이라는 뜻으로 옷(衣服 yīfu)을 셀 때 쓰는 양사이므로, 사진 E가 정답이다.

정답 E

해석 Wǒ juéde zhè jiàn jiù hěn búcuò.
我 觉得 这 件 就 很 不错。 내 생각에 이것이 괜찮은 것 같아요.

단어 ★觉得 juéde 동 생각하다, 여기다 | 就 jiù 부 곧, 바로 | 很 hěn 부 매우 | 不错 búcuò 형 좋다

실력 향상을 위한 **점프 표현**

옷, 패션 관련 표현

衣服 yīfu 옷 | 漂亮 piàoliang 예쁘다 | 好看 hǎokàn 보기 좋다, 예쁘다 | 不错 búcuò 좋다 | 颜色 yánsè 색깔

시험처럼 풀어보는 실전문제 2

기본서 207쪽

정답 1. B 2. E 3. A 4. D 5. C

1

'米饭 mǐfàn'은 '쌀밥'이라는 의미이므로, 사진 B가 정답이다.

정답 B

해석 Mǐfàn zuò hǎo le, kuài lái chīfàn ba.
米饭 做 好 了，快 来 吃饭 吧。 밥이 다 되었으니, 어서 와서 밥을 먹어라.

단어 米饭 mǐfàn 명 쌀밥 | 做 zuò 동 (요리, 음식을) 하다, 만들다 | 好 hǎo 형 동사 뒤에 쓰여 동작이 완성되었거나 잘 마무리되었음을 나타냄 | 了 le 조 동작 또는 상황이 이미 완료되었음을 나타냄 | ★快 kuài 부 어서, 얼른 | 来 lái 동 오다 | 吃饭 chīfàn 동 밥을 먹다 | ★吧 ba 조 문장 맨 끝에 쓰여, 제안, 청유, 명령을 나타냄

실력 향상을 위한 점프 표현

음식 관련 표현

菜 cài 음식, 요리 | 鱼 yú 생선, 물고기 | 面条 miàntiáo 국수, 면 | 羊肉 yángròu 양고기 | 鸡蛋 jīdàn 계란 | 米饭 mǐfàn 쌀밥

2

'打了4个电话 dǎle sì ge diànhuà(4통의 전화를 걸었다)'라고 했으므로, 휴대폰을 보고 놀라는 사진 E가 정답이다.

정답 E

해석 Wǒ qīzi gěi wǒ dǎle ge diànhuà, wǒ yí ge dōu méi tīng dào.
我 妻子 给 我 打了 4 个 电话，我 一 个 都 没 听 到。 아내가 나에게 4통의 전화를 했는데, 나는 한 통도 못 들었다.

단어 ★妻子 qīzi 명 아내 | ★给 gěi 개 ~에게 | 打电话 dǎ diànhuà 전화를 하다 | 都 dōu 부 모두, 다 | 没 méi 부 ~않았다, 못했다[과거의 경험·행위·사실 등을 부정함] | 听 tīng 동 듣다 | ★到 dào 동 동사 뒤에 쓰여 목표가 달성되었거나 완성되었음을 나타냄

2급 독해

어법 一+양사+都 dōu+부정형

'一+양사+(명사)+都 dōu(也 yě)+不 bù(没 méi)+동사(형용사)'는 '조금도 ~하지 않았다'라는 뜻으로, 부정문을 강조하는 표현이다.

예 一个都没吃 yí ge dōu méi chī 한 개도 안 먹었다
一点儿也不好吃 yìdiǎnr yě bù hǎochī 조금도 맛있지 않다

3

'喂 wéi(여보세요)'는 전화를 걸거나 받을 때 쓰는 표현이고, '下飞机了 xià fēijī le(비행기에서 내렸다)'라고 했으므로, 사진 A가 정답이다.

정답 A

해석

Wéi, jiě, wǒ xià fēijī le, nǐ zài nǎr? 喂，姐，我下飞机了，你在哪儿？	여보세요, 누나, 저 비행기에서 내렸는데, 누나는 어디에 있어요?

단어 喂 wéi 감탄 (전화상에서) 여보세요 | 下 xià 동 (교통수단에서) 내리다 | 飞机 fēijī 명 비행기 | 在 zài 동 ~에 있다 | 哪儿 nǎr 대 어디

4

'欢迎您 huānyíng nín(환영합니다)'은 손님이나 새로운 사람을 맞이할 때 쓰는 표현이므로, 사진 D가 정답이다.

정답 D

해석

Huānyíng nín, qǐng zhèbian zǒu. 欢迎您，请这边走。	환영합니다, 이쪽으로 가세요.

단어 欢迎 huānyíng 동 환영하다 | 请 qǐng 동 ~하세요 | 这边 zhèbian 대 이쪽, 여기 | ★走 zǒu 동 가다, 걷다, 떠나다

5

	'想什么呢? Xiǎng shénme ne?(무슨 생각해?)'라고 했으므로, 사진 C가 정답이다.

정답 C

해석

Nǐ zěnme bú jìn jiàoshì? Xiǎng shénme ne? 你怎么不进教室? 想什么呢?	너는 왜 교실에 안 들어가니? 무슨 생각해?

단어 怎么 zěnme 대 어떻게, 왜, 어째서 | ★进 jìn 동 들어가다, 들어오다 | ★教室 jiàoshì 명 교실 | 想 xiǎng 동 생각하다 | 什么 shénme 대 무엇, 무슨

2급 독해

시험처럼 풀어보는 실전문제 1

기본서 212쪽

정답 1. C　2. E　3. B　4. A　5. D

1-5

A 回答 huídá 동 대답하다	B 一起 yìqǐ 부 함께	C 旁边 pángbiān 명 근처, 옆
D 离 lí 개 ~에서, ~로부터	E 等 děng 동 기다리다	

1

해설 '商店 shāngdiàn(상점)' 뒤에는 방위를 나타내는 '旁边 pángbiān(옆, 근처, 부근)'이 적당하므로 정답은 C이다.

정답 C

해석

Wǒ jiā jiù zài qiánmiàn nàge shāngdiàn (pángbiān). 我 家 就 在 前面 那个 商店 (旁边)。	우리 집은 바로 앞쪽의 저 상점 (옆)이다.

단어 家 jiā 명 집 | 就 jiù 부 곧, 바로 | 在 zài 동 ~에 있다 | ★前面 qiánmiàn 명 앞(쪽) | 那 nà 대 그(것), 저(것) | ★商店 shāngdiàn 명 상점, 가게

2

해설 문장을 해석해 보면 '人家 rénjiā(다른 사람들)'가 무엇을 하는지 알 수 없으므로, 빈칸에는 동사가 필요하다. 보기 중에서 동사는 '回答 huídá(대답하다)'와 '等 děng(기다리다)'이 있는데, 의미상 기다린다는 의미가 어울리므로 E가 정답이다.

정답 E

해석

Kuài diǎnr, rénjiā dōu zài (děng) nǐ chīfàn ne. 快 点儿，人家 都 在 (等) 你 吃饭 呢。	좀 더 서둘러, 다른 사람들이 다 네가 밥 먹기를 (기다리고) 있잖아.

단어 ★快 kuài 부 빨리, 어서 | ★点儿 diǎnr 양 조금, 약간[적은 수량에 쓰는 단위] | ★人家 rénjiā 대 다른 사람, 남 | 都 dōu 부 모두 | 在 zài 부 ~하고 있다, ~하는 중이다 | 吃饭 chīfàn 동 밥을 먹다

3

해설 '和 hé(跟 gēn)'는 '一起 yìqǐ(같이, 함께)'와 어울려 '和(跟)···一起 hé(gēn)···yìqǐ'의 형식으로 자주 쓰이므로, B가 정답이다.

정답 B

해석

Wǒ xiǎng hé nǐ (yìqǐ) qù kàn diànyǐng . 我 想 和 你 (一起) 去 看 电影 。 (和 你 一起: ~와 함께)	나는 너와 (같이) 영화를 보러 가고 싶다.

단어 想 xiǎng 조동 ~하고 싶다 | 和 hé 개 ~와(과) | 去 qù 동 가다 | 看 kàn 동 보다 | 电影 diànyǐng 명 영화

어법 和···一起 hé···yìqǐ

'和 hé'는 뒤에 동작을 함께 하는 대상을 써서 '~와, ~과'라는 의미를 나타내며, '跟 gēn'과 바꿔 말할 수 있다. 뒤에 '一起 yìqǐ'를 써서 '和···一起(~와 함께)'의 형식으로 자주 쓰인다.

예 我想和你一起吃饭。 Wǒ xiǎng hé nǐ yìqǐ chīfàn. 나는 너랑 같이 밥을 먹으러 가고 싶다.

4

해설 빈칸 뒤에 '一下 yíxià(~해 보다)'가 있으면, 빈칸에는 반드시 동사가 필요하다. 그리고 '问题 wèntí(문제)'는 동사 '做 zuò(하다, 풀다)' 혹은 '回答 huídá(대답하다)'와 자주 어울려 쓰이므로, A가 정답이다.

정답 A

해석

Nǐ lái (huídá) yíxià zhège wèntí , hǎo ma ? 你 来 (回答) 一下 这个 问题 , 好 吗 ?	네가 이 문제에 (대답해) 볼래?

단어 来 lái 동 어떤 동작을 하다[의미가 구체적인 동사를 대신함] | ★一下 yíxià 수량 동사 뒤에 쓰여 '시험 삼아 해 보다' 또는 '좀 ~하다'의 뜻을 나타냄 | ★问题 wèntí 명 문제, 질문 | 好 hǎo 형 좋다

실력 향상을 위한 점프 표현

一下 yíxià 관련 표현

你看一下。 Nǐ kàn yíxià. 봐봐. | 等一下。 Děng yíxià. 잠깐 기다리세요. | 我来介绍一下。 Wǒ lái jièshào yíxià. 제가 소개를 좀 하겠습니다.

5

해설 빈칸 뒤에 '远 yuǎn(멀다)'이 있으므로 공간적 거리를 나타냄을 알 수 있다. '두 장소(A, B) 사이의 거리가 가깝다(멀다)'는 표현을 할 때에는 'A+离 lí+B+近 jìn(远 yuǎn)'의 형식으로 쓰이므로, D가 정답이다.

정답 D

해석

Nǐ jiā (lí) xuéxiào yuǎn ma? 男：你 家 （ 离 ） 学校 远 吗？ ~에서 멀다	남: 너희 집은 학교(에서) 머니?
Bù yuǎn, zuò gōnggòng qìchē 15 fēnzhōng jiù dào le. 女：不 远，坐 公共 汽车 15 分钟 就 到 了。	여: 멀지 않아요, 버스 타고 15분이면 도착해요.

단어 家 jiā 명 집 | 学校 xuéxiào 명 학교 | ★远 yuǎn 형 멀다 | 坐 zuò 동 (교통수단을) 타다 | ★公共汽车 gōnggòng qìchē 명 버스 | 分钟 fēnzhōng 명 분[시간의 양] | ★到 dào 동 도착하다

어법 离 lí

'离 lí'는 A와 B 사이의 시간적·공간적 거리를 말할 때 쓴다. 'A+离+B+近 jìn(远 yuǎn)'의 형식으로 쓰여 'A는 B에서(까지) 가깝다(멀다)'라는 의미를 나타낸다.

예 我家离学校不太远。Wǒ jiā lí xuéxiào bú tài yuǎn. 우리 집은 학교에서 별로 안 멀다.

시험처럼 풀어보는 실전문제 2

기본서 213쪽

정답 1. B 2. A 3. D 4. C 5. E

1-5

A 完 wán 동 완성하다, 마치다	B 两 liǎng 수 2, 둘	C 介绍 jièshào 동 소개하다
D 时间 shíjiān 명 시간	E 题 tí 명 문제	

1

해설 빈칸 뒤에 양사 '个 ge'가 있으므로, '수사+양사+명사'의 어순을 떠올릴 수 있다. 빈칸에는 수사가 들어가야 하므로, B가 정답이다.

정답 B

해석

Cóng wǒmen xuéxiào dào jīchǎng, zuò chūzūchē yào (liǎng) ge duō xiǎoshí. 从 我们 学校 到 机场，坐 出租车 要 （ 两 ） 个 多 小时。	우리 학교에서 공항까지 택시를 타고 (두) 시간 조금 넘게 걸린다.

단어 学校 xuéxiào 명 학교 | ★机场 jīchǎng 명 공항 | 坐 zuò 동 (교통수단을) 타다 | 出租车 chūzūchē 명 택시 | ★要 yào 동 소요되다, 걸리다 | 多 duō 수 남짓, 여[조금 넘는 어림수를 나타냄] | ★小时 xiǎoshí 명 시간[시간의 양]

2

해설 보기 중에서 동사 '做 zuò' 뒤에 들어갈 수 있는 표현은 동사 뒤에서 결과를 나타내는 '完 wán(완성하다, 마치다)'이므로 A가 정답이다.

정답 A

해석

Zhèxiē gōngzuò nǐ shénme shíhou néng 这些 工作 你 什么 时候 能 zuò (wán)? 做 (完)?	이 일들을 너는 언제 다 (마칠) 수 있니?

단어 这 zhè 대 이, 이것 | 些 xiē 양 몇몇, 약간 | 工作 gōngzuò 명 일, 직업 | 什么时候 shénme shíhou 언제 | 能 néng 조동 ~할 수 있다 | 做 zuò 동 하다

3

해설 '长 cháng'은 '(시간이) 길다'라는 뜻을 가지고 있으므로 보기 중에서 '时间 shíjiān(시간)'과 어울려 '等…长时间 děng…cháng shíjiān(오랜 시간 기다리다)'이라고 쓸 수 있다. 따라서 D가 정답이다.

정답 D

해석

Duìbuqǐ, ràng nǐ děngle zhème cháng 对不起， 让 你 等了 这么 长 (shíjiān). (时间)。	미안해요, 당신을 이렇게 오랜 (시간) 기다리게 했군요.

단어 对不起 duìbuqǐ 동 미안해요, 죄송해요 | ★让 ràng 동 (~로 하여금) ~하게 하다, 만들다, 시키다 | ★等 děng 동 기다리다 | 这么 zhème 대 이렇게 | ★长 cháng 형 길다

2급 독해

4

해설 '我 wǒ(나)'가 무엇을 하고 싶은지 알 수 없으므로, 빈칸에는 동사가 필요하다. 따라서 보기 중에서 동사인 '介绍 jièshào(소개하다)'가 필요하므로 C가 정답이다.

정답 C

해석

Wǒ gěi nǐ (jièshào) yí ge Zhōngguó 我 给 你 （ 介绍 ） 一 个 中国 ~에게 소개하다 péngyou, zěnmeyàng? 朋友， 怎么样？	내가 너에게 중국 친구 한 명을 (소개해) 줄게, 어때?

단어 ★给 gěi 개 ~에게 | 中国 Zhōngguó 고유 중국 | 朋友 péngyou 명 친구 | 怎么样 zěnmeyàng 대 어떠하다

5

해설 빈칸 뒤에 있는 '做 zuò(하다)'는 명사 '题 tí'와 어울려 '做题 zuò tí(문제를 풀다)'라는 표현으로 자주 쓰이므로, E가 정답이다.

정답 E

해석

Xièxie nǐ, zhège (tí) wǒ xiànzài 男：谢谢 你，这个 （ 题 ） 我 现在 huì zuò le. 会 做 了。	남: 고마워요, 이 (문제)를 저는 이제 풀 수 있어요.
Bú kèqi, yǒu bú huì de zài lái 女：不 客气，有 不 会 的 再 来 wèn wǒ. 问 我。	여: 천만에요, 못 하는 것이 있으면 또 나에게 물어보러 와요.

단어 谢谢 xièxie 동 고마워요, 감사해요 | 现在 xiànzài 명 지금, 현재 | 做 zuò 동 하다 | 不客气 bú kèqi 천만에요, 별말씀을요 | 有 yǒu 동 있다, 가지고 있다 | ★再 zài 부 또, 다시, 재차 | 来 lái 동 오다 | ★问 wèn 동 묻다, 질문하다

실력 향상을 위한 **점프 표현**

做 zuò가 들어간 표현

做运动 zuò yùndòng 운동을 하다 | 做作业 zuò zuòyè 숙제를 하다 | 做饭 zuò fàn 밥을 하다, 만들다 | 做菜 zuò cài 요리를 하다, 음식을 만들다 | 做题 zuò tí 문제를 풀다

시험처럼 풀어보는 실전문제 1

기본서 220쪽

정답 1. X 2. X 3. √ 4. X 5. √

1

해설 작년에 베이징으로 일하러 왔고 '곧 1년이 된다(快一年了 kuài yì nián le)'라고 했기 때문에, 베이징에 온 지 수년 되었다는 ★표 문장은 본문 내용과 일치하지 않는다.

정답 X

해석

Xiǎo Lǐ shì qùnián qī yuè lái Běijīng gōngzuò de, dào xiànzài yǐjīng kuài yì nián le. 小李是去年七月来北京工作的，到现在已经快一年了。	샤오리(小李)는 작년 7월에 베이징으로 일하러 왔다. 벌써 곧 1년이 되어간다.
Xiǎo Lǐ lái Běijīng hěn duō nián le. ★小李来北京很多年了。 (X)	★샤오리(小李)는 베이징에 온 지 수년 되었다. (X)

단어 ★去年 qùnián 명 작년 | 七 qī 수 7, 일곱 | 月 yuè 명 월 | 来 lái 동 오다 | 北京 Běijīng 고유 베이징, 북경 | 工作 gōngzuò 동 일하다 | ★到 dào 개 ~까지 | 现在 xiànzài 명 지금, 현재 | ★已经 yǐjīng 부 이미, 벌써 | 很 hěn 부 매우 | 多 duō 형 많다

어법 동사(来/去)+장소 목적어+시간의 양+了

'동사(来/去)+장소 목적어+시간의 양+了'의 형식으로 쓰여, '~에 온 지(간 지) ~(만큼) 되었다'라는 의미를 나타낸다.

来/去 + 장소 목적어 + 시간의 양 + 了

예 他去中国两年了。Tā qù Zhōngguó liǎng nián le. 그는 중국에 간 지 2년 되었다.

실력 향상을 위한 점프 표현

장소 목적어와 함께 쓰는 동사 표현

来 lái 오다 | 去 qù 가다 | 到 dào 도착하다, 이르다 | 回 huí 돌아가다, 돌아오다 | 在 zài ~에 있다 | 进 jìn 들어가다, 들어오다

2

해설 왕 선생님에게 '물건을 보내는 일(送东西 sòng dōngxi)'을 부탁드렸기 때문에 '물을 사는 일(买水 mǎi shuǐ)'이라고 한 ★표 문장은 본문 내용과 일치하지 않는다.

정답 X

해석

Wáng xiānsheng, ràng nǐ gěi wǒ sòng zhème duō dōngxi, zhēnshi bù hǎoyìsi. Nín kuài hē diǎnr shuǐ ba. 王先生，让你给我送这么多东西，真是不好意思。您快喝点儿水吧。	왕(王) 선생님, 선생님더러 저한테 이렇게 많은 물건을 보내달라고 해서 정말 죄송해요. 어서 물 좀 드세요.
Tā xiǎng ràng Wáng xiānsheng qù mǎi shuǐ. ★他想让王先生去买水。 (X)	★그는 왕(王) 선생님더러 물을 사러 가게 하고 싶어한다. (X)

단어 先生 xiānsheng 명 선생, 씨[성인 남성에 대한 존칭] | ★送 sòng 동 보내다 | 这么 zhème 대 이렇게 | 多 duō 형 많다 | 东西 dōngxi 명 물건 | 不好意思 bù hǎoyìsi 미안해요 | 喝 hē 동 마시다 | 点儿 diǎnr 양 조금, 약간[적은 수량에 쓰는 단위] | 水 shuǐ 명 물 | 想 xiǎng 조동 ~하고 싶다 | 去 qù 동 가다 | 买 mǎi 동 사다

실력 향상을 위한 **점프 표현**

명령, 금지할 때 표현

要 yào ~해야 한다 | 应该 yīnggāi ~해야 한다 | 得 děi ~해야 한다 | (你)…吧 (nǐ)…ba (너) ~해라 | 不要 bú yào ~하지 마라 | 别 bié ~하지 마라

3

해설 친구를 돕는 것을 몹시 좋아한다(很爱帮助朋友 hěn ài bāngzhù péngyou)라고 했으므로, ★표 문장은 본문 내용과 일치한다.

정답 √

해석

Wǒ gēge xuéxí búcuò, yě hěn ài bāngzhù péngyou, dàjiā dōu hěn xǐhuan tā. 我哥哥学习不错，也很爱帮助朋友，大家都很喜欢他。	우리 형은 공부를 잘하고, 친구를 돕는 것도 아주 좋아해서, 모두들 그를 좋아한다.
Tā gēge hěn xǐhuan bāngzhù péngyou. ★他哥哥很喜欢帮助朋友。 (√)	★그의 형은 친구를 돕는 것을 좋아한다. (√)

단어 ★哥哥 gēge 명 형, 오빠 | 学习 xuéxí 동 배우다, 학습하다 | ★不错 búcuò 형 좋다 | ★也 yě 부 ~도, 역시 | 很 hěn 부 매우 | 爱 ài 동 사랑하다 | ★帮助 bāngzhù 동 돕다 | 朋友 péngyou 명 친구 | ★大家 dàjiā 대 모두들, 여러분 | 都 dōu 부 모두, 다 | 喜欢 xǐhuan 동 좋아하다

어법 喜欢 xǐhuan

형용사 '好 hǎo', '不错 búcuò'는 뒤에 목적어를 쓸 수 없지만, 동사 '喜欢 xǐhuan'은 뒤에 목적어를 쓸 수 있다.

예 我很喜欢学习。Wǒ hěn xǐhuan xuéxí. 나는 공부하는 것을 좋아한다.

4

해설 테이블과 의자가 오래되었고 비싸다고 했기 때문에, 예쁜지(漂亮 piàoliang)는 알 수가 없다. 따라서 ★표 문장은 본문 내용과 일치하지 않는다.

정답 X

해석

Zhèxiē zhuōzi hé yǐzi dōu shì 100 duō nián qián zuò de, suǒyǐ bǐ xiànzài de guì de duō. 这些桌子和椅子都是100多年前做的，所以比现在的贵得多。	이 테이블과 의자들은 모두 100여 년 전에 만들어진 것이다. 그래서 지금의 것보다 훨씬 비싸다.
Zhèxiē zhuōzi hé yǐzi dōu hěn piàoliang. ★这些桌子和椅子都很漂亮。 (X)	★이 테이블과 의자들은 모두 예쁘다. (X)

단어 这 zhè 대 이, 이것 | 桌子 zhuōzi 명 테이블, 책상 | 和 hé 접 ~와(과) | 椅子 yǐzi 명 의자 | 都 dōu 부 모두, 다 | 是 shì 동 ~이다 | 多 duō 수 남짓, 여[조금 넘는 어림수를 나타냄] | 年 nián 명 년 | 前 qián 명 앞 | 做 zuò 동 하다, 만들다 | ★所以 suǒyǐ 접 그래서 | 现在 xiànzài 명 지금, 현재 | ★贵 guì 형 비싸다 | 很 hěn 부 매우 | 漂亮 piàoliang 형 예쁘다, 아름답다

어법 比 bǐ

'比 bǐ(~보다)'는 두 개 혹은 여러 개의 대상을 비교할 때 쓴다. 두 대상(A, B) 간의 차이가 클 때에는 'A+比+B+형용사+得多'의 형식으로 쓰여, 'A는 B보다 훨씬 더(많이) ~하다'라고 할 수 있다.

A + 比 + B + 형용사 + 得多

예 今天比昨天冷得多。Jīntiān bǐ zuótiān lěng de duō. 오늘은 어제보다 훨씬 춥다.

만약 두 대상(A, B) 간의 차이가 적을 때에는 'A+比+B+형용사+一点儿'의 형식으로 쓰여, 'A는 B보다 조금 (더) ~하다'라고 할 수 있다.

A + 比 + B + 형용사 + 一点儿

예 今天比昨天冷一点儿。Jīntiān bǐ zuótiān lěng yìdiǎnr. 오늘은 어제보다 조금 춥다.

5

해설 '남동생이 나보다 조금 더 크다(他比我还高一点儿 tā bǐ wǒ hái gāo yìdiǎnr)'라고 했기 때문에, ★표 문장은 본문 내용과 일치한다.

정답 √

해석

Wǒ dìdi bǐ wǒ xiǎo liǎng suì, dàn
我 弟弟 比 我 小 两 岁，但

tā bǐ wǒ hái gāo yìdiǎnr, suǒyǐ
他 比 我 还 高 一点儿，所以

yǒu rén huì juéde tā bǐ wǒ dà.
有 人 会 觉得 他 比 我 大。

Tā dìdi bǐ tā gāo.
★他 弟弟 比 他 高。 (√)

내 남동생은 나보다 2살 어리지만, 그는 나보다 키가 조금 더 크다. 그래서 어떤 사람은 그가 나보다 나이가 많다고 생각할 수 있다.

★그의 남동생은 그보다 (키가) 크다. (√)

단어 ★弟弟 dìdi 명 남동생 | 小 xiǎo 형 (나이가) 적다 | ★两 liǎng 수 2, 둘 | 岁 suì 양 살, 세 | 但 dàn 접 그러나 | ★还 hái 부 더, 더욱 | ★高 gāo 형 (키가) 크다 | ★所以 suǒyǐ 접 그래서 | ★觉得 juéde 동 ~라고 여기다, 생각하다 | 大 dà 형 (나이가) 많다

시험처럼 풀어보는 실전문제 2

기본서 222쪽

정답 1. X 2. √ 3. √ 4. √ 5. X

1

해설 그가 한 요리가 맛있다고 했기 때문에 그가 '요리를 할 줄 안다(会做菜 huì zuò cài)'는 것을 알 수 있다. 하지만 ★표 문장에서는 '할 줄 모른다(不会 bú huì)'라고 했으므로, ★표 문장은 본문 내용과 일치하지 않는다.

정답 X

해석

Tā zuò de cài bǐ wǒ zuò de hǎochī,
他 做 的 菜 比 我 做 的 好吃，

dànshì yīnwèi gōngzuò máng, tā hěn shǎo
但是 因为 工作 忙，他 很 少

zuò.
做。

Tā bú huì zuò cài.
★他 不 会 做 菜。 (X)

그가 만든 요리는 내가 만든 것보다 맛있다. 하지만 일이 바쁘기 때문에, 그는 거의 요리를 하지 않는다.

★그는 요리를 할 줄 모른다. (X)

단어 做 zuò 동 하다, 만들다 | 菜 cài 명 요리, 음식 | 好吃 hǎochī 형 맛있다 | ★但是 dànshì 접 그러나, 하지만 | ★因为 yīnwèi 접 왜냐하면(~때문에) | 工作 gōngzuò 동 일하다 | ★忙 máng 형 바쁘다 | 很少 hěn shǎo 거의 ~하지 않다

실력 향상을 위한 **점프 표현**

好 hǎo가 들어간 표현

学习好 xuéxí hǎo 공부를 잘한다 | 好看 hǎokàn 보기 좋다, 예쁘다 | 好喝 hǎohē (마시는 것이) 맛있다 | 好听 hǎotīng 듣기 좋다 | 好吃 hǎochī 맛있다

2

해설 곧 공항에 도착할 것(就到机场了 jiù dào jīchǎng le)이라고 했기 때문에, 공항으로 가는 길이라는 것을 알 수 있다. 따라서 ★표 문장은 본문 내용과 일치한다.

정답 √

해석

Wéi, bà, wǒ de fēijī shì xiàwǔ wǔ diǎn de. Zài yǒu fēnzhōng, wǒ jiù dào jīchǎng le. 喂，爸，我的飞机是下午五点的。再有30分钟，我就到机场了。	여보세요, 아빠, 제 비행기는 오후 5시 것이에요. 30분 정도 더 있으면 곧 공항에 도착해요.
Tā zài qù jīchǎng de lùshang. ★ 他在去机场的路上。 (√)	★그는 공항으로 가는 길이다. (√)

단어 喂 wéi 감탄 (전화상에서) 여보세요 | 飞机 fēijī 명 비행기 | 下午 xiàwǔ 명 오후 | 点 diǎn 양 시 | ★再 zài 부 또, 다시, 재차 | 有 yǒu 동 있다 | 分钟 fēnzhōng 명 분[시간의 양] | 就…了 jiù…le 곧 ~할 것이다 | ★到 dào 동 도착하다, 이르다 | ★机场 jīchǎng 명 공항

3

해설 친구가 이사를 하면 7시에 일어나도 되고, 그것이 지금보다 30분 더 자는 것이라고 했으므로, 지금은 6시 반에 일어난다는 것을 알 수 있다. 따라서 ★표 문장은 본문 내용과 일치한다.

정답 √

해석

Wǒ de yí ge péngyou xiǎng bānjiā, xīwàng xīn fángzi lí gōngsī jìn yìxiē, zhèyàng tā měi tiān zǎoshang jiù kěyǐ 7 diǎn qǐchuáng, bǐ xiànzài duō shuì bàn ge xiǎoshí. 我的一个朋友想搬家，希望新房子离公司近一些，这样他每天早上就可以7点起床，比现在多睡半个小时。	나의 한 친구는 이사를 하고 싶어 하고, 새 집은 회사에서 좀 더 가깝길 바란다. 이렇게 되면 그는 매일 아침 7시에 일어나도 돼서, 지금보다 30분 더 잘 수 있다.

2급 독해

Péngyou xiànzài měi tiān 6 diǎn bàn qǐchuáng. ★朋友现在每天6点半起床。(√)	★친구는 지금 매일 6시 반에 일어난다. (√)

단어 朋友 péngyou 명 친구 | 搬家 bānjiā 동 이사를 하다 | ★希望 xīwàng 동 바라다, 희망하다 | ★新 xīn 형 새롭다 | 房子 fángzi 명 집 | 些 xiē 양 몇몇, 약간 | ★每天 měi tiān 명 매일 | ★早上 zǎoshang 명 오전 | 就 jiù 부 곧, 바로 | ★可以 kěyǐ 조동 ~할 수 있다, ~해도 된다 | ★起床 qǐchuáng 동 (잠자리에서) 일어나다 | 多 duō 형 많다 | 睡 shuì 동 (잠을) 자다 | 半 bàn 수 반, 2분의 1 | ★小时 xiǎoshí 명 시간[시간의 양]

실력 향상을 위한 **점프 표현**

가능, 능력, 허가를 나타내는 표현

能 néng ~할 수 있다 | 会 huì ~할 수 있다, ~할 줄 안다 | 可以 kěyǐ ~할 수 있다, ~해도 된다 | 可能 kěnéng 가능하다, 아마도

4

해설 샤오리에게 문제가 생기면 도와줄 것이라고 했기 때문에, ★표 문장은 본문 내용과 일치한다.

정답 √

해석

Xiǎo Lǐ, nǐ yǒu shénme bù dǒng de wèntí jiù wèn, wǒmen dōu huì bāng nǐ de, bié kèqi. 小李，你有什么不懂的问题就问，我们都会帮你的，别客气。	샤오리(小李), 너 무슨 이해 안 되는 문제가 있으면 물어 봐. 우리가 다 도와줄 테니, 사양하지 마.
Tāmen yào bāngzhù Xiǎo Lǐ. ★他们要帮助小李。(√)	★그들은 샤오리(小李)를 도우려고 한다. (√)

단어 有 yǒu 동 있다, 가지고 있다 | 什么 shénme 대 무슨, 무엇 | ★懂 dǒng 동 이해하다 | ★问题 wèntí 명 질문, 문제 | ★问 wèn 동 묻다, 질문하다 | 都 dōu 부 모두, 다 | 别客气 bié kèqi 사양하지 마세요 | ★要 yào 조동 ~하고자 하다, ~하려고 하다 | ★帮助 bāngzhù 동 돕다

어법 都 dōu

'都 dōu'는 '모두, 다'의 뜻으로, 전체 범위를 나타낸다.

예 我们都是学生。Wǒmen dōu shì xuésheng. 우리는 모두 학생이다.
我每天都打篮球。Wǒ měi tiān dōu dǎ lánqiú. 나는 매일 농구를 한다.

5

해설 이곳에 처음 왔다(第一次来 dì-yī cì lái)고 했으므로, 예전에는 온 적 없다는 것을 알 수 있다. 하지만 ★표 문장에서는 '예전에 온 적 있다(以前来过 yǐqián láiguo)'고 했으므로 ★표 문장은 본문 내용과 일치하지 않는다.

정답 X

해석

Wǒ shì dì-yī cì lái zhèr, suǒyǐ bù zhīdào qù nǎge dìfang zuì hǎo, qǐng nín gàosu wǒ. 我是第一次来这儿，所以不知道去哪个地方最好，请您告诉我。	나는 처음 여기에 와서, 어느 곳이 제일 좋은지 몰라요. 제게 알려주세요.
Tā yǐqián láiguo zhèr. ★他以前来过这儿。 (X)	★그는 예전에 여기에 온 적 있다. (X)

단어 ★第一 dì-yī 수 첫 번째 | 来 lái 동 오다 | 这儿 zhèr 대 여기 | ★知道 zhīdào 동 알다 | 去 qù 동 가다 | 哪个地方 nǎge dìfang 어느 곳, 어디 | ★最 zuì 부 가장, 제일 | 好 hǎo 형 좋다 | ★告诉 gàosu 동 알리다, 알려주다, 말해주다 | ★以前 yǐqián 명 예전

어법 所以 suǒyǐ

'所以 suǒyǐ'는 '그래서, 그러므로'의 뜻으로, '因为 yīnwèi(왜냐하면)'와 호응하여 원인과 결과를 나타낸다.

예 因为下雨，所以他没去踢足球。Yīnwèi xiàyǔ, suǒyǐ tā méi qù tī zúqiú.
비가 오기 때문에, 그는 축구를 하러 가지 않았다.

실력 향상을 위한 **점프 표현**

哪 nǎ가 들어간 표현

哪 nǎ 어느 | 哪位 nǎ wèi 어느 분, 누구 | 哪儿 nǎr 어디 | 哪天 nǎ tiān 어느 날, 언제 | 哪里哪里 nǎlǐ nǎlǐ 천만에요, 별말씀을요

시험처럼 풀어보는 실전문제 1

기본서 230쪽

정답 1. B 2. D 3. A 4. C 5. E 6. C 7. B 8. E 9. A 10. D

1-5

A	Hǎo, zàijiàn, dàole gěi wǒ lái ge diànhuà. 好，再见，到了 给 我 来 个 电话。알았어, 잘 가. 도착하면 나에게 전화해.
B	Shéi dǎ lái de diànhuà? 谁 打 来 的 电话？누가 전화를 했니?
C	Zhège xīguā néngbunéng zài piányi diǎnr? 这个 西瓜 能不能 再 便宜 点儿？이 수박은 조금 더 싸게 해줄 수 있어요?
D	Duìbuqǐ, qǐng děng yíxià, Lǐ lǎoshī hái méi dào. 对不起，请 等 一下，李 老师 还 没 到。 미안해요, 잠깐 기다려 주세요. 이(李) 선생님께서 아직 도착하지 않으셨어요.
E	Méi guānxi, nǐmen zuò chūzūchē qù ba. 没 关系，你们 坐 出租车 去 吧。괜찮아, 너희 택시를 타고 가렴.

1

해설 친구의 이름을 말하고 있으므로 누구(谁 shéi)인지 물어보는 질문이 적합하다. 따라서 B가 정답이다.

정답 B

해석

Shéi dǎ lái de diànhuà? A: 谁 打 来 的 电话？	A: 누가 전화를 했니?
Yí ge péngyou, tā jiào Wáng Xiǎoyǔ. B: 一 个 朋友，她 叫 王 小雨。	B: 친구요, 그녀는 왕샤오위(王小雨)라고 해요.

단어 谁 shéi 대 누구 | 打来电话 dǎ lái diànhuà 전화를 걸어오다 | 朋友 péngyou 명 친구 | 叫 jiào 동 (~라고) 부르다

2

해설 지금 시작해도 되는지(现在可以开始了吗? Xiànzài kěyǐ kāishǐ le ma?) 묻고 있으므로, 조금 기다려 달라고(请等一下 qǐng děng yíxià) 말한 D가 정답이다.

정답 D

해석

A: Zěnmeyàng? Xiànzài kěyǐ kāishǐ le ma? 怎么样? 现在 可以 开始 了 吗?	A: 어때요? 지금 시작해도 될까요?
B: Duìbuqǐ, qǐng děng yíxià, Lǐ lǎoshī hái méi dào. 对不起, 请 等 一下, 李 老师 还 没 到。	B: 미안해요, 잠깐 기다려 주세요. 이(李) 선생님께서 아직 도착하지 않으셨어요.

단어 怎么样 zěnmeyàng 대 어떠하다 | ★可以 kěyǐ 조동 ~할 수 있다, ~해도 된다 | ★开始 kāishǐ 동 시작하다 | 对不起 duìbuqǐ 동 미안해요 | 请…一下 qǐng…yíxià 잠깐 ~해 주세요 | ★等 děng 동 기다리다 | 老师 lǎoshī 명 선생님 | 还没 hái méi 아직 ~하지 않았다 | ★到 dào 동 도착하다

실력 향상을 위한 **점프 표현**

승낙, 거절과 관련 있는 기출 표현

好。Hǎo. 좋아, 알았어. | 好的。Hǎo de. 좋아, 알았어. | 可以。Kěyǐ. 좋아, 알았어, 괜찮아 | 没问题。Méi wèntí. 문제없어. | 对不起。Duìbuqǐ. 미안해. | 下次再说吧。Xià cì zài shuō ba. 다음에 다시 얘기하자.

3

해설 '배가 곧 출발한다(船快开了 chuán kuài kāi le)'고 돌아가라고 했으므로 배웅하러 온 사람에게 '잘 가(再见 zàijiàn)'라고 헤어지는 인사를 하는 A가 정답이다.

정답 A

해석

A: Chuán kuài kāi le, nǐ huíqu ba. 船 快 开 了, 你 回去 吧。	A: 배가 곧 출발하니, 돌아가세요.
B: Hǎo, zàijiàn, dàole gěi wǒ lái ge diànhuà. 好, 再见, 到了 给 我 来 个 电话。	B: 알았어, 잘 가. 도착하면 나에게 전화해.

단어 船 chuán 명 배 | 快…了 kuài…le 곧 ~할 것이다[임박을 나타냄] | 开 kāi 동 출발하다 | 回去 huíqu 동 돌아가다 | 好 hǎo 형 좋다 | ★给 gěi 개 ~에게

2급 독해

실력 향상을 위한 **점프 표현**

방향을 나타내는 표현

上来 shànglai 올라오다 | 上去 shàngqu 올라가다 | 下来 xiàlai 내려오다 | 下去 xiàqu 내려가다 | 回来 huílai 돌아오다 | 回去 huíqu 돌아가다 | 进来 jìnlai 들어오다 | 进去 jìnqu 들어가다 | 出来 chūlai 나오다 | 出去 chūqu 나가다

4

해설 '최소 150위안(最少150块钱 zuì shǎo yìbǎi wǔshí kuài qián)'이라고 했으므로 가격을 묻거나 가격을 깎는 표현이 가장 잘 어울린다. 따라서 C가 정답이다.

정답 C

해석

A: Zhège xīguā néngbunéng zài piányi diǎnr? 这个 西瓜 能不能 再 便宜 点儿？	A: 이 수박은 조금 더 싸게 해줄 수 있어요?
B: Zuì shǎo kuài qián. 最 少 150 块 钱。	B: 최소 150위안이에요.

단어 西瓜 xīguā 명 수박 | 能 néng 조동 ~할 수 있다 | 再 zài 부 또, 다시 | 点儿 diǎnr 양 조금, 약간[적은 수량에 쓰는 단위] | ★便宜 piányi 형 (값이) 싸다 | 最少 zuì shǎo 부 최소한, 적어도 | 块 kuài 양 위안[중국 화폐의 기본 단위] | 钱 qián 명 돈

5

해설 '공항이 너무 멀다(机场离这儿很远。Jīchǎng lí zhèr hěn yuǎn.)'고 말하고 있으므로, 보기 중에서 '택시를 타고 갈 것(坐出租车去吧 zuò chūzūchē qù ba)'을 제안하는 E와 가장 잘 어울린다.

정답 E

해석

A: Jīchǎng lí zhèr hěn yuǎn. 机场 离 这儿 很 远。	A: 공항이 여기에서 아주 멀어.
B: Méi guānxi, nǐmen zuò chūzūchē qù ba. 没 关系，你们 坐 出租车 去 吧。	B: 괜찮아, 너희 택시를 타고 가렴.

단어 机场 jīchǎng 명 공항 | 离 lí 개 ~에서, ~로부터 | 这儿 zhèr 대 여기 | 很 hěn 부 매우 | 远 yuǎn 형 멀다 | 没关系 méi guānxi 괜찮아요 | 坐 zuò 동 (교통수단을) 타다 | 出租车 chūzūchē 명 택시

어법 연동문(2)

연동문은 한 개의 주어와 두 개 이상의 동사로 구성된 문장으로, 동사의 배열 순서는 주로 '시간 발생의 원리'에 따른다. '동사1+목적어+동사2(来/去)'의 형식으로 쓰이면, '~에 와서(가서) ~하다' 혹은 '~하러 ~에 오다(가다)'라는 의미이다. 또한, 수단이나 방식을 표현할 때에도 쓸 수 있다.

동사1	+	목적어(수단/방식)	+	동사2(来/去)

예 坐公共汽车去 zuò gōnggòng qìchē qù 버스를 타고 가다

6-10

A Shì nǐ shàng cì shuō de nàge rén ma?
是你上次说的那个人吗？ 네가 지난번에 말했던 그 사람이야?

B Shì, tā 18 suì le, xiànzài bǐ tā māma hái gāo ne.
是，她18岁了，现在比她妈妈还高呢。
응. 그녀는 18살이 되었는데, 지금은 그녀의 엄마보다 더 커.

C Hǎo, méi guānxi, wǒmen zài qù bié de shāngdiàn kànkan.
好，没关系，我们再去别的商店看看。
그래, 괜찮아. 우리 다른 가게에 가 보자.

D Yīnwèi wǒ bù zhīdào zěnme shuō.
因为我不知道怎么说。 나는 어떻게 말해야 할지 모르기 때문이다.

E Zhèr yǒu yīyuàn ma? Wǒ bù shūfu, xiǎng qù kàn yīshēng.
这儿有医院吗？我不舒服，想去看医生。
여기에 병원이 있어요? 저는 몸이 안 좋아서, 진찰을 받으러 가고 싶어요.

6

해설 '손목시계의 색깔이 마음에 들지 않는다(这个手表的颜色，我不喜欢。Zhège shǒubiǎo de yánsè, wǒ bù xǐhuan.)'고 했으므로, 보기 중에서 '다른 상점에 가 보자(去别的商店看看 qù bié de shāngdiàn kànkan)'고 제안하는 C와 가장 잘 어울린다.

정답 C

해석

A: Zhège shǒubiǎo de yánsè, wǒ bù xǐhuan. 这个手表的颜色，我不喜欢。	A: 난 이 손목시계의 색깔이 싫어.
B: Hǎo, méi guānxi, wǒmen zài qù bié de shāngdiàn kànkan. 好，没关系，我们再去别的商店看看。	B: 그래, 괜찮아. 우리 다른 가게에 가 보자.

2급 독해

단어 ★手表 shǒubiǎo 명 손목시계 | ★颜色 yánsè 명 색깔 | 喜欢 xǐhuan 동 좋아하다 | ★再 zài 부 또, 다시 | 别的 bié de 대 다른 것, 다른 사람 | 商店 shāngdiàn 명 상점, 가게 | 看 kàn 동 보다

어법 别的 bié de

'别的 bié de'는 '다른 것, 다른 사람'의 뜻으로, 명사를 꾸밀 때에도 쓸 수 있다.

예 我要别的。Wǒ yào bié de. 나는 다른 것을 원해요.
你问问别的老师。Nǐ wènwen bié de lǎoshī. 다른 선생님께 여쭤보렴.

7

해설 '샤오리가 이렇게 컸을 줄 생각하지 못했다(没想到，小李都这么大了 méi xiǎng dào, Xiǎo Lǐ dōu zhème dà le)'고 감탄했으므로, 보기 중에서 '키가 엄마보다 더 크다(比她妈妈还高 bǐ tā māma hái gāo)'고 말한 B와 가장 잘 어울린다.

정답 B

해석

A: Hǎo jiǔ méi jiàn, méi xiǎng dào, Xiǎo Lǐ dōu zhème dà le. 好久没见，没想到，小李都这么大了。	A: 오랜만이네, 샤오리(小李)가 벌써 이렇게 컸을 줄 몰랐어.
B: Shì, tā 18 suì le, xiànzài bǐ tā māma hái gāo ne. 是，她18岁了，现在比她妈妈还高呢。	B: 응, 그녀는 18살이 되었는데, 지금은 그녀의 엄마보다 더 커.

단어 好久没见 hǎo jiǔ méi jiàn 오랜만이다 | ★没想到 méi xiǎng dào 생각지 못하다, 예상 밖이다 | 都…了 dōu…le 벌써 ~했다 | 这么 zhème 대 이렇게 | 大 dà 형 (나이가) 많다 | 岁 suì 양 살, 세 | 现在 xiànzài 명 지금, 현재 | ★比 bǐ 개 ~보다 | ★还 hái 부 더, 더욱 | ★高 gāo 형 (키가) 크다

8

해설 길 가는 방향과 위치를 말하고 있으므로 보기 중에서 병원의 위치를 묻는 E가 정답이다.

정답 E

해석

A: Zhèr yǒu yīyuàn ma? Wǒ bù shūfu, xiǎng qù kàn yīshēng. 这儿有医院吗？我不舒服，想去看医生。	A: 여기에 병원이 있어요? 저는 몸이 안 좋아서, 진찰을 받으러 가고 싶어요.
B: Xiàng qián zǒu, jiù zài nàr. 向前走，就在那儿。	B: 앞으로 가면, 바로 저기에 있어요.

단어 医院 yīyuàn 명 병원 | ★不舒服 bù shūfu 몸이 불편하다, 아프다 | 想 xiǎng 조동 ~하고 싶다 | ★看医生 kàn yīshēng 진찰을 하다, 진찰을 받다 | ★向 xiàng 개 ~을 향하여 | 前 qián 명 앞 | 就 jiù 부 곧, 바로 | 在 zài 동 ~에 있다

9

해설 '친구를 소개시켜 주겠다(给你介绍个朋友 gěi nǐ jièshào ge péngyou)'고 말했으므로, 보기 중에서 지난번에 말했던 사람인지 확인하는 A와 가장 잘 어울린다.

정답 A

해석

A: Míngtiān shàngwǔ lái wǒ jiā ba, gěi nǐ jièshào ge péngyou. 明天 上午 来 我 家 吧，给 你 介绍 个 朋友。	A: 내일 오전에 우리 집으로 와. 너에게 친구를 한 명 소개시켜 줄게.
B: Shì nǐ shàng cì shuō de nàge rén ma? 是 你 上 次 说 的 那个 人 吗？	B: 네가 지난번에 말했던 그 사람이야?

단어 明天 míngtiān 명 내일 | 上午 shàngwǔ 명 오전 | ★给…介绍 gěi…jièshào ~에게 소개하다 | ★上次 shàng cì 명 지난번 | 说 shuō 동 말하다

실력 향상을 위한 **점프 표현**

上 shàng이 들어간 표현

上课 shàngkè 수업을 하다 | 上车 shàng chē 차에 오르다, (올라)타다 | 上个月 shàng ge yuè 지난달 | 上次 shàng cì 지난번

2급 독해

10

해설 아직 그에게 알려주지 못한 이유의 원인으로 가장 잘 어울리는 것은 D이다.

정답 D

해석

Yīnwèi wǒ bù zhīdào zěnme shuō. Wǒ hái méi gàosu tā zhè jiàn shì. 因为 我 不 知道 怎么 说。我 还 没 告诉 他 这 件 事。	나는 어떻게 말해야 할지 몰라서, 아직 그에게 이 일을 알려주지 못했어.

단어 ★因为 yīnwèi 접 왜냐하면 | ★知道 zhīdào 동 알다 | 怎么 zěnme 대 어떻게, 왜 | ★告诉 gàosu 동 알리다, 알려주다, 말해주다 | ★件 jiàn 양 개[일을 세는 단위] | ★事 shì 명 일, 사건

시험처럼 풀어보는 실전문제 2

기본서 232쪽

정답 1. C 2. E 3. A 4. D 5. B 6. A 7. D 8. E 9. C 10. B

1-5

A Tài duō le ba? Zhè shì yào!
太多了吧？这是药！ 너무 많잖아? 이건 약이야!

B Xièxie nǐ sòng wǒ huíjiā.
谢谢你送我回家。 나를 집에 바래다줘서 고마워요.

C Yǐzi shang nà jiàn yīfu shì yào xǐ de ma?
椅子上那件衣服是要洗的吗？ 의자 위에 저 옷은 빨아야 하는 것이니?

D Bǐ zuótiān hǎo duō le, xièxie nǐ.
比昨天好多了，谢谢你。 어제보다 좋아요, 고마워요.

E Jiāli méiyǒu jīdàn le, bù néng zuò jīdàn tāng le.
家里没有鸡蛋了，不能做鸡蛋汤了。
집에 계란이 없어서, 계란탕을 만들 수가 없어.

1

해설 '아니요(不是 bú shì)'라고 대답했으므로, 질문에 대한 대답이라는 것을 알 수 있다. 또한 '또 입는다(还要穿 hái yào chuān)'라고 했으므로, 옷과 관련하여 질문한 C가 정답이다.

정답 C

해석

A: Yǐzi shang nà jiàn yīfu shì yào xǐ de ma? 椅子上那件衣服是要洗的吗？	A: 의자 위에 저 옷은 빨아야 하는 것이니?
B: Bú shì, wǒ xiàwǔ tī qiú hái yào chuān ne. 不是，我下午踢球还要穿呢。	B: 아니요, 오후에 축구하는데 또 입으려고 해요.

단어 椅子 yǐzi 명 의자 | 上 shàng 명 위 | 那 nà 대 그(것), 저(것) | ★件 jiàn 양 벌[옷을 세는 단위] | 衣服 yīfu 명 옷 | ★要 yào 조동 ~하려고 하다, ~하고자 하다 | ★洗 xǐ 동 씻다, 빨다 | 下午 xiàwǔ 명 오후 | ★踢球 tī qiú 공을 차다, 축구를 하다 | ★还 hái 부 또, 다시 | ★穿 chuān 동 입다

2

해설 괜찮다고 하면서 다른 것을 먹자고 제안하였으므로, 계란탕을 만들 수 없게 되었다고 말하는 E와 가장 잘 어울린다.

정답 E

해석

A: 家里 没有 鸡蛋 了，不 能 做 鸡蛋 汤 了。 (Jiāli méiyǒu jīdàn le, bù néng zuò jīdàn tāng le.)	A: 집에 계란이 없어서, 계란탕을 만들 수가 없어.
B: 没 关系，我们 吃 点儿 别 的 吧。 (Méi guānxi, wǒmen chī diǎnr bié de ba.)	B: 괜찮아, 우리 다른 거 먹자.

단어 ★鸡蛋 jīdàn 명 계란 | ★不能 bù néng ~할 수 없다 | 做 zuò 동 (요리·음식을) 하다, 만들다 | ★汤 tāng 명 탕, 국 | 没关系 méi guānxi 괜찮아요 | 吃 chī 동 먹다 | ★点儿 diǎnr 양 조금, 약간[적은 수량에 쓰는 단위] | ★别的 bié de 대 다른 것, 다른 사람

3

해설 하루에 4번 먹어도 된다는 의사의 말을 전하고 있으므로, 보기 중에서 '약(药 yào)'이 너무 많다고 말한 A와 가장 잘 어울린다.

정답 A

해석

A: 医生 说 大人 一 天 可以 吃 4 次。 (Yīshēng shuō dàren yì tiān kěyǐ chī cì.)	A: 의사가 말하길, 어른은 하루에 4번 먹어도 된대.
B: 太 多 了 吧？这 是 药！ (Tài duō le ba? Zhè shì yào!)	B: 너무 많잖아? 이건 약이야!

단어 医生 yīshēng 명 의사 | 说 shuō 동 말하다 | ★大人 dàren 명 어른 | ★一天 yì tiān 하루 | ★可以 kěyǐ 조동 ~할 수 있다, ~해도 된다 | ★次 cì 양 번[동작이 발생한 횟수를 세는 단위] | 太 tài 부 너무, 지나치게 | 多 duō 형 많다 | ★药 yào 명 약

4

해설 오늘 몸이 어떤지 안부를 묻고 있으므로, 보기 중에서 '어제보다 좋다(比昨天好多了 bǐ zuótiān hǎo duō le)'고 말한 D와 가장 잘 어울린다.

정답 D

해석

Nǐ jīntiān shēntǐ zěnmeyàng? A: 你 今天 身体 怎么样?	A: 오늘은 몸이 어때요?
Bǐ zuótiān hǎo duō le, xièxie nǐ. B: 比 昨天 好 多 了，谢谢 你。	B: 어제보다 좋아요. 고마워요.

단어 今天 jīntiān 명 오늘 | ★身体 shēntǐ 명 몸, 건강 | 怎么样 zěnmeyàng 대 어떠하다 | ★比 bǐ 개 ~보다 | 昨天 zuótiān 명 어제 | 好 hǎo 형 좋다

어법 주술술어문

중국어 문장에서 일반적으로 동사나 형용사가 술어 역할을 하지만, '주어+술어' 구조의 표현이 술어 역할(주술술어문)을 할 수도 있다.

예 我 身体 不舒服。 Wǒ shēntǐ bù shūfu. 나는 몸이 안 좋아요.
주어 술어[주어+술어]

5

해설 '不客气 bú kèqi'는 감사 표현에 대한 대답이므로, '고마움(谢谢 xièxie)'을 표현한 B와 가장 잘 어울린다.

정답 B

해석

Xièxie nǐ sòng wǒ huíjiā. A: 谢谢 你 送 我 回家。	A: 나를 집에 바래다줘서 고마워요.
Bú kèqi, wàimiàn lěng, nǐ kuài jìnqu ba, zàijiàn. B: 不 客气， 外面 冷，你 快 进去 吧，再见。	B: 천만에. 밖이 추우니, 어서 들어가, 안녕.

단어 ★送 sòng 동 보내다, 배웅하다 | 回家 huíjiā 동 집에 돌아가다(돌아오다) | 不客气 bú kèqi 천만에요, 별말씀을요 | 外面 wàimiàn 명 밖, 바깥 | 冷 lěng 형 춥다 | ★快 kuài 부 빨리, 어서 | ★进去 jìnqu 들어가다

6-10

Hǎo de, wǒ mǎshàng zhǔnbèi.
A 好的，我马上准备。네, 제가 바로 준비하겠습니다.

Huǒchēzhàn jiù zài qiánmiàn, hěn jìn.
B 火车站就在前面，很近。기차역이 바로 앞에 있어서, 가까워요.

Wǒ de xiǎomāo ne?
C 我的小猫呢？내 고양이는 (어디 있어)?

Wǒ yào qù dǎ qiú, nǐ ne?
D 我要去打球，你呢？나는 농구 하러 가려고 해, 넌?

Tóngxuémen, jīntiān wǒmen kāishǐ xuéxí dì-èr kè.
E 同学们，今天我们开始学习第二课。
여러분, 오늘 우리는 제2과를 공부할 거예요.

6

해설 차 한 잔을 더 달라고 부탁했으므로, 보기 중에서 '알겠다(好的 hǎo de)'고 말한 A와 가장 잘 어울린다.

정답 A

해석

Zài gěi wǒ lái yì bēi chá ba. A: 再给我来一杯茶吧。	A: 저에게 차를 한 잔 또 주세요.
Hǎo de, wǒ mǎshàng zhǔnbèi. B: 好的，我马上准备。	B: 네, 제가 바로 준비하겠습니다.

단어 ★再…吧 zài…ba 또 ~하자, 또 ~해라 | ★给 gěi 개 ~에게 | ★来 lái 동 어떤 동작을 하다[의미가 구체적인 동사를 대신함] | ★杯 bēi 양 잔, 컵 | 茶 chá 명 차, tea | 马上 mǎshàng 부 곧, 바로 | 准备 zhǔnbèi 동 준비하다

7

해설 수업이 끝난 후의 계획을 물었으므로, 보기 중에서 농구 하러 갈 것이라고 말한 D와 가장 잘 어울린다.

정답 D

해석

Nǐ xiàkè hòu zuò shénme? A: 你下课后做什么？	A: 너는 수업이 끝난 후에 무엇을 하니?
Wǒ yào qù dǎ qiú, nǐ ne? B: 我要去打球，你呢？	B: 나는 농구 하러 가려고 해, 넌?

단어 ★下课 xiàkè 동 수업을 마치다 | 后 hòu 명 (순서나 위치의) 후, 뒤, 다음 | 什么 shénme 대 무슨, 무엇 | ★要 yào 조동 ~하고자 하다, ~하려고 하다 | 去 qù 동 가다 | 打球 dǎ qiú 동 공놀이를 하다

2급 독해

8

해설 한자를 읽으라고 지시한 것으로 보아, 수업을 시작할 때 선생님이 하시는 말씀이라는 것을 예상해 볼 수 있다. 따라서 보기 중에서 여러분(同学们 tóngxuémen)이라고 한 E가 가장 잘 어울린다.

정답 E

해석

Tóngxuémen, jīntiān wǒmen kāishǐ xuéxí dì-èr kè. Qǐng nǐ dú yíxià zhè jǐ ge Hànzì. 同学们，今天我们开始学习第二课。请你读一下这几个汉字。	여러분, 오늘 우리는 제2과를 공부할 거예요. 이 한자들을 읽어 보세요.

단어 ★同学们 tóngxuémen 반 친구들, 학교 친구들 | 今天 jīntiān 명 오늘 | ★开始 kāishǐ 동 시작하다 | 学习 xuéxí 동 공부하다 | ★第…课 dì…kè 제 ~과 | ★请…一下 qǐng…yíxià ~해 주세요 | 几 jǐ 수 몇 | ★汉字 Hànzì 명 한자

9

해설 입구에서 놀고 있다고 했으므로, 보기 중에서 고양이가 어디 있는지 물어보는 C와 가장 잘 어울린다.

정답 C

해석

Wǒ de xiǎomāo ne? A: 我的小猫呢？	A: 내 고양이는 (어디 있어)?
Zài ménkǒu wánr ne. B: 在门口玩儿呢。	B: 입구에서 놀고 있어.

단어 小猫 xiǎomāo 명 고양이 | 在 zài 개 ~에서 | ★门口 ménkǒu 명 입구 | ★玩(儿) wán(r) 동 놀다 | 呢 ne 조 문장 끝에 쓰여 반복되는 질문을 생략하고 묻거나 진행을 나타냄

10

해설 걸어서 가는 것이 어떠냐고 제안하고 있으므로, 기차역이 가깝다고 말한 B와 가장 잘 어울린다.

정답 B

해석

Huǒchēzhàn jiù zài qiánmiàn, hěn jìn. Wǒmen zǒuzhe qù zěnmeyàng? 火车站就在前面，很近。我们走着去怎么样？	기차역이 바로 앞에 있어서, 가까워요. 우리 걸어서 가는 게 어때요?

단어 ★火车站 huǒchēzhàn 명 기차역 | 就 jiù 부 곧, 바로 | 在 zài 동 ~에 있다 | 很 hěn 부 매우 | ★近 jìn 형 가깝다 | 走着去 zǒuzhe qù 걸어서 가다

新HSK 1~2급
모의고사 해설

1급 모의고사 1회

정답

[듣기]	1. X	2. X	3. √	4. √	5. X	6. A	7. A	8. C	9. A	10. B
	11. B	12. D	13. A	14. E	15. F	16. B	17. B	18. C	19. C	20. B
[독해]	21. √	22. √	23. X	24. X	25. X	26. D	27. B	28. A	29. C	30. F
	31. E	32. A	33. C	34. B	35. D	36. B	37. C	38. F	39. E	40. A

1

Test 1-1

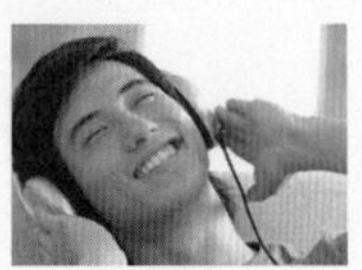

사진에서 음악을 듣고(听 tīng) 있고, 녹음에서 '唱歌 chànggē(노래를 부르다)'라고 했으므로, 정답은 X이다.

정답 X

녹음

chànggē 唱歌	노래를 부르다

단어 唱歌 chànggē 동 노래를 부르다

2

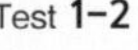

사진은 자전거(自行车 zìxíngchē)를 타고 있지만, 녹음에서는 '电话 diànhuà(전화)'라고 했으므로, 정답은 X이다.

정답 X

녹음

dǎ diànhuà 打 电话	전화를 하다

단어 ★打电话 dǎ diànhuà 전화를 하다

3

Test **1-3**

사진에는 꽃이 제시되어 있고, 녹음에서 '漂亮 piàoliang(예쁘다)'이라고 했으므로, 정답은 √이다.

정답 √

녹음

hěn piàoliang 很 漂亮	매우 예쁘다

단어 很 hěn 부 매우 | ★漂亮 piàoliang 형 예쁘다

4

Test **1-4**

사진에는 우산을 쓴 사람이 제시되어 있고, 녹음에서 '下雨 xiàyǔ(비가 내리다)'라고 했으므로 정답은 √이다.

정답 √

녹음

xiàyǔ le 下雨 了	비가 내린다

단어 ★下雨 xiàyǔ 동 비가 내리다 | 了 le 조 변화 혹은 새로운 상황의 출현을 나타냄

5

Test **1-5**

사진에는 우유(牛奶 niúnǎi)를 마시고(喝 hē) 있지만, 녹음에서는 '书 shū(책)'라고 했으므로 정답은 X이다.

정답 X

녹음

sān běn shū 三 本 书	책 세 권

단어 三 sān 수 3, 삼 | 本 běn 양 권[책을 세는 단위] | ★书 shū 명 책

6 Test **1-6**

녹음에서 '冷 lěng(춥다)'이라고 했으므로, 사진 A가 정답이다.

정답 A

녹음 Jīntiān tiānqì hěn lěng.
今天 天气 很 冷。 | 오늘은 날씨가 매우 춥다.

단어 今天 jīntiān 명 오늘 | 天气 tiānqì 명 날씨 | 很 hěn 부 매우 | ★冷 lěng 형 춥다

7 Test **1-7**

녹음에서 '十点十分 shí diǎn shí fēn(10시 10분)'이라고 했으므로, 사진 A가 정답이다.

정답 A

녹음 Xiànzài shì shí diǎn shí fēn.
现在 是 十 点 十 分。 | 지금은 10시 10분이다.

단어 现在 xiànzài 명 지금 | 是 shì 동 ~이다 | ★十 shí 수 10, 열 | ★点 diǎn 양 시 | ★分 fēn 명 분

8 Test **1-8**

녹음에서 '后面有几个人 hòumiàn yǒu jǐ ge rén(뒤에 몇 명의 사람이 있다)'이라고 했으므로, 사진 C가 정답이다.

정답 C

녹음 Tā hòumiàn yǒu jǐ ge rén.
她 后面 有 几 个 人。 | 그녀 뒤에 몇 명의 사람이 있다.

단어 后面 hòumiàn 명 뒤(쪽) | ★有 yǒu 동 있다, 가지고 있다 | ★几 jǐ 수 몇 | 个 gè 양 명[사람을 세는 단위] | ★人 rén 명 사람

9

녹음에서 '12岁 shí'èr suì(12살)'라고 했으므로, 사진 A가 정답이다.

정답 A

녹음 Wǒ jīnnián suì le.
我 今年 12 岁 了。 나는 올해 12살이 되었다.

단어 今年 jīnnián 명 올해 | ★岁 suì 양 살, 세 | 了 le 조 변화 혹은 새로운 상황의 출현을 나타냄

어법 岁 suì

'岁 suì'는 '살, 세'라는 뜻으로 나이를 셀 때 쓴다. 나이는 일반적으로 '多大了? Duō dà le?'라고 묻지만, 10살 이하의 어린아이에게는 '几岁了? Jǐ suì le?'라고 묻는다.

예 A : 你多大了? Nǐ duō dà le? 너는 몇 살이니?
B : 我今年12岁了。Wǒ jīnnián shí'èr suì le. 나는 올해 12살이에요.

10

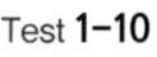

녹음에서 '去中国 qù Zhōngguó(중국에 간다)'라고 했으므로, 사진 B가 정답이다.

정답 B

녹음 Tā xià ge yuè qù Zhōngguó.
他 下 个 月 去 中国。 그는 다음 달에 중국에 간다.

단어 下个月 xià ge yuè 다음 달 | ★去 qù 동 가다 | ★中国 Zhōngguó 고유 중국

11

Test **1-11**

녹음에서 여자가 어디에서 공부하는지(读书 dúshū) 물었으므로, 보기 중에서 남학생이 책을 들고 등교하는 B가 정답이다.

정답 B

녹음

Nǐ dìdi zài nǎr dúshū? 女：你 弟弟 在 哪儿 读书？	여: 너의 남동생은 어디에서 공부하니?
Zài Zhōngguó. 男：在 中国。	남: 중국에서.

단어 弟弟 dìdi 명 남동생 | 在 zài 개 ~에서 | 哪儿 nǎr 대 어디 | ★读书 dúshū 동 책을 읽다, 학교에 다니다 | 中国 Zhōngguó 고유 중국

12

Test **1-12**

녹음에서 '没钱 méi qián(돈이 없다)'이라고 했으므로, 사진 D가 정답이다.

정답 D

녹음

Wǒmen zhōngwǔ qù mǎi, hǎo ma? 男：我们 中午 去 买，好 吗？	남: 우리 점심에 사러 가자, 어때?
Nǐ kàn, wǒ méi qián le. 女：你 看，我 没 钱 了。	여: 봐봐. 난 이제 돈이 없어.

단어 我们 wǒmen 대 우리 | 中午 zhōngwǔ 명 점심, 정오 | 去 qù 동 가다 | 买 mǎi 동 사다 | 好 hǎo 형 좋다 | 看 kàn 동 보다 | 没(有) méi(yǒu) 동 없다 | 钱 qián 명 돈

13

Test **1-13**

녹음에서 '一零二 yāo líng èr(102)'이라고 했으므로, 사진 A가 정답이다.

정답 A

녹음

Nǐ zhù zài nǎr? 女：你 住 在 哪儿？	여: 너는 어디에 사니?
Wǒ hé māma dōu zhù zài yāo líng èr. 男：我 和 妈妈 都 住 在 <u>一 零 二</u>。	남: 나와 엄마 모두 <u>102호</u>에 살아요.

단어 住 zhù 동 살다, 거주하다 | 在 zài 개 ~에서 | 哪儿 nǎr 대 어디 | 和 hé 접 ~와(과) | 妈妈 māma 명 엄마 | 都 dōu 부 모두, 다 | 零 líng 수 0, 영

어법 숫자 읽기

방 번호나 전화번호 등을 말할 때 숫자를 하나씩 읽는다. 번호에서 '一'는 'yāo'로 읽는다.

예 208호[방 번호] → 二零八号 èr líng bā hào

1357689[전화번호] → 一三五七六八九 yāo sān wǔ qī liù bā jiǔ

14

Test **1-14**

녹음에서 남자가 '怎么读 zěnme dú(어떻게 읽어?)'라고 묻자 여자가 '不会 bú huì(읽을 줄 몰라)'라고 했으므로, 사진 E가 정답이다.

정답 E

녹음

Zhège Hànzì zěnme dú? 男：这个 汉字 <u>怎么 读</u>？	남: 이 한자는 <u>어떻게 읽어</u>?
Duìbuqǐ, wǒ bú huì. 女：对不起，我 <u>不 会</u>。	여: 미안해, 나 <u>읽을 줄 몰라</u>.

단어 这 zhè 대 이(것) | 个 gè 양 개[사물을 세는 단위] | 汉字 Hànzì 명 한자 | ★怎么 zěnme 대 어떻게 | ★读 dú 동 읽다 | 对不起 duìbuqǐ 동 미안해요, 죄송해요 | 会 huì 조동 ~할 수 있다, ~할 줄 안다

15

Test 1-15

녹음에서 '再见 zàijiàn(잘 가요)'이라고 했으므로, 사진 F가 정답이다.

정답 F

녹음

Xièxie nǐmen! 女：谢谢 你们！	여: 감사합니다!
Bú kèqi. Zàijiàn. 男：不 客气。再见。	남: 천만에요. 잘 가요.

단어 谢谢 xièxie 동 고마워요, 감사해요 | 你们 nǐmen 대 너희들, 당신들 | 不客气 bú kèqi 천만에요 | 再见 zàijiàn 동 잘 가요, 안녕[헤어질 때 하는 인사]

16

Test 1-16

해설 녹음에서 '我的电脑 wǒ de diànnǎo(나의 컴퓨터)'가 그의 테이블에 있다고 했으므로, B가 정답이다.

정답 B

녹음

Wǒ de diànnǎo zài tā de zhuōzi shang. 我 的 电脑 在 他 的 桌子 上。	내 컴퓨터는 그의 테이블 위에 있다.
Nà shì shéi de diànnǎo? 问：那 是 谁 的 电脑？	질문: 그것은 누구의 컴퓨터인가?
tā de A 他 的	A 그의 것
wǒ de B 我 的	B 내 것
tóngxué de C 同学 的	C 반 친구의 것

단어 ★电脑 diànnǎo 명 컴퓨터 | 在 zài 동 ~에 있다 | 桌子 zhuōzi 명 탁자, 테이블 | 上 shàng 명 위 | 那 nà 대 그(것/사람), 저(것/사람) | 是 shì 동 ~이다 | 谁 shéi 대 누구

17

Test 1-17

해설 녹음에서 '今天星期四 jīntiān xīngqīsì(오늘은 목요일이다)'라고 했고, '내일(明天 míngtiān)' 영화를 보러 간다고 했으므로, B가 정답이다.

정답 B

녹음

Jīntiān xīngqīsì, wǒmen míngtiān qù kàn diànyǐng. 今天 星期四，我们 明天 去 看 电影。	오늘은 목요일이고, 우리는 내일 영화를 보러 간다.
Tāmen shénme shíhou qù kàn diànyǐng? 问：他们 什么 时候 去 看 电影？	질문: 그들은 언제 영화를 보러 가나?
xīngqīsān / xīngqīwǔ / xīngqīliù A 星期三 B 星期五 C 星期六	A 수요일 B 금요일 C 토요일

단어 今天 jīntiān 명 오늘 | 星期四 xīngqīsì 목요일 | 明天 míngtiān 명 내일 | 去 qù 동 가다 | 看 kàn 동 보다 | 电影 diànyǐng 명 영화 | 什么时候 shénme shíhou 언제

18

Test 1-18

해설 녹음에서 '工作了七年 gōngzuòle qī nián(7년 일했다)'이라고 했으므로, 정답은 C이다.

정답 C

녹음

Xiǎo Zhào zài zhèr gōngzuòle qī nián, rènshi hěn duō péngyou. 小 赵 在 这儿 工作了 七 年，认识 很 多 朋友。	샤오자오(小赵)는 여기에서 7년 일해서 많은 친구를 알고 있다.
Xiǎo Zhào zài nàr gōngzuòle jǐ nián? 问：小 赵 在 那儿 工作了 几 年？	질문: 샤오자오(小赵)는 그곳에서 몇 년간 일했는가?
nián / nián / nián A 5 年 B 6 年 C 7 年	A 5년 B 6년 C 7년

단어 在 zài 개 ~에서 | 这儿 zhèr 대 여기, 이곳 | 工作 gōngzuò 동 일하다 | 年 nián 명 년 | ★认识 rènshi 동 (길·사람·글자를) 알다 | 很 hěn 부 매우 | 多 duō 형 (양·나이가) 많다 | 朋友 péngyou 명 친구

1급 모의고사 1회

19

Test 1-19

해설 녹음에서 '杯子 bēizi(컵)'가 있는지 물었으므로, C가 정답이다.

정답 C

녹음

Xiǎojiě, nǐ hǎo, nǐ zhèr yǒu bēizi ma? 小姐，你 好，你 这儿 有 杯子 吗？	아가씨, 안녕하세요. 여기에 컵이 있나요?
Tā xiǎng mǎi shénme? 问：他 想 买 什么？	질문: 그는 무엇을 사고 싶어하나?
chá píngguǒ bēizi A 茶 B 苹果 C 杯子	A 차(tea) B 사과 C 컵

단어 小姐 xiǎojiě 명 아가씨, 양 | 这儿 zhèr 대 여기, 이곳 | 有 yǒu 동 있다, 가지고 있다 | 杯子 bēizi 명 잔, 컵 | 想 xiǎng 조동 ~하고 싶다 | 买 mǎi 동 사다 | 什么 shénme 대 무엇, 무슨

20

Test 1-20

해설 녹음에서 친구냐고 물은 뒤, '漂亮 piàoliang(예쁘다)'이라고 말했으므로, B가 정답이다.

정답 B

녹음

Zhè shì nǐ de péngyou ma? Hěn piàoliang. 这 是 你 的 朋友 吗？很 漂亮。	이 사람은 너의 친구니? 정말 예쁘다.
Péngyou zěnmeyàng? 问：朋友 怎么样？	질문: 친구는 어떠한가?
ài xuéxí A 爱 学习	A 공부하는 걸 몹시 좋아한다
hěn piàoliang B 很 漂亮	B 정말 예쁘다
xiǎng huíjiā C 想 回家	C 집에 가고 싶어 한다

단어 这 zhè 대 이, 이것 | 是 shì 동 ~이다 | 的 de 조 ~의, ~한 | 朋友 péngyou 명 친구 | 很 hěn 부 매우 | 漂亮 piàoliang 형 예쁘다 | 怎么样 zěnmeyàng 대 어떠하다

어법 很 hěn

정도부사 '很 hěn'은 '매우'라는 뜻으로 상태의 정도를 강조할 때 쓴다. 또 다른 정도부사로는 '太 tài(너무)', '非常 fēicháng(아주, 굉장히)' 등이 있다.

21

'没有 méiyǒu'는 '없다'라는 의미이므로 사진과 일치한다.

정답 √

해석

méiyǒu 没有	없다

22

'四 sì'는 '4, 넷'을 의미하므로 사진과 일치한다.

정답 √

해석

sì 四	4, 넷

23

'说话 shuōhuà'는 '말을 하다'라는 의미이지만, 사진에서는 자고(睡觉 shuìjiào) 있으므로 일치하지 않는다.

정답 X

해석

shuōhuà 说话	말을 하다

24

'茶 chá'는 '차, tea'라는 의미지만, 사진에는 '음식(菜 cài)'이 제시되어 있으므로 일치하지 않는다.

정답 X

해석

chá 茶	차, tea

25

'桌子 zhuōzi'는 '테이블, 탁자'라는 의미이지만, 사진에는 남자아이(男孩子 nán háizi)가 농구를 하고(打篮球 dǎ lánqiú) 있으므로 일치하지 않는다.

정답 X

해석

zhuōzi 桌子	테이블, 탁자

26

'飞机 fēijī'는 '비행기'라는 의미이므로, 사진 D가 정답이다.

정답 D

해석

Wǒ míngtiān zuò fēijī qù . 我 明天 坐 飞机 去。 (坐 飞机: 비행기를 타다)	나는 내일 비행기를 타고 간다.

단어 明天 míngtiān 명 내일 | 坐 zuò 동 (교통수단을) 타다 | ★飞机 fēijī 명 비행기 | 去 qù 동 가다

27

'买东西 mǎi dōngxi'는 '물건을 사다, 쇼핑하다'라는 의미이므로, 사진 B가 정답이다.

정답 B

해석

Wáng xiānsheng zài shāngdiàn mǎi dōngxi ne. 王 先生 在 商店 买 东西 呢。 (买东西: 물건을 사다)	왕(王) 선생은 상점에서 물건을 사고 있다.

단어 先生 xiānsheng 명 선생, 씨[성인 남성에 대한 존칭] | 在 zài 개 ~에서 | 商店 shāngdiàn 명 상점, 가게 | 买 mǎi 동 사다 | 东西 dōngxi 명 물건, 것 | 呢 ne 조 문장 끝에 쓰여 동작의 진행을 나타냄

28

'听 tīng'은 '듣다'라는 의미이고, '高兴 gāoxìng'은 '즐겁다, 기분이 좋다'라는 의미이다. 따라서 보기 중에 음악을 들으며 즐거워하는 사진 A가 정답이다.

정답 A

해석

Nǐ tīng shénme ne, zhème gāoxìng? 你 听 什么 呢，这么 高兴？	너는 뭘 듣길래 이렇게 기분이 좋은 거야?

단어 听 tīng 동 듣다 | 什么 shénme 대 무엇, 무슨 | 呢 ne 조 의문을 나타내는 문장의 끝에 쓰여 의문의 어기를 나타냄 | ★这么 zhème 대 이런, 이렇게 | 高兴 gāoxìng 형 기쁘다

29

'看这儿 kàn zhèr(여기를 보세요)'이라고 한 뒤, 숫자 1, 2, 3을 세고 있으므로 사진을 찍는 상황이라고 예상할 수 있다. 따라서 사진 C가 정답이다.

정답 C

해석

Lái, kàn zhèr. Yī, èr, sān, hǎo! 来，看 这儿。一，二，三，好！	자, 여기를 보세요. 하나, 둘, 셋, 좋아요!

단어 来 lái 동 자[주의를 집중시킬 때 씀] | 看 kàn 동 보다 | 这儿 zhèr 대 여기, 이곳 | 一 yī 수 1, 하나 | 二 èr 수 2, 둘 | 三 sān 수 3, 셋 | 好 hǎo 형 좋다

1급 모의고사 1회

30

'去学习 qù xuéxí'는 '공부하러 간다'는 의미이므로, 사진 F가 정답이다.

정답 F

해석

Tā zuótiān qù xuéxí le . 她 昨天 去 学习 了。	그녀는 어제 공부하러 갔었다.

단어 昨天 zuótiān 명 어제 | 去 qù 동 가다 | 学习 xuéxí 동 공부하다 | 了 le 조 동사 뒤나 문장 끝에 쓰여 동작의 완료를 나타냄

31

해설 누구의 것인지(谁的 shéi de) 물었으므로 이 양의 것(李小姐 Lǐ xiǎojiě)이라고 말한 보기 E가 정답이다.

정답 E

해석

Zhè shì shéi de diànnǎo ? A: 这 是 谁 的 电脑？	A: 이것은 누구의 컴퓨터니?
Lǐ xiǎojiě de . B: 李 小姐 的。	B: 이(李) 양의 것이야.

단어 这 zhè 대 이, 이것 | 是 shì 동 ~이다 | 谁 shéi 대 누구 | 电脑 diànnǎo 명 컴퓨터 | 小姐 xiǎojiě 명 아가씨, 양

32

해설 미안하다(对不起 duìbuqǐ)라고 했으므로 괜찮다(没关系 méi guānxi)라고 말한 보기 A가 정답이다.

정답 A

해석

Duìbuqǐ , nǐ bù xǐhuan gǒu ? A: 对不起，你 不 喜欢 狗？	A: 미안해, 너는 개를 안 좋아하니?
Méi guānxi . B: 没 关系。	B: 괜찮아.

단어 对不起 duìbuqǐ 동 미안해요, 죄송해요 | 不 bù 부 ~하지 않다 | 喜欢 xǐhuan 동 좋아하다 | 狗 gǒu 명 개 | 没关系 méi guānxi 괜찮아요, 상관없어요

33

해설 무엇을 마실지(喝什么 hē shénme)를 물었으므로 '차(茶 chá)'라고 말한 보기 C가 정답이다.

정답 C

해석

Nǐ hē shénme ? A: 你 喝 什么 ?	A: 너는 무엇을 마시니?
Chá . B: 茶 。	B: 차.

단어 喝 hē 동 마시다 | 什么 shénme 대 무엇, 무슨 | 茶 chá 명 차, tea

34

해설 영화가 어떤지(电影怎么样 diànyǐng zěnmeyàng) 물었으므로 '보지 않았다(没看 méi kàn)'고 말한 보기 B가 정답이다.

정답 B

해석

Nàge diànyǐng zěnmeyàng ? A: 那个 电影 怎么样 ?	A: 저 영화는 어때?
Wǒ méi kàn . B: 我 没 看 。	B: 나는 안 봤어.

단어 那 nà 대 그(것/사람), 저(것/사람) | 个 gè 양 개[사물을 세는 단위] | 电影 diànyǐng 명 영화 | 怎么样 zěnmeyàng 대 어떠하다 | 看 kàn 동 보다

어법 没(有) méi(yǒu)

'没(有) méi(yǒu)'는 '~하지 않았다'의 의미로 어떤 동작이나 사실 등이 발생하지 않았음을 나타낸다.
예 我还没吃饭。 Wǒ hái méi chīfàn. 나는 아직 밥을 먹지 않았다.

35

해설 무엇을 하고 있는지(做什么 zuò shénme) 물었으므로 '전화를 한다(打电话 dǎ diànhuà)'라고 말한 보기 D가 정답이다.

정답 D

해석

Tā zài jiā zuò shénme ne ? A: 她 在 家 做 什么 呢 ?	A: 그녀는 집에서 무엇을 하고 있니?
Dǎ diànhuà . B: 打 电话 。	B: 전화해.

단어 在 zài 개 ~에서 | 家 jiā 명 집 | 做 zuò 동 하다 | 什么 shénme 대 무엇, 무슨 | 打电话 dǎ diànhuà 전화를 걸다, 전화를 하다

36 - 40

A 里 lǐ 명 안	B 能 néng 조동 ~할 수 있다	C 岁 suì 양 살, 세
D 名字 míngzi 명 이름	E 多少 duōshao 대 얼마	F 喜欢 xǐhuan 동 좋아하다

36

해설 빈칸 뒤에 '请 qǐng(대접하다)'이라는 동사가 있으므로, 동사 앞에 들어갈 수 있는 것은 조동사인 보기 B이다.

정답 B

해석

Zhōngwǔ wǒ (néng) qǐng nǐ chīfàn ma? 中午 我 (能) 请 你 吃饭 吗？ ~에게 밥을 사다, 식사를 대접하다	점심에 내가 너에게 밥을 사(도 될까)?

단어 中午 zhōngwǔ 명 점심 | 能 néng 조동 ~할 수 있다 | 请 qǐng 동 청하다, 부탁하다, 대접하다 | 吃饭 chīfàn 동 밥을 먹다 | 吗 ma 조 ~이니?

37

해설 숫자 뒤에 빈칸이 있고, '今年 jīnnián(올해)'이라는 단어가 보이므로, 나이를 말하는 것임을 예상할 수 있다. 따라서 정답은 C이다.

정답 C

해석

Wáng lǎoshī jīnnián (suì) le. 王 老师 今年 60 (岁) 了。 60세	왕(王) 선생님은 올해 60(세)이다.

단어 老师 lǎoshī 명 선생님 | 今年 jīnnián 명 올해, 금년 | 岁 suì 양 살, 세 | 了 le 조 변화 혹은 새로운 상황의 출현을 나타냄

38

해설 동사 '看 kàn' 앞에서 '텔레비전 보는 것을 좋아한다(喜欢看电视 xǐhuan kàn diànshì)'라는 표현이 어울리므로, F가 정답이다.

정답 F

해석

Tā hé tā māma dōu (xǐhuan) kàn 他 和 他 妈妈 都 (喜欢) 看 보는 것을 좋아하다 diànshì. 电视。	그와 그의 엄마는 모두 텔레비전 보는 것을 (좋아한다).

단어 和 hé 접 ~와(과) | 都 dōu 부 모두, 다 | 喜欢 xǐhuan 동 좋아하다 | 看 kàn 동 보다 | 电视 diànshì 명 텔레비전

39

해설 가격을 물어볼 때에는 '多少钱 duōshao qián(얼마예요)'이라고 말하므로, E가 정답이다.

정답 E

해석

Wǒ ài chī zhège cài, zhège cài 女：我 爱 吃 这个 菜，这个 菜 (duōshao) qián? (多少) 钱？ 얼마예요	여: 저는 이 음식을 무척 좋아해요. 이 음식은 (얼마)예요?
kuài. 男：19 块。	남: 19위안이에요.

단어 爱 ài 동 사랑하다, 몹시 좋아하다 | 吃 chī 동 먹다 | 这个 zhège 대 이, 이것 | 菜 cài 명 요리, 음식 | 多少 duōshao 대 얼마, 몇 | 钱 qián 명 돈 | 块 kuài 양 위안[중국 화폐의 기본 단위]

어법 多少 duōshao

의문대명사 '多少 duōshao'는 10 이상의 비교적 큰 수나 번호를 물을 때 쓴다.

예 中国有多少人？ Zhōngguó yǒu duōshao rén? 중국에는 사람이 몇 명 있나요?

40

해설 '饭店 fàndiàn(호텔, 식당)' 뒤에 들어갈 수 있는 단어는 방위를 나타내는 보기 A이다.

정답 A

해석

Nǐ zài nǎr? Wǒ méi kànjiàn nǐ. 男：你 在 哪儿？我 没 看见 你。	남: 너는 어디에 있니? 나는 너가 안 보여.
Wǒ zài fàndiàn (li), wǒ kànjiàn 女：我 在 饭店 (里)，我 看见 식당 안 nǐ le. 你 了。	여: 나는 식당 (안)에 있어. 나는 네가 보여.

단어 在 zài 동 ~에 있다 | 哪儿 nǎr 대 어디 | 看见 kànjiàn 동 보이다, 발견하다 | 饭店 fàndiàn 명 호텔, 식당 | 里 lǐ 명 안, 속

정답

[듣기] 1. √	2. X	3. X	4. X	5. √	6. B	7. B	8. B	9. C	10. A
11. E	12. D	13. A	14. F	15. B	16. C	17. C	18. A	19. B	20. B
[독해] 21. X	22. √	23. √	24. √	25. X	26. C	27. F	28. D	29. A	30. B
31. A	32. B	33. E	34. D	35. C	36. B	37. C	38. A	39. E	40. F

1

Test 2-1

사진에 요리를 하는 사람이 있고, 녹음에서 '做饭 zuò fàn(밥을 하다)'이라고 했으므로, 정답은 √이다.

정답 √

녹음 zuò fàn
做 饭 | 밥을 하다

단어 做饭 zuò fàn 밥을 하다

2

Test 2-2

사진에 화난 사람이 있고, 녹음에서는 '没关系 méi guānxi(괜찮아요)'라고 했으므로, 정답은 X이다.

정답 X

녹음 méi guānxi .
没 关系 。 | 괜찮아요.

단어 没关系 méi guānxi 괜찮아요, 상관없어요

3

Test 2-3

사진에는 비행기(飞机 fēijī)가 제시되어 있지만, 녹음에서는 '出租车 chūzūchē(택시)'를 운전한다고 했으므로, 정답은 X이다.

정답 X

녹음

kāi chūzūchē 开 出租车	택시를 운전하다

단어 开 kāi 동 (차를) 운전하다 | ★出租车 chūzūchē 명 택시

4

Test 2-4

사진은 음악을 듣고(听音乐 tīng yīnyuè) 있지만, 녹음에서는 '写字 xiě zì(글자를 쓴다)'라고 했으므로, 정답은 X이다.

정답 X

녹음

xiě zì 写 字	글자를 쓴다

단어 写 xiě 동 (글씨를) 쓰다 | ★字 zì 명 글자

5

Test 2-5

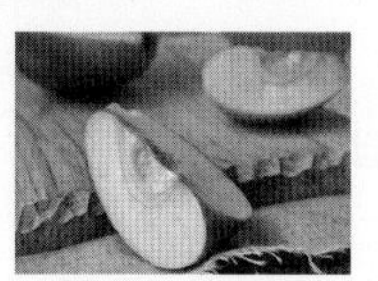

녹음에서 '苹果 píngguǒ(사과)' 한 조각이라고 했으므로, 정답은 √이다.

정답 √

녹음

yí kuàir píngguǒ 一 块儿 苹果	사과 한 조각

단어 块儿 kuàir 양 조각, 덩어리 | ★苹果 píngguǒ 명 사과

6

Test 2-6

녹음에서 '这些书 zhèxiē shū(이 책들)'를 다 읽었냐고 물었으므로, 사진 B가 정답이다.

정답 B

녹음

Zhèxiē shū nǐ dōu dú le ma? 这些书你都读了吗?	이 책들을 너는 다 읽었니?

단어 这 zhè 대 이, 이것 | 些 xiē 양 몇몇의 | ★书 shū 명 책 | 都 dōu 부 모두, 다 | ★读 dú 동 읽다

7

Test 2-7

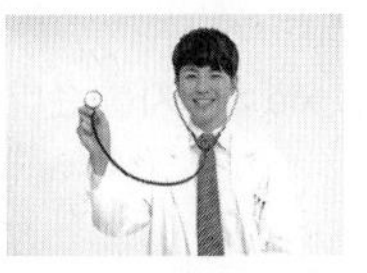

녹음에서 '医生 yīshēng(의사)'이라고 했으므로, 사진 B가 정답이다.

정답 B

녹음

Wǒ péngyou shì yīshēng. 我朋友是医生。	내 친구는 의사이다.

단어 ★朋友 péngyou 명 친구 | 是 shì 동 ~이다 | ★医生 yīshēng 명 의사

8

Test 2-8

녹음에서 '喝茶 hē chá(차를 마시다)'라고 했으므로, 사진 B가 정답이다.

정답 B

녹음

Tā xǐhuan wǎnshang hē bēi chá. 她喜欢晚上喝杯茶。	그녀는 저녁에 차를 한 잔 마시는 것을 좋아한다.

단어 喜欢 xǐhuan 동 좋아하다 | 晚上 wǎnshang 명 저녁 | ★喝 hē 동 마시다 | 杯 bēi 양 잔, 컵 | ★茶 chá 명 차, tea

어법 杯 bēi

양사 '杯 bēi'는 잔이나 컵을 세는 단위로, 수사와 함께 '수사+양사+명사'의 형식으로 쓴다.

예 (一)杯茶 (yì) bēi chá 차 한 잔

9

녹음에서 '太多了 tài duō le(너무 많아)'라고 했으므로 사진 C가 정답이다.

정답 C

녹음

Tài duō le! 太多了!	너무 많아!

단어 太 tài 부 너무, 몹시, 지나치게 | ★多 duō 형 (양·나이가) 많다

10

녹음에서 '电脑里 diànnǎo li(컴퓨터 안)'를 물었으므로, 사진 A가 정답이다.

정답 A

녹음

Nǐ kàn, diànnǎo li shì shénme? 你看，电脑里是什么？	봐봐, 컴퓨터 안의 것은 뭐니?

단어 看 kàn 동 보다 | ★电脑 diànnǎo 명 컴퓨터 | 什么 shénme 대 무엇, 무슨

어법 방위사

방향을 나타내는 방위사 '里 lǐ(안)/上 shàng(위)/下 xià(아래)'는 명사 뒤에 써서 위치를 더 자세하게 표현할 때 쓴다.

예 学校里 xuéxiào li 학교 안 | 桌子上 zhuōzi shang 테이블 위 | 椅子下 yǐzi xià 의자 아래

11

Test 2-11

녹음에서 '喂 wéi(여보세요)'라고 했으므로, 전화를 받고 있는 사진 E가 가장 적합하다.

정답 E

녹음

Wéi, nǐ hǎo, shì Xiǎo Wáng ma? 女：喂，你好，是小王吗？	여: 여보세요, 안녕하세요. 샤오왕(小王)이신가요?
Duìbuqǐ, wǒ bú shì Xiǎo Wáng. 男：对不起，我不是小王。	남: 미안해요. 저는 샤오왕(小王)이 아니에요.

단어 喂 wéi 감탄 (전화상에서) 여보세요 | 对不起 duìbuqǐ 동 미안해요, 죄송해요

12

Test 2-12

녹음에서 남자가 자신의 이름이 있는지 묻자 여자가 '在这儿 zài zhèr(여기에 있어)'이라고 했으므로, 사진 D가 정답이다.

정답 D

녹음

Nǐ kàn, yǒuméiyǒu wǒ de míngzi? 男：你看，有没有我的名字？	남: 네가 봐봐. 내 이름이 있니 없니?
Yǒu, zài zhèr ne. 女：有，在这儿呢。	여: 있어. 여기에 있어.

단어 看 kàn 동 보다 | 有 yǒu 동 있다, 가지고 있다 | 没有 méiyǒu 동 없다 | ★名字 míngzi 명 이름 | 在 zài 동 ~에 있다 | 这儿 zhèr 대 여기, 이곳

13

Test 2-13

녹음에서 여자가 '太漂亮 tài piàoliang(너무 예뻐)'이라고 감탄했으므로, 사진 A가 정답이다.

정답 A

녹음

Tài piàoliang le! Xièxie nǐ! 女：太漂亮了！谢谢你！	여: 너무 예뻐! 고마워!

Bú kèqi . 男：不 客气 。	남: 천만에.

단어 太 tài 부 너무, 몹시, 지나치게 | 漂亮 piàoliang 형 예쁘다 | ★谢谢 xièxie 동 고마워요, 감사해요 | ★不客气 bú kèqi 천만에요

14

Test 2-14

녹음에서 남자가 '机场 jīchǎng(공항)'에서 보자고 했으므로, 사진 F가 정답이다.

정답 F

녹음

Míngtiān zài jīchǎng jiàn . 男：明天 在 机场 见 。	남: 내일 공항에서 보자.
Hǎo , míngtiān jiàn . 女：好 ， 明天 见 。	여: 응, 내일 만나자.

단어 明天 míngtiān 명 내일 | 在 zài 개 ~에서 | ★机场 jīchǎng 명 공항 | 见 jiàn 동 보다, 만나다 | 好 hǎo 형 좋다

15

Test 2-15

녹음에서 여자가 '一块钱 yí kuài qián(1위안)'에 대해 물었으므로, 사진 B가 정답이다.

정답 B

녹음

Zhè yí kuài qián bú shì nǐ de ma ? 女：这 一 块 钱 不 是 你 的 吗？	여: 이 1위안은 네 것이지 않니?
Shì wǒ de , xièxie . 男：是 我 的 ， 谢谢 。	남: 내 거야, 고마워.

단어 这 zhè 대 이, 이것 | 块 kuài 양 위안[중국 화폐의 기본 단위] | ★钱 qián 명 돈 | 不 bù 부 ~하지 않다 | 是 shì 동 ~이다

16

Test **2-16**

해설 녹음에서 '二十岁 èrshí suì(20살)'라고 했으므로, C가 정답이다.

정답 C

녹음

Tā érzi jīnnián èrshí suì, shì dàxuéshēng. 他 儿子 今年 二十 岁，是 大学生。 Tā érzi duō dà le? 问：他 儿子 多 大 了？	그의 아들은 올해 스무 살이고, 대학생입니다. 질문: 그의 아들은 몇 살인가?
A 10 岁 (suì)　B 11 岁 (suì)　C 20 岁 (suì)	A 10살　B 11살　C 20살

단어 儿子 érzi 명 아들 | 今年 jīnnián 명 올해 | 岁 suì 양 살, 세 | 是 shì 동 ~이다 | 大学生 dàxuéshēng 명 대학생 | 多 duō 부 얼마나[의문문에 쓰여 정도를 나타냄] | 大 dà 형 (나이가) 많다

어법 명사술어문 → 기본서 24쪽

시간, 날짜, 금액, 날씨, 나이 등을 표현할 때에는 동사 '是 shì'를 생략하고 명사가 술어 역할을 할 수 있다. 그러나 부정문에서는 반드시 '不是 bú shì'라고 써야 한다.

예 现在(是)3点，不是4点。Xiànzài (shì) sān diǎn, bú shì sì diǎn. 지금은 3시지, 4시가 아니다.

17

Test **2-17**

해설 녹음에서 '火车站 huǒchēzhàn(기차역)'에 간다고 했으므로, C가 정답이다.

정답 C

녹음

Xiàwǔ wǒmen qù huǒchēzhàn, yǒu ge péngyou 下午 我们 去 火车站，有 个 朋友 lái Běijīng zhù jǐ tiān. 来 北京 住 几 天。 Xiàwǔ tāmen qù nǎr? 问：下午 他们 去 哪儿？	오후에 우리는 기차역에 가요. 친구 한 명이 베이징에 와서 며칠간 지내기로 했거든요. 질문: 그들은 오후에 어디에 가는가?
A 北京 (Běijīng)　B 医院 (yīyuàn)　C 火车站 (huǒchēzhàn)	A 베이징　B 병원　C 기차역

단어 ★下午 xiàwǔ 명 오후 | 我们 wǒmen 대 우리(들) | 去 qù 동 가다 | ★火车站 huǒchēzhàn 명 기차역 | 有 yǒu 동 있다, 가지고 있다 | 个 gè 양 명[사람을 세는 단위] | 朋友 péngyou 명 친구 | 来 lái 동 오다 | 北京 Běijīng 고유 베이징, 북경 | 住 zhù 동 살다 | 天 tiān 명 하루, 날, 일 | 他们 tāmen 대 그들 | 哪儿 nǎr 대 어디 | 医院 yīyuàn 명 병원

18 Test 2-18

해설 녹음에서 '书 shū(책)'를 원한다고 했으므로, A가 정답이다.

정답 A

녹음

Wǒ yào zhè jǐ běn shū, duōshao qián? 我 要 这 几 本 书， 多少 钱？	이 몇 권의 책을 사려고 하는데, 얼마죠?
Tā zài mǎi shénme? 问：他 在 买 什么？	질문: 그는 무엇을 사려고 하는가?
shū chá píngguǒ A 书 B 茶 C 苹果	A 책 B 차(tea) C 사과

단어 要 yào 조동 ~하고자 하다, ~하려고 하다 | 本 běn 양 권[책을 세는 단위] | ★书 shū 명 책 | 多少 duōshao 대 얼마, 몇 | 钱 qián 명 돈 | 买 mǎi 동 사다 | 什么 shénme 대 무엇, 무슨 | 茶 chá 명 차, tea | 苹果 píngguǒ 명 사과

어법 要 yào

'要 yào'는 여러 가지 의미를 가지고 있다.

① 동 원하다
我要水果。Wǒ yào shuǐguǒ. 나는 과일을 원해요.

② 조동 ~하고자 하다, ~하려고 하다
我要去医院。Wǒ yào qù yīyuàn. 나는 병원에 가려고 해요.

19 Test 2-19

해설 녹음에서 번호가 '四五三零 sì wǔ sān líng(4530)'이라고 했으므로, B가 정답이다.

정답 B

녹음

Wǒ de diànhuà hàomǎ shì sì wǔ sān líng. 我 的 电话 号码 是 四 五 三 零。	내 전화번호는 4530이에요.
Tā de diànhuà hàomǎ shì duōshao? 问：他 的 电话 号码 是 多少？	질문: 그의 전화번호는 몇 번인가?
A 4350 B 4530 C 3540	A 4350 B 4530 C 3540

단어 ★电话 diànhuà 명 전화 | 四 sì 수 4, 넷 | 五 wǔ 수 5, 다섯 | 三 sān 수 3, 셋 | 零 líng 수 0, 영 | ★多少 duōshao 대 얼마, 몇

1급 모의고사 2회

20

해설 녹음에서 '哥哥 gēge(오빠, 형)'가 비행기에서 누가 부르는 것을 들었다고 했으므로, B가 정답이다.

정답 B

녹음

Zài fēijī shang, gēge tīngjiàn hòumiàn yǒu rén jiào tā. 在 飞机 上，哥哥 听见 后面 有 人 叫 他。	비행기에서 오빠(형)는 뒤에서 누가 그를 부르는 것을 들었다.
Shéi zài fēijī shang? 问：谁 在 飞机 上？	질문: 누가 비행기에 있는가?
dìdi / gēge / bàba A 弟弟 B 哥哥 C 爸爸	A 남동생 B 오빠, 형 C 아빠

단어 在 zài 개 ~에서 동 ~에 있다 | ★飞机 fēijī 명 비행기 | ★哥哥 gēge 명 오빠, 형 | 听见 tīngjiàn 동 듣다, 들리다 | 后面 hòumiàn 명 뒤(쪽) | 人 rén 명 사람 | 叫 jiào 동 부르다 | 谁 shéi 대 누구

21

'先生 xiānsheng'은 성인 남자를 부를 때 쓰는 호칭이므로 사진과 일치하지 않는다.

정답 X

해석

xiānsheng 先生	선생, 씨[성인 남성에 대한 존칭]

22

'请 qǐng'은 '청하다, 부탁하다, ~하세요'라는 의미로서, 정중하게 상대를 대할 때 쓰는 표현이다. 사진에서 가게 안으로 안내하고 있으므로, '들어오세요'라는 의미이다. 따라서 사진과 일치한다.

정답 √

해석

qǐng 请	들어오세요

23

	'喝 hē'는 '마시다'라는 의미이므로 사진과 일치한다.

정답 √

해석

hē 喝	마시다

24

	'衣服 yīfu'는 '옷'을 의미하므로 사진과 일치한다.

정답 √

해석

yīfu 衣服	옷

25

	'坐 zuò'는 '앉다'라는 의미이지만, 사진에는 서서 책을 보고 있으므로 사진과 일치하지 않는다.

정답 X

해석

zuò 坐	앉다

26

'桌子和椅子 zhuōzi hé yǐzi'는 '테이블과 의자'라는 의미이므로, 사진 C가 정답이다.

정답 C

해석

Zhè shì wǒ mǎi de zhuōzi hé yǐzi . 这 是 我 买 的 桌子 和 椅子。	이것은 내가 산 테이블과 의자이다.

단어 买 mǎi 동 사다 | ★桌子 zhuōzi 명 탁자, 테이블 | 和 hé 접 ~와(과) | ★椅子 yǐzi 명 의자

27

'七点多 qī diǎn duō'는 '7시가 넘은 시간'을 의미하므로, 사진 F가 정답이다.

정답 F

해석

Xiànzài qī diǎn duō le . 现在 七 点 多 了。	지금은 7시가 넘었다.

단어 现在 xiànzài 명 지금, 현재 | 七 qī 수 7, 일곱 | ★点 diǎn 양 시 | 多 duō 수 ~남짓, ~여[조금 넘는 어림수를 나타냄]

어법 多 duō

'多 duō'는 '약간 많은'의 뜻으로, 어림수(~남짓/~여)를 표현한다.

마지막 자리 1–9 + 양사 + 多 + 명사

예 一个多小时 yí ge duō xiǎoshí 1시간 남짓(조금 넘는) | 三年多 sān nián duō 3년 남짓(조금 넘는)

28

'想睡觉 xiǎng shuìjiào'는 '잠을 자고 싶다'라는 의미이므로, 사진 D가 정답이다.

정답 D

해석

Wǒ xiǎng shuìjiào le . 我 想 睡觉 了。	나는 잠을 자고 싶어.

단어 想 xiǎng 조동 ~하고 싶다 | ★睡觉 shuìjiào 동 잠을 자다

29

'不高兴 bù gāoxìng'은 '기쁘지 않다, 기분이 안 좋다'라는 의미이므로, 사진 A가 정답이다.

정답 A

해석

Tā jīntiān hěn bù gāoxìng . 他 今天 很 不 高兴。	그는 오늘 기분이 매우 나쁘다.

단어 今天 jīntiān 명 오늘 | 很 hěn 부 매우 | 不 bù 부 ~하지 않다 | ★高兴 gāoxìng 형 기쁘다

30

'电话 diànhuà'는 '전화(기)'라는 의미이므로, 사진 B가 정답이다.

정답 B

해석

Wáng xiǎojiě , shì nǐ de diànhuà . 王 小姐，是 你 的 电话。	왕(王) 아가씨, 당신의 전화예요.

단어 小姐 xiǎojiě 명 아가씨, 양 | ★电话 diànhuà 명 전화(기)

31

해설 '미안하다(对不起 duìbuqǐ)'라고 했으므로 '괜찮다(没关系 méi guānxi)'라고 말한 보기 A가 정답이다.

정답 A

해석

Duìbuqǐ, wǒ lái wǎn le. A: 对不起，我 来 晚 了。	A: 미안해요. 제가 늦게 왔어요.
Méi guānxi. B: 没 关系。	B: 괜찮아요.

단어 对不起 duìbuqǐ 동 미안해요, 죄송해요 | 来 lái 동 오다 | 晚 wǎn 형 늦다 | 没关系 méi guānxi 괜찮아요

32

해설 비가 왔는지(下雨 xiàyǔ)를 물었으므로 그런 일이 없었다(没有 méiyǒu)고 말한 보기 B가 정답이다.

정답 B

해석

Zuótiān xiàyǔ le ma? A: 昨天 下雨 了 吗？	A: 어제 비가 왔었니?
Méiyǒu. B: 没有。	B: 아니.

단어 ★昨天 zuótiān 명 어제 | ★下雨 xiàyǔ 동 비가 내리다

33

해설 누가 말할 줄 아는지(谁会说 shéi huì shuō)를 물었으므로 '내 아들(我儿子 wǒ érzi)'이라고 말한 보기 E가 정답이다.

정답 E

해석

Shéi huì shuō Hànyǔ? A: 谁 会 说 汉语？	A: 누가 중국어를 할 줄 아니?
Wǒ érzi. B: 我 儿子。	B: 내 아들.

단어 谁 shéi 대 누구 | 会 huì 조동 ~할 수 있다, ~할 줄 안다 | ★说 shuō 동 말하다 | ★汉语 Hànyǔ 명 중국어

34

해설 몇 명의 학생(多少学生 duōshao xuésheng)이 있는지 물었으므로 '93명(93个 jiǔshísān ge)'이라고 말한 보기 D가 정답이다.

정답 D

해석

Xuéxiào yǒu duōshao xuésheng? A: 学校 有 多少 学生？	A: 학교에 학생이 몇 명 있니?
ge. B: 93 个。	B: 93명.

단어 学校 xuéxiào 명 학교 | 有 yǒu 동 있다, 가지고 있다 | ★多少 duōshao 대 얼마, 몇 | ★学生 xuésheng 명 학생

35

해설 며칠 동안 공부하는지(学习几天 xuéxí jǐ tiān) 물었으므로 '한 달(一个月 yí ge yuè)'이라고 말한 보기 C가 정답이다.

정답 C

해석

Nǐ qù Zhōngguó xuéxí jǐ tiān? A: 你 去 中国 学习 几 天？	A: 너는 중국에 가서 며칠을 공부하니?
Yí ge yuè. B: 一 个 月。	B: 한 달.

단어 去 qù 동 가다 | ★中国 Zhōngguó 고유 중국 | 学习 xuéxí 동 공부하다 | 几天 jǐ tiān 며칠

1급 모의고사2회

36-40

A 菜 cài 명 요리, 음식	B 在 zài 동 ~에 있다	C 凉 liáng 형 시원하다
D 名字 míngzi 명 이름	E 怎么样 zěnmeyàng 대 어떠하다	F 都 dōu 부 모두, 다

36

해설 빈칸을 빼고 해석해 보면 문장에 술어(동사)가 없음을 알 수 있다. 보기 중에서 장소 표현을 목적어로 쓰는 동사는 보기 B이다.

정답 B

해석 Tā bàba (zài) qiánmiàn nàge yīyuàn li.
他 爸爸 (在) 前面 那个 医院 里。
그의 아빠는 앞쪽의 저 병원(에 있다).

단어 爸爸 bàba 명 아빠 | 在 zài 동 ~에 있다 | 前面 qiánmiàn 명 앞(쪽) | 那 nà 대 그(것/사람), 저(것/사람) | 个 gè 양 개[사물을 세는 단위] | ★医院 yīyuàn 명 병원 | 里 lǐ 명 안, 속

37

해설 빈칸을 빼고 해석해 보면 동사 '喝 hē' 뒤에 목적어가 없음을 알 수 있다. 보기 중에서 '凉 liáng'을 이용하여 '凉的(liáng de 시원한 것)'라는 표현을 완성할 수 있으므로 C가 정답이다.

정답 C

해석 Tiānqì hěn rè, hē diǎnr (liáng) de.
天气 很 热，喝 点儿 (凉) 的。
날씨가 매우 덥다, (시원한) 것 좀 마셔라.

단어 天气 tiānqì 명 날씨 | 很 hěn 부 매우 | 热 rè 형 덥다 | 喝 hē 동 마시다 | 点儿 diǎnr 양 약간, 조금 | ★凉 liáng 형 시원하다 | 的 de 조 ~한 것

38

해설 동사 '吃 chī(먹다)'와 어울리는 것은 '요리, 음식(菜 cài)'이므로, A가 정답이다.

정답 A

해석 Wǒ jiějie xǐhuan chī Zhōngguó (cài).
我 姐姐 喜欢 吃 中国 (菜)。
(吃 中国 菜: 음식을 먹다)
나의 언니는 중국 (음식) 먹는 것을 좋아한다.

단어 姐姐 jiějie 명 누나, 언니 | 喜欢 xǐhuan 동 좋아하다 | 吃 chī 동 먹다 | 中国 Zhōngguó 고유 중국 | ★菜 cài 명 요리, 음식

39

해설 의문대명사를 쓰는 의문문은 문장 끝에 '吗 ma'를 쓸 수 없다. 따라서 의문대명사인 '怎么样 zěnmeyàng(어떠하다)'을 쓰는 것이 적합하므로, E가 정답이다.

정답 E

해석

Zuótiān de diànyǐng (zěnmeyàng)? 女: 昨天 的 电影 (怎么样)?	여: 어제 영화는 (어땠어)?
Wǒ méi qù kàn diànyǐng, wǒ zài jiā kàn diànshì le. 男: 我 没 去 看 电影，我 在 家 看 电视 了。	남: 나는 영화를 보러 가지 않았어, 난 집에서 텔레비전을 봤어.

단어 昨天 zuótiān 명 어제 | ★电影 diànyǐng 명 영화 | ★怎么样 zěnmeyàng 대 어떠하다 | 去 qù 동 가다 | 看 kàn 동 보다 | 家 jiā 명 집 | 电视 diànshì 명 텔레비전, TV

40

해설 부사 '都 dōu(모두, 다)'는 동사 앞에서 복수의 범위를 한정지어 강조할 때 쓴다. 또한 '아빠, 엄마 모두'라는 표현이 적합하므로, F가 정답이다.

정답 F

해석

Nǐmen jiā shéi huì kāichē? 男: 你们 家 谁 会 开车?	남: 너희 집에서 누가 운전할 수 있어?
Wǒ bàba、māma (dōu) huì. 女: 我 爸爸、妈妈 (都) 会。	여: 아빠, 엄마 (모두) 할 줄 아셔.

단어 你们 nǐmen 대 너희들, 당신들 | 家 jiā 명 집 | 谁 shéi 대 누구 | 会 huì 조동 ~할 수 있다, ~할 줄 안다 | ★开车 kāichē 동 운전하다 | 都 dōu 부 모두, 다

맛있는 중국어 新HSK 2급 모의고사 1회

정답

[듣기]	1. √	2. X	3. X	4. √	5. X	6. √	7. X	8. √	9. X	10. √
	11. C	12. F	13. B	14. A	15. E	16. E	17. B	18. D	19. C	20. A
	21. B	22. B	23. B	24. C	25. C	26. A	27. C	28. A	29. C	30. A
	31. A	32. C	33. A	34. B	35. A					
[독해]	36. C	37. F	38. A	39. B	40. E	41. A	42. F	43. C	44. B	45. D
	46. X	47. √	48. X	49. √	50. √	51. F	52. C	53. B	54. D	55. A
	56. B	57. C	58. A	59. E	60. D					

1

Test 3-1

사진에 요리가 있고, 녹음에서 '菜 cài(요리)'가 맛있다고 했으므로 정답은 √이다.

정답 √

녹음 Jīntiān de cài hěn hǎochī !
今天 的 菜 很 好吃！

오늘의 요리가 매우 맛있구나!

단어 今天 jīntiān 명 오늘 | 的 de 조 ~의 | 菜 cài 명 요리, 음식 | 很 hěn 부 매우 | ★好吃 hǎochī 형 맛있다

2

Test 3-2

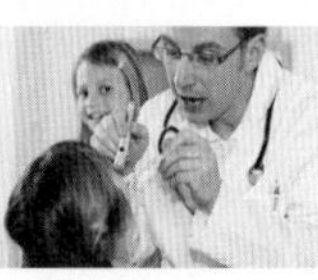

사진에 의사가 있지만, 녹음에서는 '在公司工作 zài gōngsī gōngzuò(회사에서 일한다)' 라고 했으므로 정답은 X이다.

정답 X

녹음 Wǒ gēge zài gōngsī gōngzuò .
我 哥哥 在 公司 工作。

우리 오빠(형)는 회사에서 일한다.

단어 ★哥哥 gēge 명 오빠, 형 | 在 zài 개 ~에서 | ★公司 gōngsī 명 회사 | 工作 gōngzuò 동 일하다

3

Test 3-3

사진에는 여자가 텔레비전(电视 diànshì)을 보고 있지만, 녹음에서는 '电脑 diànnǎo(컴퓨터)'를 샀다고 했으므로 정답은 X이다.

정답 X

녹음 Wǒ mǎile yí ge xīn diànnǎo.
我 买了 一 个 新 电脑。 | 나는 새 컴퓨터를 하나 샀다.

단어 买 mǎi 동 사다 | ★新 xīn 형 새롭다 | 电脑 diànnǎo 명 컴퓨터

어법 1음절 형용사

1음절 형용사는 주로 '的 de' 없이 명사 앞에 쓴다.

예 好人 hǎo rén 좋은 사람 | 红衣服 hóng yīfu 빨간 옷

4

Test 3-4

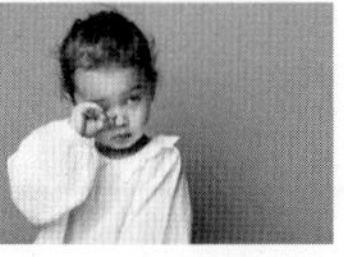

사진에 눈을 비비는 한 소녀가 제시되어 있고, 녹음에서 '眼睛 yǎnjing(눈)'이 왜 그런지 물었으므로, 정답은 √이다.

정답 √

녹음 Nǐ de yǎnjing zěnme le?
你 的 眼睛 怎么 了? | 네 눈이 왜 그래?

단어 眼睛 yǎnjing 명 눈 | 怎么了 zěnme le 왜 그래?, 무슨 일이야?

5

Test 3-5

사진에서 웃으며 악수를 나누고 있지만, 녹음에서는 '对不起 duìbuqǐ(미안하다)'라고 했으므로 정답은 X이다.

정답 X

녹음 Duìbuqǐ, wǒ cuò le.
对不起, 我 错 了。 | 미안해요, 제가 잘못했어요.

단어 对不起 duìbuqǐ 동 미안하다, 죄송하다 | ★错 cuò 형 틀리다, 잘못하다

6

Test 3-6

사진에 계란이 바구니에 담겨 있고, 녹음에서 '鸡蛋 jīdàn(계란)'을 사오라고 했으므로 사진과 녹음은 서로 일치한다.

정답 √

녹음 Māma ràng wǒ huíjiā de shíhou mǎi xiē jīdàn .
妈妈 让 我 回家 的 时候 买 些 鸡蛋 。

엄마가 나더러 집에 돌아올 때 계란을 좀 사오라고 하셨다.

단어 ★让 ràng 동 (~로 하여금) ~하게 하다, 만들다, 시키다 | 回家 huíjiā 동 집에 돌아오다(돌아가다) | …的时候 …de shíhou ~할 때 | 买 mǎi 동 사다 | 些 xiē 양 몇몇, 약간[확실치 않은 수량에 쓰는 단위] | ★鸡蛋 jīdàn 명 계란, 달걀

어법 让 ràng

'让 ràng'은 'A가 B더러 ~하게 하다, 만들다, 시키다'라는 뜻이다. '叫 jiào'로 바꿔 말할 수도 있다.

예 医生让我休息休息。 Yīshēng ràng wǒ xiūxi xiūxi. 의사가 나더러 좀 쉬라고 해요.

7

Test 3-7

사진에는 우유(牛奶 niúnǎi)가 제시되어 있지만, 녹음에서는 '咖啡 kāfēi(커피)'를 달라고 했으므로 정답은 X이다.

정답 X

녹음 Fúwùyuán , qǐng gěi wǒ lái yì bēi kāfēi .
服务员 , 请 给 我 来 一 杯 咖啡 。

종업원, 저에게 커피를 한 잔 주세요.

단어 ★服务员 fúwùyuán 명 종업원 | 请 qǐng 동 청하다, 부탁하다, ~하세요 | ★给 gěi 개 ~에게 | 来 lái 동 어떤 동작을 하다[의미가 구체적인 동사를 대신함] | ★杯 bēi 양 잔, 컵 | ★咖啡 kāfēi 명 커피

8

Test 3-8

사진에서 남자가 농구를 하고 있고, 녹음에서 매일 '打篮球 dǎ lánqiú(농구를 하다)'라고 했으므로, 정답은 √이다.

정답 √

녹음

Wǒ měi tiān dǎ lánqiú . 我 每 天 打 篮球 。	나는 매일 농구를 한다.

단어 每天 měi tiān 명 매일 | ★打篮球 dǎ lánqiú 농구를 하다

어법 打 dǎ

'打 dǎ'는 '치다, 때리다'라는 뜻으로, 전화를 걸거나 구기 종목을 할 때 쓴다.

예 打电话 dǎ diànhuà 전화를 하다 | 打球 dǎ qiú 구기 운동(농구·야구 등)을 하다, 공놀이를 하다

9

Test 3-9

사진에는 쌀밥(米饭 mǐfàn)이 제시되어 있지만, 녹음에서는 '面条 miàntiáo(국수)'를 좋아한다고 했으므로 정답은 X이다.

정답 X

녹음

Wǒ hěn xǐhuan chī miàntiáo . 我 很 喜欢 吃 面条 。	나는 국수 먹는 것을 좋아한다.

단어 喜欢 xǐhuan 동 좋아하다 | 吃 chī 동 먹다 | ★面条 miàntiáo 명 국수, 면

10

Test 3-10

사진에서 버스를 타는 사람들이 제시되어 있고, 녹음에서 '公共汽车 gōnggòng qìchē(버스)'를 타는 사람이 많다고 했으므로 사진과 녹음은 서로 일치한다.

정답 √

녹음

Zǎoshang zuò gōnggòng qìchē de rén hěn duō . 早上 坐 公共 汽车 的 人 很 多 。	아침에 버스를 타는 사람이 많다.

단어 早上 zǎoshang 명 아침 | 坐 zuò 동 (교통수단을) 타다 | ★公共汽车 gōnggòng qìchē 명 버스 | 人 rén 명 사람 | 多 duō 형 많다

11

Test **3-11**

녹음에서 '歌真好听 gē zhēn hǎotīng(노래가 듣기 좋다)'이라고 했으므로, 보기 중에서 이어폰으로 노래를 듣고 있는 사진 C가 가장 적합하다.

정답 C

녹음

Zhè gē zhēn hǎotīng, nǐ huì chàng ma? 女: 这 歌 真 好听，你 会 唱 吗？	여: 이 노래 참 듣기 좋은데, 너 부를 줄 아니?
Wǒ huì diǎnr. 男: 我 会 点儿。	남: 조금 할 줄 알아.

단어 歌 gē 명 노래 | ★真 zhēn 부 정말, 참으로 | 好听 hǎotīng 형 듣기 좋다 | 唱 chàng 동 (노래를) 부르다 | 点儿 diǎnr 양 조금, 약간[적은 수량에 쓰는 단위]

12

Test **3-12**

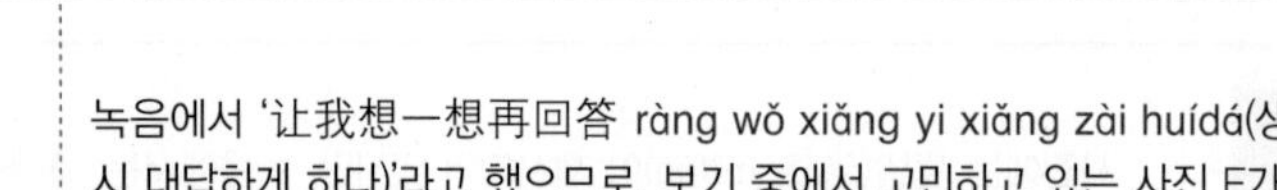

녹음에서 '让我想一想再回答 ràng wǒ xiǎng yi xiǎng zài huídá(생각을 좀 한 후에 다시 대답하게 하다)'라고 했으므로, 보기 중에서 고민하고 있는 사진 F가 가장 적합하다.

정답 F

녹음

Néng ràng wǒ xiǎng yi xiǎng zài huídá ma? 男: 能 让 我 想 一 想 再 回答 吗？	남: 제가 생각을 좀 한 후에 대답해도 될까요?
Kěyǐ. 女: 可以。	여: 그러세요.

단어 能 néng 조동 ~할 수 있다 | ★让 ràng 동 (~로 하여금) ~하게 하다, 만들다, 시키다 | 想 xiǎng 동 생각하다 | ★再 zài 부 또, 다시 | 回答 huídá 동 대답하다 | ★可以 kěyǐ 조동 ~할 수 있다, ~해도 된다

13

Test 3-13

녹음에서 여자가 '你要的票 nǐ yào de piào(당신이 원하던 티켓)'라고 했으므로, 티켓 사진이 있는 B가 정답이다.

정답 B

녹음

Gěi, zhè shì nǐ yào de piào. 女: 给，这是你要的票。	여: 여기 있습니다. 이것은 당신이 원하던 티켓입니다.
Tài hǎo le, xièxie nǐ. Duōshao qián? 男: 太好了，谢谢你。多少钱？	남: 잘 됐네요. 고마워요. 얼마죠?

단어 ★给 gěi 동 주다 | ★要 yào 동 바라다, 원하다 | 的 de 조 ~의, ~한 | ★票 piào 명 표, 티켓 | 太 tài 부 너무, 몹시, 지나치게 | 好 hǎo 형 좋다 | 多少 duōshao 대 얼마, 몇 | 钱 qián 명 돈

14

Test 3-14

'喂 wéi'는 '여보세요'라는 뜻으로 전화를 걸거나 받을 때 쓴다. 녹음에서 공항에 도착했다고 했으므로 보기 중에서 캐리어 가방을 끌고 전화하고 있는 사진 A가 가장 적합하다.

정답 A

녹음

Wéi, wǒ dào jīchǎng le, nǐ zài nǎr ne? 男: 喂，我到机场了，你在哪儿呢？	남: 여보세요, 저 공항에 도착했는데, 어디세요?
Wǒ hái zài lùshang, nǐ děng yíhuìr ba. 女: 我还在路上，你等一会儿吧。	여: 아직 가는 중이니, 잠시 기다리세요.

단어 ★喂 wéi 감탄 (전화상에서) 여보세요 | ★到 dào 동 도착하다, 이르다 | ★机场 jīchǎng 명 공항 | 在 zài 동 ~에 있다 | 哪儿 nǎr 대 어디 | ★还 hái 부 여전히, 아직도 | 路上 lùshang 명 길 가는 중, 도중 | ★等 děng 동 기다리다 | 一会儿 yíhuìr 잠시, 잠깐

어법 一会儿 yíhuìr

'一会儿 yíhuìr'은 '잠시, 잠깐'이라는 뜻으로 짧은 시간의 양을 나타낸다. 동작이 발생하는 시간의 양을 표현할 때에는 시간의 양을 동사 뒤에 쓴다.

예 休息一会儿就好了。Xiūxi yíhuìr jiù hǎo le. 잠시 쉬면 곧 좋아져.

2급 모의고사 1회

15 Test 3-15

녹음에서 '洗菜 xǐ cài(채소를 씻다)'라고 했으므로, 보기 중에서 채소를 씻고 있는 사진 E가 가장 적합하다.

정답 E

녹음

Shuǐguǒ ne? 女: 水果呢?	여: 과일은?
Xǐ wán cài hòu zài xǐ. 男: 洗完菜后再洗。	남: 채소를 씻고 난 후에 씻을 거야.

단어 水果 shuǐguǒ 명 과일 | ★洗 xǐ 동 씻다, 닦다 | ★完 wán 동 완성하다, 마치다 | 菜 cài 명 채소, 야채 | 后 hòu 명 (순서나 위치의) 후, 뒤, 다음 | 再 zài 부 또, 다시

16 Test 3-16

녹음에서 '她在房间休息 tā zài fángjiān xiūxi(그녀는 방에서 쉬고 있어)'라고 했으므로, 보기 중에서 침대에 누워 있는 사진 E가 가장 적합하다.

정답 E

녹음

Nǐ kàn dào Xiǎo Hóng le ma? 男: 你看到小红了吗?	남: 너는 샤오홍(小红)을 봤니?
Tā zài fángjiān xiūxi ne. 女: 她在房间休息呢。	여: 그녀는 방에서 쉬고 있어.

단어 在 zài 개 ~에서 | ★房间 fángjiān 명 방 | ★休息 xiūxi 동 쉬다, 휴식하다

17

Test 3-17

녹음에서 여자가 '看书 kàn shū(책을 보다)'를 좋아하냐고 물었고, 남자가 맞다고 했으므로, 보기 중에서 책을 읽고 있는 B가 가장 적합하다.

정답 B

녹음

Nǐ ài kàn shū ma? 女：你 爱 看 书 吗？	여: 너는 책 읽는 걸 좋아해?
Duì, wǒ cóng xiǎo jiù xǐhuan dúshū. 男：对，我 从 小 就 喜欢 读书。	남: 응, 난 어릴 때부터 책 읽는 걸 좋아했어.

단어 爱 ài 동 사랑하다, 몹시 좋아하다 | 看 kàn 동 보다 | 书 shū 명 책 | ★从 cóng 개 ~에서, ~로부터 | 小 xiǎo 형 작다, 어리다 | ★就 jiù 부 곧, 바로 | 喜欢 xǐhuan 동 좋아하다 | 读书 dúshū 동 책을 읽다

실력 향상을 위한 **점프 표현**

동사가 활용된 유의어

看书 kàn shū 책을 보다 ≒ 读书 dúshū 책을 (소리내어) 읽다
做饭 zuò fàn 밥을 하다 ≒ 做菜 zuò cài 요리를 하다
有时间 yǒu shíjiān 시간이 있다 ≒ 有空 yǒu kòng 시간(짬)이 있다
有问题 yǒu wèntí 문제가 있다 ≒ 出问题 chū wèntí 문제가 생기다
下雨 xiàyǔ ≒ 有雨 yǒu yǔ 비가 내리다
讲课 jiǎngkè 강의를 하다 ≒ 上课 shàngkè 수업을 하다
没事 méi shì 괜찮다 ≒ 没关系 méi guānxi 괜찮다

18

Test 3-18

녹음에서 남자가 종업원(服务员 fúwùyuán)을 부르고, '菜 cài(음식)'를 차려 달라고 했으므로, 보기 중에서 사진 D가 가장 적합하다.

정답 D

녹음

Fúwùyuán, qǐng gěi wǒmen shàng cài ba. 男：服务员，请 给 我们 上 菜 吧。	남: 종업원, 우리에게 음식을 차려 주세요.
Hǎo de. 女：好 的。	여: 알겠습니다.

단어 ★服务员 fúwùyuán 명 종업원 | 请 qǐng 동 청하다, 요청하다, ~하세요 | ★给 gěi 개 ~에게 | ★上菜 shàng cài 음식을 (탁자 위에) 차리다 | 好的 hǎo de 좋다, 알겠다[승낙, 동의를 나타냄]

2급 모의고사 1회

19 Test 3-19

녹음에서 '介绍 jièshào(소개하다)'라고 한 뒤, '你好 nǐ hǎo(안녕하세요)'라고 인사했으므로, 보기 중에서 서로 소개해 주고 인사하는 사진 C가 가장 적합하다.

정답 C

녹음

Wǒ lái jièshào yíxià, zhè wèi shì Wáng xiānsheng. 女：我来介绍一下，这位是王先生。	여: 제가 소개해 드릴게요. 이분은 왕(王) 선생님이세요.
Nǐ hǎo. 男：你好。	남: 안녕하세요.

단어 介绍 jièshào 동 소개하다 | 位 wèi 양 분[존중해야 하거나 존경하는 사람을 세는 단위] | 先生 xiānsheng 명 선생, 씨[성인 남성에 대한 존칭]

어법 一下 yíxià

'一下 yíxià'는 동사 뒤에 쓰여 '시험 삼아 하다, (짧게) ~해보다'라는 뜻으로 동작을 짧게 시도함을 나타낸다.

예 你看一下。 Nǐ kàn yíxià. 보세요.

20 Test 3-20

녹음에서 '이 여자는 누구예요?(这个女人是谁? Zhège nǚrén shì shéi?)'라고 묻자 여동생(我妹妹 wǒ mèimei)이라고 했으므로, 보기 중에서 사진 A가 정답이다.

정답 A

녹음

Wáng xiānsheng pángbiān de zhège nǚrén shì shéi? 男：王先生旁边的这个女人是谁？	남: 왕(王) 선생님 옆에 이 여자는 누구예요?
Shì wǒ mèimei. 女：是我妹妹。	여: 내 여동생이에요.

단어 ★旁边 pángbiān 명 옆, 근처, 부근 | ★谁 shéi 대 누구 | ★妹妹 mèimei 명 여동생

21

Test 3-21

해설 녹음에서 남자가 '西瓜 xīguā(수박)'가 있는지 물었으므로, 정답은 B이다.

정답 B

녹음

Tiānqì tài rè le, jiāli yǒu xīguā ma? 男：天气 太 热 了，家里 有 西瓜 吗？	남: 날씨가 너무 더운데, 집에 수박이 있니?
Méi le, wǒ xiànzài chūqu mǎi ba. 女：没 了，我 现在 出去 买 吧。	여: 없어, 내가 지금 사러 나갈게.
Nǚ de yào mǎi shénme? 问：女 的 要 买 什么？	질문: 여자는 무엇을 사려고 하나?
A 苹果 píngguǒ　B 西瓜 xīguā　C 牛奶 niúnǎi	A 사과　B 수박　C 우유

단어 天气 tiānqì 명 날씨 | 太 tài 부 너무, 굉장히 | 热 rè 형 덥다 | 有 yǒu 동 있다, 가지고 있다 | ★西瓜 xīguā 명 수박 | ★出去 chūqu 동 나가다 | 买 mǎi 동 사다

어법 去 qù

'去 qù'는 '가다'의 뜻으로, 동사 뒤에 쓰여 동작 후에 멀어지는 방향을 나타낸다.

예 上去 shàngqu 올라가다 | 进去 jìnqu 들어가다

22

Test 3-22

해설 녹음에서 남자가 '喝茶 hē chá(차 마시는 것)'를 좋아한다고 했으므로, 정답은 B이다.

정답 B

녹음

Nǐ měi tiān dōu hē kāfēi ma? 女：你 每 天 都 喝 咖啡 吗？	여: 당신은 매일 커피를 마셔요?
Wǒ qīzi xǐhuan hē kāfēi, wǒ xǐhuan hē chá. 男：我 妻子 喜欢 喝 咖啡，我 喜欢 喝 茶。	남: 제 아내는 커피 마시는 걸 좋아하고, 전 차 마시는 걸 좋아해요.
Nán de xǐhuan hē shénme? 问：男 的 喜欢 喝 什么？	질문: 남자는 무엇을 마시는 것을 좋아하나?
A 水 shuǐ　B 茶 chá　C 咖啡 kāfēi	A 물　B 차　C 커피

단어 每天 měi tiān 명 매일 | 都 dōu 부 모두, 다 | 喝 hē 동 마시다 | ★咖啡 kāfēi 명 커피 | ★妻子 qīzi 명 아내 | 喜欢 xǐhuan 동 좋아하다 | 茶 chá 명 차, tea

2급 모의고사 1회

23

Test **3-23**

해설 녹음에서 여자가 '好多了 hǎo duō le(많이 좋아졌다)'라고 했으므로, 정답은 B이다.

정답 B

녹음

Chī yào le ma? Shēntǐ hǎo diǎnr le méiyǒu? 男：吃药了吗？身体好点儿了没有？	남: 약은 먹었어? 몸은 좀 좋아졌어?
Chīguo le, bǐ zuótiān hǎo duō le. 女：吃过了，比昨天好多了。	여: 먹었어. 어제보다 많이 좋아졌어.
Nǚ de shì shénme yìsi? 问：女的是什么意思？	질문: 여자는 무슨 의미인가?
hěn lèi A 很累	A 피곤하다
hǎo duō le B 好多了	B 많이 좋아졌다
tiān qíng le C 天晴了	C 날씨가 맑아졌다

단어 吃 chī 동 먹다 | ★药 yào 명 약 | ★身体 shēntǐ 명 신체, 몸 | 好 hǎo 형 좋다 | 点儿 diǎnr 양 약간, 조금 | ★比 bǐ 개 ~보다 | 昨天 zuótiān 명 어제 | ★累 lèi 형 피곤하다, 힘들다 | ★晴 qíng 형 맑은 날씨

24

Test **3-24**

해설 녹음에서 남자가 여자에게 '儿子 érzi(아들)'가 전화했다고 했으므로, 정답은 C이다.

정답 C

녹음

Xiǎo Liú, zhōngwǔ yǒu rén gěi wǒ dǎ diànhuà ma? 女：小刘，中午有人给我打电话吗？	여: 샤오류(小刘), 점심에 어떤 사람이 내게 전화했나요?
Nín érzi dǎle ge diànhuà, wèn nín wǎnshang zài nǎr chīfàn. 男：您儿子打了个电话，问您晚上在哪儿吃饭。	남: 아드님이 전화했어요, 저녁에 어디에서 식사하시냐고 물었어요.

Diànhuà shì shéi dǎ de? 问：电话 是 谁 打 的？	질문: 전화는 누가 했나?
nǚ'ér　jiějie　érzi A 女儿　B 姐姐　C 儿子	A 딸　B 언니(누나)　C 아들

단어 中午 zhōngwǔ 명 점심 | ★给 gěi 개 ~에게 | 打电话 dǎ diànhuà 전화를 하다 | 儿子 érzi 명 아들 | ★问 wèn 동 묻다, 질문하다 | ★晚上 wǎnshang 명 저녁 | 在 zài 개 ~에서 | 哪儿 nǎr 대 어디 | 吃饭 chīfàn 동 밥을 먹다

25

Test 3-25

해설 녹음에서 남자가 언제 '出院 chūyuàn(퇴원)' 할 수 있는지 물었고 여자가 '下个星期 xià ge xīngqī(다음 주)'라고 했으므로, 여자는 아직 입원 중이라는 것을 알 수 있다. 따라서 정답은 C이다.

정답 C

녹음

Shénme shíhou kěyǐ chūyuàn? 男：什么 时候 可以 出院？	남: 언제 퇴원할 수 있니?
Yīshēng shuō xià ge xīngqī. 女：医生 说 下 个 星期。	여: 의사 선생님이 다음 주라고 말씀하셨어.
Tāmen zuì kěnéng zài nǎr? 问：他们 最 可能 在 哪儿？	질문: 그들은 어디에 있을 가능성이 큰가?
gōngyuán　fàndiàn　yīyuàn A 公园　B 饭店　C 医院	A 공원　B 호텔　C 병원

단어 ★什么时候 shénme shíhou 언제 | ★可以 kěyǐ 조동 ~할 수 있다, ~해도 된다 | ★出院 chūyuàn 동 퇴원하다 | 医生 yīshēng 명 의사 | 说 shuō 동 말하다 | ★下个星期 xià ge xīngqī 다음 주

어법 可以 kěyǐ

'可以 kěyǐ'는 '~할 수 있다, ~해도 된다'라는 뜻으로, 가능과 허락을 나타낸다.

예 A: 现在可以开始了吗? Xiànzài kěyǐ kāishǐ le ma? 지금 시작해도 될까요?
B: 不可以。Bù kěyǐ. 안 돼요.

26

Test 3-26

해설 녹음에서 여자가 '怎么走 zěnme zǒu(어떻게 가나요?)'라고 물었으므로 길을 묻는 상황임을 알 수 있다. 따라서 정답은 A이다.

정답 A

녹음

Qǐngwèn, zuì jìn de shāngdiàn zěnme zǒu? 女：请问，最 近 的 商店 怎么 走？	여: 말씀 좀 여쭤볼게요. 가장 가까운 가게는 어떻게 가나요?
Cóng zhèr xiàng zuǒbian yìzhí zǒu jiù shì. 男：从 这儿 向 左边 一直 走 就 是。	남: 여기에서 왼쪽으로 쭉 가면 바로예요.
Nǚ de zài gàn shénme? 问：女 的 在 干 什么？	질문: 여자는 무엇을 하고 있나?
wèn lù A 问 路	A 길을 묻는다
zuò yùndòng B 做 运动	B 운동을 한다
mǎi dōngxi C 买 东西	C 물건을 산다

단어 请问 qǐngwèn 통 말씀 좀 여쭙겠습니다 | ★最 zuì 부 가장, 제일 | ★近 jìn 형 가깝다 | ★商店 shāngdiàn 명 상점, 가게 | 怎么 zěnme 대 어떻게, 어째서, 왜 | ★走 zǒu 통 가다, 걷다 | ★从 cóng 개 ~에서, ~로부터 | 这儿 zhèr 대 여기 | ★向 xiàng 개 ~을 향하여 | ★左边 zuǒbian 명 왼쪽 | ★一直 yìzhí 부 계속해서, 쭉 | ★就 jiù 부 곧, 바로 | 是 shì 통 ~이다 | 干 gàn 통 하다

27

Test 3-27

해설 녹음에서 남자가 의자 금액이 '一千二 yìqiān èr(1200위안)'이라고 했으므로, 정답은 C이다.

정답 C

녹음

Zhège yǐzi mài yìqiān èr, bú shì yìbǎi èr. 男：这个 椅子 卖 一千 二，不 是 一百 二。	남: 이 의자는 1200위안에 팔지, 120위안이 아니야.
Zhème guì? Nà zài kànkan biéde ba. 女：这么 贵？那 再 看看 别的 吧。	여: 이렇게나 비싸? 그럼 다른 걸 좀 보자.

Nàge yǐzi duōshao qián? 问：那个 椅子 多少 钱？	질문: 그 의자는 얼마인가?
A 12 B 120 C 1200	A 12 B 120 C 1200

단어 椅子 yǐzi 명 의자 | ★卖 mài 동 팔다 | ★千 qiān 수 1000, 천 | ★百 bǎi 수 100, 백 | 这么 zhème 대 이런, 이렇게 | ★贵 guì 형 비싸다 | ★再 zài 부 또, 다시 | 别的 biéde 다른 것

28

Test **3-28**

해설 녹음에서 여자가 '都八点了 dōu bā diǎn le(벌써 8시다)'라고 했으므로, 정답은 A이다.

정답 A

녹음

Xiànzài dōu bā diǎn le, Wáng xiānsheng 女：现在 都 八 点 了，王 先生 jǐ diǎn néng lái? 几 点 能 来？	여: 지금 벌써 8시가 되었는데, 왕(王) 선생님은 몇 시에 오실 수 있니?
Hái yǒu shí fēnzhōng. 男：还 有 十 分钟。	남: 아직 10분 남았어.
Xiànzài jǐ diǎn? 问：现在 几 点？	질문: 지금은 몇 시인가?
diǎn A 8 点	A 8시
diǎn fēn B 7 点 50 分	B 7시 50분
diǎn fēn C 8 点 10 分	C 8시 10분

단어 现在 xiànzài 명 지금, 현재 | 点 diǎn 양 시 | 先生 xiānsheng 명 선생, 씨[성인 남성에 대한 존칭] | 几 jǐ 수 몇 | 能 néng 조동 ~할 수 있다 | 分钟 fēnzhōng 명 분[시간의 양]

29

Test **3-29**

해설 녹음에서 여자가 '我和儿子 wǒ hé érzi(나와 아들)'라고 했으므로, 정답은 C이다.

정답 C

녹음

Nǐ shàng xīngqī qù lǚyóu le? 男：你 上 星期 去 旅游 了？	남: 너는 지난주에 여행 갔었어?

Shì, wǒ hé érzi qù Běijīng wánrle 女：是，我 和 儿子 去 北京 玩儿了 jǐ tiān. 几 天。	여: 응, 아들이랑 베이징에 가서 며칠 놀았어.
Nǚ de hé shéi qù Běijīng le? 问：女 的 和 谁 去 北京 了？	질문: 여자는 누구와 베이징에 갔는가?
qīzi　　dìdi　　érzi A 妻子　B 弟弟　C 儿子	A 아내　B 남동생　C 아들

단어 上 shàng 명 먼저의, 앞의 | 星期 xīngqī 명 요일, 주 | 去 qù 동 가다 | ★旅游 lǚyóu 동 여행을 하다 | 和 hé 개 ~와(과) | ★儿子 érzi 명 아들 | 北京 Běijīng 고유 베이징 | ★玩(儿) wán(r) 동 놀다 | 几 jǐ 수 몇 | 天 tiān 명 날, 일 | 谁 shéi 대 누구 | ★妻子 qīzi 명 아내 | 弟弟 dìdi 명 남동생

30

Test 3-30

해설 녹음에서 여자가 남자에게 언제 '公司 gōngsī(회사)'에 도착하는지 묻자 남자가 '再等我 zài děng wǒ(더 기다려)'라고 했으므로, 남자가 회사에 가고 있다는 것을 알 수 있다. 따라서 정답은 A이다.

정답 A

녹음

Wéi, nǐ shénme shíhou dào gōngsī? 女：喂，你 什么 时候 到 公司？	여: 여보세요, 너는 언제 회사에 도착해?
Duìbuqǐ, zài děng wǒ shí fēnzhōng, 男：对不起，再 等 我 十 分钟， hǎo ma? 好 吗？	남: 미안한데, 10분만 더 기다려 줄 수 있어?
Nán de zuì kěnéng yào qù nǎr? 问：男 的 最 可能 要 去 哪儿？	질문: 남자는 어디에 가려고 하나?
gōngsī　　xuéxiào　　péngyou jiā A 公司　B 学校　C 朋友 家	A 회사　B 학교　C 친구 집

단어 喂 wéi 감탄 (전화상에서) 여보세요 | 什么时候 shénme shíhou 언제 | ★到 dào 동 도착하다, 이르다 | ★公司 gōngsī 명 회사 | 对不起 duìbuqǐ 동 미안해요, 죄송해요 | ★再 zài 부 또, 다시 | ★等 děng 동 기다리다 | 分钟 fēnzhōng 명 분 | ★最 zuì 부 가장, 제일 | ★可能 kěnéng 부 아마(도) (~일지도 모른다/~일 것이다) | ★要 yào 조동 ~하고자 하다

31

해설 녹음에서 남자가 '黑色 hēisè(검은색)'라고 말했으므로, 정답은 A이다.

정답 A

녹음

男：我想给我朋友买一件衣服。 Wǒ xiǎng gěi wǒ péngyou mǎi yí jiàn yīfu.	남: 저는 제 친구에게 옷을 한 벌 사주고 싶어요.
女：请问您要什么颜色的？ Qǐngwèn nín yào shénme yánsè de?	여: 실례지만 무슨 색깔의 것을 원하시나요?
男：黑色。 Hēisè.	남: 검은색이요.
女：好的，给您。 Hǎo de, gěi nín.	여: 알겠습니다, 여기 있어요.
问：男的要买什么颜色的衣服？ Nán de yào mǎi shénme yánsè de yīfu?	질문: 남자는 무슨 색깔의 옷을 사려고 하나?
A 黑色的 hēisè de	A 검은색의 것
B 红色的 hóngsè de	B 빨간색의 것
C 白色的 báisè de	C 흰색의 것

단어 想 xiǎng 조동 ~하고 싶다 | 朋友 péngyou 명 친구 | 买 mǎi 동 사다 | ★件 jiàn 양 벌[옷을 세는 단위] | 衣服 yīfu 명 옷 | 请问 qǐngwèn 동 말씀 좀 여쭙겠습니다 | ★要 yào 동 원하다 | 什么 shénme 대 무슨, 무엇 | ★颜色 yánsè 명 색깔 | ★黑色 hēisè 명 검은색

어법 给 gěi

'给 gěi'는 '~에게'라는 뜻으로 동작의 대상을 나타내기도 하고, '주다'라는 뜻으로 동작을 나타내기도 한다. 특히 '给您 gěi nín'은 상대방에게 물건을 건넬 때 자주 쓰는 표현이다.

32

Test 3-32

해설 녹음에서 여자가 '鸡蛋 jīdàn(계란)'을 어떻게 파는지 묻고 있으므로, 정답은 C이다.

정답 C

녹음

Qǐngwèn, zhè jīdàn zěnme mài? 女：请问，这 鸡蛋 怎么 卖？	여: 실례지만 이 계란은 어떻게 팔아요?
yuán yì jīn. 男：10 元 一 斤。	남: 1근에 10위안이에요.
Tài guì le, néng piányi yìdiǎnr ma? 女：太 贵 了，能 便宜 一点儿 吗？	여: 너무 비싸네요. 좀 싸게 해줄 수 있어요?
Hǎo ba. 男：好 吧。	남: 좋아요.
Nǚ de yào mǎi shénme? 问：女 的 要 买 什么？	질문: 여자는 무엇을 사려고 하나?
chá / dàmǐ / jīdàn A 茶 B 大米 C 鸡蛋	A 차 B 쌀 C 계란

단어 ★鸡蛋 jīdàn 명 계란, 달걀 | 怎么 zěnme 대 어떻게 | ★卖 mài 동 팔다 | ★元 yuán 양 위안[중국의 화폐 단위] | 斤 jīn 양 근[무게의 단위] | ★贵 guì 형 비싸다 | 能 néng 조동 ~할 수 있다 | ★便宜 piányi 형 싸다 | ★一点儿 yìdiǎnr 양 조금 | 好吧 hǎo ba 좋다, 알겠다[승낙·동의를 나타냄]

33

Test 3-33

해설 녹음에서 남자가 '我有问题可以问你吗? Wǒ yǒu wèntí kěyǐ wèn nǐ ma?(나 질문이 있을 때 너에게 물어봐도 돼?)'라고 묻자, 여자가 '可以 kěyǐ(괜찮다)'라고 말했으므로, 정답은 A이다.

정답 A

녹음

Nǐ de Hànyǔ shuō de zhēn hǎo, nǐ xuéle jǐ nián le? 男：你 的 汉语 说 得 真 好，你 学了 几 年 了？	남: 너 중국어 정말 잘 한다. 몇 년 배웠니?
Sān nián le. 女：三 年 了。	여: 3년 됐어.
Nà wǒ yǒu wèntí kěyǐ wèn nǐ ma? 男：那 我 有 问题 可以 问 你 吗？	남: 그럼 나 질문 있을 때 너에게 물어봐도 돼?
Kěyǐ a! 女：可以 啊！	여: 괜찮지!
Nán de kěyǐ wèn nǚ de wèntí ma? 问：男 的 可以 问 女 的 问题 吗？	질문: 남자는 여자에게 질문을 해도 되나?

kěyǐ A 可以	A 된다
bù kěyǐ B 不 可以	B 안 된다
tā méiyǒu huídá C 她 没有 回答	C 그녀는 대답하지 않았다

단어 汉语 Hànyǔ 명 중국어 | 说 shuō 동 말하다 | ★真 zhēn 부 정말, 참으로 | 学 xué 동 배우다, 공부하다 | 几 jǐ 수 몇 | 年 nián 명 년 | ★问题 wèntí 명 문제, 질문

34

Test 3-34

해설 녹음에서 여자가 '你是怎么去的那儿? Nǐ shì zěnme qù de nàr?(거기에 어떻게 갔어?)'이라고 묻자 '坐飞机 zuò fēijī(비행기 타고)'라고 대답했으므로, B가 정답이다.

정답 B

녹음

Tīngshuō nǐ qùnián qù Běijīng le, shì ma? 女：听说 你 去年 去 北京 了，是 吗？	여: 듣자 하니 너 작년에 베이징에 갔다던데, 맞아?
Shì de. 男：是 的。	남: 맞아.
Nǐ shì zěnme qù de nàr? 女：你 是 怎么 去 的 那儿？	여: 거기에 어떻게 갔니?
Zuò fēijī. 男：坐 飞机。	남: 비행기 타고.
Nán de qùnián zěnyàng qù de Běijīng? 问：男 的 去年 怎样 去 的 北京？	질문: 남자는 작년에 어떻게 베이징에 갔나?
zuò huǒchē A 坐 火车	A 기차를 타다
zuò fēijī B 坐 飞机	B 비행기를 타다
zuò chūzūchē C 坐 出租车	C 택시를 타다

단어 听说 tīngshuō 동 듣자 하니, 듣건대 | ★去年 qùnián 명 작년 | 北京 Běijīng 고유 베이징, 북경 | 怎么 zěnme 대 어떻게 | 那儿 nàr 대 거기, 저기 | 坐 zuò 동 (교통수단을) 타다 | 飞机 fēijī 명 비행기

어법 听说 tīngshuō

'听说 tīngshuō'는 '듣자 하니, 듣건대'라는 뜻으로, 이미 다른 사람에게 들은 소식이나 정보를 말할 때 쓴다.

예 听说她长得很漂亮。Tīngshuō tā zhǎng de hěn piàoliang. 듣자 하니 그녀가 예쁘게 생겼다고 한다.

35

Test 3-35

해설 녹음에서 남자가 '有一个小考试 yǒu yí ge xiǎo kǎoshì(쪽지 시험이 있어)'라고 말했으므로, 정답은 A이다.

정답 A

녹음

Tóngxuémen, zǎoshang hǎo. 男：同学们，早上好。	남: 여러분, 안녕하세요.
Lǎoshī, zǎoshang hǎo. 女：老师，早上好。	여: 선생님, 안녕하세요.
Jīntiān wǒmen huì yǒu yí ge xiǎo kǎoshì. 男：今天我们会有一个小考试。	남: 오늘 우리는 쪽지 시험을 볼 거예요.
Hǎo ba. 女：好吧。	여: 네.
Nǚ de kěnéng yào zuò shénme? 问：女的可能要做什么?	질문: 여자는 무엇을 하려고 하나?
kǎoshì A 考试	A 시험을 본다
xué chànggē B 学唱歌	B 노래를 배운다
xiě Hànzì C 写汉字	C 한자를 쓴다

단어 同学 tóngxué 명 반 친구, 급우 | 老师 lǎoshī 명 선생님 | 今天 jīntiān 명 오늘 | 有 yǒu 동 있다, 가지고 있다 | 小 xiǎo 형 작다 | ★考试 kǎoshì 명 시험

어법 会 huì

'会 huì'는 '~할 것이다, ~할 가능성이 있다'의 뜻으로, 미래의 예측이나 가능성을 나타낸다.

예 明天会有雨。Míngtiān huì yǒu yǔ. 내일은 비가 올 거예요.

36

'你找什么书 nǐ zhǎo shénme shū(무슨 책을 찾니)'라고 물어보고 있으므로, 사진 C가 정답이다.

정답 C

해석

Nǐ zhǎo shénme shū, wǒ bāng nǐ zhǎo ba.
你找什么书，我帮你找吧。 너 무슨 책을 찾니, 내가 찾는 거 도와줄게.

단어 ★找 zhǎo 동 찾다 | 什么 shénme 대 무슨, 무엇 | 书 shū 명 책 | 帮 bāng 동 돕다

37

'想再睡一个小时 xiǎng zài shuì yí ge xiǎoshí(1시간 더 자고 싶다)'라고 했으므로, 사진 F가 정답이다.

정답 F

해석

diǎn le, kě wǒ xiǎng zài shuì yí ge xiǎoshí.
7点了，可我想再睡一个小时。 7시가 되었지만 나는 1시간 더 자고 싶다.

단어 点 diǎn 양 시 | 可 kě 접 그러나, 하지만 | 想 xiǎng 조동 ~하고 싶다 | ★再 zài 부 또, 다시 | 睡 shuì 동 (잠을) 자다 | ★小时 xiǎoshí 명 시간

어법 再 zài

'再 zài'는 '또, 다시'라는 뜻으로, 아직 일어나지 않은 일의 반복에 쓴다.

예 明天再说吧。Míngtiān zài shuō ba. 내일 다시 얘기하자.

2급 모의고사 1회

38

당신이 원한 '菜 cài(요리)'라고 했으므로, 보기 중에서 남자에게 서빙하는 웨이터 사진 A가 정답이다.

정답 A

해석

Xiānsheng, zhè shì nín yào de cài. 先生，这是您要的菜。	선생님, 이것은 당신이 원하신 요리입니다.

단어 这 zhè 대 이, 이것 | ★要 yào 동 원하다 | 菜 cài 명 요리, 음식

39

아이가 아빠(爸爸 bàba)에게 '告诉你 gàosu nǐ(알려주겠다)'라고 했으므로, 보기 중에서 아빠에게 귓속말을 하는 사진 B가 정답이다.

정답 B

해석

Bàba, wǒ yǒu shìqing gàosu nǐ. 爸爸，我有事情告诉你。	아빠, 저 말씀드릴 일이 있어요.

단어 有 yǒu 동 있다, 가지고 있다 | ★事情 shìqing 명 일, 용건 | ★告诉 gàosu 동 알리다, 알려주다

40

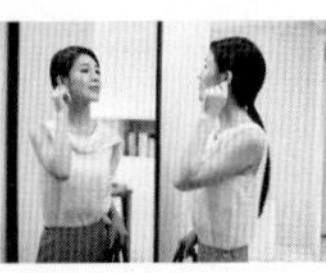

'这件衣服 zhè jiàn yīfu(이 옷)'를 처음 입는다고 했으므로, 보기 중에서 옷을 입고 거울에 비춰보는 사진 E가 정답이다.

정답 E

해석

Zhè jiàn yīfu shì wǒ qùnián mǎi de, jīntiān dì-yī cì chuān. 这件衣服是我去年买的，今天第一次穿。	이 옷은 내가 작년에 산 것인데, 오늘 처음 입는다.

단어 ★件 jiàn 양 벌[옷을 세는 양사] | 衣服 yīfu 명 옷 | ★去年 qùnián 명 작년 | 买 mǎi 동 사다 | ★穿 chuān 동 입다

41-45

A 手表 shǒubiǎo 명 손목시계	B 进 jìn 동 들어가다, 들어오다	C 所以 suǒyǐ 접 그래서
D 妻子 qīzi 명 아내	E 贵 guì 형 비싸다	F 快乐 kuàilè 형 즐겁다

41

해설 빈칸 앞에 양사 '个 ge'가 있으므로, 뒤에 적절한 명사가 필요하다는 것을 알 수 있다. 그리고 이것(这个 zhège)은 색으로 표현할 수 있어야 하므로, A가 정답이다.

정답 A

해석

Zhège (shǒubiǎo) hóng de bǐ hēi de hǎokàn . 这个 (手表) 红 的 比 黑 的 好看 。	이 (손목시계)는 빨간 것이 검은 것보다 예쁘다.

단어 ★红 hóng 형 빨갛다, 붉다 | ★黑 hēi 형 까맣다, 검다 | 好看 hǎokàn 형 보기 좋다, 예쁘다

42

해설 빈칸이 문장 끝에 있고, 무엇을 하는지에 대한 내용이 없으므로 동사나 형용사가 들어갈 자리임을 알 수 있다. 문장을 해석해 보면, '즐겁기를 바라(希望你…快乐 xīwàng nǐ…kuàilè)'라고 말하는 것이 가장 자연스러우므로, 정답은 F이다.

정답 F

해석

Xīwàng nǐ zài xīn de yì nián li tiāntiān (kuàilè). 希望 你 在 新 的 一 年 里 天天 (快乐)。	새해 한 해 동안 매일 (즐겁길) 바란다.

단어 ★希望 xīwàng 동 바라다, 희망하다 | 在 zài 개 ~에서 | ★新 xīn 형 새롭다 | 的 de 조 ~의, ~한 | 年 nián 명 년 | 里 lǐ 명 안, 속 | 天天 tiāntiān 매일, 날마다 | ★快乐 kuàilè 형 즐겁다

43

해설 빈칸의 위치가 뒤 문장 맨 앞임을 확인하고 문장을 해석해 보면, 운동을 좋아한 결과로 건강하다는 의미이므로 C가 정답이다.

정답 C

해석

Wǒ cóng xiǎo jiù xǐhuan yùndòng, (suǒyǐ) 我 从 小 就 喜欢 运动，(所以) shēntǐ hěn hǎo. 身体 很 好。	저는 어릴 때부터 운동을 좋아했어요. (그래서) 건강해요.

단어 ★就 jiù 부 곧, 바로 | 喜欢 xǐhuan 동 좋아하다 | ★运动 yùndòng 동 운동하다 | ★身体 shēntǐ 명 몸 | 很 hěn 부 매우

44

해설 '请 qǐng'은 '~하세요'의 뜻으로, 상대에게 예의를 갖춘 부탁이나 명령을 할 때 쓴다. 따라서 손님을 맞이할 때 '들어오세요(请进 qǐng jìn)'라는 표현이 어울리므로, 정답은 B이다.

정답 B

해석

Nín lái le, qǐng (jìn). 您 来 了，请 (进)。 (请 (进): 들어오세요)	오셨으면, (들어오세요).

단어 来 lái 동 오다 | 请 qǐng 동 ~하세요 | ★进 jìn 동 들어오다, 들어가다

45

해설 빈칸 앞의 '的 de'는 '~의, ~한'의 뜻으로 뒤에 명사를 수식하므로 빈칸에는 명사가 들어갈 자리이다. 문장을 해석해 보면, 누가 중국어를 배우고 있는지를 알 수 없으므로, D가 정답이다.

정답 D

해석

Nǐ de (qīzi) zài xué Hànyǔ ma? 女：你 的 (妻子) 在 学 汉语 吗？	여: 당신의 (아내)는 중국어를 배우고 있나요?
Duì, tā míngnián yào qù Zhōngguó gōngzuò. 男：对，她 明年 要 去 中国 工作。	남: 네, 그녀는 내년에 중국에 일하러 가려고 해요.

단어 学 xué 동 배우다, 공부하다 | 汉语 Hànyǔ 명 중국어 | ★对 duì 형 맞다, 옳다 | 明年 míngnián 명 내년 | 去 qù 동 가다 | 中国 Zhōngguó 고유 중국 | 工作 gōngzuò 동 일하다

46

해설 저녁 내내 놀아서 피곤했지만 즐거웠다고 했으므로, ★표 문장은 본문 내용과 일치하지 않는다.

정답 X

해석

Zuótiān hé péngyoumen zài wàimiàn wánrle
昨天 和 朋友们 在 外面 玩儿了
yí ge wǎnshang, hěn lèi, dànshì hěn gāoxìng.
一 个 晚上，很 累，但是 很 高兴。

어제 친구들과 밖에서 저녁 내내 놀았다. 매우 피곤했지만 즐거웠다.

Zuótiān wánr de bù gāoxìng.
★昨天 玩儿 得 不 高兴。(X)

★어제 노는 것이 즐겁지 않았다. (X)

단어 外面 wàimiàn 명 밖, 바깥(쪽) | ★玩儿 wánr 동 놀다 | 一个晚上 yí ge wǎnshang 저녁 내내 | ★累 lèi 형 피곤하다, 힘들다 | ★但是 dànshì 접 그러나, 하지만 | 高兴 gāoxìng 형 기쁘다, 즐겁다

47

해설 상점이 가깝다고 했으므로 ★표 문장은 본문 내용과 일치한다.

정답 √

해석

Nàge shāngdiàn jiù zài wǒmen jiā de yòubian,
那个 商店 就 在 我们 家 的 右边，
fēicháng jìn.
非常 近。

그 상점은 바로 우리 집의 오른쪽에 있어 굉장히 가깝다.

Nàge shāngdiàn lí wǒmen jiā bù yuǎn.
★那个 商店 离 我们 家 不 远。(√)

★그 상점은 우리 집에서 멀지 않다. (√)

단어 商店 shāngdiàn 명 가게, 상점 | ★就 jiù 부 곧, 바로 | ★右边 yòubian 명 우(측), 오른쪽 | ★非常 fēicháng 부 굉장히, 아주 | ★近 jìn 형 가깝다 | ★离 lí 개 ~에서, ~로부터 | ★远 yuǎn 형 멀다

48

해설 큰딸이 10살인데 작은딸보다 3살 많다고 했으므로, 작은딸의 나이가 7살이라는 것을 알 수 있다. 따라서 ★표 문장은 본문 내용과 일치하지 않는다.

정답 X

해석

Tā yǒu liǎng ge nǚ'ér, dà nǚ'ér jīnnián 他有两个女儿，大女儿今年 suì, bǐ xiǎo nǚ'ér dà suì. 10岁，比小女儿大3岁。	그는 두 명의 딸이 있는데, 큰딸은 올해 10살이고, 작은딸보다 3살 많다.
Xiǎo nǚ'ér jīnnián suì le. ★小女儿今年5岁了。(X)	★작은딸은 올해 5살이 되었다. (X)

단어 ★两 liǎng 수 2, 둘 | 女儿 nǚ'ér 명 딸 | 大女儿 dà nǚ'ér 큰딸 | 今年 jīnnián 명 올해 | 岁 suì 양 살, 세 | 小女儿 xiǎo nǚ'ér 작은딸 | 大 dà 형 (나이가) 많다

어법 比 bǐ

'比 bǐ'는 '~보다'의 뜻으로 두 개 혹은 여러 개의 대상을 비교할 때 쓴다. 두 대상 간의 차이를 정확하게 표현할 때에는 'A比B+형용사+차이나는 수치'의 형식으로 쓰여 'A는 B보다 ~만큼 ~하다'라는 의미를 나타낸다.

예 这件衣服比那件贵10块钱。Zhè jiàn yīfu bǐ nà jiàn guì shí kuài qián. 이 옷은 저 옷보다 10위안 비싸다.

49

해설 본문에서 지금 9시가 됐고, 30분 후면 영화가 시작한다고 했기 때문에 ★표 문장은 본문 내용과 일치한다.

정답 √

해석

Kuài qǐlai, xiànzài dōu diǎn le, bàn ge 快起来，现在都9点了，半个 xiǎoshí hòu diànyǐng jiù kāishǐ le. 小时后电影就开始了。	어서 일어나거라. 지금 벌써 9시야. 30분 후면 영화가 곧 시작해.
Diànyǐng diǎn bàn kāishǐ. ★电影9点半开始。(√)	★영화는 9시 반에 시작한다. (√)

단어 ★快 kuài 부 어서, 얼른 | 起来 qǐlai 동 일어나다 | 点 diǎn 양 시 | 半个小时 bàn ge xiǎoshí 30분 | 后 hòu 명 (순서나 위치의) 후, 뒤, 다음 | 电影 diànyǐng 명 영화 | ★就 jiù 부 곧, 바로 | ★开始 kāishǐ 동 시작하다

50

해설 '祝你生日快乐 zhù nǐ shēngrì kuàilè(생일 축하해)'라고 했으므로, ★표 문장은 본문 내용과 일치한다.

정답 √

해석

Zhù nǐ shēngrì kuàilè, sòng nǐ yí liàng xīn 祝 你 生日 快乐，送 你 一 辆 新 zìxíngchē, xīwàng nǐ néng xǐhuan. 自行车，希望 你 能 喜欢。	생일 축하해, 너에게 새 자전거 한 대를 선물해 줄게, 네가 좋아하길 바라.
Jīntiān shì tā shēngrì. ★今天 是 他 生日。(√)	★오늘은 그의 생일이다. (√)

단어 (祝你)生日快乐 (zhù nǐ) shēngrì kuàilè 생일 축하해요 | ★送 sòng 동 선물하다, 보내다 | 辆 liàng 양 대[교통 수단을 세는 단위] | ★新 xīn 형 새롭다 | 自行车 zìxíngchē 명 자전거 | ★希望 xīwàng 동 바라다, 희망하다 | 喜欢 xǐhuan 동 좋아하다

51-55

A Bù le, zǒule yì tiān yǒudiǎnr lèi, wǒ xiǎng huíqu shuìjiào.
不 了，走了 一 天 有点儿 累，我 想 回去 睡觉。
아니야, 하루 종일 걸었더니 좀 피곤해서 돌아가서 자고 싶어.

B Nǐ érzi shénme shíhou dào?
你 儿子 什么 时候 到？ 네 아들은 언제 도착하니?

C Bú shì, wǒ lái zhǎo péngyou.
不 是， 我 来 找 朋友。 아니요, 저는 친구를 찾으러 왔어요.

D Nǐ xiào shénme? Nàme gāoxìng.
你 笑 什么？ 那么 高兴。 뭐가 웃겨? 그렇게 즐겁니.

E Tā zài nǎr ne? Nǐ kànjiàn tā le ma?
他 在 哪儿 呢？你 看见 他 了 吗？ 그는 어디 있어? 너는 그를 봤니?

F Nǐ de shēntǐ zěnmeyàng le?
你 的 身体 怎么样 了？ 너의 몸은 어떠니?

51

해설 '많이 좋아졌다(好多了 hǎo duō le)'고 말하며 고맙다고 했으므로 몸이 어떤지(身体怎么样了? Shēntǐ zěnmeyàng le?) 물어보는 보기 F와 가장 잘 어울린다.

정답 F

해석

A: Nǐ de shēntǐ zěnmeyàng le? 你的身体怎么样了?	A: 너의 몸은 어떠니?
B: Yǐjīng hǎo duō le, xièxie nǐ lái kàn wǒ. 已经好多了，谢谢你来看我。	B: 이미 많이 좋아졌어. 보러 와줘서 고마워.

단어 ★身体 shēntǐ 명 몸 | 怎么样 zěnmeyàng 대 어떠하다 | ★已经 yǐjīng 부 이미, 벌써 | 来 lái 동 오다 | 看 kàn 동 보다

어법 형용사+多了 duō le

'형용사+多了 duō le'는 '많이 ~해지다'라는 뜻으로, 큰 차이나 변화를 나타낸다.

예 最近苹果贵多了。Zuìjìn píngguǒ guì duō le. 요즘 사과가 많이 비싸졌어요.

52

해설 이 회사에서 일하는지 묻고 있으므로, 보기 중에서 아니라고 한 뒤 친구를 만나러 왔다고 말한 C와 가장 잘 어울린다.

정답 C

해석

A: Nǐ zài zhè jiā gōngsī gōngzuò ma? 你在这家公司工作吗?	A: 당신은 이 회사에서 일하세요?
B: Bú shì, wǒ lái zhǎo péngyou. 不是，我来找朋友。	B: 아니요, 저는 친구를 찾으러 왔어요.

단어 在 zài 개 ~에서 | 家 jiā 양 회사, 가게 등 영리 목적인 곳을 세는 단위 | ★公司 gōngsī 명 회사 | 工作 gōngzuò 동 일하다 | ★找 zhǎo 동 찾다 | 朋友 péngyou 명 친구

53

해설 '晚上8点 wǎnshang bā diǎn(저녁 8시)'이라고 했으므로, 언제 도착하는지 묻는 보기 B와 가장 잘 어울린다.

정답 B

해석

Nǐ érzi shénme shíhou dào? A: 你 儿子 什么 时候 到？	A: 네 아들은 언제 도착하니?
Wǎnshang diǎn. Fēijī kěnéng huì wǎn diǎn. B: 晚上 8 点。飞机 可能 会 晚 点。	B: 저녁 8시. 비행기가 아마 연착될 거야.

단어 儿子 érzi 명 아들 | 什么时候 shénme shíhou 언제 | ★到 dào 동 도착하다, 이르다 | ★晚上 wǎnshang 명 저녁 | 飞机 fēijī 명 비행기 | ★可能 kěnéng 부 아마(도) (~일지도 모른다/~일 것이다) | 晚点 wǎndiǎn 동 늦다, 연착되다

어법 可能 kěnéng

'可能 kěnéng'은 '아마(도) (~일지도 모른다/~일 것이다)'라는 뜻으로, 가능성을 예측할 때 쓴다.

예 他可能不来。Tā kěnéng bù lái. 그는 아마 안 올 것이다.

54

해설 신문이 너무 재미있다고 말했으므로, '你笑什么? Nǐ xiào shénme?(뭐가 웃겨?)'라고 웃는 이유를 묻는 보기 D가 가장 잘 어울린다.

정답 D

해석

Nǐ xiào shénme? Nàme gāoxìng. A: 你 笑 什么？ 那么 高兴。	A: 뭐가 웃겨? 그렇게 즐겁니.
Jīntiān de bàozhǐ tài yǒu yìsi le. B: 今天 的 报纸 太 有 意思 了。	B: 오늘 신문이 정말 재미있어.

단어 ★笑 xiào 동 웃다 | 什么 shénme 대 무엇, 무슨 | 那么 nàme 대 그렇게 | 高兴 gāoxìng 형 기쁘다, 즐겁다 | ★报纸 bàozhǐ 명 신문 | 有意思 yǒu yìsi 재미있다

2급 모의고사 1회

55

해설 방에서 차를 마시겠냐는 질문에 '不了 bù le(아니야)'라고 거절하는 것이 가장 잘 어울린다. 따라서 정답은 A이다.

정답 A

해석

Qù wǒ fángjiān zuòzuo, hē bēi chá? A: 去我房间坐坐，喝杯茶？	A: 내 방에 가서 좀 앉아서 차 마실까?
Bù le, zǒule yì tiān yǒudiǎnr lèi, B: 不了，走了一天有点儿累， wǒ xiǎng huíqu shuìjiào. 我想回去睡觉。	B: 아니야, 하루 종일 걸었더니 좀 피곤해서 돌아가서 자고 싶어.

단어 去 qù 동 가다 | ★房间 fángjiān 명 방 | 坐 zuò 동 앉다 | 喝 hē 동 마시다 | 杯 bēi 양 잔, 컵 | 茶 chá 명 차, tea | ★走 zǒu 동 걷다, 가다, 떠나다 | 天 tiān 명 날, 일 | 有点儿 yǒudiǎnr 부 조금, 약간[흔히 여의치 않은 일에 쓰임] | ★累 lèi 형 피곤하다, 힘들다 | 想 xiǎng 조동 ~하고 싶다 | 回去 huíqu 동 돌아가다 | 睡觉 shuìjiào 동 잠을 자다

56-60

Fēicháng gǎnxiè nǐ néng bāngzhù wǒ xuéxí Hànyǔ.
A 非常感谢你能帮助我学习汉语。
네가 나 중국어 공부하는 걸 도와줄 수 있다니 정말 고마워.

Wǒ chūmén de shíhou, tā hái méi qǐchuáng.
B 我出门的时候，他还没起床。 내가 나올 때, 그는 아직 일어나지 않았어.

Huǒchēzhàn lí zhèr yuǎn ma?
C 火车站离这儿远吗？ 기차역이 여기에서 멀어?

Zhège yuè zhēnde fēicháng máng.
D 这个月真的非常忙。 이번 달은 정말 바쁘구나.

Xiǎogǒu zěnme le? Wèishénme bù chī dōngxi?
E 小狗怎么了？为什么不吃东西？ 강아지가 왜 그러지? 왜 안 먹지?

56

해설 남동생은 왜 같이 안 왔는지 묻고 있으므로, 보기 중에서 그가 아직 일어나지 않았다고 말한 B와 가장 잘 어울린다.

정답 B

해석

A: Nǐ dìdi zěnme méi gēn nǐ yìqǐ lái ne ? 你 弟弟 怎么 没 跟 你 一起 来 呢？	A: 네 남동생은 왜 너하고 같이 안 왔니?
B: Wǒ chūmén de shíhou, tā hái méi qǐchuáng . 我 出门 的 时候，他 还 没 起床。	B: 내가 나올 때, 그는 아직 일어나지 않았어.

단어 ★弟弟 dìdi 명 남동생 | 怎么 zěnme 대 어떻게, 왜 | ★跟 gēn 개 ~와(과), ~(이)랑 | ★一起 yìqǐ 부 같이, 함께 | 出门 chūmén 동 문을 나가다, 외출하다 | …的时候 …de shíhou ~할 때 | 还没 hái méi 아직 ~하지 않았다 | ★起床 qǐchuáng 동 기상하다, 일어나다

57

해설 '가깝다(近 jìn)'고 말했으므로, 보기 중에서 거리가 머냐고 질문한 C와 가장 잘 어울린다.

정답 C

해석

A: Huǒchēzhàn lí zhèr yuǎn ma ? 火车站 离 这儿 远 吗？	A: 기차역이 여기에서 멀어?
B: Hěn jìn, cóng zhèr zuò chūzūchē, wǔ fēnzhōng jiù dào le . 很 近，从 这儿 坐 出租车，五 分钟 就 到 了。	B: 가까워. 여기에서 택시를 타고 5분이면 바로 도착해.

단어 ★火车站 huǒchēzhàn 명 기차역 | ★离 lí 개 ~에서, ~로부터 | 这儿 zhèr 대 여기 | 很 hěn 부 매우 | ★远 yuǎn 형 멀다 | ★近 jìn 형 가깝다 | 坐出租车 zuò chūzūchē 택시를 타다 | 分钟 fēnzhōng 명 분[시간의 양]

어법 就 jiù

'就 jiù'는 '곧, 바로'라는 뜻으로, '了 le'와 같이 쓸 수 있다.

예 我哥哥明年就回来了。 Wǒ gēge míngnián jiù huílai le. 우리 오빠는 내년이면 곧 돌아올 거예요.

58

해설 '괜찮다(不客气 bú kèqi)'고 했으므로, 보기 중에서 '고맙다(感谢 gǎnxiè)'고 말한 A와 가장 잘 어울린다.

정답 A

해석

A: Fēicháng gǎnxiè nǐ néng bāngzhù wǒ xuéxí Hànyǔ. 非常感谢你能帮助我学习汉语。	A: 네가 나 중국어 공부하는 걸 도와줄 수 있다니 정말 고마워.
B: Bú kèqi, zhèyàng zuò wǒ yě hěn gāoxìng. 不客气，这样做我也很高兴。	B: 천만에. 이렇게 하니 나도 기뻐.

단어 ★非常 fēicháng 부 굉장히, 아주 | 感谢 gǎnxiè 동 감사하다 | 能 néng 조동 ~할 수 있다 | ★帮助 bāngzhù 동 돕다 | 学习 xuéxí 동 공부하다 | 汉语 Hànyǔ 명 중국어 | 这样 zhèyàng 대 이렇게 | 做 zuò 동 하다 | ★也 yě 부 ~도, 역시

59

해설 '它 tā'는 사물이나 동물을 가리키는 대명사이므로, '강아지(小狗 xiǎogǒu)'의 상태에 대해 묻는 보기 E와 가장 잘 어울린다.

정답 E

해석

A: Xiǎogǒu zěnme le? Wèishénme bù chī dōngxi? 小狗怎么了？为什么不吃东西？	A: 강아지가 왜 그러지? 왜 안 먹지?
B: Tā bú rènshi nǐ. 它不认识你。	B: 강아지가 널 몰라서 그래.

단어 小狗 xiǎogǒu 명 강아지 | 吃 chī 동 먹다 | 东西 dōngxi 명 (구체적, 추상적인) 것, 물건, 사물 | ★它 tā 대 그(것), 저(것)[사람 외의 것을 가리킴] | 认识 rènshi 동 (길·사람·글자를) 알다

어법 认识 rènshi

일반적으로 '(정보·사실을) 알다'라고 할 때에는 '知道 zhīdào'를 쓰고, '(길·사람·글자를) 알다'라고 할 때에는 '认识 rènshi'를 쓴다.

60

해설 매일 10시간 일하고 일요일도 쉬지 않는다고 했으므로, 보기 중에서 굉장히 바쁘다고 말한 D와 가장 잘 어울린다.

정답 D

해석

A: Tā xiànzài měi tiān gōngzuò 10 ge xiǎoshí, xīngqītiān yě bù xiūxi. 他现在每天工作10个小时，星期天也不休息。	A: 그는 현재 매일 10시간 일을 해. 일요일도 안 쉬고 말이야.
B: Zhège yuè zhēnde fēicháng máng. 这个月真的非常忙。	B: 이번 달은 정말 바쁘구나.

단어 每天 měi tiān 명 매일 | 工作 gōngzuò 동 일하다 | ★小时 xiǎoshí 명 시간 | 星期天 xīngqītiān 일요일 | ★休息 xiūxi 동 쉬다, 휴식하다 | 这个月 zhège yuè 이번 달 | 真的 zhēnde 부 진짜, 정말 | ★非常 fēicháng 부 굉장히, 아주 | ★忙 máng 형 바쁘다

어법 동사+시간의 양

동작이 발생한 시간의 양을 '~동안 ~하다(했다)'라고 표현할 때에는 동사 뒤에 시간의 양을 쓴다.

동사(了) + 시간의 양

예 我上了两个小时的课。Wǒ shàngle liǎng ge xiǎoshí de kè. 나는 두 시간 동안 수업을 했어요.

정답

[듣기]	1. √	2. X	3. X	4. √	5. √	6. X	7. √	8. √	9. √	10. X
	11. E	12. B	13. F	14. C	15. A	16. E	17. D	18. B	19. A	20. C
	21. C	22. B	23. B	24. B	25. A	26. C	27. A	28. C	29. B	30. B
	31. C	32. B	33. C	34. A	35. C					
[독해]	36. F	37. E	38. B	39. C	40. A	41. C	42. F	43. A	44. D	45. B
	46. √	47. √	48. √	49. X	50. X	51. B	52. A	53. D	54. F	55. C
	56. A	57. C	58. E	59. B	60. D					

1 Test **4-1**

사진에서 운전자와 조수석에 탄 사람을 보여 주고, 녹음에서 '开车 kāichē(운전하다)'라고 했으므로 사진과 녹음은 서로 일치한다.

정답 √

녹음 Nǐ kāichē, wǒ zuò yòubian.
你 开车，我 坐 右边。
네가 운전해, 내가 오른쪽에 앉을게.

단어 开车 kāichē 동 차를 운전하다 | 坐 zuò 동 앉다 | ★右边 yòubian 명 오른쪽

2

Test **4-2**

사진에서는 달리기를 하고 있지만, 녹음에서는 '学跳舞 xué tiàowǔ(춤추기를 배운다)'라고 했으므로, 사진과 녹음은 서로 일치하지 않는다.

정답 X

녹음 Xué tiàowǔ yào mànmān lái.
学 跳舞 要 慢慢 来。

춤을 배우는 것은 천천히 해야 한다.

단어 学 xué 동 배우다, 학습하다 | ★跳舞 tiàowǔ 동 춤을 추다 | ★要 yào 조동 ~해야 한다 | ★慢 màn 형 느리다

3

Test **4-3**

사진에는 차(茶 chá)가 제시되어 있지만, 녹음에서는 '吃羊肉 chī yángròu(양고기를 먹다)'라고 했으므로, 사진과 녹음은 서로 일치하지 않는다.

정답 X

녹음 Zhōngwǔ wǒmen chī yángròu ba.
中午 我们 吃 羊肉 吧。

점심에 우리 양고기 먹자.

단어 中午 zhōngwǔ 명 점심, 정오 | 我们 wǒmen 대 우리(들) | 吃 chī 동 먹다 | ★羊肉 yángròu 명 양고기

4

Test **4-4**

사진에서 노래하는 사람이 제시되어 있고, 녹음에서도 '歌唱得不错 gē chàng de búcuò(노래를 잘한다)'라고 했으므로 사진과 녹음은 서로 일치한다.

정답 √

녹음 Nǐ de gē chàng de zhēn búcuò.
你 的 歌 唱 得 真 不错。

너는 노래를 정말 잘한다!

단어 歌 gē 명 노래 | 唱 chàng 동 (노래를) 부르다 | ★真 zhēn 부 정말, 진짜 | 不错 búcuò 형 좋다

5

Test **4-5**

사진에 임산부가 제시되어 있고, 녹음에서도 '快要做妈妈了 kuàiyào zuò māma le(곧 엄마가 된다)'라고 했으므로 사진과 녹음은 서로 일치한다.

정답 √

녹음 Tā kuàiyào zuò māma le.
她 快要 做 妈妈 了。

그녀는 곧 엄마가 된다.

단어 快要…了 kuàiyào…le 곧 ~할 것이다[임박을 나타냄] | 做 zuò 동 하다, 되다 | 妈妈 māma 명 엄마

6

Test **4-6**

사진에는 우유(牛奶 niúnǎi)와 빵(面包 miànbāo)이 제시되어 있지만, 녹음에서는 '鸡蛋 jīdàn(계란)'을 어떻게 파냐고 물었으므로, 사진과 녹음은 서로 일치하지 않는다.

정답 X

녹음 Zhèxiē jīdàn zěnme mài?
这些 鸡蛋 怎么 卖？

이 계란들은 어떻게 파나요?

단어 这 zhè 대 이, 이것 | 些 xiē 양 몇몇 | ★鸡蛋 jīdàn 명 계란, 달걀 | 怎么 zěnme 대 어떻게, 어째서 | ★卖 mài 동 팔다

7

Test **4-7**

사진에서 여자가 사진을 찍고 있고, 녹음에서 '再来一张 zài lái yì zhāng(한 장 더 찍자)'이라고 했으므로 사진과 녹음은 서로 일치한다.

정답 √

녹음 Nǐ méi xiào, zài lái yì zhāng.
你 没 笑，再 来 一 张。

너 안 웃었어, 다시 한 장 찍자.

단어 没 méi 부 ~하지 않았다 | ★笑 xiào 동 웃다 | 张 zhāng 양 장[종이를 세는 단위]

8

Test **4-8**

사진에 신문이 있고, 녹음에서도 '报纸 bàozhǐ(신문)'라고 했으므로 사진과 녹음은 서로 일치한다.

정답 √

녹음 Gěi nín, zhè shì jīntiān de bàozhǐ.
给您，这是今天的报纸。

여기요, 이건 오늘 신문이에요.

단어 ★给 gěi 동 주다 | ★您 nín 대 당신['你'의 존칭] | 这 zhè 대 이, 이것 | 是 shì 동 ~이다 | 今天 jīntiān 명 오늘 | ★报纸 bàozhǐ 명 신문

9

Test **4-9**

사진에는 두 사람이 악수하고 있고, 녹음에서는 '你好 nǐ hǎo(안녕하세요)'라고 인사하고 자기 이름을 소개했으므로, 두 사람이 처음 만나는 상황이라는 것을 알 수 있다. 따라서 사진과 녹음은 서로 일치한다.

정답 √

녹음 Nǐ hǎo, wǒ xìng Zhào, nǐ kěyǐ jiào wǒ Xiǎo Zhào.
你好，我姓赵，你可以叫我小赵。

안녕하세요, 제 성은 자오(赵)입니다. 절 샤오자오(小赵)라고 불러도 좋습니다.

단어 ★姓 xìng 동 성이 ~이다 | ★可以 kěyǐ 조동 ~할 수 있다, ~해도 된다 | 叫 jiào 동 (~라고) 부르다

10

Test **4-10**

사진에는 텔레비전(电视 diànshì)이 있지만, 녹음에서는 '电脑 diànnǎo(컴퓨터)'를 샀다고 했으므로, 사진과 녹음은 서로 일치하지 않는다.

정답 X

녹음 Zhè shì nǐ xīn mǎi de diànnǎo ma?
这是你新买的电脑吗？

이건 네가 새로 산 컴퓨터니?

단어 ★新 xīn 형 새롭다 | 买 mǎi 동 사다 | 电脑 diànnǎo 명 컴퓨터 | 吗 ma 조 ~이니?

11

Test **4-11**

녹음에서 여자가 '打开看看 dǎ kāi kànkan(열어서 봐봐)'이라고 하자 남자가 선물해 주는 것이냐고 물었으므로, 사진 E가 가장 적합하다.

정답 E

녹음

Dǎ kāi kànkan lǐmiàn yǒu shénme? 女：打开看看里面有什么？	여: 안에 뭐가 있는지 열어서 봐봐.
Sòng gěi wǒ de? Xièxie. 男：送给我的？谢谢。	남: 나한테 선물해 주는 거야? 고마워.

단어 ★打开 dǎ kāi 열다 | 看 kàn 동 보다 | ★里面 lǐmiàn 명 안(쪽) | 什么 shénme 대 무엇, 무슨 | ★送 sòng 동 선물하다, 주다 | ★给 gěi 개 ~에게 | 谢谢 xièxie 동 고마워요, 감사해요

12

Test **4-12**

녹음에서 여자가 '正在洗衣服呢 zhèngzài xǐ yīfu ne(옷을 빨고 있어)'라고 했으므로, 사진 B가 가장 적합하다.

정답 B

녹음

Wéi, nǐ xiànzài máng ma? 男：喂，你现在忙吗？	남: 여보세요, 너 지금 바빠?
Wǒ zhèngzài xǐ yīfu ne, yǒu shì ma? 女：我正在洗衣服呢，有事吗？	여: 나 빨래하고 있는데 무슨 일 있어?

단어 喂 wéi 감탄 (전화상에서) 여보세요 | 现在 xiànzài 명 지금, 현재 | ★忙 máng 형 바쁘다 | ★正在 zhèngzài 부 마침 (~하는 중이다) | ★洗 xǐ 동 (옷을) 빨다 | 衣服 yīfu 명 옷 | 有 yǒu 동 있다, 가지고 있다 | 事 shì 명 일

13

Test **4-13**

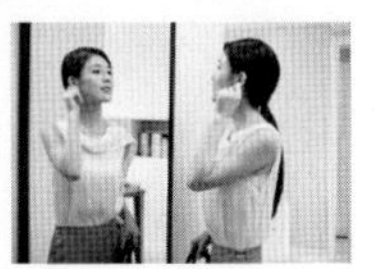

녹음에서 '我穿的这件 wǒ chuān de zhè jiàn(내가 입은 이것)'이 어떤지 물었으므로, 사진 F가 가장 적합하다.

정답 F

녹음

Wǒ chuān de zhè jiàn zěnmeyàng? 女：我穿的这件怎么样？	여: 내가 입은 이거 어때?
Wǒ juéde nà jiàn hóng de bǐ zhè jiàn hǎo. 男：我觉得那件红的比这件好。	남: 내 생각엔 저 빨간 것이 이것보다 나은 것 같아.

단어 穿 chuān 동 (옷을) 입다 | 这 zhè 대 이, 이것 | 怎么样 zěnmeyàng 대 어떠하다 | ★觉得 juéde 동 (~라고) 생각하다, 여기다 | 那 nà 대 그(것/사람), 저(것/사람) | ★红 hóng 형 붉다, 빨갛다 | 好 hǎo 형 좋다

14

Test **4-14**

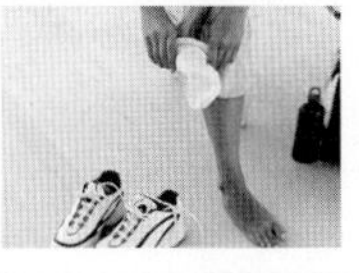

녹음에서 남자가 여자에게 '穿好了? Chuān hǎo le?(다 신었어/입었어?)'라고 했으므로 여자가 옷을 입거나 신발, 양말, 장갑을 끼고 있다는 것을 알 수 있다. 따라서 보기 중 양말을 신고 있는 사진 C가 정답이다.

정답 C

녹음

Chuān hǎo le? Kuài diǎnr! 男：穿好了？快点儿！	남: 다 신었어? 좀 빨리 해!
Nǐ zài děng yi děng. 女：你再等一等。	여: 조금만 더 기다려줘.

단어 ★快 kuài 형 (속도가) 빠르다 | ★再 zài 부 또, 다시 | ★等 děng 동 기다리다

15

Test **4-15**

녹음에서 '小狗 xiǎogǒu(강아지)'의 상태에 대해 말하고 있으므로, 사진 A가 정답이다.

정답 A

녹음

Xiǎogǒu jīntiān zěnme bù chī dōngxi ? 女: 小狗 今天 怎么 不 吃 东西？	여: 강아지가 오늘 왜 아무 것도 안 먹지?
Tā kěnéng shēngbìng le . 男: 它 可能 生病 了。	남: (강아지가) 아마 병이 난 것 같아.

단어 小狗 xiǎogǒu 명 강아지 | 今天 jīntiān 명 오늘 | 怎么 zěnme 대 어째서, 왜 | 不 bù 부 ~하지 않다 | 吃 chī 동 먹다 | 东西 dōngxi 명 물건, 것 | ★它 tā 대 그것[사물이나 동물을 가리킴] | ★可能 kěnéng 부 아마도 | ★生病 shēngbìng 동 병이 생기다

16

Test **4-16**

녹음에서 '一个儿子和一个女儿 yí ge érzi hé yí ge nǚ'ér(아들 하나와 딸 하나)'가 있다고 했으므로, 가족 사진 E가 정답이다.

정답 E

녹음

Nǐ yǒu liǎng ge háizi ? 男: 你 有 两 个 孩子？	남: 당신은 아이가 둘 있나요?
Duì , yí ge érzi hé yí ge nǚ'ér . 女: 对， 一 个 儿子 和 一 个 女儿。	여: 네, 아들 하나와 딸 한 명이 있습니다.

단어 ★孩子 háizi 명 자녀, (어린)아이 | ★对 duì 형 맞다 | 个 gè 양 명[사람을 세는 단위] | 儿子 érzi 명 아들 | 和 hé 접 ~와(과) | 女儿 nǚ'ér 명 딸

17 Test **4-17**

녹음에서 '电影票 diànyǐng piào(영화 티켓)'를 전해 달라고 했으므로, 사진 D가 정답이다.

정답 D

녹음

Zhè shì Wáng xiānsheng de diànyǐng piào, 女: 这 是 王 先生 的 电影 票， nǐ néng bāng wǒ gěi tā ma? 你 能 帮 我 给 他 吗？	여: 이건 왕(王) 선생님의 영화 티켓이에요. 그분께 전해 주시겠어요?
Méi wèntí. 男: 没 问题。	남: 문제없어요.

단어 电影 diànyǐng 명 영화 | ★票 piào 명 표, 티켓 | 帮 bāng 동 돕다, 거들다 | ★给 gěi 동 주다

18 Test **4-18**

녹음에서 '没听懂 méi tīng dǒng(알아듣지 못했어)'라고 했으므로, 사진 B가 정답이다.

정답 B

녹음

Zhège tí nǐ bú huì zuò ma? 男: 这个 题 你 不 会 做 吗？	남: 이 문제를 너는 풀 줄 모르니?
Shì, wǒ bù zhīdào zěnme zuò, wǒ 女: 是，我 不 知道 怎么 做，我 méi tīng dǒng. 没 听 懂。	여: 네, 어떻게 푸는지 몰라요. 저는 못 알아들었어요.

단어 ★题 tí 명 문제 | 做 zuò 동 하다 | ★知道 zhīdào 동 알다 | 怎么 zěnme 대 어떻게 | 听 tīng 동 듣다 | 懂 dǒng 동 이해하다

19

Test 4-19

녹음에서 '谢谢…帮助 xièxie…bāngzhù(~을 도와줘서 고마워)'라고 했으므로, 보기 중에서 차를 고쳐주는 남자가 있는 사진 A가 정답이다.

정답 A

녹음

Xièxie nǐ jīntiān lái bāngzhù wǒ. 女：谢谢 你 今天 来 帮助 我。	여: 오늘 나를 도와주러 와줘서 고마워요.
Bú kèqi, jīntiān wǒ xiūxi. 男：不 客气，今天 我 休息。	남: 천만에요, 오늘 저는 쉬는 걸요.

단어 今天 jīntiān 명 오늘 | ★帮助 bāngzhù 동 돕다 | 不客气 bú kèqi 천만에요 | ★休息 xiūxi 동 쉬다, 휴식하다

20

Test 4-20

녹음에서 남자가 여자에게 '东西 dōngxi(물건)'가 적다고 하자, 여자가 밖에 더 있다고 했으므로, 상자를 들고 들어오는 여자가 이사 중이거나 짐을 옮기고 있다는 것을 알 수 있다. 따라서 사진 C가 가장 적합하다.

정답 C

녹음

Nǐ de dōngxi jiù zhème diǎnr? 男：你 的 东西 就 这么 点儿？	남: 네 물건은 이것밖에 없어?
Mén wài hái yǒu sì ge yǐzi. 女：门 外 还 有 四 个 椅子。	여: 문 밖에 의자 네 개가 더 있어요.

단어 东西 dōngxi 명 물건, 것 | ★就 jiù 부 단지, 뿐 | 这么 zhème 대 이런, 이렇게 | 点儿 diǎnr 양 약간, 조금 | 门外 mén wài 문 밖 | 个 gè 양 개 [사물을 세는 단위] | 椅子 yǐzi 명 의자

21

Test **4-21**

해설 녹음에서 여자가 '自行车 zìxíngchē(자전거)'가 어떠냐고 물었으므로 그들이 자전거에 대해 이야기 중이라는 것을 알 수 있다. 따라서 보기 C가 정답이다.

정답 C

녹음

Bàba, zhège zìxíngchē zěnmeyàng? 女：爸爸，这个 自行车 怎么样？	여: 아빠, 이 자전거 어때요?
Hěn piàoliang, nǐ xǐhuan ma? 男：很 漂亮，你 喜欢 吗？	남: 멋진 걸, 너는 (이게) 좋니?
Tāmen zài shuō shénme? 问：他们 在 说 什么？	질문: 그들은 무엇을 말하고 있나?
chuán / chūzūchē / zìxíngchē A 船 B 出租车 C 自行车	A 배 B 택시 C 자전거

단어 这 zhè 대 이, 이것 | ★自行车 zìxíngchē 명 자전거 | 怎么样 zěnmeyàng 대 어떠하다 | 很 hěn 부 매우 | 漂亮 piàoliang 형 예쁘다, 멋지다 | 喜欢 xǐhuan 동 좋아하다

22

Test **4-22**

해설 녹음에서 여자가 언제 비행기냐고 묻자 남자가 '今天中午 jīntiān zhōngwǔ(오늘 점심)'라고 했으므로, B가 정답이다.

정답 B

녹음

Nǐ yào qù Zhōngguó? Nǎ tiān de fēijī? 女：你 要 去 中国？ 哪 天 的 飞机？	여: 너 중국 가니? 언제 비행기야?
Jiù shì jīntiān zhōngwǔ. 男：就 是 今天 中午。	남: 바로 오늘 정오야.
Nán de shénme shíhou qù Zhōngguó? 问：男 的 什么 时候 去 中国？	질문: 남자는 언제 중국에 가는가?
míngtiān zhōngwǔ A 明天 中午	A 내일 점심
jīntiān zhōngwǔ B 今天 中午	B 오늘 점심
jīntiān xiàwǔ C 今天 下午	C 오늘 오후

단어 ★要 yào 조동 ~하고자 하다 | 去 qù 동 가다 | 中国 Zhōngguó 고유 중국 | 哪天 nǎ tiān 어느 날, 며칠 | 飞机 fēijī 명 비행기 | ★就 jiù 부 바로 | 今天 jīntiān 명 오늘 | 中午 zhōngwǔ 명 점심, 정오 | 什么 shénme 대 무엇, 무슨 | 时候 shíhou 명 때, 시각 | 明天 míngtiān 명 내일 | 下午 xiàwǔ 명 오후

23

Test 4-23

해설 녹음에서 남자가 여자에게 어느 휴대폰(手机 shǒujī)이 더 낫냐고 물었으므로 그들이 휴대폰에 대해 말하고 있다는 것을 알 수 있다. 따라서 정답은 B이다.

정답 B

녹음

Nǐ kànkan zhè liǎng ge shǒujī, nǎge hǎo? 男：你 看看 这 两 个 手机， 哪个 好？	남: 네가 보기에 이 두 휴대폰 중에 어떤 것이 좋아?
Wǒ juéde zuǒbian de gèng hǎo. 女：我 觉得 左边 的 更 好。	여: 난 왼쪽의 것이 더 좋은 것 같아.
Tāmen kěnéng zài zuò shénme? 问：他们 可能 在 做 什么？	질문: 그들은 아마도 무엇을 하고 있나?
zuò cài A 做 菜	A 요리를 하다
mǎi shǒujī B 买 手机	B 휴대폰을 사다
kàn shǒubiǎo C 看 手表	C 시계를 보다

단어 看 kàn 동 보다 | 这 zhè 대 이, 이것 | 个 gè 양 개[사물을 세는 단위] | ★手机 shǒujī 명 휴대폰 | 哪 nǎ 대 어느 | 好 hǎo 형 좋다 | ★觉得 juéde 동 (~라고) 생각하다, 여기다 | ★左边 zuǒbian 명 왼쪽 | 更 gèng 부 더욱, 훨씬 | ★可能 kěnéng 부 아마(도) (~일지도 모른다/~일 것이다) | 在 zài 부 ~하는 중이다 | 做 zuò 동 하다 | 什么 shénme 대 무엇, 무슨

24

Test 4-24

해설 녹음에서 여자가 책이 남자의 것인지 물었고, 남자는 '我哥的 wǒ gē de(우리 형의 것)'라고 했으므로, B가 정답이다.

정답 B

녹음

Zhuōzi shang de nà běn shū shì nǐ de? 女：桌子 上 的 那 本 书 是 你 的？	여: 책상에 있는 그 책은 너의 것이니?
Bú shì, nà shì wǒ gē de. 男：不 是，那 是 我 哥 的。	남: 아니, 그건 우리 형 거야.
Nà běn shū shì shéi de? 问：那 本 书 是 谁 的？	질문: 그 책은 누구의 것인가?

dìdi de A 弟弟 的	A 남동생의 것
gēge de B 哥哥 的	B 형의 것
péngyou de C 朋友 的	C 친구의 것

단어 桌子 zhuōzi 명 탁자, 테이블 | 上 shàng 명 위 | 那 nà 대 그(것/사람), 저(것/사람) | 本 běn 양 권[책을 세는 단위] | 书 shū 명 책 | 谁 shéi 대 누구

25

Test 4-25

해설 녹음에서 남자가 오늘은 '太晚了 tài wǎn le(너무 늦었다)'라고 말하면서 가지 말자고 했으므로, A가 정답이다.

정답 A

녹음

Jīntiān tài wǎn le, wǒmen bié qù Xiǎo Lǐ jiā le. 男：今天 太 晚 了，我们 别 去 小 李 家 了。	남: 오늘은 너무 늦었어, 우리 샤오리(小李)의 집에 가지 말자.
Hǎo, míngtiān zài qù ba. 女：好，明天 再 去 吧。	여: 알았어. 내일 다시 가자.
Tāmen jīntiān wèishénme bú qù Xiǎo Lǐ jiā? 问：他们 今天 为什么 不 去 小 李 家？	질문: 그들은 오늘 왜 샤오리(小李)의 집에 가지 않나?
tài wǎn le A 太 晚 了	A 너무 늦었다
Xiǎo Lǐ bú zài B 小 李 不 在	B 샤오리(小李)가 없다
bú rènshi lù C 不 认识 路	C 길을 모른다

단어 今天 jīntiān 명 오늘 | 晚 wǎn 형 늦다 | 明天 míngtiān 명 내일 | ★再 zài 부 또, 다시 | ★为什么 wèishénme 대 왜 | 不 bù 부 ~하지 않다 | 在 zài 동 ~에 있다 | 认识 rènshi 동 (길·사람·글자를) 알다 | ★路 lù 명 도로, 길

26

Test **4-26**

해설 녹음에서 여자가 '儿子 érzi(아들)'라고 했고, 남자가 여자에게 당신이 만든 음식이 '比那家饭店的还好吃 bǐ nà jiā fàndiàn de hái hǎochī(저 식당의 것보다 더 맛있다)'라고 했으므로 두 사람이 집 안에서 밥을 먹고 있을 가능성이 가장 높다. 따라서 정답은 C이다.

정답 C

녹음

Érzi, duō chī cài. 女：儿子，多 吃 菜。	여: 아들아, 많이 먹으렴.
Hǎo, nín zuò de cài bǐ nà jiā fàndiàn de hái hǎochī. 男：好，您 做 的 菜 比 那 家 饭店 的 还 好吃。	남: 알겠어요, 어머니가 만든 음식이 저 식당의 것보다 더 맛있어요.
Tāmen zuì kěnéng zài nǎr? 问：他们 最 可能 在 哪儿？	질문: 그들은 어디에 있을 가능성이 가장 큰가?
A 饭店 (fàndiàn)　B 医院 (yīyuàn)　C 家里 (jiāli)	A 호텔　B 병원　C 집 안

단어 儿子 érzi 명 아들 | 多 duō 형 (수량이) 많다 | 吃 chī 동 먹다 | 菜 cài 명 요리, 음식 | ★您 nín 대 당신['你'의 존칭] | 做 zuò 동 하다 | 饭店 fàndiàn 명 호텔, 식당 | 好吃 hǎochī 형 맛있다 | ★最 zuì 부 가장, 제일 | ★可能 kěnéng 부 아마(도) (~일 지도 모른다/~일 것이다) | 在 zài 동 ~에 있다 | 哪儿 nǎr 대 어디 | 医院 yīyuàn 명 병원

어법 比 bǐ

'比 bǐ'는 '~보다'의 뜻으로 두 개 혹은 여러 개의 대상을 비교할 때 쓴다. 'A比B(更/还)'의 형식으로 쓰여, 'A는 B보다 (더) ~하다'라는 의미를 나타낸다.

예 今天比昨天(更/还)冷。 Jīntiān bǐ zuótiān (gèng/hái) lěng. 오늘은 어제보다 (더) 춥다.

27

Test **4-27**

해설 녹음에서 남자가 여동생이 사는 곳을 묻자, '她住在公司里 tā zhù zài gōngsī li(그녀는 회사에 산다)'라고 했으므로, 정답은 A이다.

정답 A

녹음

Nǐ mèimei xiànzài hái zhù zài xuéxiào li ma? 男：你 妹妹 现在 还 住 在 学校 里 吗？	남: 네 여동생은 아직도 학교 안에 사니?
Bù, tā xiànzài zhù zài gōngsī li. 女：不，她 现在 住 在 公司 里。	여: 아니, 동생은 지금 회사 안에 살아.

Mèimei xiànzài zhù zài nǎr? 问：妹妹 现在 住 在 哪儿？	질문: 여동생은 지금 어디에 사는가?
gōngsī xuéxiào dìdi jiā A 公司 B 学校 C 弟弟 家	A 회사 B 학교 C 남동생 집

단어 ★妹妹 mèimei 명 여동생 | 学校 xuéxiào 명 학교 | ★公司 gōngsī 명 회사 | 哪儿 nǎr 대 어디 | ★弟弟 dìdi 명 남동생

어법 还 hái

부사 '还 hái'는 동사나 형용사 앞에서 '여전히, 아직도' 혹은 '또, 더(욱)'의 의미로 쓴다.

예 他还没来。Tā hái méi lái. 그는 아직 오지 않았다.
我还要一杯茶。Wǒ hái yào yì bēi chá. 나는 차를 한 잔 또 원해요.
我比我妹妹还高。Wǒ bǐ wǒ mèimei hái gāo. 나는 내 여동생보다 더 크다.

28

Test 4-28

해설 녹음에서 여자가 '车票 chēpiào(차표)'를 샀냐고 묻자, 남자가 '九号早上的 jiǔ hào zǎoshang de(9일 오전 것)'이라고 했으므로, C가 정답이다.

정답 C

녹음

Nǐ mǎi huíjiā de chēpiào le? 女：你 买 回家 的 车票 了？	여: 집에 가는 차표 샀어?
Mǎi le, shì jiǔ hào zǎoshang de. 男：买 了，是 九 号 早上 的。	남: 샀어, 9일 오전 거야.
Nán de jǐ hào huíjiā? 问：男 的 几 号 回家？	질문: 남자는 며칠에 집에 가는가?
rì rì rì A 5 日 B 8 日 C 9 日	A 5일 B 8일 C 9일

단어 买 mǎi 동 사다 | 回家 huíjiā 동 집에 돌아오다(돌아가다) | 车票 chēpiào 명 차표 | 号 hào 명 일[날짜를 나타냄] | ★早上 zǎoshang 명 아침 | ★日 rì 명 일

29

Test **4-29**

해설 녹음에서 여자가 '去唱歌 qù chànggē(노래를 부르러 간다)'라고 했으므로, B가 정답이다.

정답 B

녹음

Zhège xīngqīrì nǐ zài jiā ma? 男：这个 星期日 你 在 家 吗？	남: 이번 주 일요일에 너 집에 있어?
Shàngwǔ zài, xiàwǔ wǒ yào hé péngyou qù chànggē. 女：上午 在，下午 我 要 和 朋友 去 唱歌。	여: 오전에는 있는데 오후에는 친구랑 노래 부르러 갈 거야.
Nǚ de xīngqīrì xiàwǔ yào qù zuò shénme? 问：女 的 星期日 下午 要 去 做 什么？	질문: 여자는 일요일 오후에 무엇을 하러 가려고 하는가?
huíjiā A 回家	A 집에 가다
chànggē B 唱歌	B 노래를 부르다
mǎi qiānbǐ C 买 铅笔	C 연필을 사다

단어 星期日 xīngqīrì 명 일요일 | 在 zài 동 ~에 있다 | 家 jiā 명 집 | 上午 shàngwǔ 명 오전 | 下午 xiàwǔ 명 오후 | ★要 yào 조동 ~하고자 하다 | 和 hé 개 ~와(과) | 朋友 péngyou 명 친구 | 去 qù 동 가다 | ★唱歌 chànggē 동 노래를 부르다 | 做 zuò 동 하다 | 什么 shénme 대 무엇, 무슨 | ★铅笔 qiānbǐ 명 연필

30

Test **4-30**

해설 녹음에서 남자가 '有点儿累 yǒudiǎnr lèi(조금 피곤하다)'라고 했으므로, B가 정답이다.

정답 B

녹음

Nǐ qùbuqù dǎ qiú? 女：你 去不去 打 球？	여: 너 공놀이하러 갈래?
Jīntiān wǒ yǒudiǎnr lèi, bú qù le. 男：今天 我 有点儿 累，不 去 了。	남: 오늘 나는 좀 피곤해, 안 갈래.
Nán de jīntiān zěnmeyàng? 问：男 的 今天 怎么样？	질문: 남자는 오늘 어떠한가?

hěn gāoxìng A 很 高兴	A 매우 기쁘다
yǒudiǎnr lèi B 有点儿 累	B 좀 피곤하다
yǒudiǎnr máng C 有点儿 忙	C 좀 바쁘다

단어 ★打球 dǎ qiú 동 공놀이하다 | 有点儿 yǒudiǎnr 부 조금, 약간[부정적인 어투] | ★累 lèi 형 피곤하다, 힘들다 | 怎么样 zěnmeyàng 대 어떠하다 | 很 hěn 부 매우 | 高兴 gāoxìng 형 기쁘다 | ★忙 máng 형 바쁘다

31

Test **4-31**

해설 남자가 '中学 zhōngxué(중고등학교)'에 어떻게 가냐고 물었으므로, C가 정답이다.

정답 C

녹음

Qǐngwèn, dì-sì zhōngxué zěnme zǒu? 男：请问， 第四 中学 怎么 走？	남: 말씀 좀 여쭐게요. 제4중고등학교는 어떻게 가나요?
Nín xiàng qián zǒu, jiù zài lù de zuǒbian. 女：您 向 前 走，就 在 路 的 左边 。	여: 앞으로 가면 바로 길 왼편에 있어요.
Xièxie. 男：谢谢 。	남: 고마워요.
Bú kèqi. 女：不 客气 。	여: 천만에요.
Nán de yào qù nǎr? 问：男 的 要 去 哪儿？	질문: 남자는 어디에 가려고 하는가?
jīchǎng fàndiàn xuéxiào A 机场 B 饭店 C 学校	A 공항 B 호텔 C 학교

단어 中学 zhōngxué 명 중고등학교 | ★走 zǒu 동 걷다, 가다, 떠나다 | 前 qián 명 앞 | ★就 jiù 부 곧, 바로 | ★路 lù 명 도로, 길 | ★左边 zuǒbian 명 왼쪽 | ★要 yào 조동 ~하고 싶다, ~하고자 하다 | ★机场 jīchǎng 명 공항 | 饭店 fàndiàn 명 호텔

32 Test **4-32**

해설 여자가 가격을 묻자 남자가 '一百五 yìbǎi wǔ(150)'라고 했으므로, B가 정답이다.

정답 B

녹음

Xiānsheng, zhè jiàn yīfu duōshao qián? 女：先生，这件衣服多少钱？	여: 선생님, 이 옷은 얼마인가요?
Yìbǎi wǔ. 男：一百五。	남: 150위안이에요.
Yǒuméiyǒu dà yìdiǎnr de? 女：有没有大一点儿的？	여: 좀 더 큰 게 있나요?
Méiyǒu, zhè jiù shì zuì dà de. 男：没有，这就是最大的。	남: 없어요. 이게 제일 큰 거예요.
Zhè jiàn yīfu duōshao qián? 问：这件衣服多少钱？	질문: 이 옷은 얼마인가?
A 100 元 (yuán)　B 150 元 (yuán)　C 500 元 (yuán)	A 100위안　B 150위안　C 500위안

단어 先生 xiānsheng 명 선생, 씨[성인 남성에 대한 존칭] | ★件 jiàn 양 벌[옷을 세는 단위] | 衣服 yīfu 명 옷 | ★百 bǎi 수 100, 백 | 有 yǒu 동 있다, 가지고 있다 | 大 dà 형 (크기가) 크다 | 一点儿 yìdiǎnr 양 조금, 약간 | ★就 jiù 부 바로 | ★最 zuì 부 제일, 가장

어법 一点儿 yìdiǎnr

'一点儿 yìdiǎnr'은 형용사 뒤에 써서 '조금 (더)'라는 뜻으로 비교의 의미를 나타낸다.

예 给我大一点儿的。Gěi wǒ dà yìdiǎnr de. 저에게 조금 (더) 큰 것을 주세요.

33 Test **4-33**

해설 녹음에서 남자가 '我要买…六点半的 wǒ yào mǎi…liù diǎn bàn de(나는 6시 반 것을 사려고 해요)'라고 했으므로, C가 정답이다.

정답 C

녹음

Sān diǎn de piào hái yǒu ma? 男：三点的票还有吗？	남: 3시 티켓이 아직 있나요?
Duìbuqǐ, méiyǒu le. 女：对不起，没有了。	여: 죄송합니다. 없어요.
Nà wǒ yào mǎi liǎng zhāng liù diǎn bàn de. 男：那我要买两张六点半的。	남: 그럼 6시 30분 것으로 두 장 주세요.

Hǎo, gěi nín. 女：好，给 您。	여: 네, 여기 있습니다.
Tā yào kàn jǐ diǎn de diànyǐng? 问：他 要 看 几 点 的 电影？	질문: 그는 몇 시 영화를 보려고 하는가?
sān diǎn jiǔ diǎn liù diǎn bàn A 三 点 B 九 点 C 六 点 半	A 3시 B 9시 C 6시 반

단어 点 diǎn 양 시 | ★票 piào 명 표, 티켓 | ★还 hái 부 또, 여전히, 아직도 | ★要 yào 조동 ~하고자 하다 | 买 mǎi 동 사다 | ★两 liǎng 수 2, 둘 | 张 zhāng 양 장[종이 등을 세는 단위] | ★半 bàn 수 절반, 2분의 1 | ★给 gěi 동 주다 | 看 kàn 동 보다 | 电影 diànyǐng 명 영화

34

Test **4-34**

해설 녹음에서 남자가 '王老师在吗? Wáng lǎoshī zài ma?(왕 선생님 계세요?)'라고 물었고, 그 뒤에 그의 학생(他的学生 tā de xuésheng)이라고 소개했으므로 선생님을 찾아왔다는 것을 알 수 있다. 따라서 A가 정답이다.

정답 A

녹음

Nǐ hǎo, qǐngwèn Wáng lǎoshī zài ma? 女：你 好，请问 王 老师 在 吗？	여: 안녕하세요, 실례지만 왕(王) 선생님 계신가요?
Zài, qǐngwèn nín shì…… 男：在，请问 您 是……	남: 계십니다, 실례지만 누구신지요?
Wǒ shì tā de xuésheng, wǒ jiào Lǐ Yǒu. 女：我 是 他 的 学生，我 叫 李 友。	여: 저는 왕(王) 선생님의 학생이에요, 리유(李友)라고 합니다.
Nǐ hǎo, kuài qǐng jìn. 男：你 好，快 请 进。	남: 안녕하세요, 어서 들어오세요.
Nǚ de lái zhǎo shéi? 问：女 的 来 找 谁？	질문: 여자는 누구를 찾으러 왔는가?
lǎoshī yīshēng fúwùyuán A 老师 B 医生 C 服务员	A 선생님 B 의사 C 종업원

단어 请问 qǐngwèn 동 말씀 좀 여쭙겠습니다 | 老师 lǎoshī 명 선생님 | 在 zài 동 ~에 있다 | 的 de 조 ~의, ~한 | 学生 xuésheng 명 학생 | 叫 jiào 동 (~라고) 부르다 | ★快 kuài 형 (속도가) 빠르다 | ★进 jìn 동 들어오다, 들어가다 | 来 lái 동 오다 | ★找 zhǎo 동 찾다 | 谁 shéi 대 누구 | 医生 yīshēng 명 의사 | 服务员 fúwùyuán 명 종업원

35

해설 녹음에서 남자가 여자에게 '上班 shàngbān(출근)'에 관해 설명해 주고 있으므로, C가 정답이다.

정답 C

녹음

Wǒmen xīwàng nǐ xià ge xīngqīyī jiù lái yīyuàn shàngbān . 男：我们 希望 你 下 个 星期一 就 来 医院 上班。	남: 다음 주 월요일부터 바로 병원으로 출근하세요.
Zhēnde ma? Xièxie . 女：真的 吗？谢谢。	여: 정말요? 감사합니다.
Shàngbān shíjiān shì shàngwǔ bā diǎn dào xiàwǔ wǔ diǎn . 男：上班 时间 是 上午 八 点 到 下午 五 点。	남: 출근 시간은 오전 8시부터 오후 5시까지예요.
Hǎo de, méi wèntí . 女：好 的，没 问题。	여: 네, 문제없어요.
Tāmen zài shuō shénme? 问：他们 在 说 什么？	질문: 그들은 지금 무엇을 이야기하고 있나?
A 学习 xuéxí	A 공부하는 것
B 看病 kànbìng	B 진찰을 받는 것
C 工作 gōngzuò	C 일하는 것

단어 下 xià 명 다음 | 星期一 xīngqīyī 월요일 | 医院 yīyuàn 명 병원 | ★上班 shàngbān 동 출근하다 | 上午 shàngwǔ 명 오전 | 下午 xiàwǔ 명 오후 | 在 zài 부 ~하고 있다, ~하는 중이다 | 看病 kànbìng 동 진찰을 받다, 진찰을 하다 | 工作 gōngzuò 동 일하다

36

'没听懂 méi tīng dǒng(못 알아들었어요)'이라고 했으므로, 보기 중에서 모르겠다는 표정인 사진 F가 정답이다.

정답 F

해석

Nǐ shuō shénme? Duìbuqǐ, wǒ méi tīng dǒng. 你说什么？对不起，我没听懂。	뭐라고 하셨죠? 죄송해요, 저는 못 알아들었어요.

단어 说 shuō 동 말하다 | 没 méi 부 ~하지 않았다 | 听懂 tīng dǒng 알아듣다

37

'雪下得真大 xuě xià de zhēn dà(눈이 정말 많이 왔다)'라고 했으므로, 사진 E가 정답이다.

정답 E

해석

Xuě xià de zhēn dà, wǒmen chūqu wánr, hǎobuhǎo? 雪下得真大，我们出去玩儿，好不好？	눈이 정말 많이 온다. 우리 밖에 나가서 놀자, 어때?

단어 ★雪 xuě 명 눈 | ★真 zhēn 부 정말, 진짜 | 大 dà 형 (비·눈이) 많다, 크다 | 出去 chūqu 동 나가다 | ★玩儿 wánr 동 놀다

38

'还没学会游泳 hái méi xué huì yóuyǒng(아직 수영을 마스터하지 못했다)'라고 했으므로, 사진 B가 가장 적합하다.

정답 B

해석

Bù hǎoyìsi, wǒ hái méi xué huì yóuyǒng ne. 不好意思，我还没学会游泳呢。	죄송해요, 저는 아직 수영을 다 배우지 못했어요.

단어 不好意思 bù hǎoyìsi 동 죄송합니다, 미안합니다 | 还 hái 부 또, 여전히, 아직도 | 学会 xuéhuì 배워서 (할 줄) 알다 | ★游泳 yóuyǒng 동 수영하다

어법 会 huì

'会 huì'는 동사 뒤에 쓰여, 학습의 결과 그것을 할 줄 알게 되었음, 즉 마스터했음을 나타낸다.

예 我想学会开车。Wǒ xiǎng xué huì kāichē. 나는 운전하는 것을 마스터하고 싶다.
我还没(有)学会开车。Wǒ hái méi(yǒu) xué huì kāichē. 나는 운전하는 것을 아직 마스터하지 못했다.

39

'太好了！Tài hǎo le!(정말 잘됐다!)'는 즐거운 일이 생겼을 때의 감탄 표현이므로, 사진 C가 정답이다.

정답 C

해석

Tài hǎo le! Nán péngyou yào hé wǒ yìqǐ qù lǚyóu le. 太好了！男朋友要和我一起去旅游了。	정말 잘됐다! 남자 친구가 나랑 함께 여행 가고 싶어 해.

단어 男朋友 nán péngyou 명 남자 친구 | ★要 yào 조동 ~하고 싶다 | 和 hé 개 ~와(과) | ★旅游 lǚyóu 동 여행을 하다

40

'报纸 bàozhǐ(신문)'를 보지 말라고 했으므로, 사진 A가 정답이다.

정답 A

해석

Bú yào kàn bàozhǐ le, kāishǐ gōngzuò ba. 不要看报纸了，开始工作吧。	신문을 보지 말고, 일을 시작합시다.

단어 ★报纸 bàozhǐ 명 신문 | ★开始 kāishǐ 동 시작하다 | 工作 gōngzuò 동 일하다

41-45

A 去年 qùnián 명 작년	B 认识 rènshi 동 (사람 등을) 알다	C 为什么 wèishénme 대 왜
D 小时 xiǎoshí 명 시간	E 贵 guì 형 비싸다	F 从 cóng 개 ~에서, ~로부터

41

해설 빈칸 앞에 동사 '问 wèn'의 목적어가 필요하므로, 보기 중에서 '为什么'를 넣어 '왜인지 묻다(问为什么 wèn wèi shénme)'라고 하는 것이 가장 자연스럽다. 따라서 정답은 C이다.

정답 C

해석

Wǒ jiějie de háizi zuì xǐhuan wèn (wèishénme). 我姐姐的孩子最喜欢问（ 为什么 ）。	우리 누나(언니)의 아이는 ('왜')라고 물어보는 것을 제일 좋아한다.

단어 ★姐姐 jiějie 명 누나, 언니 | ★孩子 háizi 명 자녀, 자식 | ★最 zuì 부 가장, 제일 | 喜欢 xǐhuan 동 좋아하다 | ★问 wèn 동 묻다, 질문하다 | ★为什么 wèishénme 대 왜

2급 모의고사2회

42

해설 빈칸 뒤에 '家 jiā'가 있고, '~에서 나오다(从…出来 cóng…chūlai)'라고 완성하는 것이 가장 자연스러우므로, 정답은 F이다.

정답 F

해석

Wǒ yǐjīng (cóng) jiāli chūlai le, 我 已经 (从) 家里 出来 了, ~에서 나오다 fēnzhōng hòu jiù dào. 30 分钟 后 就 到。	나는 이미 집(에서) 나왔어, 30분 후면 도착해.

단어 ★已经 yǐjīng 부 이미, 벌써 | 出来 chūlai 동 (안에서 밖으로) 나오다 | 分钟 fēnzhōng 명 분[시간의 양] | 后 hòu 명 (시간상으로) 뒤, 후 | ★到 dào 동 도착하다, 이르다

어법 从 cóng

'从 cóng'은 '~에서, ~로부터'라는 의미로, (대)명사와 함께 동사 앞에 쓰여 시간적 혹은 공간적인 시작점을 나타낸다.

예 我姐姐从中国回来了。Wǒ jiějie cóng Zhōngguó huílai le. 우리 언니는 중국에서 돌아왔다.

43

해설 '从 cóng'은 '~로부터'라는 뜻으로 시간적, 공간적 시작점 앞에 쓴다. 이 문장에서는 '从去年 cóng qùnián(작년부터)'라는 표현이 적절하므로 정답은 A이다.

정답 A

해석

Wǒ zhàngfu shì cóng (qùnián) kāishǐ xuéxí 我 丈夫 是 从 (去年) 开始 学习 작년부터 zuò fàn de. 做 饭 的。	제 남편은 (작년)부터 요리하는 걸 배우기 시작했습니다.

단어 ★丈夫 zhàngfu 명 남편 | ★从 cóng 개 ~에서, ~로부터 | ★去年 qùnián 명 작년 | ★开始 kāishǐ 동 시작하다 | 学习 xuéxí 동 공부하다 | 做饭 zuò fàn 밥을 하다

44

해설 빈칸 앞이나 뒤에 양사가 등장하면 '수사+양사+명사'의 어순을 기억하자. 빈칸 앞의 '个 ge'는 시간을 셀 때 쓰는 양사이므로 '8700 넘는 시간(8700多个小时 bāqiān qībǎi duō ge xiǎoshí)'를 완성할 수 있다. 따라서 D가 정답이다.

정답 D

해석

Nǐ zhīdào ma? Yì nián yǒu 8700 duō ge (xiǎoshí). 你 知道 吗？一 年 有 8700 多 个 (小时)。	너 그거 알아? 1년은 8700여 (시간)이 돼.

단어 ★知道 zhīdào 통 알다, 이해하다 | 年 nián 명 해, 년 | ★千 qiān 수 1000, 천 | ★百 bǎi 수 100, 백 | 多 duō 수 남짓, 여 | ★小时 xiǎoshí 명 시간

45

해설 누구(谁 shéi)인지 묻고, 아는지(认识 rènshi) 물어야 '그녀의 남자 친구야(是她男朋友 shì tā nán péngyou)'라고 대답할 수 있으므로, 보기 중에서 B가 정답이다.

정답 B

해석

Wáng xiǎojiě pángbiān de nàge nán háir shì shéi? Nǐ (rènshi) ma? 女：王 小姐 旁边 的 那个 男 孩儿 是 谁？你 (认识) 吗？	여: 왕(王) 아가씨 옆에 저 남자아이는 누구야? 너 (아니)?
Shì tā nán péngyou. 男：是 她 男 朋友。	남: 그녀의 남자 친구야.

단어 小姐 xiǎojiě 명 아가씨 | ★旁边 pángbiān 명 옆, 근처 | 男孩儿 nán háir 명 남자아이 | 认识 rènshi 통 (길·사람·글자를) 알다 | 男朋友 nán péngyou 명 남자 친구

2급 모의고사 2회

46

해설 노래를 부르는 일이 사람을 즐겁게 만드는 일이라고 했으므로, 노래하는 것을 몹시 좋아한다고 생각할 수 있다. 따라서 ★표 문장은 본문 내용과 일치한다.

정답 √

해석

Chànggē shì yí jiàn ràng rén gāoxìng de shìqing, 唱歌 是 一 件 让 人 高兴 的 事情， měi nián shēngrì wǒ dōu huì hé péngyoumen 每 年 生日 我 都 会 和 朋友们 qù chànggē. 去 唱歌。	노래를 부르는 것은 사람을 즐겁게 만드는 일이다. 매년 생일마다 나는 친구들하고 노래를 부르러 간다.
Wǒ ài chànggē. ★我 爱 唱歌。(√)	★나는 노래하는 것을 몹시 좋아한다. (√)

단어 唱歌 chànggē 동 노래를 부르다 | 件 jiàn 양 건[일·사건을 세는 단위] | 让 ràng 동 (~로 하여금) ~하게 하다, 만들다, 시키다 | 高兴 gāoxìng 형 즐겁다 | 事情 shìqing 명 일 | 每年 měi nián 명 매년 | 生日 shēngrì 명 생일 | 都 dōu 부 모두, 다 | 朋友 péngyou 명 친구 | 爱 ài 동 몹시 좋아하다, 사랑하다

47

해설 사과를 좋아한다고 했으므로, 사과를 맛있어 할 거라고 유추할 수 있다. 따라서 ★표 문장은 본문 내용과 일치한다.

정답 √

해석

Wǒ hěn xǐhuan chī shuǐguǒ, yóuqí shì píngguǒ. 我 很 喜欢 吃 水果，尤其 是 苹果。 Wǒ měi tiān zǎoshang chī yí ge píngguǒ, 我 每 天 早上 吃 一 个 苹果， yīshēng shuō, zǎoshang chī yí ge píngguǒ duì 医生 说，早上 吃 一 个 苹果 对 shēntǐ fēicháng hǎo. 身体 非常 好。	나는 과일, 특히 사과 먹는 것을 매우 좋아한다. 나는 매일 아침 사과 한 개를 먹는다. 의사가 말하길, 아침에 사과 한 개를 먹으면 몸에 굉장히 좋다고 한다.
Wǒ juéde píngguǒ hěn hǎochī. ★我 觉得 苹果 很 好吃。(√)	★나는 사과가 맛있다고 생각한다. (√)

단어 很 hěn 부 매우 | 喜欢 xǐhuan 동 좋아하다 | 水果 shuǐguǒ 명 과일 | 尤其 yóuqí 부 특히 | 苹果 píngguǒ 명 사과 | 每天 měi tiān 명 매일 | 早上 zǎoshang 명 아침 | 医生 yīshēng 명 의사 | 说 shuō 동 말하다 | 对 duì 개 ~에 대하여 | 身体 shēntǐ 명 신체, 몸 | 非常 fēicháng 부 아주, 굉장히 | 觉得 juéde 동 ~라고 여기다, 생각하다 | 好吃 hǎochī 형 맛있다

48

해설 농구를 13년째 하고 있다고 했으므로 농구를 오래했다고 할 수 있다. 따라서 ★표 문장은 본문 내용과 일치한다.

정답 √

해석

Wǒ cóng shí suì kāishǐ dǎ lánqiú, yǐjīng dǎle 13 nián le, wǒ měi cì dǎ qiú de shíhou dōu fēicháng kuàilè.

我从十岁开始打篮球，已经打了13年了，我每次打球的时候都非常快乐。

나는 10살부터 농구를 하기 시작했고, 이미 13년째 하고 있다. 나는 매번 농구를 할 때 굉장히 즐겁다.

Tā dǎ qiú dǎle hěn cháng shíjiān.

★他打球打了很长时间。(√)

★그는 농구를 오래했다. (√)

단어 岁 suì 양 세, 살 | 开始 kāishǐ 동 시작하다 | ★打篮球 dǎ lánqiú 농구를 하다 | 已经 yǐjīng 부 이미 | 都 dōu 부 모두, 다 | 非常 fēicháng 부 아주, 굉장히 | 快乐 kuàilè 형 즐겁다

49

해설 본문에서 나의 생일이 아닌, 엄마의 생일에 대해서만 말했으므로, ★표 문장은 본문 내용과 일치하지 않는다.

정답 X

해석

Jīntiān shì 9 yuè 11 rì, zài yǒu liǎng ge xīngqī jiù shì wǒ māma de shēngrì le. Wǒ xiǎng sòng tā yí jiàn yīfu.

今天是9月11日，再有两个星期就是我妈妈的生日了。我想送她一件衣服。

오늘은 9월 11일이다. 2주만 더 있으면 곧 우리 엄마의 생일이다. 나는 그녀에게 옷 한 벌을 선물하고 싶다.

yuè rì shì wǒ de shēngrì.

★9月11日是我的生日。(X)

★9월 11일은 나의 생일이다. (X)

단어 今天 jīntiān 명 오늘 | 月 yuè 명 월 | 日 rì 명 일 | 再 zài 부 또, 다시 | ★就 jiù 부 곧, 바로 | 生日 shēngrì 명 생일 | 想 xiǎng 조동 ~하고 싶다 | ★送 sòng 동 보내다, 선물하다 | ★件 jiàn 양 벌[옷을 세는 단위] | 衣服 yīfu 명 옷

어법 想 xiǎng

조동사 '想 xiǎng'은 '~하고 싶다'라는 의미로 동사 앞에 쓰고, 시제와 상관없이 '不 bù'로 부정한다.

예 我现在不想喝茶。Wǒ xiànzài bù xiǎng hē chá. 나는 지금 차를 마시고 싶지 않다.
我昨天晚上不想喝茶。Wǒ zuótiān wǎnshang bù xiǎng hē chá. 나는 어젯밤에 차를 마시고 싶지 않았다.

50

해설 3시 기차라고 했으므로, ★표 문장은 본문 내용과 일치하지 않는다.

정답 X

해석

Cóng gōngsī dào huǒchēzhàn zuò chūzūchē yào 从 公司 到 火车站 坐 出租车 要 liǎng ge xiǎoshí. Wǒmen sān diǎn de huǒchē, 两 个 小时。我们 三 点 的 火车， yī diǎn cóng gōngsī zǒu, kěyǐ ma? 一 点 从 公司 走，可以 吗？	회사부터 기차역까지 택시를 타고 2시간 걸린다. 우리는 3시 기차이니, 1시에 회사에서 출발하면 될까?
Tāmen zuò yī diǎn de huǒchē. ★他们 坐 一 点 的 火车。(X)	★그들은 1시 기차를 탄다. (X)

단어 公司 gōngsī 명 회사 | ★火车站 huǒchēzhàn 명 기차역 | 坐 zuò 동 (교통수단을) 타다 | 出租车 chūzūchē 명 택시 | 可以 kěyǐ 형 괜찮다

51-55

Wǒ shì xīn lái de, suǒyǐ nín kěnéng méi jiànguo wǒ.
A 我 是 新 来 的，所以 您 可能 没 见过 我。
저는 새로 왔어요. 그래서 아마 저를 보신 적 없을 거예요.

Huǒchē kuài kāi le, nín huíqu ba.
B 火车 快 开 了，您 回去 吧。 기차가 곧 출발하니, 돌아가세요.

Tóngxuémen, wǒmen kāishǐ shàngkè.
C 同学们， 我们 开始 上课。 여러분, 우리 수업을 시작합시다.

Xīngqīsān qùbuqù kàn diànyǐng?
D 星期三 去不去 看 电影？ 수요일에 영화를 보러 갈래 안 갈래?

Tā zài nǎr ne? Nǐ kànjiàn tā le ma?
E 他 在 哪儿 呢？你 看见 他 了 吗？ 그는 어디 있니? 너는 그를 봤니?

Zhè shì wǒ dì-èr cì lái Běijīng.
F 这 是 我 第二 次 来 北京。 이번이 두 번째로 베이징에 온 거야.

51

해설 문제에서 떠나는 아들을 배웅하고 있으므로, 보기 중에서 기차가 곧 떠난다고 말한 B와 가장 잘 어울린다.

정답 B

해석

Huǒchē kuài kāi le, nín huíqu ba. A: 火车 快 开 了，您 回去 吧。	A: 기차가 곧 출발하니, 돌아가세요.
Érzi, dàole gěi nǐ māma lái ge diànhuà. B: 儿子，到了 给 你 妈妈 来 个 电话。	B: 아들아, 도착하면 네 엄마에게 전화하렴.

단어 火车 huǒchē 명 기차 | 开 kāi 동 운전하다, 출발하다 | 回去 huíqu 동 돌아가다 | 儿子 érzi 명 아들 | ★到 dào 동 도착하다 | ★给 gěi 개 ~에게 | 电话 diànhuà 명 전화

52

해설 이곳에서 일하는 사람인지 묻고 있으므로, 보기 중에서 새로 왔다고 말한 A와 가장 잘 어울린다.

정답 A

해석

Nǐ shì zài zhèlǐ gōngzuò de ma? A: 你 是 在 这里 工作 的 吗？	A: 여기에서 일하는 분이세요?
Wǒ shì xīn lái de, suǒyǐ nín kěnéng méi jiànguo wǒ. B: 我 是 新 来 的，所以 您 可能 没 见过 我。	B: 저는 새로 왔어요. 그래서 아마 저를 보신 적 없을 거예요.

단어 新 xīn 형 새롭다 | ★所以 suǒyǐ 접 그래서 | ★可能 kěnéng 부 아마(도) (~일 지도 모른다/~일 것이다) | 见 jiàn 동 만나다

어법 (是)…的 (shì)…de → 기본서 33쪽

이미 발생한 동작의 시간, 장소, 방식 등을 강조할 때에는 '(是)…的 (shì)…de' 강조 구문을 쓴다.

예 他(是)昨天来的。Tā (shì) zuótiān lái de. 그는 어제 왔다.
他(是)从中国来的。Tā (shì) cóng Zhōngguó lái de. 그는 중국에서 왔다.
他(是)坐飞机来的。Tā (shì) zuò fēijī lái de. 그는 비행기를 타고 왔다.

53

해설 '요일'에 대해 말했으므로, 보기 중에서 수요일에 영화를 보러 갈지 물어본 D와 가장 잘 어울린다.

정답 D

해석

A: Xīngqīsān qùbuqù kàn diànyǐng? 星期三 去不去 看 电影?	A: 수요일에 영화를 보러 갈래 안 갈래?
B: Xīngqīsì yào kǎoshì, kǎo wán shì zài qù kàn ba. 星期四 要 考试，考 完 试 再 去 看 吧。	B: 목요일에 시험을 봐야 해서, 시험을 다 보고 난 후에 보러 가자.

단어 星期三 xīngqīsān 수요일 | 电影 diànyǐng 명 영화 | 星期四 xīngqīsì 목요일 | ★要 yào 조동 ~해야 한다 | ★考试 kǎoshì 동 시험을 보다

54

해설 이번에는 며칠 더 묵으라고 했으므로, 이번이 베이징에 '두 번째'로 온 것이라고 말한 F와 가장 잘 어울린다.

정답 F

해석

A: Zhè shì wǒ dì-èr cì lái Běijīng. 这 是 我 第二 次 来 北京。	A: 이번이 두 번째로 베이징에 온 거야.
B: Xīwàng zhè cì nǐ néng zài zhèr duō zhù jǐ tiān. 希望 这 次 你 能 在 这儿 多 住 几 天。	B: 이번에는 네가 여기에서 며칠 더 묵을 수 있길 바라.

단어 第二次 dì-èr cì 두 번째 | 北京 Běijīng 고유 베이징, 북경 | ★希望 xīwàng 동 바라다, 희망하다 | 这儿 zhèr 대 여기, 이곳 | 多 duō 형 많다 | 住 zhù 동 살다

55

해설 한자를 읽어 보라고 했으므로, 수업을 시작하자고 한 보기 C와 가장 잘 어울린다.

정답 C

해석

Tóngxuémen, wǒmen kāishǐ shàngkè. Qǐng nǐ dú 同学们，我们 开始 上课。请 你 读 yíxià zhè jǐ ge Hànzì. 一下 这 几 个 汉字。	여러분, 우리 수업을 시작합시다. 이 한자들을 읽어 보세요.

단어 同学 tóngxué 명 급우, 반 친구 | ★开始 kāishǐ 동 시작하다 | 上课 shàngkè 동 수업을 하다 | 读 dú 동 읽다 | 汉字 Hànzì 명 한자

56-60

Nà běn shū wǒ yǐjīng kàn wán le.
A 那 本 书 我 已经 看 完 了。그 책을 난 이미 다 봤어.

Hǎo de, xièxie nǐmen.
B 好 的，谢谢 你们。알겠어요. 고마워요.

Méi guānxi, wǒ zuò chūzūchē qù ba.
C 没 关系，我 坐 出租车 去 吧。괜찮아요, 저는 택시 타고 갈게요.

Mā, jīntiān tiānqì zěnmeyàng? Shì yīntiān?
D 妈，今天 天气 怎么样？ 是 阴天？엄마, 오늘 날씨 어때요? 흐린 날씨예요?

Wǒ jiù zhīdào tā xìng Wáng.
E 我 就 知道 他 姓 王。전 단지 그의 성씨가 왕(王)인 것만 알아요.

56

해설 빠른 속도에 감탄하고 재미있냐고 묻고 있으므로, 보기 중에서 '책'을 다 읽었다고 말한 A와 가장 잘 어울린다.

정답 A

해석

Nà běn shū wǒ yǐjīng kàn wán le. A: 那 本 书 我 已经 看 完 了。	A: 그 책을 난 이미 다 봤어.
Zěnme zhème kuài? Yǒu yìsi ma? B: 怎么 这么 快？有 意思 吗？	B: 어떻게 이렇게 빨리? 재미있었어?

단어 本 běn 양 권[책을 세는 단위] | 书 shū 명 책 | 看完 kàn wán 다 보다 | 怎么 zěnme 대 어떻게 | 这么 zhème 대 이렇게 | 快 kuài 형 빠르다 | 有意思 yǒu yìsi 재미있다

57

해설 공항은 멀다고 했으므로, 보기 중에서 택시를 타고 가겠다고 말한 C와 가장 잘 어울린다.

정답 C

해석

Jīchǎng lí zhèr hěn yuǎn. A: 机场 离 这儿 很 远。	A: 공항은 여기에서 멀어요.
Méi guānxi, wǒ zuò chūzūchē qù ba. B: 没 关系，我 坐 出租车 去 吧。	B: 괜찮아요, 저는 택시 타고 갈게요.

단어 机场 jīchǎng 명 공항 | 远 yuǎn 형 멀다 | 没关系 méi guānxi 괜찮아요 | 坐 zuò 동 (교통수단을) 타다 | 出租车 chūzūchē 명 택시

58

해설 이름을 알려주지 않았다고 했으므로, 성씨밖에 모른다고 한 보기 E와 가장 잘 어울린다.

정답 E

해석

Nàge yīshēng méi gàosu wǒ tā de míngzi. A: 那个 医生 没 告诉 我 他 的 名字。	A: 그 의사는 그의 이름을 알려주지 않았어요.
Wǒ jiù zhīdào tā xìng Wáng. B: 我 就 知道 他 姓 王。	B: 전 단지 그의 성씨가 왕(王)인 것만 알아요.

단어 医生 yīshēng 명 의사 | ★告诉 gàosu 동 알려주다 | 名字 míngzi 명 이름 | ★知道 zhīdào 동 알다 | ★姓 xìng 동 성이 ~이다

59

해설 다음에 또 오라고 권유했으므로, 알겠다고 승낙한 보기 B와 가장 잘 어울린다.

정답 B

해석

Màn zǒu, huānyíng nín xià cì zài lái. A: 慢 走，欢迎 您 下 次 再 来。	A: 조심히 가세요, 다음에 또 오세요.
Hǎo de, xièxie nǐmen. B: 好 的，谢谢 你们。	B: 알겠어요, 고마워요.

단어 欢迎 huānyíng 동 환영하다 | 下次 xià cì 다음 번 | ★再 zài 부 또, 다시

60

해설 문제에서 날씨와 관련된 말을 했으므로, 보기 중에서 날씨에 대해 질문한 D와 가장 잘 어울린다.

정답 D

해석

A: Mā, jīntiān tiānqì zěnmeyàng? Shì yīntiān? 妈，今天天气怎么样？是阴天？	A: 엄마, 오늘 날씨 어때요? 흐린 날씨예요?
B: Qíngtiān, dànshì hěn lěng, nǐ chūmén duō chuān diǎnr. 晴天，但是很冷，你出门多穿点儿。	B: 맑은 날씨지만, 춥대. 외출할 때 (옷을) 좀 더 입으렴.

단어 怎么样 zěnmeyàng 대 어떠하다 | 阴天 yīntiān 명 흐린 날씨 | 晴天 qíngtiān 명 맑은 날씨 | ★但是 dànshì 접 그러나 | 冷 lěng 형 춥다 | 出门 chūmén 동 외출하다, 문을 나가다 | 多 duō 형 많다 | ★穿 chuān 동 입다 | 点儿 diǎnr 양 조금

MEMO

1~2급

첫걸음 단어 쓰기 워크북

JRC 중국어연구소 기획 / 박수진 저

첫걸음 1~2급 단어 쓰기 워크북

기획 JRC 중국어연구소
저자 박수진
발행인 김효정
발행처 맛있는books
등록번호 제2006-000273호

주소 서울시 서초구 명달로 54 JRC빌딩 7층
전화 구입문의 02·567·3861
내용문의 02·567·3860
팩스 02·567·2471
홈페이지 www.booksJRC.com

★ 맛있는 중국어 新HSK **첫걸음 단어 쓰기 워크북 학습법** ★

기본서 '新HSK 1 · 2급 필수 단어 외우기'에서 학습한 단어를 직접 쓰면서 익힐 수 있도록 단어 쓰기 워크북을 구성했습니다. 매일 10개씩 한 달 동안 300개 단어를 익혀 보세요.

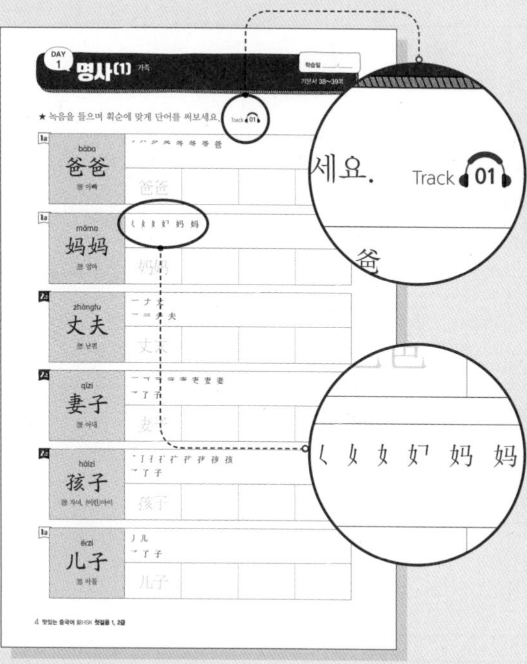

1 녹음 듣기

MP3 파일을 들으며 따라 읽어 보세요.

2 획순 보고 단어 쓰기

1, 2급 300개 단어의 모든 한자에 획순을 제시하여, 올바른 한자 쓰기 방법을 학습할 수 있습니다. 한자! 이젠 그리지 말고, 정확히 따라 써보세요.

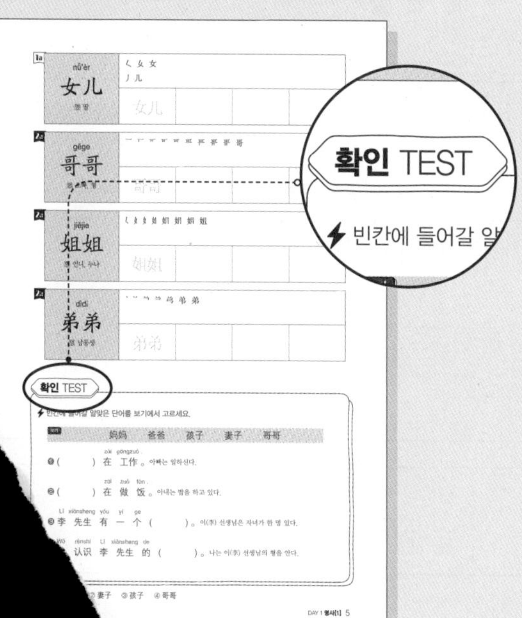

3 확인 TEST 풀기

문제를 풀어 보면서 제대로 학습했는지 확인해 보세요.

4 녹음을 들으며 복습하기

'중국어-한국어'로 녹음되어 있어 들으면서 쉽게 단어를 암기할 수 있어요. 녹음을 다시 한 번 들으며 복습해 보세요.

단어 체크리스트(64~70쪽)에는 중국어와 함께 우리말 뜻도 제시되어 있어요. 복습할 때 확인 체크용이나 휴대용 단어장으로 활용해 보세요.

DAY 1

명사(1) 가족

학습일 ____/____

기본서 38~39쪽

★ 녹음을 들으며 획순에 맞게 단어를 써보세요. Track 01

1급 bàba 爸爸 명 아빠	ノ 八 ク 父 父 爷 答 爸			
	爸爸			
1급 māma 妈妈 명 엄마	ㄑ 女 女 女 妈 妈			
	妈妈			
2급 zhàngfu 丈夫 명 남편	一 ナ 丈 一 二 夫 夫			
	丈夫			
2급 qīzi 妻子 명 아내	一 ㄱ ㅋ 彐 事 妻 妻 妻 ㄱ 了 子			
	妻子			
2급 háizi 孩子 명 자녀, (어린)아이	ㄱ 了 孑 孑 孑 孑 孩 孩 孩 ㄱ 了 子			
	孩子			
1급 érzi 儿子 명 아들	丿 儿 ㄱ 了 子			
	儿子			

1급

nǚ'ér

女儿

명 딸

㇛ 女 女 丿 儿			
女儿			

2급

gēge

哥哥

명 오빠, 형

一 丁 可 可 可 哥 哥 哥 哥 哥			
哥哥			

2급

jiějie

姐姐

명 언니, 누나

㇛ 女 女 如 如 如 姐 姐			
姐姐			

2급

dìdi

弟弟

명 남동생

丶 丷 当 当 弓 弟 弟			
弟弟			

확인 TEST

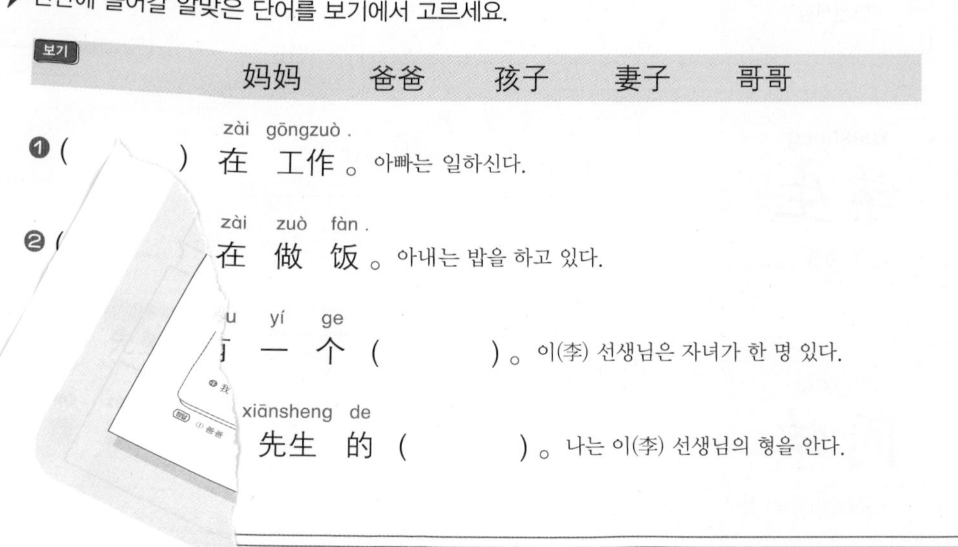

⚡ 빈칸에 들어갈 알맞은 단어를 보기에서 고르세요.

보기 妈妈 爸爸 孩子 妻子 哥哥

❶ ( ) 在 工作。 아빠는 일하신다.
zài gōngzuò .

❷ ( ) 在 做 饭。 아내는 밥을 하고 있다.
zài zuò fàn .

有 一 个 ( )。 이(李) 선생님은 자녀가 한 명 있다.
u yí ge

先生 的 ( )。 나는 이(李) 선생님의 형을 안다.
xiānsheng de

③ 孩子 ④ 哥哥

DAY 2 **명사(2)** 가족/동물/신분 · 직업

학습일 ____/____

기본서 39~41쪽

★ 녹음을 들으며 획순에 맞게 단어를 써보세요. Track 02

2급	mèimei **妹妹** 명 여동생	𡿨 女 女 女 女 奸 妹 妹 妹妹
1급	(xiǎo)gǒu **(小)狗** 명 개, 강아지	亅 小 小 丿 犭 犭 犭 犳 狗 狗 狗 (小)狗
1급	(xiǎo)māo **(小)猫** 명 고양이	亅 小 小 丿 犭 犭 犭 犷 犷 犷 猎 猎 猫 猫 (小)猫
1급	lǎoshī **老师** 명 선생님	一 十 土 耂 耂 老 丨 丿 丿 丌 师 师 老师
1급	xuésheng **学生** 명 학생	丶 丷 丷 ⺍ 𭕄 学 学 学 丿 𠂉 𠂉 牛 生 学生
1급	tóngxué **同学** 명 급우, 같은 반(학교) 친구	丨 冂 冂 同 同 同 丶 丷 丷 ⺍ 𭕄 学 学 学 同学

1급	
péngyou **朋友** 명 친구	丿 刀 月 月 月丿 朋 朋 朋 一 ナ 方 友 朋友
2급	
fúwùyuán **服务员** 명 종업원	丿 刀 月 月 月ᄀ 肜 服 服 / 丨 ㄇ ㅁ ㄕ 吊 员 员 ノ ク 夂 冬 务 服务员
1급	
yīshēng **医生** 명 의사	一 ア 丆 三 戸 医 医 ノ ㅗ 느 牛 生 医生
1급	
xiānsheng **先生** 명 선생, 씨	ノ ㅗ 牛 生 生 先 ノ ㅗ 느 牛 生 先生

확인 TEST

빈칸에 들어갈 알맞은 단어를 보기에서 고르세요.

보기 医生 妹妹 先生 学生 同学

Tā méiyǒu
❶ 他 没有 (　　　)。그는 여동생이 없다.

zài yīyuàn gōngzuò .
❷ (　　　) 在 医院 工作。의사는 병원에서 일한다.

zài jiàoshì xuéxí .
❸ (　　　) 在 教室 学习。학생은 교실에서 공부한다.

Tā shì wǒ de
❹ 他 是 我 的 (　　　)。그는 나의 급우이다.

정답 ① 妹妹 ② 医生 ③ 学生 ④ 同学

명사(3) 신분 · 직업/날짜

학습일 ____/____

기본서 41~44쪽

★ 녹음을 들으며 획순에 맞게 단어를 써보세요. Track 03

1급 xiǎojiě 小姐 명 아가씨, 양	亅 小 小 ㇛ 女 女 如 如 姐 姐 姐 小姐
1급 rén 人 명 사람	丿 人 人
2급 nán(rén) 男(人) 명 남자	丨 冂 日 田 田 男 男 丿 人 男(人)
2급 nǚ(rén) 女(人) 명 여자	㇛ 女 女 丿 人 女(人)
1급 zuótiān 昨天 명 어제	丨 冂 日 日 日' 旷 昨 昨 昨 一 二 チ 天 昨天
1급 jīntiān 今天 명 오늘	丿 人 亼 今 一 二 チ 天 今天

1급

míngtiān
明天
명 내일

丨 冂 日 日 明 明 明 明
一 二 チ 天

明天			

1급

nián
年
명 년

丿 𠂉 𠂉 𠂉 𠂉 年

年			

2급

qùnián
去年
명 작년

一 十 土 去 去
丿 𠂉 𠂉 𠂉 𠂉 年

去年			

1급

yuè
月
명 월

丿 刀 月 月

月			

확인 TEST

빈칸에 들어갈 알맞은 단어를 보기에서 고르세요.

보기 今天　小姐　去年　人　昨天

❶ 王（Wáng）（　　　），请（qǐng） 坐（zuò）。 왕(王) 아가씨, 앉으세요.

❷ 我（Wǒ）（　　　）身体（shēntǐ） 不（bù） 好（hǎo）。 나는 오늘 몸이 안 좋다.

❸ 他（Tā）（　　　）就（jiù） 上（shàng） 学（xué） 了（le）。 그는 작년에 학교에 들어갔다.

❹（　　　）真（zhēn） 多（duō）！ 사람이 정말 많군요!

③ 去年　④ 人

DAY 4

명사(4) 날짜/시간

학습일 ____/____

기본서 44~46쪽

★ 녹음을 들으며 획순에 맞게 단어를 써보세요. Track 04

급수	단어	획순
2급	rì 日 명 일	丨 冂 月 日
1급	hào 号 명 일	丨 冂 口 旦 号
1급	xīngqī 星期 명 요일, 주	丨 冂 日 日 尸 旦 旦 星 星 一 十 卄 廿 甘 甘 其 其 期 期 期 期
2급	shēngrì 生日 명 생일	丿 𠂉 𠂉 牛 生 丨 冂 月 日
2급	zǎoshang 早上 명 아침	丨 冂 日 日 旦 早 丨 卜 上
1급	shàngwǔ 上午 명 오전	丨 卜 上 丿 𠂉 𠂉 午

1급

zhōngwǔ

中午

명 점심

丨 冂 口 中
丿 𠂉 二 午

中午

1급

xiàwǔ

下午

명 오후

一 丅 下
丿 𠂉 二 午

下午

2급

wǎnshang

晚上

명 저녁, 밤

丨 冂 日 日 日′ 日⺈ 旷 昫 昫 晚 晚
丨 卜 上

晚上

1급

xiànzài

现在

명 지금, 현재

一 二 𤣩 王 玑 玑 珋 现
一 ナ 𠂇 𡉀 在 在

现在

확인 TEST

빈칸에 들어갈 알맞은 단어를 보기에서 고르세요.

보기 星期 现在 晚上 生日 下午

❶ 他（Tā）（　　　）四（sì）点（diǎn）回家（huíjiā）。 그는 오후 4시에 집에 돌아간다.

❷ 他（Tā）（　　　）十（shí）点（diǎn）睡觉（shuìjiào）。 그는 밤 10시에 잠을 잔다.

❸（　　　）几（jǐ）点（diǎn）？ 지금 몇 시니?

❹ 明天（Míngtiān）是（shì）我（wǒ）儿子（érzi）的（de）（　　　）。 내일은 내 아들의 생일이다.

정답 ① 下午 ② 晚上 ③ 现在 ④ 生日

DAY 5

명사(5) 시간/장소

학습일 ____/____

기본서 46~48쪽

★ 녹음을 들으며 획순에 맞게 단어를 써보세요. Track 05

1급
shíhou
时候
명 때

丨 冂 日 日 旷 时 时
丿 亻 仆 仁 伫 伫 伫 候 候 候

时候

2급
shíjiān
时间
명 시간

丨 冂 日 日 旷 时 时
丶 亻 门 门 问 间 间

时间

2급
xiǎoshí
小时
명 시간[시간의 양]

亅 小 小
丨 冂 日 日 旷 时 时

小时

1급
fēnzhōng
分钟
명 분[시간의 양]

丿 八 分 分
丿 𠂉 乍 乍 钅 钊 钔 钔 钟

分钟

1급
jiā
家
명 집

丶 丶 宀 宁 宁 宇 家 家 家 家

家

2급
fángjiān
房间
명 방

丶 亠 亠 户 户 户 房 房
丶 亻 门 门 问 间 间

房间

1급

xuéxiào

学校

명 학교

丶 丷 ⺍ ⺌ 𭕄 学 学 学

一 十 木 木 木' 木' 杧 柼 栌 校

学校

2급

jiàoshì

教室

명 교실

一 十 土 耂 耂 孝 孝 孝 孝 教 教

丶 丷 宀 宀 宀 宀 室 室 室

教室

2급

gōngsī

公司

명 회사

丿 八 公 公

𠃌 𠃍 司 司 司

公司

2급

bīnguǎn

宾馆

명 호텔

丶 丷 宀 宀 宀 宀 宾 宾 宾 宾

丿 ⺈ 饣 饣 饣 饣 饣 馆 馆 馆 馆

宾馆

확인 TEST

빈칸에 들어갈 알맞은 단어를 보기에서 고르세요.

보기 公司 时间 学校 小时 教室

Wǒ méiyǒu xiūxi .
❶ 我 没有 ( ) 休息 。 나는 쉴 시간이 없다.

Nǐmen dà ma ?
❷ 你们 ( ) 大 吗 ? 너희 학교는 크니?

Wǒ xiànzài zài gōngzuò .
❸ 我 现在 在 ( ) 工作 。 나는 지금 회사에서 일한다.

Wǒ xuéxí sì ge
❹ 我 学习 四 个 ( ) 。 나는 4시간 동안 공부한다.

정답 ① 时间 ② 学校 ③ 公司 ④ 小时

DAY 6

명사(6) 장소/교통수단

학습일 ____/____

기본서 49~50쪽

★ 녹음을 들으며 획순에 맞게 단어를 써보세요. Track 06

1급 fàndiàn **饭店** 명 호텔, 식당

丿 𠂉 饣 饣 饤 饭 饭
丶 亠 广 广 庀 庀 店 店

饭店

1급 yīyuàn **医院** 명 병원

一 丆 𠂊 𠂎 𠂐 医 医
阝 阝 阝' 阝' 阝' 阝' 阝' 院 院

医院

1급 shāngdiàn **商店** 명 상점, 가게

丶 亠 亠 产 产 产 商 商 商 商 商
丶 亠 广 广 庀 庀 店 店

商店

2급 jīchǎng **机场** 명 공항

一 十 才 木 机 机
一 十 土 坊 场 场

机场

2급 huǒchēzhàn **火车站** 명 기차역

丶 丷 少 火
一 七 亡 车
丶 亠 亠 立 立 立 站 站 站 站

火车站

2급 lù **路** 명 길

丨 口 口 早 早 足 足 足 路 路 路 路 路

路

1급

Zhōngguó

中国

고유 중국

丨 ㄇ 口 中

丨 冂 冂 冃 冃 国 国 国

中国

1급

Běijīng

北京

고유 베이징, 북경

丨 丬 丬 丬' 北

丶 亠 亠 亠 亠 亨 亨 京

北京

2급

gōnggòng qìchē

公共汽车

명 버스

丿 八 公 公

一 十 廿 廿 共 共

丶 丶 氵 氵 汽 汽 汽

一 𠂉 车 车

公共汽车

1급

chūzūchē

出租车

명 택시

𠃊 凵 屮 出 出

一 𠂉 车 车

丿 二 千 禾 禾 利 和 租 租 租

出租车

확인 TEST

빈칸에 들어갈 알맞은 단어를 보기에서 고르세요.

보기 医院 公共汽车 火车站 商店 路

❶ Xiàbān hòu, wǒ yào qù ( ) mǎi dōngxi.
下班 后， 我 要 去 ( ) 买 东西。
퇴근 후에 나는 물건을 사러 상점에 가려고 한다.

❷ Wǒ zài ( ) zuò huǒchē.
我 在 ( ) 坐 火车。 나는 기차역에서 기차를 탄다.

❸ Wǒ zài huíjiā de ( ) shang.
我 在 回家 的 ( ) 上。 나는 집으로 돌아가는 길이다.

❹ Wǒ bàba zuò ( ) shàngbān.
我 爸爸 坐 ( ) 上班。 우리 아빠는 버스를 타고 출근한다.

정답 ① 商店 ② 火车站 ③ 路 ④ 公共汽车

명사(7) 교통수단/방위 · 방향

학습일 ___/___

기본서 50~52쪽

★ 녹음을 들으며 획순에 맞게 단어를 써보세요. Track 07

1급 fēijī 飞机 명 비행기	乁 ⺂ 飞 一 十 才 木 杉 机			
	飞机			
1급 shàng 上 명 위	丨 ⺊ 上			
	上			
1급 xià 下 명 아래	一 丅 下			
	下			
1급 lǐ 里 명 안, 속	丨 冂 日 日 甲 里 里			
	里			
2급 wài 外 명 밖, 바깥	ノ ク 夕 夕 外			
	外			
1급 qiánmiàn 前面 명 앞(쪽)	丶 丷 䒑 广 广 广 前 前 前 一 丆 丆 百 而 而 而 面 面			
	前面			

1급

hòumiàn

后面

명 뒤(쪽)

一 厂 斤 斤 后 后

一 丆 丆 万 而 而 而 面 面

后面

2급

zuǒbian

左边

명 왼쪽

一 ナ 大 左 左

フ 力 力 边 边

左边

2급

yòubian

右边

명 오른쪽

一 ナ 才 右 右

フ 力 力 边 边

右边

2급

pángbiān

旁边

명 옆, 근처

丶 亠 亠 产 产 产 旁 旁 旁 旁

フ 力 力 边 边

旁边

확인 TEST

빈칸에 들어갈 알맞은 단어를 보기에서 고르세요.

보기 | 前面 外 飞机 上 右边

❶ (　　　) 面 的 雪 很 大。(miàn de xuě hěn dà.) 밖에 눈이 많이 내린다.

❷ 他 坐过 (　　　)。(Tā zuòguo) 그는 비행기를 타 본 적 있다.

❸ 医院 就 在 (　　　)。(Yīyuàn jiù zài) 병원이 바로 앞에 있다.

❹ 桌子 (　　　) 有 一 本 书。(Zhuōzi yǒu yì běn shū.) 테이블 위에 책 한 권이 있다.

정답 ① 外 ② 飞机 ③ 前面 ④ 上

DAY 8

명사(8) 학교 생활

학습일 ____/____

기본서 54~55쪽

★ 녹음을 들으며 획순에 맞게 단어를 써보세요. Track 08

2급 xìng **姓** 명 성, 성씨 동 성이 ~이다	𡿨 女 女 女 女 女 姓 姓 姓
1급 míngzi **名字** 명 이름	丿 ク 夕 夕 名 名 丶 丶 宀 宀 字 字 名字
2급 kè **课** 명 수업	丶 讠 讠 讠 讠 讠 讠 课 课 课 课
2급 kǎoshì **考试** 명 시험	一 十 土 耂 耂 考 丶 讠 讠 讠 讠 讠 试 试 考试
1급 shū **书** 명 책	乛 乛 书 书 书
2급 wèntí **问题** 명 문제, 질문	丶 门 门 门 问 问 丨 冂 日 日 旦 早 早 是 是 是 是 是 题 题 题 问题

2급

tí

题

명 (시험) 문제

丨 冂 日 日 旦 早 早 早 是 是 是 是 题 题 题

题

2급

yìsi

意思

명 의미, 뜻

丶 亠 亠 立 产 产 音 音 音 音 意 意 意

丨 冂 日 田 田 用 思 思 思

意思

1급

Hànyǔ

汉语

명 중국어

丶 丶 氵 汈 汉

丶 讠 讠 讠 讠 讠 讵 语 语

汉语

2급

qiānbǐ

铅笔

명 연필

丿 𠂉 𠂉 𠂉 钅 钅 钆 铅 铅 铅

丿 𠂉 𠂉 𠂉 𥫗 𥫗 竺 竺 笁 笔

铅笔

확인 TEST

빈칸에 들어갈 알맞은 단어를 보기에서 고르세요.

보기 意思 名字 课 问题 考试

❶ 你(Nǐ) 叫(jiào) 什么(shénme) (　　　　)？ 너는 이름이 뭐니?

❷ 明天(Míngtiān) 有(yǒu) (　　　　)。 내일 시험이 있다.

❸ 这(Zhè) 是(shì) 什么(shénme) (　　　　)？ 이건 무슨 뜻이니?

❹ 我(Wǒ) 有(yǒu) 很(hěn) 多(duō) (　　　　)。 나는 많은 문제를 가지고 있다.

정답 ① 名字 ② 考试 ③ 意思 ④ 问题

DAY 9

명사(9) 날씨/신체 · 건강/일상생활

학습일 ____/____

기본서 55~58쪽

★ 녹음을 들으며 획순에 맞게 단어를 써보세요. Track 09

1급

zì

字

명 글자

丶 丶 宀 宁 字 字

字

1급

tiānqì

天气

명 날씨

一 二 チ 天

丿 𠂉 𠂉 气

天气

2급

xuě

雪

명 눈

一 ⺁ 冖 币 乕 乕 雨 雨 雪 雪 雪

雪

2급

shēntǐ

身体

명 신체, 몸

丿 丨 门 内 自 自 身

丿 亻 仁 什 休 休 体

身体

2급

yǎnjing

眼睛

명 눈

丨 冂 冃 目 目 目 目 目 眼 眼 眼

丨 冂 冃 目 目 目 目 目 目 睛 睛 睛

眼睛

2급

yào

药

명 약

一 十 艹 艹 艹 艹 艹 药 药

药

2급

mén
门
명 문

丶 ㇀ 门

门

1급

dōngxi
东西
명 물건, 것

一 𠂇 车 东 东
一 丆 冂 丙 襾 西

东西

1급

yīfu
衣服
명 옷

丶 亠 ナ 衣 衣 衣
丿 刀 月 月 月 肕 服 服

衣服

1급

diànshì
电视
명 텔레비전, TV

丨 冂 日 日 电
丶 ㇇ 礻 礻 礼 初 视 视

电视

확인 TEST

빈칸에 들어갈 알맞은 단어를 보기에서 고르세요.

보기 天气 东西 身体 字 眼睛

❶ 今天 (Jīntiān) ( ) 不 (bù) 好 (hǎo)。 오늘 날씨가 안 좋다.

❷ 我 (Wǒ) 要 (yào) 去 (qù) 商店 (shāngdiàn) 买 (mǎi) ( )。 나는 물건을 사러 가게에 가려고 한다.

❸ 我 (Wǒ) ( ) 红 (hóng) 了 (le)。 나는 눈이 빨개졌다.

❹ 我 (Wǒ) 不 (bú) 会 (huì) 写 (xiě) ( )。 나는 글자를 쓸 줄 모른다.

정답 ① 天气 ② 东西 ③ 眼睛 ④ 字

DAY 10

명사(10) 일상생활

학습일 ____/____

기본서 58~59쪽

★ 녹음을 들으며 획순에 맞게 단어를 써보세요. Track 10

급	단어	획순
1급	diànyǐng 电影 명 영화	丨 冂 日 日 电 丨 冂 日 日 旦 早 早 昌 景 景 景 景 景 影 影
1급	diànnǎo 电脑 명 컴퓨터	丨 冂 日 日 电 丿 几 月 月 肚 肸 肸 脑 脑 脑
2급	bàozhǐ 报纸 명 신문	一 十 扌 扌 扌 报 报 乙 纟 纟 纟 纤 纸 纸
2급	shǒubiǎo 手表 명 손목시계	一 二 三 手 一 二 三 キ 丰 耒 表 表
2급	yánsè 颜色 명 색깔	丶 亠 亡 产 产 产 彦 彦 彦 彦 颜 颜 颜 颜 颜 丿 ク 乌 色 色 色
2급	shìqing 事情 명 일, 사건	一 一 曰 曰 耳 耳 耳 事 丶 丶 忄 忄 忄 忄 忄 忄 情 情 情

2급 shǒujī **手机** 명 휴대폰	一 二 三 手 一 十 才 木 机 机
	手机

2급 piào **票** 명 표, 티켓	一 一 冖 冊 覀 覀 覀 覀 覀 覀 票
	票

1급 bēizi **杯子** 명 잔, 컵	一 十 才 木 木 杉 杯 杯 了 了 子
	杯子

1급 yǐzi **椅子** 명 의자	一 十 才 木 木 杧 杧 杧 柠 椅 椅 椅 了 了 子
	椅子

확인 TEST

빈칸에 들어갈 알맞은 단어를 보기에서 고르세요.

보기 票 事情 颜色 电脑 电影

❶ Wǒ nǚ'ér hěn xǐhuan kàn
我 女儿 很 喜欢 看 (　　　　)。내 딸은 영화 보는 것을 매우 좋아한다.

❷ Zhè shì wǒ zuì xǐhuan de
这 是 我 最 喜欢 的 (　　　　)。이건 내가 제일 좋아하는 색이다.

❸ Wǒ yào qù mǎi diànyǐng
我 要 去 买 电影 (　　　　)。나는 영화표를 사러 가려고 한다.

❹ Nǐ yǒu shénme
你 有 什么 (　　　　)? 너 무슨 일 있니?

정답 ① 电影 ② 颜色 ③ 票 ④ 事情

명사(11) 일상생활/음식

학습일 ____/____

기본서 60~61쪽

★ 녹음을 들으며 획순에 맞게 단어를 써보세요. Track 11

급수	단어	획순
1급	zhuōzi 桌子 명 테이블, 탁자	桌 / 子
1급	qián 钱 명 돈	钱
1급	cài 菜 명 요리, 음식	菜
1급	mǐfàn 米饭 명 쌀밥	米 / 饭
2급	miàntiáo 面条 명 국수, 면	面 / 条
2급	jīdàn 鸡蛋 명 계란, 달걀	鸡 / 蛋

2급

yú

鱼

명 생선, 물고기

丿 ⺈ 𠂊 各 各 角 角 鱼

鱼

2급

yángròu

羊肉

명 양고기

丶 丷 䒑 兰 兰 羊

丨 冂 内 内 肉 肉

羊肉

1급

shuǐ

水

명 물

亅 刁 水 水

水

2급

niúnǎi

牛奶

명 우유

丿 𠂉 二 牛

乚 女 女 奶 奶

牛奶

확인 TEST

빈칸에 들어갈 알맞은 단어를 보기에서 고르세요.

보기 羊肉 钱 桌子 面条 菜

❶ (　　　) 有点儿(yǒudiǎnr) 贵(guì)。 양고기는 조금 비싸다.

❷ (　　　) 比(bǐ) 椅子(yǐzi) 还(hái) 贵(guì)。 테이블은 의자보다 더 비싸다.

❸ 我(Wǒ) 没有(méiyǒu) (　　　)。 나는 돈이 없다.

❹ 我(Wǒ) 不(bú) 太(tài) 喜欢(xǐhuan) 吃(chī) (　　　)。 나는 국수 먹는 걸 별로 좋아하지 않는다.

정답 ① 羊肉 ② 桌子 ③ 钱 ④ 面条

DAY 12

명사(12) 음식 동사(1) 인사말

학습일 ____/____

기본서 61~64쪽

★ 녹음을 들으며 획순에 맞게 단어를 써보세요. Track 12

2급 kāfēi 咖啡 명 커피	丨 口 口 叨 叻 咖 咖 咖 丨 口 口 叮 吖 吖 吖 啡 啡 啡 啡			
	咖啡			
1급 chá 茶 명 차, tea	一 十 艹 ⺾ 艾 苁 苓 茶 茶			
	茶			
1급 shuǐguǒ 水果 명 과일	亅 才 水 水 丨 冂 日 日 旦 甲 果 果			
	水果			
1급 píngguǒ 苹果 명 사과	一 十 艹 艹 芒 苹 苹 苹 丨 冂 日 日 旦 甲 果 果			
	苹果			
2급 xīguā 西瓜 명 수박	一 冂 丙 丙 西 西 一 厂 兀 瓜 瓜			
	西瓜			
1급 xièxie 谢谢 동 고마워요, 감사해요	丶 讠 讠 讠 讠 讠 讠 讠 谄 谢 谢 谢			
	谢谢			

1급

bú kèqi

不客气

천만에요

一 丆 不 不 | ノ 𠂉 𠂉 气

丶 丶丶 宀 宀 ⺈ 安 客 客 客

不客气

1급

duìbuqǐ

对不起

동 미안해요, 죄송해요

フ ヌ ヌ一 对 对 | 一 十 土 丰 丰 丰 走 起 起 起

一 丆 不 不

对不起

1급

méi guānxi

没关系

괜찮아요

丶 丶 氵 氵 氵 沙 没 | 一 ㄠ 幺 幺 系 系 系

丶 丷 丷 丷 关 关

没关系

1급

zàijiàn

再见

동 잘 가요, 안녕

一 厂 冂 丙 再 再

丨 冂 贝 见

再见

확인 TEST

빈칸에 들어갈 알맞은 단어를 보기에서 고르세요.

보기 谢谢 西瓜 没关系 咖啡 苹果

Duìbuqǐ.
❶ A: 对不起。미안해요. B: ( )。괜찮아요.

Bú kèqi.
❷ A: ( ) 고마워요. B: 不 客气。천만에요.

Zhège zhēn hǎochī.
❸ 这个 ( ) 真 好吃。이 수박은 정말 맛있다.

Wǒ yě yào yì bēi
❹ 我 也 要 一 杯 ( )。나도 커피 한 잔을 원한다.

정답 ① 没关系 ② 谢谢 ③ 西瓜 ④ 咖啡

DAY 13

동사(2) 조동사/관계 · 존재 · 소유/심리 · 인지

학습일 ____/____

기본서 65~66쪽

★ 녹음을 들으며 획순에 맞게 단어를 써보세요. Track 13

1급	huì 会 조동 ~할 수 있다, ~할 줄 안다, ~일 것이다	会
1급	néng 能 조동 ~할 수 있다	能
2급	kěyǐ 可以 조동 ~할 수 있다, ~해도 된다	可以
2급	yào 要 조동 ~하고 싶다, ~하고자 하다, ~해야 한다	要
1급	xiǎng 想 조동 ~하고 싶다	想
1급	shì 是 동 ~이다	是

1급	
yǒu **有** 동 있다, 가지고 있다	一 ナ 冇 有 有 有 有
1급	
ài **爱** 동 사랑하다, 몹시 좋아하다	一 ⺈ ⺈ ⺤ ⺤ 爫 爫 爯 爱 爱 爱
1급	
xǐhuan **喜欢** 동 좋아하다	一 十 士 吉 吉 吉 吉 吉 吉 喜 喜 喜 ㄱ ヌ 又 欢 欢 欢 喜欢
2급	
zhīdào **知道** 동 알다	ノ 㐅 ⺧ 午 矢 知 知 知 丶 丷 䒑 䒑 产 首 首 首 首 首 道 道 道 知道

확인 TEST

빈칸에 들어갈 알맞은 단어를 보기에서 고르세요.

보기　想　有　是　会　能

❶ 你 (　　　) 游泳 吗？ 너는 수영할 줄 아니?
Nǐ yóuyǒng ma ?

❷ 教室 里 (　　　) 很 多 学生。 교실 안에 많은 학생들이 있다.
Jiàoshì li hěn duō xuésheng .

❸ 我 很 (　　　) 休息。 나는 너무 쉬고 싶어.
Wǒ hěn xiūxi .

❹ 这 (　　　) 我们 的 教室。 여기가 우리의 교실이다.
Zhè wǒmen de jiàoshì .

정답 ① 会　② 有　③ 想　④ 是

학습일 ____/____

기본서 67~69쪽

★ 녹음을 들으며 획순에 맞게 단어를 써보세요. Track 14

2급 juéde
觉得
동 (~라고) 생각하다, 여기다

丶 丷 ⺍ 𰀀 ⺌ 尚 尚 觉 觉
丿 彳 彳 彳 彳 彳 彳 得 得 得 得

觉得

1급 rènshi
认识
동 (사람·길·글자를) 알다

丶 讠 认 认
丶 讠 讠 识 识 识 识

认识

2급 xīwàng
希望
동 희망하다, 바라다

丿 乂 ⺈ 产 产 肴 希
丶 亠 亡 亡 切 切 胡 胡 望 望 望

希望

2급 jièshào
介绍
동 소개하다

丿 人 介 介
𠃋 纟 纟 纟 纫 纫 绍 绍

介绍

1급 jiào
叫
동 (~라고) 부르다

丨 ㄇ 口 叫 叫

叫

1급 zuò
做
동 하다

丿 亻 亻 仁 什 估 估 估 估 做 做

做

1급

chī

吃

동 먹다

丨 ㄇ 口 口' 口ㄏ 吃

吃

1급

hē

喝

동 마시다

丨 ㄇ 口 口' 口ㄇ 口日 口日 口旦 喝 喝 喝 喝

喝

1급

shuō

说

동 말하다

` 讠 讠' 讠'' 讠" 䜣 䜣 说 说

说

2급

shuōhuà

说话

동 말을 하다

` 讠 讠' 讠'' 讠" 䜣 䜣 说 说

` 讠 讠一 讠二 讠千 讠千 话 话

说话

확인 TEST

빈칸에 들어갈 알맞은 단어를 보기에서 고르세요.

보기 认识 做 吃 介绍 喝

❶ Wǒ ( ) yí wèi Hànyǔ lǎoshī .
我 ( ) 一 位 汉语 老师 。 나는 중국어 선생님 한 분을 안다.

❷ Wǒ hěn xǐhuan ( ) cài .
我 很 喜欢 ( ) 菜 。 나는 요리하는 걸 매우 좋아한다.

❸ Wǒ fēicháng xǐhuan ( ) Zhōngguó cài .
我 非常 喜欢 ( ) 中国 菜 。 나는 중국 음식 먹는 것을 굉장히 좋아한다.

❹ Nǐ gěi dàjiā ( ) yíxià .
你 给 大家 ( ) 一下 。 모두에게 소개하렴.

정답 ① 认识 ② 做 ③ 吃 ④ 介绍

DAY 15

동사(4) 동작/방향 · 길 찾기

학습일 ____/____

기본서 69~71쪽

★ 녹음을 들으며 획순에 맞게 단어를 써보세요. Track 15

1급

kàn

看

동 보다

一 二 三 手 矛 看 看 看 看

看

1급

tīng

听

동 듣다

丨 冂 口 口 叮 吓 听

听

1급

kànjiàn

看见

동 보이다, 발견하다

一 二 三 手 矛 看 看 看 看

丨 冂 贝 见

看见

2급

xiào

笑

동 웃다

丿 𠂉 𥫗 𥫗 𥫗 𥫗 竺 竺 笑 笑

笑

1급

lái

来

동 오다

一 ㇀ 丷 䒑 平 来 来

来

1급

qù

去

동 가다

一 十 土 去 去

去

2급

dào
到
동 도착하다, 이르다

一 𠫔 𠫔 𠫔 至 至 到 到

到

2급

jìn
进
동 들어오다, 들어가다

一 二 井 井 `井 讲 进

进

2급

chū
出
동 나오다, 나가다

乚 凵 屮 出 出

出

1급

huí
回
동 돌아오다, 돌아가다

丨 冂 冂 问 问 回

回

확인 TEST

빈칸에 들어갈 알맞은 단어를 보기에서 고르세요.

보기 笑 去 看 到 出

❶ 我(Wǒ) 也(yě) 喜欢(xǐhuan) ( ) 中国(Zhōngguó) 电影(diànyǐng)。 나도 중국 영화 보는 것을 좋아한다.

❷ 我(Wǒ) 妈妈(māma) 还(hái) 没(méi) ( )。 우리 엄마는 아직 도착하지 않았어.

❸ 你们(Nǐmen) 为什么(wèishénme) ( )? 너희는 왜 웃니?

❹ 我(Wǒ) 可以(kěyǐ) ( ) 你(nǐ) 家(jiā) 玩儿(wánr) 吗(ma)? 내가 너희 집에 가서 놀아도 되니?

정답 ① 看 ② 到 ③ 笑 ④ 去

DAY 16

동사(5) 방향 · 길 찾기/일상생활

학습일 ____/____

기본서 72~73쪽

★ 녹음을 들으며 획순에 맞게 단어를 써보세요. Track 16

1급 kāi 开 동 (문을) 열다, (기계를) 켜다, (차를) 운전하다	一 二 于 开
	开

1급 zuò 坐 동 앉다, (교통수단을) 타다	丿 人 从 从 丛 坐 坐
	坐

2급 zǒu 走 동 걷다, 가다, 떠나다	一 十 土 丰 丰 走 走
	走

1급 qǐng 请 동 ~하세요, 청하다	丶 讠 讠 讠 讠 讠 诗 请 请 请
	请

1급 zhù 住 동 살다	丿 亻 亻 亻 仁 住 住
	住

1급 dǎ diànhuà 打电话 동 전화를 하다, 전화를 걸다	一 十 扌 扌 打 / 丨 冂 日 日 电 / 丶 讠 讠 讠 讠 诉 话 话
	打电话

2급 wán(r) 玩(儿) 동 놀다	一 二 千 王 王 王 玩 玩 丿 儿	玩(儿)
2급 chuān 穿 동 입다	丶 丶 宀 宀 宀 穴 空 穿 穿	穿
2급 xǐ 洗 동 씻다, 닦다, (옷을) 빨다	丶 丶 氵 氵 氵 汁 洪 洪 洗	洗
2급 chànggē 唱歌 동 노래를 부르다	丨 口 口 口 口 口 口 叫 唱 唱 唱 一 丁 丁 可 可 可 哥 哥 哥 哥 哥 歌 歌 歌	唱歌

확인 TEST

빈칸에 들어갈 알맞은 단어를 보기에서 고르세요.

보기 打电话　穿　住　坐　走

❶ Wǒ māma měi tiān gěi wǒ gēge
我 妈妈 每 天 给 我 哥哥 (　　　)。
우리 엄마는 매일 우리 오빠에게 전화를 한다.

❷ Wǒ gēge zài Běijīng.
我 哥哥 (　　　) 在 北京。우리 오빠는 베이징에 살고 있다.

❸ Wǒ yào gōnggòng qìchē qù.
我 要 (　　　) 公共 汽车 去。나는 버스 타고 갈 거예요.

❹ Tā xǐhuan bái yīfu.
他 喜欢 (　　　) 白 衣服。그는 흰 옷 입는 걸 좋아한다.

정답 ① 打电话　② 住　③ 坐　④ 穿

DAY 17

동사(6) 일상생활/운동 · 여행

학습일 ____/____

기본서 73~76쪽

★ 녹음을 들으며 획순에 맞게 단어를 써보세요. Track 17

2급	획순
tiàowǔ 跳舞 동 춤을 추다	丨 ⼝ ⼝ ⻊ ⻊ ⻊ ⻊ 趵 趵 趵 跳 跳 跳 丿 ⺈ ⺧ 乍 乍 無 無 無 無 舞 舞 舞 舞 舞
	跳舞

2급	획순
qǐchuáng 起床 동 기상을 하다, 일어나다	一 十 土 丰 丰 走 走 起 起 起 丶 亠 广 庐 庄 床 床
	起床

1급	획순
shuìjiào 睡觉 동 잠을 자다	丨 ⺆ 目 目 目 盯 盯 盱 睡 睡 睡 睡 睡 丶 丷 ⺌ ⺍ 〻 ⺌ 尝 觉 觉
	睡觉

1급	획순
xiàyǔ 下雨 동 비가 내리다	一 丅 下 一 厂 冂 币 币 雨 雨 雨
	下雨

2급	획순
xiūxi 休息 동 쉬다, 휴식하다	丿 亻 仁 什 休 休 丿 亻 白 白 自 自 自 息 息 息
	休息

2급	획순
shēngbìng 生病 동 병이 나다	丿 𠂉 仁 牛 生 丶 亠 广 疒 疒 疒 疒 病 病 病
	生病

2급

yùndòng
运动
동 운동하다

一 二 亍 云 运 运 运
一 二 亍 云 云 动

运动			

2급

yóuyǒng
游泳
동 수영하다

丶 丶 氵 氵 氵 汸 汸 汸 游 游 游 游
丶 丶 氵 氵 汀 汈 泳 泳

游泳			

2급

pǎobù
跑步
동 달리기를 하다, 조깅을 하다

丨 冂 口 ⻊ ⻊ ⻊ 足 趵 趵 趵 跑 跑
丨 卜 止 止 屮 步 步

跑步			

2급

tī zúqiú
踢足球
동 축구를 하다

丨 冂 口 ⻊ ⻊ ⻊ 足 ⻊ 踢 踢 踢 踢 踢 踢 踢 | 一 二 千 王 玗 玗 玗 球 球 球 球
丨 冂 口 ⻊ ⻊ 足 足

踢足球			

확인 TEST

빈칸에 들어갈 알맞은 단어를 보기에서 고르세요.

보기 | 跑步 | 休息 | 下雨 | 游泳 | 起床

❶ 我 喜欢 (　　　　)。 나는 수영하는 걸 좋아한다.
(Wǒ xǐhuan)

❷ 外面 (　　　　) 呢。 밖에 비가 내리고 있다.
(Wàimiàn ... ne.)

❸ 每 天 早上 他 不 想 (　　　　)。 매일 아침 그는 일어나기 싫어한다.
(Měi tiān zǎoshang tā bù xiǎng)

❹ 听说 (　　　　) 对 身体 很 好。 듣자 하니 달리기가 몸에 좋다고 한다.
(Tīngshuō ... duì shēntǐ hěn hǎo.)

정답 ① 游泳 ② 下雨 ③ 起床 ④ 跑步

DAY 18

동사(7) 운동·여행/쇼핑

학습일 ____/____

기본서 76~78쪽

★ 녹음을 들으며 획순에 맞게 단어를 써보세요. Track 18

2급 dǎ lánqiú 打篮球 동 농구를 하다	一 十 扌 扌 打 | 一 二 干 王 王 玗 玗 球 球 球 球 / 丿 𠂉 ⺮ ⺮ ⺮ 竺 竺 竺 笁 筜 筜 筜 篮 篮 篮 篮
	打篮球
2급 lǚyóu 旅游 동 여행하다	丶 亠 方 方 方 方 於 旅 旅 旅 / 丶 丶 氵 氵 氵 汸 汸 汸 游 游 游 游
	旅游
2급 zhǎo 找 동 찾다	一 十 扌 扌 扌 找 找
	找
2급 sòng 送 동 보내다, 선물하다	丶 丷 兰 兰 关 关 关 送 送
	送
2급 mài 卖 동 팔다	一 十 土 土 圭 圭 壶 卖
	卖
1급 mǎi 买 동 사다	乛 乛 乛 乛 买 买
	买

2급

gěi
给
동 주다

㇀ ㇁ 纟 纟 纟 纵 给 给 给

给

2급

děng
等
동 기다리다

丿 𠂉 ⺮ ⺮ ⺮ 竺 竺 竺 竺 笙 等 等

等

2급

ràng
让
동 시키다, ~하게 하다

丶 讠 讠 讣 让

让

2급

wán
完
동 완료하다, 마치다

丶 丶 宀 宀 宇 宇 完

完

확인 TEST

빈칸에 들어갈 알맞은 단어를 보기에서 고르세요.

보기 | 让 找 卖 送 买

❶ 我 要 (　　) 我 朋友 一 个 礼物。(Wǒ yào … wǒ péngyou yí ge lǐwù.)
나는 내 친구에게 선물을 하나 주려고 한다.

❷ 你 (　　) 什么? (Nǐ … shénme?) 무엇을 찾으세요?

❸ 我 要 (　　) 红 的。(Wǒ yào … hóng de.) 나는 빨간 것을 살래요.

❹ (　　) 我 想 一 想。(… wǒ xiǎng yi xiǎng.) 제가 생각 좀 하게 해주세요.

정답 ① 送 ② 找 ③ 买 ④ 让

DAY 19

동사(8) 학교 · 회사 생활

학습일 ____/____

기본서 78~79쪽

★ 녹음을 들으며 획순에 맞게 단어를 써보세요. Track 19

1급	gōngzuò 工作 동 일하다	一 丅 工 / 丿 亻 亻 亻 作 作 作
2급	shàngbān 上班 동 출근하다	丨 卜 上 / 一 二 千 王 王 玎 玎 玥 班 班
2급	kāishǐ 开始 동 시작하다	一 二 于 开 / 𡿨 女 女 女 妒 始 始 始
1급	xuéxí 学习 동 공부하다	丶 丷 丷 ⺍ ⺍ 学 学 学 / 乛 习 习
1급	dú 读 동 읽다	丶 讠 讠 讠 计 诗 诗 读 读 读
1급	xiě 写 동 쓰다	丶 冖 冖 写 写

2급

dǒng
懂
동 이해하다

丶 忄 忄 忄 忄 忄 忄 忄 忄 忄 忄 忄 忄 懂 懂

懂

2급

wèn
问
동 묻다, 질문하다

丶 门 门 问 问 问

问

2급

gàosu
告诉
동 알려주다, 말해 주다

丿 ⺈ 牛 牛 牛 告 告
丶 讠 讠 讠 讠 诉 诉

告诉

2급

zhǔnbèi
准备
동 준비하다

丶 冫 冫 冫 冫 冫 冫 冫 准 准
丿 夂 夂 冬 各 各 备 备

准备

확인 TEST

빈칸에 들어갈 알맞은 단어를 보기에서 고르세요.

보기 告诉 懂 上班 读 学习

❶ 她(Tā) 从(cóng) 星期一(xīngqīyī) 到(dào) 星期五(xīngqīwǔ) ( )。 그녀는 월요일부터 금요일까지 출근을 한다.

❷ 她(Tā) 有(yǒu) 很(hěn) 多(duō) 不(bù) ( ) 的(de) 问题(wèntí)。 그녀는 모르는 문제가 너무 많다.

❸ 她(Tā) 星期六(xīngqīliù) ( ) 汉语(Hànyǔ)。 그녀는 토요일에 중국어를 공부한다.

❹ 她(Tā) 上课(shàngkè) 的(de) 时候(shíhou) ( ) 课文(kèwén)。 그녀는 수업을 할 때 본문을 읽는다.

정답 ① 上班 ② 懂 ③ 学习 ④ 读

DAY 20 **동사(9)** 학교·회사 생활 **형용사(1)** 상태·성질

학습일 ____/____

기본서 79~82쪽

★ 녹음을 들으며 획순에 맞게 단어를 써보세요. Track 20

2급 bāngzhù 帮助 동 돕다, 도와주다	一 二 三 丰 丰3 邦 邦 帮 帮 丨 冂 日 月 且 助 助		
帮助			

1급 hǎo 好 형 좋다	ㄑ 女 女 女ˉ 好 好		
好			

1급 gāoxìng 高兴 형 기쁘다	丶 亠 亠 亠 亠 亠 亠 高 高 高 丶 丷 丷 业 业 兴		
高兴			

2급 kuàilè 快乐 형 즐겁다	丶 丶 忄 忄 忄 快 快 一 二 乐 乐 乐		
快乐			

1급 piàoliang 漂亮 형 예쁘다	丶 丶 氵 氵 氵 氵 氵 氵 氵 氵 氵 漂 漂 漂 丶 亠 亠 亠 亠 亠 亠 亭 亮		
漂亮			

2급 hǎochī 好吃 형 맛있다	ㄑ 女 女 女ˉ 好 好 丨 口 口 口ˊ 口ˊ 吃		
好吃			

2급 máng 忙 형 바쁘다	丶 丷 忄 忄 忙 忙
	忙

2급 lèi 累 형 피곤하다, 힘들다	丨 冂 日 田 田 甲 罒 罗 罗 累 累
	累

2급 cháng 长 형 (길이가) 길다	ノ 二 长 长
	长

2급 xīn 新 형 새롭다	丶 亠 亣 亣 立 立 辛 辛 亲 亲 新 新 新
	新

확인 TEST

빈칸에 들어갈 알맞은 단어를 보기에서 고르세요.

보기 帮助 高兴 漂亮 累 忙

❶ Jiàndào nǐ, wǒ hěn
见到 你， 我 很 (　　　)。 널 만나서 정말 기쁘다.

❷ Wǒ yào tā.
我 要 (　　　) 她 。 나는 그녀를 도와주고 싶다.

❸ Jīntiān nǐ hěn
今天 你 很 (　　　)。 오늘 너는 정말 예쁘다.

❹ Jīntiān wǒ yǒudiǎnr
今天 我 有点儿 (　　　)。 오늘 나는 조금 피곤하다.

정답 ① 高兴 ② 帮助 ③ 漂亮 ④ 累

DAY 21

형용사(2) 상태 · 성질/반의어

학습일 ____/____

기본서 82~84쪽

★ 녹음을 들으며 획순에 맞게 단어를 써보세요. Track 21

2급	gāo 高 형 (높이가) 높다, (키가) 크다	丶 亠 亡 ⺊ 亠 亨 高 高 高 高
2급	hóng 红 형 붉다, 빨갛다	㇜ ㇜ ㇀ 纟 红 红
2급	bái 白 형 희다, 하얗다	′ 𠂆 白 白 白
2급	hēi 黑 형 검다	丨 冂 冂 冋 𠁧 甲 里 里 黑 黑 黑 黑
1급	dà 大 형 (크기가) 크다, (나이가) 많다, (비·눈이) 많다, 크다	一 ナ 大
1급	xiǎo 小 형 (크기가) 작다, (나이가) 적다, (비·눈이) 적다, 작다	亅 小 小

1급

duō
多
형 (양이) 많다

丿 ㇇ 夕 多 多 多

多

1급

shǎo
少
형 (양이) 적다

丨 ⺌ 小 少

少

2급

kuài
快
형 빠르다

丶 丷 忄 忄⁷ 忄⁼ 快 快

快

2급

màn
慢
형 느리다

丶 丷 忄 忄 忄 忄 忄 忄 忄 忄 忄 忄 慢 慢

慢

확인 TEST

빈칸에 들어갈 알맞은 단어를 보기에서 고르세요.

보기 高 黑 大 小 少

❶ 他(Tā) 比(bǐ) 我(wǒ) ( )。 그는 나보다 나이가 많다.

❷ 他(Tā) 比(bǐ) 我(wǒ) 姐姐(jiějie) ( )。 그는 우리 누나보다 나이가 적다.

❸ 他(Tā) 个子(gèzi) 很(hěn) ( )。 그는 키가 크다.

❹ 他(Tā) 的(de) 手机(shǒujī) 是(shì) ( )的(de)。 그의 휴대폰은 검은 것이다.

정답 ① 大 ② 小 ③ 高 ④ 黑

DAY 22

형용사(3) 반의어

학습일 ____/____

기본서 84~85쪽

★ 녹음을 들으며 획순에 맞게 단어를 써보세요. Track 22

1급 lěng 冷 형 춥다	丶 冫 冫 冫 冷 冷 冷
	冷

1급 rè 热 형 덥다	一 扌 扌 执 执 执 执 热 热 热
	热

2급 qíng 晴 형 (날이) 맑다	丨 冂 日 日 日 日 旿 旿 旿 晴 晴 晴
	晴

2급 yīn 阴 형 (날이) 흐리다	阝 阝 阴 阴 阴 阴
	阴

2급 yuǎn 远 형 멀다	一 二 テ 元 元 远 远
	远

2급 jìn 近 형 가깝다	一 厂 斤 斤 斤 沂 近
	近

2급

guì
贵
형 비싸다

丨 冂 口 中 虫 冉 冉 贵 贵

贵			

2급

piányi
便宜
형 싸다

丿 亻 亻 仁 佰 佰 佰 便 便
丶 丶 宀 宀 宁 宜 宜 宜

便宜			

2급

cuò
错
형 틀리다

丿 ㅏ ㅑ ㅕ 钅 钅 钅 钳 钳 钳 错 错 错

错			

2급

duì
对
형 맞다

フ 又 对 对 对

对			

확인 TEST

빈칸에 들어갈 알맞은 단어를 보기에서 고르세요.

보기 热 阴 便宜 近 冷

❶ 今天 (　　　) 天。 오늘은 흐린 날씨야.
(Jīntiān ... tiān.)

❷ 有点儿 冷， 不 (　　　) 。 조금 추워, 덥지 않아.
(Yǒudiǎnr lěng, bú ...)

❸ 我们 买 (　　　) 点儿 的 吧 。 우리 좀 더 싼 것을 사자.
(Wǒmen mǎi ... diǎnr de ba.)

❹ 我 家 很 (　　　) 。 우리 집은 가깝다.
(Wǒ jiā hěn ...)

정답 ① 阴 ② 热 ③ 便宜 ④ 近

DAY 23

대명사(1) 인칭대명사/지시대명사

학습일 ____/____

기본서 87~89쪽

★ 녹음을 들으며 획순에 맞게 단어를 써보세요. Track 23

1급	wǒ 我 대 나, 저	㇀ 二 于 手 找 我 我			
		我			
1급	nǐ 你 대 너, 당신	ノ 亻 𠆢 仆 伫 你 你			
		你			
2급	nín 您 대 당신[你의 존칭]	ノ 亻 𠆢 仆 伫 你 你 您 您 您 您			
		您			
1급	tā 他 대 그	ノ 亻 仁 仲 他			
		他			
1급	tā 她 대 그녀	㇛ 女 女 女 如 她			
		她			
1급	wǒmen 我们 대 우리(들), 저희(들)	㇀ 二 于 手 找 我 我 ノ 亻 亻 们 们			
		我们			

2급

dàjiā
大家
대 모두들, 여러분

一 ナ 大
` ⺀ 宀 宀 宀 宇 宇 家 家 家

大家

2급

tā
它
대 그것

` ⺀ 宀 宀 它

它

1급

zhè
这
대 이(것/사람)

` 亠 ナ 文 文 汶 这

这

1급

nà
那
대 그(것/사람), 저(것/사람)

丁 刁 彐 冄 那 那

那

확인 TEST

빈칸에 들어갈 알맞은 단어를 보기에서 고르세요.

보기 她 这 大家 我们 你

❶ ( ) 是 我 的 姐姐 。 (shì wǒ de jiějie.) 이 사람은 내 언니다.

❷ ( ) 一起 上课 吧。 (yìqǐ shàngkè ba.) 여러분 같이 수업합시다.

❸ ( ) 是 我 妈妈 。 (shì wǒ māma.) 그녀는 나의 엄마다.

❹ ( ) 都 是 同学 。 (dōu shì tóngxué.) 우리는 모두 급우이다.

정답 ① 这 ② 大家 ③ 她 ④ 我们

DAY 24 대명사(2) 지시대명사/의문대명사 수사(1)

학습일 ____/____

기본서 89~93쪽

★ 녹음을 들으며 획순에 맞게 단어를 써보세요. Track 24

2급 měi **每** 대 모든, 매, ~마다	ノ 𠂉 仁 勾 勾 每 每
1급 shéi **谁** 대 누구	丶 讠 讠 讠 讠 讠 讠 谁 谁 谁
1급 nǎ **哪** 대 어느, 어떤	丨 口 口 叮 叮 吗 明 哪 哪
1급 nǎr **哪儿** 대 어디	丨 口 口 叮 叮 吗 明 哪 哪 丿 儿
1급 shénme **什么** 대 무엇, 무슨	丿 亻 仁 什 丿 么 么
1급 duōshao **多少** 대 얼마, 몇	丿 ク 夕 多 多 多 丨 小 小 少

1급	
zěnme 怎么 대 어떻게, 왜, 어째서	ノ 𠂉 𠂉 乍 乍 乍 怎 怎 怎 ノ 么 么 怎么
zěnmeyàng 怎么样 대 어떠하다	ノ 𠂉 𠂉 乍 乍 乍 怎 怎 怎 | 一 十 木 木 杧 杧 栏 栏 栏 样 ノ 么 么 怎么样

2급	
wèishénme 为什么 대 왜	丶 ソ 为 为 | ノ 么 么 ノ 亻 仁 什 为什么
líng 零 수 0, 영	一 ㄏ 币 币 币 雨 雨 雨 霁 霁 零 零 零 零

확인 TEST

빈칸에 들어갈 알맞은 단어를 보기에서 고르세요.

보기 谁 什么 怎么样 每 怎么

❶ Tā 她 (　　　) tiān 天 dōu 都 kàn 看 shū 书。 그녀는 매일 책을 본다.

❷ Nǐ 你 xiǎng 想 mǎi 买 (　　　)？ 너는 뭘 사고 싶니?

❸ Nǐmen 你们 shì 是 (　　　) rènshi 认识 de 的？ 너희는 어떻게 알게 되었니?

❹ Tā 他 shì 是 (　　　)？ 그는 누구니?

정답 ① 每 ② 什么 ③ 怎么 ④ 谁

DAY 25

수사(2)

학습일 ____/____

기본서 93~94쪽

★ 녹음을 들으며 획순에 맞게 단어를 써보세요. Track 25

1급	
yī 一 수 1, 하나	一
	一

1급	
èr 二 수 2, 둘	一 二
	二

2급	
liǎng 两 수 2, 둘	一 丁 万 丙 丙 两 两
	两

1급	
sān 三 수 3, 셋	一 二 三
	三

1급	
sì 四 수 4, 넷	丨 冂 冂 四 四
	四

1급	
wǔ 五 수 5, 다섯	一 丅 五 五
	五

1급

liù

六

수 6, 여섯

丶 亠 六 六

六			

1급

qī

七

수 7, 일곱

一 七

七			

1급

bā

八

수 8, 여덟

丿 八

八			

1급

jiǔ

九

수 9, 아홉

丿 九

九			

확인 TEST

빈칸에 들어갈 알맞은 단어를 보기에서 고르세요.

보기 五 两 八 二 四

Zhè jiàn yīfu shì ( ) qiān kuài qián .
❶ 这 件 衣服 是 ( ) 千 块 钱 。이 옷은 2000위안이다.

Jīnnián tā ( ) suì le .
❷ 今年 他 ( ) 岁 了 。올해 그는 다섯 살이다.

Yì jīn píngguǒ ( ) kuài qián.
❸ 一 斤 苹果 ( ) 块 钱。사과 한 근에 4위안이다.

Wǒ zhù zài sān líng ( ) fángjiān .
❹ 我 住 在 三 零 ( ) 房间 。나는 308호에 산다.

정답 ① 两 ② 五 ③ 四 ④ 八

DAY 26

수사(3) 양사(1)

학습일 ____/____

기본서 94~96쪽

★ 녹음을 들으며 획순에 맞게 단어를 써보세요. Track 26

1급	shí 十 수 10, 열	一 十
2급	bǎi 百 수 100, 백	一 丆 丆 百 百 百
2급	qiān 千 수 1000, 천	一 二 千
2급	dì-yī 第一 수 첫 번째	丿 𠂉 ⺮ ⺮ 竺 笞 笃 笃 笃 第 第 / 一
1급	jǐ 几 수 몇	丿 几
1급	gè 个 양 명, 개	丿 人 个

1급

bĕn

本

양 권

一 十 才 木 本

本

2급

jiàn

件

양 벌, 건, 개

丿 亻 亻' 化 仁 件

件

1급

suì

岁

양 살, 세

丨 山 山 岁 岁 岁

岁

1급

kuài

块

양 덩어리, 위안

一 十 土 圢 圢 坱 块

块

확인 TEST

빈칸에 들어갈 알맞은 단어를 보기에서 고르세요.

보기 本 个 第一 岁 件

Tā shì míng .
❶ 他 是 (　　　) 名 。 그는 1등이다.

Wǒ yǒu yí hǎo péngyou .
❷ 我 有 一 (　　　) 好 朋友 。 나는 좋은 친구 한 명이 있다.

Zhuōzi shang yǒu yì shū .
❸ 桌子 上 有 一 (　　　) 书 。 테이블 위에는 책 한 권이 있다.

Wǒ érzi sān le .
❹ 我 儿子 3 (　　　) 了 。 내 아들은 3살이다.

정답 ① 第一 ② 个 ③ 本 ④ 岁

DAY 27

양사(2) 부사(1) 부정부사/정도부사

학습일 ____/____

기본서 96~100쪽

★ 녹음을 들으며 획순에 맞게 단어를 써보세요. Track 27

급수	단어	획순	쓰기
1급	xiē **些** 양 몇몇, 조금, 약간	丨 ⺊ 止 止 此 此 些 些	些
2급	cì **次** 양 번, 차례	丶 冫 冫 冫 次 次	次
1급	diǎn **点** 양 시	丨 ⺊ 占 占 占 点 点 点 点	点
2급	yíxià **一下** 양 잠깐, 잠시 (동안)	一 / 一 丅 下	一下
1급	yìdiǎnr **一点儿** 양 조금, 약간	一 / 丨 ⺊ 占 占 占 点 点 点 点 / 丿 儿	一点儿
2급	bié **别** 부 ~하지 마라	丨 冂 口 另 另 别 别	别

1급 bù 不 부 ~하지 않다	一 ア 不 不			
	不			

1급 méiyǒu 没有 부 ~하지 않았다	丶 冫 氵 氵 沪 没 没 一 ナ 𠂇 有 有 有			
	没有			

1급 hěn 很 부 매우	丿 彳 彳 彳 彳 彳 很 很 很			
	很			

1급 tài 太 부 너무, 몹시	一 ナ 大 太			
	太			

확인 TEST

빈칸에 들어갈 알맞은 단어를 보기에서 고르세요.

보기 不 很 一下 些 次

❶ 你 爸爸 (　　) 吃 西瓜。(Nǐ bàba chī xīguā.) 너희 아빠는 수박을 안 먹는다.

❷ 请 等 (　　)。(Qǐng děng) 잠깐 기다리세요.

❸ 这 (　　) 水果 有点儿 贵。(Zhè shuǐguǒ yǒudiǎnr guì.) 이 과일들은 조금 비싸다.

❹ 我 (　　) 忙。(Wǒ máng.) 나는 매우 바빠.

정답 ① 不 ② 一下 ③ 些 ④ 很

DAY 28 부사(2) 여러 가지 부사(정도/범위/시간/빈도)

학습일 ____/____

기본서 100~102쪽

★ 녹음을 들으며 획순에 맞게 단어를 써보세요. Track 28

2급 fēicháng 非常 부 굉장히, 아주	丨 丨 扌 ⺕ 丬 非 非 非 丨 丷 ⺌ ⺌ 尚 尚 尚 尚 常 常 常			
	非常			
2급 zuì 最 부 가장, 제일	丨 冂 日 日 旦 早 早 早 最 最 最 最			
	最			
2급 zhēn 真 부 정말, 참으로	一 十 冇 冇 冇 冇 直 直 真 真			
	真			
1급 dōu 都 부 모두, 다	一 十 土 耂 耂 者 者 者 者 都 都			
	都			
2급 yìqǐ 一起 부 같이, 함께	一 一 十 土 丰 丰 走 走 起 起 起			
	一起			
2급 zhèngzài 正在 부 ~하는 중이다, ~하고 있다	一 丁 下 正 正 一 ナ 才 在 在 在			
	正在			

2급

yǐjīng

已经

부 이미 (~했다)

ㄱ ㅋ 已

㇟ 纟 纟 纟 红 经 经 经

已经

2급

jiù

就

부 곧, 바로

丶 亠 亠 亠 亠 亠 亠 亠 京 京 就 就 就

就

2급

yě

也

부 ~도, 역시

乛 乜 也

也

2급

hái

还

부 또, 다시

一 ア 不 不 不 还 还

还

확인 TEST

빈칸에 들어갈 알맞은 단어를 보기에서 고르세요.

보기

已经　就　正在　还　最

❶ 我 爸爸 (　　　) 回家 了。(Wǒ bàba huíjiā le.) 우리 아빠는 이미 집에 돌아오셨다.

❷ 先生， 您 (　　　) 要 什么？(Xiānsheng, nín yào shénme?) 선생님, 무엇을 또 원하시나요?

❸ 我 (　　　) 喜欢 喝 咖啡。(Wǒ xǐhuan hē kāfēi.) 나는 커피 마시는 걸 제일 좋아한다.

❹ 他 晚上 9 点 (　　　) 睡觉。(Tā wǎnshang jiǔ diǎn shuìjiào.) 그는 저녁 9시면 바로 주무신다.

정답 ① 已经 ② 还 ③ 最 ④ 就

DAY 29

부사(3) 빈도부사/어기부사 기타(1) 개사/접속사

학습일 ____/____

기본서 102~106쪽

★ 녹음을 들으며 획순에 맞게 단어를 써보세요. Track 29

2급 zài 再 부 또, 다시	一 丆 冂 币 再 再			
	再			
2급 kěnéng 可能 부 아마(도) (~일지도 모른다/~일 것이다)	一 丁 丂 可 可 𠂉 厶 𠆢 台 育 育 㠯 㠯 㠯 能			
	可能			
1급 zài 在 개 ~에, ~에서	一 ナ 𠂇 在 在 在			
	在			
2급 cóng 从 개 ~에서, ~로부터	丿 人 从 从			
	从			
2급 lí 离 개 ~에서, ~까지	丶 亠 亠 文 文 这 卤 卤 离 离			
	离			
2급 wǎng 往 개 ~로 향하여, ~쪽으로	丿 彳 彳 彳 彳 彳 往 往			
	往			

2급	
duì **对** 개 ~에게, ~에 대해서	㇇ ㄡ ㄡ˜ 对 对
	对

2급	
bǐ **比** 개 ~보다	一 ト ト˝ 比
	比

1급	
hé **和** 접 ~와(과), 그리고	一 二 千 禾 禾 和 和 和
	和

2급	
yīnwèi A, suǒyǐ B **因为A, 所以B** 접 (왜냐하면) A때문에, 그래서 B하다	丨 冂 冃 冃 因 因 ｜ ˊ 厂 户 户 户˝ 所 所 所 丶 丿 力 为 ｜ 𠄌 𠄌 𠂎 以
	因为A, 所以B

확인 TEST

빈칸에 들어갈 알맞은 단어를 보기에서 고르세요.

보기 因为　比　往　和　从

Tā zuótiān Zhōngguó huílai le .
❶ 她 昨天 ( ) 中国 回来 了。 그녀는 어제 중국에서 돌아왔다.

Tā wǒ piàoliang .
❷ 她 ( ) 我 漂亮。 그녀는 나보다 예쁘다.

xiàyǔ , suǒyǐ tā méi qù tī zúqiú .
❸ ( ) 下雨，所以 他 没 去 踢 足球。
비가 내리기 때문에, 그는 축구를 하러 가지 않았다.

qián zǒu .
❹ ( ) 前 走。 앞으로 가세요.

정답 ① 从 ② 比 ③ 因为 ④ 往

DAY 30

기타(2) 접속사/조사/감탄사

학습일 ____/____

기본서 106~109

★ 녹음을 들으며 획순에 맞게 단어를 써보세요. Track 30

2급	suīrán A, dànshì B 虽然A, 但是B 접 비록(설령) A하지만(일지라도), 그러나(하지만) B하다	虽然A, 但是B
1급	de 的 조 ~의, ~한	的
2급	de 得 조 ~한 정도(상태)가 ~하다	得
1급	le 了 조 ~했다	了
2급	zhe 着 조 ~한 상태이다, ~하고 있다	着
2급	guo 过 조 ~한 적 있다	过

1급

ma

吗

조 ~이니?

丨 ㄇ ㅁ 叮 吗 吗

吗

2급

ba

吧

조 ~이지?

丨 ㄇ ㅁ 叮 叮 吅 吧

吧

1급

ne

呢

조 ~니?

丨 ㄇ ㅁ 叮 叮 呎 呎 呢

呢

1급

wéi

喂

감탄 (전화상에서) 여보세요

丨 ㄇ ㅁ 叫 叫 叫 叫 叫 嘾 嘾 嘾 喂

喂

확인 TEST

빈칸에 들어갈 알맞은 단어를 보기에서 고르세요.

보기 得 虽然 了 着 过

❶ Tā shuō Hànyǔ shuō ( ) fēicháng hǎo.
他 说 汉语 说 ( ) 非常 好。 그는 중국어를 굉장히 잘 한다.

❷ Tā zài fángjiān li kàn ( ) shū.
她 在 房间 里 看 ( ) 书。 그녀는 방에서 책을 보고 있다.

❸ ( ) tā bāshí suì le, dànshì shēntǐ hěn hǎo.
( ) 他 80 岁 了， 但是 身体 很 好。
비록 그는 80세지만, 아주 건강하다.

❹ Wǒ nǚ'ér mǎi ( ) yì běn shū.
我 女儿 买 ( ) 一 本 书。 내 딸은 책 한 권을 샀다.

정답 ① 得 ② 着 ③ 虽然 ④ 了

A

□□ 爱 ài 사랑하다, 몹시 좋아하다

B

□□ 八 bā 8, 여덟

□□ 爸爸 bàba 아빠

□□ 杯子 bēizi 잔, 컵

□□ 本 běn 권

□□ 不 bù ~하지 않다

□□ 不客气 bú kèqi 천만에요

C

□□ 菜 cài 요리, 음식

□□ 茶 chá 차, tea

□□ 吃 chī 먹다

□□ 出租车 chūzūchē 택시

D

□□ 打电话 dǎ diànhuà 전화를 하다, 전화를 걸다

□□ 大 dà (크기가) 크다, (나이가) 많다, (비·눈이) 많다, 크다

□□ 的 de ~의, ~한

□□ 点 diǎn 시

□□ 电脑 diànnǎo 컴퓨터

□□ 电视 diànshì 텔레비전, TV

□□ 电影 diànyǐng 영화

□□ 东西 dōngxi 물건, 것

□□ 都 dōu 모두, 다

□□ 读 dú 읽다

□□ 对不起 duìbuqǐ 미안해요, 죄송해요

□□ 多 duō (양이) 많다

□□ 多少 duōshao 얼마, 몇

E

□□ 儿子 érzi 아들

□□ 二 èr 2, 둘

F

□□ 饭店 fàndiàn 호텔, 식당

□□ 飞机 fēijī 비행기

□□ 分钟 fēnzhōng 분

G

□□ 高兴 gāoxìng 기쁘다

□□ 个 gè 명, 개

□□ 工作 gōngzuò 일하다

□□ 狗 gǒu 개

H

□□ 汉语 Hànyǔ 중국어

□□ 好 hǎo 좋다

□□ 号 hào 일

□□ 喝 hē 마시다

□□ 和 hé ~와(과), 그리고

□□ 很 hěn 매우

□□ 后面 hòumiàn 뒤(쪽)

□□ 回 huí 돌아오다, 돌아가다

□□ 会 huì ~할 수 있다, ~할 줄 안다, ~일 것이다

J

□□ 几 jǐ 몇

□□ 家 jiā 집

□□ 叫 jiào (~라고) 부르다

□□ 今天 jīntiān 오늘

□□ 九 jiǔ 9, 아홉

K

□□ 开 kāi (문을) 열다, (기계를) 켜다, (차를) 운전하다

□□ 看 kàn 보다

□□ 看见 kànjiàn 보이다, 발견하다

□□ 块 kuài 덩어리, 위안

L

□□ 来 lái 오다

□□ 老师 lǎoshī 선생님

□□ 了 le ~했다

□□ 冷 lěng 춥다

□□ 里 lǐ 안, 속

□□ 六 liù 6, 여섯

M

□□ 妈妈 māma 엄마

□□ 吗 ma ~이니?

□□ 买 mǎi 사다

□□ 猫 māo 고양이

□□ 没关系 méi guānxi 괜찮아요

□□ 没有 méiyǒu ~하지 않았다

□□ 米饭 mǐfàn 쌀밥

□□ 名字 míngzi 이름

□□ 明天 míngtiān 내일

N

□□ 哪 nǎ 어느, 어떤

□□ 哪儿 nǎr 어디

□□ 那 nà 그(것/사람), 저(것/사람)

□□ 呢 ne ~니?

□□ 能 néng ~할 수 있다

□□ 你 nǐ 너, 당신

□□ 年 nián 년

□□ 女儿 nǚ'ér 딸

P

□□ 朋友 péngyou 친구

□□ 漂亮 piàoliang 예쁘다

□□ 苹果 píngguǒ 사과

Q

□□ 七 qī 7, 일곱

□□ 前面 qiánmiàn 앞(쪽)

□□ 钱 qián 돈

□□ 请 qǐng ~하세요, 청하다

□□ 去 qù 가다

R

□□ 热 rè 덥다

□□ 人 rén 사람

□□ 认识 rènshi (사람·길·글자를) 알다

S

□□ 三 sān 3, 셋

□□ 商店 shāngdiàn 상점, 가게

□□ 上 shàng 위

□□ 上午 shàngwǔ 오전

□□ 少 shǎo (양이) 적다

□□ 谁 shéi 누구

□□ 什么 shénme 무엇, 무슨

□□ 十 shí 10, 열

□□ 时候 shíhou 때

□□ 是 shì ~이다

□□ 书 shū 책

□□ 水 shuǐ 물

□□ 水果 shuǐguǒ 과일

□□ 睡觉 shuìjiào 잠을 자다

□□ 说 shuō 말하다

□□ 四 sì 4, 넷

□□ 岁 suì 살, 세

T

□□ 他 tā 그

□□ 她 tā 그녀

□□ 太 tài 너무, 몹시

□□ 天气 tiānqì 날씨

□□ 听 tīng 듣다

□□ 同学 tóngxué 급우, 같은 반(학교) 친구

W

□□ 喂 wéi (전화상에서) 여보세요

□□ 我 wǒ 나, 저

□□ 我们 wǒmen 우리(들), 저희(들)

□□ 五 wǔ 5, 다섯

X

□□ 喜欢 xǐhuan 좋아하다

□□ 下 xià 아래

□□ 下午 xiàwǔ 오후

□□ 下雨 xiàyǔ 비가 내리다

□□ 先生 xiānsheng 선생, 씨

□□ 现在 xiànzài 지금, 현재

□□ 想 xiǎng 생각하다

□□ 小 xiǎo (크기가) 작다, (나이가) 적다, (비·눈이) 적다, 작다

□□ 小姐 xiǎojiě 아가씨, 양

□□ 些 xiē 몇몇, 조금, 약간

□□ 写 xiě 쓰다

□□ 谢谢 xièxie 고마워요, 감사해요

□□ 星期 xīngqī 요일, 주

□□ 学生 xuésheng 학생

□□ 学习 xuéxí 공부하다

□□ 学校 xuéxiào 학교

Y

□□ 一 yī 1, 하나

□□ 一点儿 yìdiǎnr 조금, 약간

□□ 衣服 yīfu 옷

□□ 医生 yīshēng 의사

□□ 医院 yīyuàn 병원

□□ 椅子 yǐzi 의자

□□ 有 yǒu 있다, 가지고 있다

□□ 月 yuè 월

Z

□□ 再见 zàijiàn 잘 가요

□□ 在 zài ~에, ~에서

□□ 怎么 zěnme 어떻게, 왜, 어째서

□□ 怎么样 zěnmeyàng 어떠하다

□□ 这 zhè 이(것/사람)

□□ 中午 zhōngwǔ 점심

□□ 住 zhù 살다

□□ 桌子 zhuōzi 테이블, 탁자

□□ 字 zì 글자

□□ 昨天 zuótiān 어제

□□ 坐 zuò 앉다, (교통수단을) 타다

□□ 做 zuò 하다

고유명사

□□ 北京 Běijīng 베이징, 북경

□□ 中国 Zhōngguó 중국

2급

B

□□ 吧 ba ~이지?

□□ 白 bái 희다, 하얗다

□□ 百 bǎi 100, 백

□□ 帮助 bāngzhù 돕다, 도와주다

□□ 报纸 bàozhǐ 신문

□□ 比 bǐ ~보다

□□ 别 bié ~하지 마라

□□ 宾馆 bīnguǎn 호텔

C

□□ 长 cháng (길이가) 길다

□□ 唱歌 chànggē 노래를 부르다

□□ 出 chū 나오다, 나가다

□□ 穿 chuān 입다

□□ 次 cì 번, 차례

□□ 从 cóng ~에서, ~로부터

□□ 错 cuò 틀리다

D

□□ 打篮球 dǎ lánqiú 농구를 하다

□□ 大家 dàjiā 모두들, 여러분

□□ 到 dào 도착하다, 이르다

□□ 得 de ~한 정도(상태)가 ~하다

□□ 等 děng 기다리다

□□ 弟弟 dìdi 남동생

□□ 第一 dì-yī 첫 번째

□□ 懂 dǒng 이해하다

□□ 对 duì 맞다

□□ 对 duì ~에게, ~에 대해서

F

□□ 房间 fángjiān 방

□□ 非常 fēicháng 굉장히, 아주

□□ 服务员 fúwùyuán 종업원

G

□□ 高 gāo (높이가) 높다, (키가) 크다

□□ 告诉 gàosu 알려주다, 말해 주다

□□ 哥哥 gēge 오빠, 형

□□ 给 gěi 주다

□□ 公共汽车 gōnggòng qìchē 버스

□□ 公司 gōngsī 회사

□□ 贵 guì 비싸다

□□ 过 guo ~한 적 있다

H

□□ 还 hái 또, 다시

□□ 孩子 háizi 자녀, (어린)아이

□□ 好吃 hǎochī 맛있다

□□ 黑 hēi 검다

□□ 红 hóng 붉다, 빨갛다

□□ 火车站 huǒchēzhàn 기차역

J

□□ 机场 jīchǎng 공항

□□ 鸡蛋 jīdàn 계란, 달걀

□□ 件 jiàn 벌, 건, 개

□□ 教室 jiàoshì 교실

□□ 姐姐 jiějie 언니, 누나

□□ 介绍 jièshào 소개하다

□□ 进 jìn 들어오다, 들어가다

□□ 近 jìn 가깝다

□□ 就 jiù 곧, 바로

□□ 觉得 juéde (~라고) 생각하다, 여기다

K

□□ 咖啡 kāfēi 커피

□□ 开始 kāishǐ 시작하다

□□ 考试 kǎoshì 시험

□□ 可能 kěnéng 아마(도) (~일지도 모른다/~일 것이다)

□□ 可以 kěyǐ ~할 수 있다, ~해도 된다

□□ 课 kè 수업

□□ 快 kuài 빠르다

□□ 快乐 kuàilè 즐겁다

L

□□ 累 lèi 피곤하다, 힘들다

□□ 离 lí ~에서, ~까지

□□ 两 liǎng 2, 둘

□□ 零 líng 0, 영

□□ 路 lù 길

□□ 旅游 lǚyóu 여행하다

M

□□ 卖 mài 팔다

□□ 慢 màn 느리다

□□ 忙 máng 바쁘다

□□ 每 měi 모든, 매, ~마다

□□ 妹妹 mèimei 여동생

□□ 门 mén 문

□□ 面条 miàntiáo 국수, 면

N

□□ 男(人) nán(rén) 남자

□□ 您 nín 당신[你의 존칭]

□□ 牛奶 niúnǎi 우유

□□ 女(人) nǚ(rén) 여자

P

□□ 旁边 pángbiān 옆, 근처

□□ 跑步 pǎobù 달리기를 하다, 조깅을 하다

□□ 便宜 piányi 싸다

□□ 票 piào 표, 티켓

Q

□□ 妻子 qīzi 아내

□□ 起床 qǐchuáng 기상을 하다, 일어나다

□□ 千 qiān 1000, 천

□□ 铅笔 qiānbǐ 연필

□□ 晴 qíng (날이) 맑다

□□ 去年 qùnián 작년

R

□□ 让 ràng 시키다, ~하게 하다

□□ 日 rì 일

S

□□ 上班 shàngbān 출근하다

□□ 身体 shēntǐ 신체, 몸

□□ 生病 shēngbìng 병이 나다

□□ 生日 shēngrì 생일

□□ 时间 shíjiān 시간

□□ 事情 shìqing 일, 사건

□□ 手表 shǒubiǎo 손목시계

□□ 手机 shǒujī 휴대폰

□□ 说话 shuōhuà 말을 하다

□□ 送 sòng 보내다, 선물하다

□□ 虽然A, 但是B suīrán A, dànshì B
비록(설령) A하지만(일지라도), 그러나(하지만) B하다

T

□□ 它 tā 그것[사물이나 동물을 가리킴]

□□ 踢足球 tī zúqiú 축구를 하다

□□ 题 tí (시험) 문제

□□ 跳舞 tiàowǔ 춤을 추다

W

□□ 外 wài 밖, 바깥

□□ 完 wán 완료하다, 마치다

□□ 玩(儿) wán(r) 놀다

□□ 晚上 wǎnshang 저녁, 밤

□□ 往 wǎng ~로 향하여, ~쪽으로

□□ 为什么 wèishénme 왜

□□ 问 wèn 묻다, 질문하다

□□ 问题 wèntí 문제, 질문

X

□□ 西瓜 xīguā 수박

□□ 希望 xīwàng 희망하다, 바라다

□□ 洗 xǐ 씻다, 닦다, (옷을) 빨다

□□ 小时 xiǎoshí 시간

□□ 笑 xiào 웃다

□□ 新 xīn 새롭다

□□ 姓 xìng 성, 성씨; 성이 ~이다

□□ 休息 xiūxi 쉬다, 휴식하다

□□ 雪 xuě 눈

Y

□□ 颜色 yánsè 색깔

□□ 眼睛 yǎnjing 눈

□□ 羊肉 yángròu 양고기

□□ 药 yào 약

□□ 要 yào ~하고 싶다, ~하고자 하다, ~해야 한다

□□ 也 yě ~도, 역시

□□ 一起 yìqǐ 같이, 함께

□□ 一下 yíxià 잠깐, 잠시(동안)

□□ 已经 yǐjīng 이미 (~했다)

□□ 意思 yìsi 의미, 뜻

□□ 因为A, 所以B yīnwèi A, suǒyǐ B
(왜냐하면) A때문에, 그래서 B하다

□□ 阴 yīn (날이) 흐리다

□□ 游泳 yóuyǒng 수영하다

□□ 右边 yòubian 오른쪽

□□ 鱼 yú 생선, 물고기

□□ 远 yuǎn 멀다

□□ 运动 yùndòng 운동하다

Z

□□ 再 zài 또, 다시

□□ 早上 zǎoshang 아침

□□ 丈夫 zhàngfu 남편

□□ 找 zhǎo 찾다

□□ 着 zhe ~한 상태이다, ~하고 있다

□□ 真 zhēn 정말, 참으로

□□ 正在 zhèngzài ~하는 중이다, ~하고 있다

□□ 知道 zhīdào 알다

□□ 准备 zhǔnbèi 준비하다

□□ 走 zǒu 걷다, 가다, 떠나다

□□ 最 zuì 가장, 제일

□□ 左边 zuǒbian 왼쪽

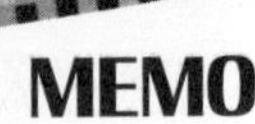

MEMO